KAS

광고지성총서

08

스마트 광고 기술을 넘어서

김현정 · 최익성 · 김미경 · 김유나 · 박 현
김신엽 · 김지윤 · 유인하 · 이성미 · 신일기 · 오창일 공저

SMART ADVERTISING TECHNOLOGY AND BEYOND

학지사

발간사

광고지성의 향연

지난 1989년 10월 14일, 한국광고학회 창립총회를 개최한 이후 2019년에 접어들어 학회 창립 30주년을 맞이했습니다. 사람으로 치면 서른 살입니다. 그동안 한국광고학회는 한국 사회에서 광고의 중요성을 환기하는 데 크게 기여했습니다. 지나온 날들의 성과는 분명 눈부셨지만, 미디어 환경이 급변함에 따라 광고와 광고학은 잠시 멈칫거리고 있습니다. 창의성, 인공지능, 블록체인이 인류의 미래를 결정한다는 전환기에 서서, 이제 우리는 광고의 새로운 방향을 모색해야 합니다. 이런 상황에서 한국광고학회 30주년을 기념하는 『광고지성총서』는 광고학계와 광고업계에 새로운 방향성을 제시할 것으로 기대됩니다.

이 총서는 '체인지(Change, 체력, 인화, 지성)'의 가치를 지향하는 제24대 한국광고학회에서 야심 차게 준비한 기획물입니다. 이 총서를 통해 한국광고학회의 체력(體力)을 증진하고, 회원들 사이의 인화(人和)를 촉진하며, 광고지성(知性)이 나아갈 새로운 좌표를 찾기를 기대합니다. 일찍이 플라톤은 『향연(饗宴)』에서 좋은 것(아름다운 것)을 소유하려는 욕망을 에로스라고 정의하고, 정신적인 출산을 추구하는 것도 에로스의 뜻이자 아름다움의 이상향에 도달하는 길이라고 설명했습니다. 정신의 자식을 분만하는 과정에서 105명의 필자가 자주 산통(産痛)을 느끼며 광고의 오늘과

내일을 고민했다는 점에서, 이 총서는 모름지기 집단지성의 플랫폼이자 광고지성의 향연이라 할 수 있습니다.

제1권 『한국 광고학연구 30년과 전망』(편집책임 한상필)에서는 한국광고학회의 창립 30주년을 맞이해 지난 30년 동안의 학회 활동을 분석하고 광고학 연구의 발자취를 돌아보았습니다. 제2권 『한국의 광고산업과 광고제도』(편집책임 김봉철)에서는 광고산업을 구성하는 단위들이 어떻게 발달해 왔고 어떤 기능을 해 왔는지 체계적으로 분석하고 정리했습니다. 제3권 『광고와 사회 그리고 광고비평』(편집책임 이희복)에서는 급변하는 환경에서도 결코 변하지 않는 광고와 사회에 대한 본질을 비평적 관점에서 탐구했습니다. 제4권 『소비자심리와 광고 PR 마케팅』(편집책임 이병관)에서는 소비자심리학의 여러 개념을 알기 쉽게 설명하고 광고와 PR 및 마케팅 현장에 적용하는 방안을 제시했습니다. 제5권 『광고와 마케팅의 새로운 세계』(편집책임 나준희)에서는 마케팅에서 광고가 어떻게 작동해야 하는지에 대한 이론적 기반을 제시함으로써 광고 활용의 새로운 세계를 모색했습니다.

제6권 『디지털 시대의 광고 크리에이티브』(편집책임 윤일기)에서는 디지털 융합 시대에 적합한 광고 크리에이티브의 새로운 차원을 살펴보고 실무적으로 유용한 지침을 제안했습니다. 제7권 『광고 미디어의 현재와 미래』(편집책임 박현수)에서는 급변하는 미디어 환경을 살펴보고 광고와 미디어가 나아갈 미래의 방향과 시각을 전망했습니다. 제8권 『스마트 광고 기술을 넘어서』(편집책임 김현정)에서는 우리 시대의 스마트 광고 기술에 대해 살펴보고 기술이 광고의 미래를 어떻게 바꿀 것인지를 여러 각도에서 조망했습니다. 제9권 『빅데이터의 분석방법과 활용』(편집책임 정원준)에서는 학술적 · 실무적인 사례를 바탕으로 광고와 PR 영역에서 두루 활용할 수 있는 다양한 빅데이터 분석방법에 대해 설명했습니다. 제10권 『광고 지성과 철학의 지평선』(편집책임 강승구)에서는 광고의 개념과 본질을 철학적으로 분석함으로써 광고지성의 가치를 환기하는 동시에 광고철학의 가능성을 탐색했습니다.

상당한 비용이 들어가는 10권의 총서가 출판되기까지 정신적으로 그리고 재정적으로 여러분의 도움을 받았습니다. 한국언론진흥재단의 민병욱 이사장님, 제일기획의 유정근 대표님, 이노션의 안건희 대표님, HS애드의 정성수 대표님, 대홍기획의 홍성현 대표님, TBWA의 이수원 대표님, 나스미디어의 정기호 대표님, 메조미디어의 이성학 대표님께 감사드립니다. 이분들의 후원이 없었다면 『광고지성총서』는 결코 세상에 나오지 못했을 것입니다. 이 지면을 빌려 다시 한 번 감사드립니다. 한국광고학회 회원들은 이 총서가 출판되기까지 도와주신 분들에 대한 고마움을 앞으로도 오래오래 기억할 것입니다.

광고지성을 모색하느라 수고하신 105명의 필자는 우리에게 새로운 비전과 깊은 통찰력을 제시하셨습니다. 갈수록 어려워지는 출판 여건에도 불구하고 10권의 책을 기꺼이 출판해 주신 학지사의 김진환 사장님과 최임배 부사장님께 감사드립니다. 편집부 관계자들께서는 난삽한 원고를 손보고 책의 구성을 갖추어 정말 빛나는 총서로 만들어 주셨습니다. 총서를 기획하던 첫 순간부터 끝마무리까지 수고하신 연구이사 김현정 교수님과 편집책임을 맡은 10명의 교수님께도 고마운 마음을 전합니다. 아인슈타인은 "지성의 참된 모습은 지식이 아닌 상상력에서 드러난다."라고 했습니다. 독자 여러분께서는 이 책을 통해 지식만을 얻지 마시고 상상력을 확장하시기를 바랍니다. 우리가 진정으로 추구해야 할 것은 지식보다 상상력이기 때문입니다. 바로 이 점이 『광고지성총서』를 기획하던 순간에 떠올랐던 저의 처음 생각이었습니다.

2019년 12월 5일

한국광고학회 제24대 회장 김병희 삼가 적음

머리말

광고의 정의와 개념은 변화하고 있다. 대중매체보다는 개인화된 매체를 통해 개인의 취향과 선호에 맞게 맞춤화된 광고가 포털과 SNS에 노출되면서 명시된 광고주가 없는 것은 물론, 광고인지 아닌지의 구분이 모호한 경우도 많다. 이러한 광고의 개념 변화의 중심에는 기술이 존재한다. 유튜브로 대변되는 플랫폼을 활용한 온라인 동영상 광고를 비롯하여 인공지능, 증강현실, 홀로그램 광고 등은 모두 신기술을 광고에 접목하는 새로운 광고들이다. 이와 같은 새로운 광고의 시행방식과 체계, 운영 사례 등은 어떻게 이루어지고 있으며, 그 효과는 어떠한가?

이러한 문제의식을 가지고 기획한 이 책 『스마트 광고 기술을 넘어서』는 제목처럼 기술을 넘어 광고의 다양한 산업적 변화와 추세 그리고 그 대표적인 광고 양상들을 개별적으로 보다 상세하게 다루고 있다. 오늘날 첨단 기술이 세상을 변모시키는 가운데 광고는 소비자의 생활 속으로 더욱 밀착하여 들어가고 있다. 따라서 광고는 이제 더 이상 소비자의 휴식을 방해하는 회피적 존재가 아니다. 기술의 진보 아래 광고가 소비자의 삶 속에 편재하며 보편적 현상으로 존재하는 시대가 열리고 있다. 이에 이 책에서는 스마트 기술을 넘어서는 다양한 광고의 전모와 면모를 상세히 소개하였으며, 그 내용은 다음과 같다.

제1장 '변화하는 광고'(김현정)에서는 변화하고 있는 광고의 전체적 양상을 소개하고, 인공지능 광고, 동영상 광고, 가상(증강)현실 광고, 홀로그램 광고, SNS 광고

등 최근의 진화형 광고들에 대해서 개괄적인 변화 양상을 살펴본다. 해당 광고의 이해를 넓힐 수 있도록 기초적 설명과 더불어 구체적 기술과 광고의 융합 사례를 소개한다.

제2장 '애드테크'(최익성)에서는 기술 변화에 따라 일어나는 광고 환경 변화에 민감하게 움직여 온 광고 시장의 새로운 광고 시스템에서 광고효과를 측정하고, 오디언스의 네이터를 바탕으로 구매 행태를 예측해 광고주에게 효율적인 광고를 제공하는 이른바 프로그래매틱 바잉을 기초로 하는 기술인 애드테크(ad tech)에 대해 자세히 소개한다.

제3장 '인공지능과 광고'(김미경)에서는 4차 산업혁명과 인공지능이 사회와 업계에 영향을 미치기 시작한 지 불과 3년여 만에 이미 광고업계에서 중요한 요인으로 부상한 인공지능과 광고에 대한 논의를 다룬다. 인공지능이 단순히 기술을 넘어 인간의 삶의 방식과 설득의 방식을 바꾸고 있으며, 광고업계의 판도도 변화시키고 있음을 설명하고, 인공지능과 광고에 대한 전반적인 개념과 유형 및 사례 등도 자세히 살펴본다.

제4장 '빅데이터와 광고'(김유나)에서는 4차 산업혁명의 등장과 함께 '빅데이터(big data)'가 비즈니스 생태계에서 가장 주목받는 주제로 부각되면서, '빅데이터'라는 원천과 '인공지능'이라는 동력을 바탕으로 마케팅과 캠페인의 전략적 주체가 변화하는 동시에 광고업계 판도도 변화하고 있음을 설명한다. 아울러 광고대행사는 광고 캠페인의 테마 안에서 빅데이터의 활용도를 통찰해 낼 수 있어야 하는데, 빅데이터를 원천으로 광고 캠페인의 경쟁 축이 어떻게 달라질 것인지, 빅데이터 기반의 마케팅이 추구해야 하는 방향성은 무엇인지를 마케팅의 진화 관점에서 상세히 고찰한다.

제5장 '디지털 사이니지 광고'(박 현)에서는 소비자 경험의 주체로서 디지털 사이니지를 다룬다. 무엇보다 디지털 사이니지는 소비자가 스스로 채택하고 인정할 수 있어야만 광고 미디어로서의 기능을 발휘할 수 있다는 관점에서 변화하는 광고의 주체이면서 신기술 융합 미디어로서, 양방향 커뮤니케이션 매체로서의 특징과 소비자 경험을 확장할 수 있는 미디어로의 면모를 고찰한다. 디지털 사이니지 광고에 대한

개요, 시장 현황, 우수 크리에이티브 사례 등을 중심으로 향후 시장의 가치까지도 조망한다.

제6장 '소셜미디어와 광고'(김신엽)에서는 소셜미디어가 정보와 의견을 나눌 수 있는 소통의 도구이자 참여자 간 공유하고 협업할 수 있는 네트워크라는 측면에서 오늘날 마케팅의 중심이 되고 있는 현상을 파악하며, 소셜미디어에 대한 이해를 바탕으로 소셜미디어 콘텐츠 기획과 운영, 광고 및 기타 미디어와 연동할 수 있는 전략적 운영방안을 다룬다.

제7장 'OTT와 SMR'(김지윤)에서는 언제 어디서나 어떠한 기기로든지 콘텐츠를 이용할 수 있는 시대의 변화에 따라 넷플릭스(Netflix), 유튜브(YouTube), 애플(Apple), 페이스북(Facebook) 등은 물론이고, 국내의 네이버(NAVER), 카카오(Kakao) 등에서 그 시장이 날로 증가하고 확대되고 있는 온라인 기반 동영상 서비스인 OTT를 설명한다. 아울러 향후 OTT 서비스와 광고의 발전 및 SMR 광고에 대해서도 논의한다.

제8장 '유튜브와 동영상 광고'(유인하)에서는 전 세계 10억 명 이상이 매일 사용하고 있는 유튜브와 동영상 광고의 개념 및 종류와 사례 등을 자세하게 고찰한다. 흔히 유튜브로 대변되는 동영상을 광고 자체로서 활용하는 방법과 유튜브 동영상에 붙는 동영상 광고의 종류와 사례 그리고 크리에이티브 전략까지도 자세히 소개한다.

제9장 '증강현실, 가상현실, 혼합현실과 광고'(이성미)에서는 증강현실(AR), 가상현실(VR), 혼합현실(MR) 기술과 광고를 다룬다. AR, VR, MR 기술은 시각적 요소를 강조하여 제품이나 브랜드 정보를 전달할 수 있고 가상의 쇼핑 환경을 구현하여 제품 및 브랜드 경험을 향상시킬 수 있다. 따라서 소비자 참여방식의 광고 및 마케팅을 다양하게 개발하는 것이 관건이 된다. 이에 따라 AR, VR, MR 기술의 개념 소개, 기술 현황, 시장 동향을 살펴본 후, 소비자 참여 방식의 마케팅과 광고 사례에 대해 자세히 고찰한다.

제10장 '홀로그램과 광고의 미래'(신일기)에서는 미디어 융합으로 옥외광고가 집

밖의 가능한 모든 광고매체인 OOH(Out of Home) 광고로 변화하였고 이것이 다시 디지털화되면서 디지털 옥외광고(Digital Out of Home: DOOH)로 진화되는 추세를 설명한다. 특히 DOOH의 하나로서 주목받고 있는 홀로그램(Hologram) 기술을 도시 공간 속에 적용하는 새로운 광고 기술로서 홀로그램 광고를 소개한다. 더불어 홀로그램의 역사와 기술 그리고 국내외 사례를 통한 도시 공간 속의 홀로그램 동향도 자세히 살펴본다.

제11장 '애드테크를 넘어 초경험 초재미로 경계 파괴'(오창일)에서는 4차 산업혁명 시대의 광고 디지털 기술(ad tech)의 발달에 부응하기 위한 광고 크리에이티브의 새로운 전략과 새로운 크리에이티브 선도자(first mover)가 되기 위한 방법을 설명한다. 무엇보다 지금까지의 발상을 넘는(beyond) 새로운 전략으로 소비자와의 접점을 강화하는 '초(超) 크리에이티브' 전략을 소개하고, 기술을 뛰어넘는 크리에이티브 전략을 통해 새로운 시대에 성공하는 광고 전략을 제시한다.

이 책에서 다루고 있는 이러한 내용들은 향후 국내외 광고산업계의 변화를 견인하는 주요 분야의 핵심이 될 것으로 전망된다. 무엇보다 격변화되는 광고산업의 발전과 진화를 위한 토대 작업으로서도 반드시 동영상 광고, 인공지능 광고, 가상현실 광고, 홀로그램 광고 등과 같은 첨단 광고 분야에 대해 상세하게 다루어야 할 필요는 충분할 것이다.

특히 지금은 시시각각 새롭게 등장하는 신기술 및 뉴미디어와 접목한 광고들에 대한 산업적 이해와 산업의 유효성에 대한 저변 인식의 확대가 절실하게 요구되는 시점이다. 신기술과 뉴미디어를 접목한 광고가 광고업계의 판도를 바꾸고 있으나 그 실무에 대한 체계적인 개념이나 이해는 아직도 널리 일반화되고 있지 못하기 때문이다.

이 책 『스마트 광고 기술을 넘어서』는 뉴미디어와 기술을 활용하는 다각적이고 새로운 광고들에 대해 기본적이면서도 체계적인 내용을 담고자 하였다. 따라서 이 책이 광고산업계는 물론이고 전공학생들에게도 실무적 이해와 도움을 줄 수 있기를 바란다. 더불어 우리 11명 필자의 이 작은 저술 작업이 향후 고도의 첨단 기술과 관련하여 지속적으로 등장할 모든 새로운 광고와 관련한 산업 전반을 활성화하는 데 효과적인 역할을 할 수 있기를 기대해 본다.

2019년 12월

필자들을 대표하여 김현정 적음

차례

제1장

변화하는 광고

김현정(서원대학교 광고홍보학과 교수)

1. 변화하는 광고의 정의와 개념, 변화의 추세
2. 빅데이터와 모바일 활용 등 인공지능 광고
3. OTT, SMR, 유튜브 등 동영상 광고
4. 가상현실(VR), 증강현실(AR), 융합현실(MR) 광고
5. 디지털 사이니지 등 광고의 또 다른 미래

◈◇◈

오늘날 대부분의 매체는 디지털화되었으며 이에 따라, 광고가 노출되고 수용되는 양상 자체도 매우 달라졌다. 예를 들면, 서버를 통해 N스크린 광고가 송출되고, 광고 플랫폼을 통해서도 광고가 유통되며, 광고가 디지털화되어 서버를 통해, 하나의 광고가 여러 스크린에 다양한 형식으로 동시 송출되기도 한다(성영신, 박은아, 정수정, 2014). 또한 대중매체보다는 개인화된 매체를 통해 개인의 취향과 선호에 맞게 맞춤화된 광고가 포털, SNS에서 노출되고 있기도 하다. 즉, 명시된 광고주가 없는 것은 물론 광고인지 아닌지의 구분도 모호한 경우가 많아지면서 기존의 광고를 규정하던 정의에 대한 광고 의미도 무색해지고 있다. 광고에 대한 정의나 이해 및 광고 수행 방식이 매우 다양하게 변화하고 있어 광고주는 물론이고 광고대행사, 소비자까지 광고의 새로운 흐름을 따라가지 못하거나 광고에 대해 혼란을 느끼는 현상도 발생하고 있다. 이러한 현상은 광고 산업의 사회적 영향에까지 큰 변화를 가져왔다.

최근의 광고 변화를 살펴보면 그 중심에는 우선 동영상 혹은 유튜브로 대변되는 기술적 플랫폼을 활용하는 온라인 동영상 광고가 놀랄 만한 신장을 이루고 있다. 아울러 4차 산업혁명으로 대변되는 인공지능, 증강현실, 융합현실 등의 신기술을 광고에 접목하는 시도들도 매우 활발하게 이루어지고 있다.

또한 세계 광고 시장 동향을 살펴보면 디지털 광고 시장이 TV 광고 시장을 넘어서는 신장세를 나타내고 있다. 특히 이마케터(eMarketer)의 2018년 조사결과(Mobile Ad Spending to Surpass TV in 2018)에 따르면 디지털 광고 중에서도 모바일 광고가 가장 가파르게 성장하면서 광고 시장의 변화를 이끌고 있다. 미국 시장에서 모바일 광고는 디지털 광고의 69.9%를 차지하고 있으며, 2022년까지 47.9%까지 증가해

TV 광고를 넘어설 것으로 예측되고 있다.

국내 광고업계도 이와 다르지 않다. 제일기획 등 광고업계에 따르면 2018년도 국내 총 광고비 11조 1,295억 원 중 모바일이 2조 2,157억 원을 기록하여, 전체 광고 매체 중 점유율 1위(19.9%)를 차지하고 있으며 국내 디지털 광고 시장도 2018년 처음으로 4조 원을 돌파하면서 방송 광고를 넘어선 것으로 나타나고 있다. 2019년 말까지 디지털 광고 시장은 4조 4,100억 원(+6.8% YoY)으로 방송 광고(4조 1,500억 원)와의 격차를 더욱 넓힐 것으로 추정되고 있으며, 메조미디어에 따르면 글로벌 시장처럼 디지털 광고 중 모바일 광고가 국내에서도 더욱 성장할 것으로 예견되고 있다. 모바일 광고는 2018년 전체 디지털 광고의 55%를 차지했고 2019년에는 58%, 2020년에는 60% 이상으로 지속적으로 규모가 커질 것으로 예상되고 있다.

이러한 모바일 광고의 약진은 결국은 모든 것을 자동화하는 인공지능 광고, 동영상 광고, 가상(증강)현실 광고, 홀로그램 광고, SNS 광고 등과 연계된다. 이는 광고 시장이나 산업의 확장 역시, 이러한 스마트폰을 더욱더 스마트하게 활용하여 광고와 접목할 수밖에 없기 때문이다. 즉, 모바일 광고의 약진은 결국 인공지능 광고나 동영상, 가상(증강)현실 광고, SNS 광고들이 시장에서 더욱 가속화되는 현상을 낳게 될 것으로 추정된다.

결국 이러한 첨단 사례들은 광고의 변화를 의미한다. 인공지능, 증강현실, 융합현실, 홀로그램 등의 신기술을 광고에 접목하는 시도들은 광고의 미래이면서 현재 진행형인 오늘의 현상이기도 하기 때문이다. 따라서 이 책 『스마트 광고 기술을 넘어서』의 제1장에서는 변화된 광고들에는 어떤 것들이 있고 그러한 광고개념과 양상, 시행방식, 사례, 구체적 의미와 역할 및 필요성 등의 이해를 돕고자 하였다. 이에 기술을 넘어 변화하는 광고의 전체적인 변화 흐름과 새롭게 등장하는 광고의 개념, 종류, 시행방식이나 전략 사례들을 개괄적, 통합적으로 소개함으로써 이 책의 전체 내용을 조망하고 있다.

1. 변화하는 광고의 정의와 개념, 변화의 추세

오늘날 광고는 오랫동안 광고의 정의로 인식되어 온 광고의 개념 자체를 바꾸면서 광고의 경계가 모호해지고 있다. 미국마케팅협의회가 개념화한 대표적 **광고의 개념 정의**로 알려졌던 것은 광고란 명시된 광고주가 있고, 유료로 아이디어와 제품 및 서비스에 대해 비대인적 형태로 제시, 판매를 촉진하는 일체의 활동이라는 것이다(Stanton, 1984). 하지만 이러한 전통적 광고의 정의를 새롭게 바꾸고자 하는 많은 시도가 이루어지고 있다. 인터넷 광고, 양방향 TV, SNS 광고 같은 소비자와의 상호작용이 매체의 중심이 되는 시점에서 명시된 광고주라든가, 유료의, 비대인적 형태 등이 오늘날의 매체 환경과는 어울리지 않기 때문이다(김현정, 2018c). 이에 광고 개념의 정의 재정립을 위해 이시훈(2007)은 광고의 특성을 콘텐츠로 봐야 한다고 주장하며, 김병희(2013a, b)는 광고에서 주로 타깃으로 언급되는 용어인 소비자보다는 수용자라는 용어를 제시하며 새로운 광고의 개념을 제시한다.

결국 이러한 광고 변화의 중심을 이끄는 것은 무엇보다 눈부시게 변화하는 오늘날의 **디지털 미디어 기술**이다. 대표적인 유형으로 SNS를 통해 기업이 팔로우를 한 고객에게 노출하는 동영상 광고가 있다. 이는 매체비용을 지불하지 않는 무료의 대표적 광고 유형이며 일상에서 소비자가 매일 접하는 개인 미디어들을 통해 광고라는 인식을 느끼지 못하도록 제공되기에 기존에 소비자가 광고임을 명확히 인지하였을 때와 달리 광고회피현상이 쉽게 일어나지 않기도 한다. 또한 인공지능 러닝머신 기능을 활용한, 빅데이터를 통해 소비자의 구매 패턴을 읽거나 소비자가 인터넷 포털에서 검색한 제품을 알아내고, 해당 소비자가 보는 인터넷 포털 화면에서만 다른 종류의 광고를 노출하는 형식들은 이미 보편화되고 있다. 특히 이러한 경우, 소비자의 취향과 소비자의 정보, 소비자의 구매 습관과 같은 소비자별 개성에 맞춤한 광고를 제공하므로, 무작위로 불특정 다수인 대중에게 배포되는 TV 광고보다 더욱 높은 광고효과를 기대할 수 있다.

이러한 새로운 시대의 광고들을 과거 '광고 정의'에 입각해서 광고가 아니라고 부정할 수는 없을 것이다. 오늘날의 광고는 광고로서 소비자에게 인지되든 아니든, 소비자에게 제품에 대한 정보를 주고 구매에 이르도록 한다는 측면에서 마땅히 광고로 규정하는 게 타당하다. 미디어가 개인의 소유물로서 존재하는 이러한 시대에 '광고는 반드시 이렇다.'라는 어떤 규격이나 형식적 틀을 가지고, 정의로 묶어 두는 현상을 거부한나. 오늘날의 광고는 창의성의 날개를 달고 나날이 새로운 유형으로 진화되고 있는 것이다.

오늘날의 광고는 소비자 개인과 그 개인이 소유한 개인 미디어에서 자유로이 소통된다. 따라서 변화된 광고의 정의를 새롭게 내려 보면, '개인(소비자)이 접근 가능한 어떠한 미디어 접점을 통해서, 궁극적으로 제품 구매에 이르도록 만드는 모든 정보나 활동'이라고 할 수 있다. 이러한 정의는 기존에 정의되었던 개념에서 어느 정도 벗어나 있더라도 '제품 정보를 주고 구매에 이르게 하는 요인이나 동기가 되는 활동'이라면 그것을 오늘날의 변화된 광고의 개념으로 규정하는 관점이다.

광고의 영역이 어디까지이고 새로운 광고의 정의가 어떻게 구현되어야 하는가 하는 것은 그래서 이 시점에서는 이미 지나가 버린 논쟁일 수도 있다. 그만큼 광고를 둘러싼 환경은 급변하고 광고개념도 시시각각 달라지고 있기 때문이다. 따라서 이제는 광고가 단순히 '광고'라는 '결과물'에 한정되어서는 안 된다는 것은 명확하다. 결과물로 인식되어서는 변화하는 소비자를 설득하거나 구매 동기의 역할을 할 수 없기 때문이다. 첨단 기술을 넘어 그 기술을 주도하고 그 기술을 자유자재로 넘나들며 실시간으로 소비자와 소통할 수 있는 하나의 '진행 과정'이 되어야만 소비자와 함께할 수 있다. 따라서 오늘날 '광고'는 더 이상 광고 제작에 의해 나온 결과물이 아닌, 변화하는 '진행형' 그 자체로 다시 정의되어야만 한다. 광고가 진행형이 되기 위한 가장 중요한 방법은 소비자의 변화하는 미디어에 대한 이용행태와 양상에 발맞추어 가는 것이다.

오늘날의 광고 시장은 다변화된 미디어 환경에서의 콘텐츠 이용행태를 반영하여 성장하고 있다. 하루가 다르게 고도화되어 가는 디바이스 환경 속에서, 소비자들은 자신이 선호하는 미디어 콘텐츠를 시간과 장소의 제약 없이 능동적이고 탄력적으로 이용하고 있다. 따라서 무엇보다 소비자의 양상과 행동에 발 빠르게 대처하는 새로운 광고의 모색이 최근의 광고 시장을 좌우하고 있다.

최근의 IT 기업 중 4대 고실적 테크(high-performing tech) 기업들은 'FANG (Facebook, Amazon, Netflix, Google)'이라는 약자로 불리면서(Heystek, 2017) 광고 시장의 변화를 주도하고 있다. 특히 온라인 동영상 광고 시장은 FANG를 이끄는 근본 토대라고 해도 될 만큼 오늘날의 광고 시장은 온라인 동영상 광고 시장이 광고 시장 변화를 주도하고 있다.

온라인 동영상 광고는 온라인 동영상 서비스에서 제공되는 광고이다. 동영상 소비 시대를 맞아 광고 시장 및 광고 산업을 새롭게 재편하는 주체로 부상하고 있으며 특히 국내에만 있는 SMR이나 미국의 넷플릭스 같은 OTT 서비스의 약진은 온라인 동영상 광고의 새로운 형태들을 생산하고 동영상 광고 시장을 확대하게 하고 있다. 유튜브(www.youtube.com)는 그러한 온라인 동영상 광고 시장의 근간을 만들고 있다고 해도 과언이 아니다.

온라인 동영상 광고와 함께 새로운 광고로 주목받는 또 다른 변화 흐름은 빅데이터를 활용하는 광고이다. 빅데이터 구현의 광고는 결국 **인공지능 광고**라고도 할 수 있다. 인공지능이 소비자분석부터, 제품분석, 시장분석은 물론, 광고 소비자와 관련한 다양한 분석을 시행하면서 소비자 맞춤형 광고를 만든다. 인공지능 광고의 영역은 어디까지인가에 대한 많은 논의가 양산되고 있을 만큼 그 영역이 무한하며 무엇보다 소비자에 대한 철저한 시스템적 분석을 바탕으로 크리에이티브를 만들고 노출한다. 소비자의 구매과정에 이르는 전 과정을 철저히 분석하면서, 광고효과를 높이고 있는 것이다.

특히 인공지능 광고는 때로는 광고의 형태가 아닌 하나의 콘텐츠로 구현되는 양상으로 노출되어 주목을 끈다. 따라서 사물인터넷(Internet of Things: IoT) 시대는 소비환경과 일상 환경 간의 통합이 일반적 현상으로 자리 잡게 될 것이기에 소비환경 자체가 인공지능 광고와 그대로 맞물려 있다고도 볼 수 있다. 즉, 사물과 인터넷, 소비자의 소통이 서로 맞물려 소비의 경계를 무너뜨리며 소비와 일상을 구분할 수 없게 하고, 이러한 상황에서 빅데이터를 기반으로 모든 소비환경이 자동으로 분석되어 제공된다. 이 때문에, 광고라는 과거의 정의나 형태에서 벗어난 광고, 즉 소비자에게 한계가 없는 광고가 될 것으로 예견된다. 기존의 김병희(2013a, b), 이시훈(2007) 등에서 구체화된 새로운 광고의 정의에 대한 필요성이 구체적으로 제기되고 실현화되는 시대의 흐름을 인공지능 광고는 단면적으로 보여 준다 하겠다.

새로운 광고의 정의에서 제기하는 주된 내용들은 명시된 광고주나, 비대인적 전달성과 같은 기존의 부분들이 필요하지 않다는 것이다. 오늘날 광고에서는 광고주를 명시하지 않는 경우가 허다하며 개인화된 네트워크를 통해 광고가 전달되다 보니, '비대면적 전달성'이라는 기존 광고 정의와는 맞지 않는 경우도 흔히 발생한다. 인공지능 광고는 개인에 대해 맞춤화된 형태로 전달되면서, 오히려 개인과 대면화한 것과 같은 형태로 광고가 노출된다. 개인에게만 맞춤화된 내용을 가지고 한 개인과 대면하듯이, 개인의 미디어를 통해 전달되는 양상을 보이며, 소비자가 자신의 미디어나 인터넷, 모바일 기기에 남겨 놓은 수많은 쿠키(기록)를 종합 분석하는 빅데이터 분석 기능을 통해서 개인 미디어를 분석하고 개인 미디어를 통해 전달되는 모습을 보인다. 이러한 개인화된 양상은 오늘날의 광고 시장에서는 더욱 일반화된 현상이 되고 있다.

하나의 예를 들어 보면, 미국 테네시주 관광청(Tennessee Department of Tourist Development)이 2016년에 시행한 광고를 예로 들 수 있다. 테네시 관광청이 제작한 광고인 "테네시 베케이션 매치메이커(Tennessee Vacation Matchmaker)"는 여름휴가에 어디로 가야 하고 놀러 가서 무엇을 해야 할지 모르는 관광객을 위해, 소비자가 원하는 관광 프로그램을 자동으로 짜 주는 인공지능 광고라 할 수 있다. "테네시 베케이션 매치메이커(Tennessee Vacation Matchmaker)"라는 홈페이지에 들어가면, 화면이 부팅되는 동안, 개인이 자신의 컴퓨터를 통해 남긴 수많은 기록(예를 들면, 찾아본 음식점, 평소 구매한 책의 종류, 예매한 영화의 장르 등)이 빅데이터 분석 시스템으로 분석된다. 그러한 분석 결과를 가지고 소비자가 클릭한 테네시 베케이션 매치메

[그림 1-1] 테네시주 관광청 홍보 동영상:
테네시 베케이션 매치메이커 도입 부분 장면

출처: 유튜브.

이커 홈페이지의 부팅이 완성되는 동안 그에 맞는 관광프로그램을 동영상으로 추천하여 준다. 즉, 부팅이 끝나면 볼거리, 먹을거리, 즐길 거리에 관련된 동영상들이 홈페이지 시작 화면 오른쪽에 작은 동영상 화면들로 형성된다. 예를 들면, 만약 평소 스파게티 음식점을 자주 찾았으며 로맨틱 영화를 자주 보았고 낚싯대를 구매했던 사람이 테네시주 베케이션 매치메이커 화면을 부팅했을 때 먹을거리에서는 테네시주의 이태리 식당이, 즐길 거리에서는 낭만적인 난꽃 정원이, 즐길 거리로는 테네시주의 호수에서 프라잉 낚시를 즐길 수 있는 곳의 동영상이 오른쪽 위에서부터 순서대로 제시되는 방식이다. 현재는 광고 시행 기간이 끝났지만 해당 동영상 광고에 대한 사례연구 영상을 유튜브 동영상(https://www.youtube.com/watch?v=ryR6jb4I3OI)에서 시청할 수 있다.

과연 테네시주 관광청이 기획하였으며, 개인에게 맞춤화된 동영상을 홈페이지 부팅 동안 추가로 제공하는 이러한 형태를 '유료'가 아니라고 해서, '명시된 광고주'가 없다고 해서, 광고가 아니라고 할 수 있을까? 소비자에게 구매할 수 있는 다양한 정보와 동기를 제공하는 측면에서 이는 분명히 광고이다. 또한 개인의 기호 분석 결과 개인에게 맞춤화되어 시행되었기에, 기존의 광고보다 구매효과도 더 높아질 수 있다.

이러한 양상에서 알 수 있는 것은 이제 무엇보다 광고는 하나의 콘텐츠로서 소비되는 또 다른 유형을 따르며 그것이 구매에 이르는 쌍방형적 소비자와의 소통 과정에 있다는 것이다. 그리고 그 변화의 흐름 중심에는 스마트 미디어와 인공지능 같은 첨단 기술이 자리한다. 첨단 기술을 넘는 광고에서는 '광고'라는 영역에 한계를 두는 협소한 시각을 버리고 기술과 한계를 넘어서서 새로운 광고를 찾아내는 폭넓은 시각이 필요하다.

2. 빅데이터와 모바일 활용 등 인공지능 광고

2016년 말 모스크바에서 아우디 신형 모델(A5 Coupé premiere)의 런칭쇼가 열렸다. 이 런칭쇼의 제목은 'Artificial Intelligence vs YOU(인공지능 대 당신)'이다. 단순히 광고대행사의 마케팅팀이 아닌 시라 스베타(SILA SVETA)라는 기술팀에 의해 완성된 런칭쇼인 이 쇼에서는, 제목에서도 알 수 있듯이 인공지능이 등장하여 자신의 능력을 3D 맵핑 쇼로 보여 준다. 인공지능이 디자인과 기술에의 완벽은 물론, 아우디의 실시간 모션 추적 기능까지 만들어 냄을 자랑한다. 실로 인공지능이 기능적으로 얼마나 우수한 제품을 만들 수 있는지 기술의 우수성을 보여 주는 것이다. 물론 마지막에 400명 관중이 들고 있는 스마트폰이 울리면서 드라이빙은 인공지능이 아닌 당신만이 할 수 있다는 메시지로 인간을 안심시키는 쌍방형적 쇼의 전형을 보여 주기도 했지만, 무엇보다 이 쇼는 유튜브는 물론 페이스북과 트위터에 공유되어 여전히 높은 뷰를 기록하고 있는 인공지능 광고 쇼이다.

보통 인공지능 광고라고 할 때, 이는 사람이 직접 광고를 기획, 제작하고 노출하며 광고 유통에도 사람이 직접 개입하던 기존 광고와는 근본적으로 다른 양상을 취한다. 즉, 광고의 A부터 Z까지 모든 것을 인공지능으로 시스템화하여 시행할 수 있

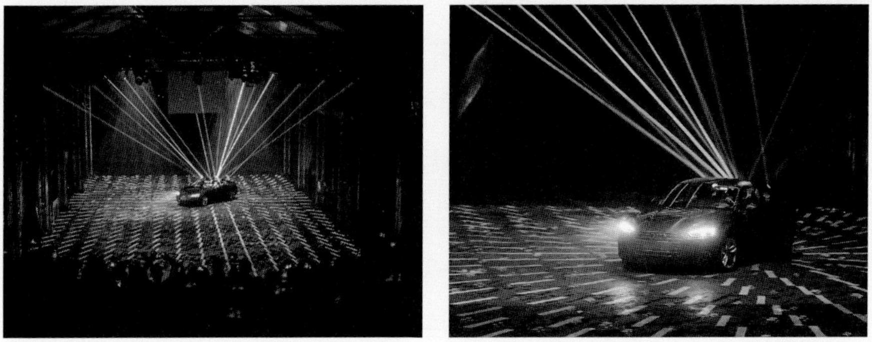

[그림 1-2] 런칭쇼 'Artificial Intelligence vs YOU(인공지능 대 당신)'의 한 장면
출처: 디자인컬렉터 홈페이지.

다. 적합한 광고 타깃이나 소비자를 인공지능이 찾아내는 것은 물론, 광고제작 과정에서도 인공지능이 **빅데이터**를 통해 분석한 크리에이티브 전략을 통해 광고안을 완성하며, 광고 노출 양식이나 소비자 구매행동에까지 인공지능을 활용하여 시행한다. 전 과정을 모두 인공지능을 활용할 수도 있고 일부 크리에이티브 전략이나 매체 전략 등과 같이 부분적으로만 인공지능을 활용하여 시행할 수도 있다. 무엇보다 인공지능을 활용한 인공지능 광고의 영역은 무한하게 확장이 가능할 것이다.

그 사례로 자동차 브랜드 '쉐보레'가 미국, 아르헨티나 등에서 진행한 '포지티브 펌프스(Positivity Pumps)' 광고 캠페인이 있다. 이 프로젝트는 공익적 브랜드로서의 이미지를 높이기 위해 광고 캠페인에 인공지능을 도입한 사례로서 "Positivity Pumps" 라는 말 그대로 '긍정성'을 발전의 원동력으로 보고, 개인 페이스북, 트위터 등 개인 SNS를 인공지능이 분석하여 개인의 긍정성 수치가 높게 나올수록 자동차 주유 시 가솔린의 양을 무료로 더 많이 제공하는 내용으로 진행되었다. 이 광고는 미국 뉴올리언스, 부에노스아이레스, 남아공에서 시행하여 폭발적 반응을 유도했으며 심지어 개인의 SNS를 분석하여 긍정성 수치가 높을 경우 개인의 꿈을 이룰 수 있도록 관련 분야 유명인과의 만남 및 컨설팅 기회까지도 제공하였다.

이 외에도 일본 덴츠는 인공지능을 활용하여 광고 카피를 제작한 후 인간이 만든 카피와 인공지능이 만든 카피를 비교하도록 하는 프로젝트를 시행하기도 하였으며, ING사는 렘브란트가 생전에 남긴 초상화의 데이터들을 모두 분석하여 새로운 초상화를 만들어 이를 광고로 제작, 칸 광고제 수상작이 되기도 하였다. 이밖에도 국내에서는 구글이 인공지능 분석을 이용하여 사람들이 라면에 대해서 가장 많이 검색하고 본 내용을 근거로 만든 '신라면' 광고가 인공지능 광고로 제작, 반영되이 화제가 되었다.

이러한 사례들은 기술을 통해 인공지능을 가지고 무엇 혹은 어떤 광고를 할 수 있는지를 여실히 보여 준다. 소비자의 전 생활 영역에서 인공지능 도입 영역이 확대되고 있듯이, 광고에서도 역시 인공지능 활용 영역이 무한히 증가될 것이라는 점을 예측하게 한다.

하지만 이처럼 인공지능을 활용하는 광고의 놀랍고 다양한 장점을 인식한다고 해도 아직까지 많은 광고대행사가 쉽게 접근하지 못하고 있는 것이 또한 인공지능(AI)을 활용하는 광고의 현실이기도 하다. 이는 인공지능에 밀려 광고인이 일자리를 상실할 수 있다는 단순한 두려움과는 차원이 다르다. 기술의 도입에 따르는 비용 가치가 전 광고 영역에 일시에 도입하는 비용보다 높기 때문에, 아직까지는 부분적으로 시행되는 것이다. 즉, 인공지능이 거창하게 또는 너무나 진보된 기술로서 우리와 멀리 있는 것은 아니며 부분적으로 이미 시행되고 있다는 것이다. 대표적인 것이 소비자 대상 빅데이터 분석을 통한 **맞춤형 광고**의 실현이다. 이미 많은 디지털 광고에서는 이와 같이 빅데이터를 활용한 방식을 광고에 접목하고 있다. 즉, 소비자 A와 소비자 B가 있을 때 그들이 보는 같은 포털 화면의 배너광고도 똑같이 부팅되지 않는다. 소비자의 취향과 성향에 따라 다르게 시행된다. 이러한 광고 방식은 이미 우리 현실에서 가용되고 있는 인공지능 광고의 대표적 사례이다.

예를 들면, 2020년 2월 중순, 네이버 포털 화면을 보는 소비자 A, 소비자 B의 초기 화면의 배너광고가 다르게 부팅될 것이다. 즉, 30대 직장인 남성인 A에게는 면도기와 자동차 엔진오일 광고가 초기 배너광고로 부팅되지만 초등생 자녀를 둔 40대 주부인 B의 네이버 초기 화면에서는 배너광고로 개학을 앞둔 초등생자녀의 참고서 광고가 부팅된다. 이는 B가 기존에 신학기 초마다 인터넷으로 참고서를 꾸준히 구매

해온 결과에서 비롯된 것이다. 즉, 인공지능 빅데이터의 분석결과를 바탕으로 소비자의 생활 패턴이나 구매패턴에 맞추어 광고가 다르게 노출된 것이다. 심지어 A가 면도기 살 때와 엔진오일을 갈아야 하는 시기까지 인공지능 빅데이터는 분석하고 포털 배너광고를 A에게 맞춤화하여 실현한다. 즉, 철저하게 해당 컴퓨터를 사용하며 소비자가 남긴 수많은 기록(쿠키)을 빅데이터로 분석하고 이를 통해 얻은 인사이트를 바탕으로 개인별로 맞춤화된 광고를 시행하는 것이다. 이처럼 **빅데이터를 활용하는 인공지능 광고**는 인간의 학습 능력과 같은 기능을 컴퓨터에서 구현해 내는 AI기술 중 하나인 '머신러닝(machine learning)'을 활용한다. 따라서 머신러닝과 빅데이터를 기반으로 소비자의 관심사 및 성향을 자동으로 분석하고 그에 맞추어 원하는 제품의 유형은 물론, 게재 위치와 사이즈까지 자동으로 분석해 시행하기에 광고 효율의 극대화를 꾀할 수 있다.

세계 최대의 인터넷 쇼핑몰인 아마존은 머신러닝을 추천 엔진으로 활용하여 소비자에 대한 빅데이터를 철저히 활용하는 것이 주요 비즈니스의 방식이기도 하다(https://aws.amazon.com/machine-learning/what-is-ai/?nc1=h_ls). 아마존과 같은 온라인 쇼핑에서는 고객이 구매를 원할 수 있는 항목, 보기를 바랄 수도 있는 영화 또는 관심이 있을 수 있는 뉴스와 관련된 맞춤형 콘텐츠나 항목에 대한 추천을 필요로 하는 경우가 흔하다. 과거에는 그런 경우 사람이 항목 간의 연관성을 생성하는 방식으로 소비자에 대한 추천을 제공해 왔다. 하지만 빅데이터와 머신러닝의 출현으로 알고리즘이 고객의 과거 구매 행동 또는 방문 제품을 조사하고 해당 정보를 다른 사람들과 비교하여 관심이 있을 만한 항목을 파악해 추천한다. 이처럼 인공지능이 보다 정확하게 제품을 분석해 추천할 수 있기에 사람이 개입하여 추천하는 과거의 시스템은 온라인 쇼핑에서는 더 이상은 무의미한 방식이다. 따라서 지금 우리 현실에 와 있는 가장 핫한 아이템으로 인공지능 광고를 인식하고 그 종류를 파악하는 일, 특성과 장점을 구체화하면서 실행 가능하도록 보다 구체화하는 일 그리고 광고효과를 높일 수 있는 다양한 구현 방식을 체계화하는 일은 향후 광고 산업에서 광고효율성을 높이기 위해 필수적이다. 광고 영역에서 AI 활용이 적극적으로 예상되는 분야로는 ① 광고매체효과 극대화, ② 마케팅 분석, ③ 프로모션, ④ 광고표현 제작 분야 등이다(http://blog.hsad.co.kr/2552). 이중 광고매체효과 극대화의 경우, 타깃의 성향과 라이프스타일에 맞추어서 타깃의 프로필별 광고 시청이나 보기 비율에 대한 예측이 가능하기에 **광고효과 극대화**가 가능할 것이다. 최근에는 말하는 AI 스피커를 통한 전기나 가스 끄기/켜기 같은 사소한 일상생활에서의 자동화영역은 물론이고 암 수술이나 유전자 진단, 인공지능 비서 같은 새로운 분야에서의 상용화가 이루어지면서 그러한 부분들에서 광고가 어떻게 개입되고 소비자를 효율적으로 설득할지에 대한 연구 노력도 필요하게 되었다. 특히 광고가 타깃에게 정확하게 맞춤화하여 제품을 광고할 경우 제품 구매가 올라갈 수 있다는 효과 측면에서 인공지능 광고의 영역은 무한히 새로운 분야와 연동될 수 있어, 매체효과를 높이는 분야의 연구가 중요해졌다.

향후 더욱 활용될 것으로 예상되는 마케팅 분석이나 프로모션 분야와도 이러한 부분은 연동된다. 특히 이처럼 소비자의 기호와 성향, 행동에 맞추어 정확한 분석을 한다는 것은 광고표현 제작 분야에서도 그 시너지를 높일 수 있는 것이다. 인공지능이 향후 3년 안에 500만 개의 직업을 없앨 수 있을 것이라고 하고, 세계적인 컨설팅 회사 맥킨지도 앞으로 10년 동안은 신규 일자리를 창출하는 일에 노력해야 할 것이라는 경고를 하고 있다(McKinsey, 2017). 따라서 크리에이티브가 핵심인 광고 분야에서도 많은 영역의 일자리를 인공지능이 사라지게 할 수 있을 것이지만 역으로 빅데이터 마케팅 분석을 통한 크리에이티브 전략의 구현도 가능하며 그러한 문제점에 대한 대처도 함께할 수 있다.

미국의 유명 저널리스트인 찰스 두히그(Charles Duhigg)가 『뉴욕타임즈』에 기고한 내용은 인공지능이 광고적 측면에서 혹은 비즈니스, 마케팅 측면에서 어떻게 활용될 수 있는 지를 잘 보여 준다. 기고에 따르면 10대 딸을 둔 미국 남성이 대형 마트인 타깃(이 기고문에서 가상으로 설정한 마트명이 Target이다)에 크게 항의를 한다. 그 이유는 자신의 딸이 아기용품 할인쿠폰을 받았다는 것 때문이었다. 10대인 딸이 임신이라도 했다는 것이냐며 크게 따진 것이다. 하지만 며칠 후 그는 마트 매니저를 찾아가 사과한다. 정말로 그의 딸이 임신했던 것이다. 대형 마트에서는 자사의 소비 분석 시스템을 이용하여 10대인 그 딸의 구매 행동을 분석했다. 그 분석에 따르면 코코아 버터 로션, 기저귀를 넣을 만한 큰 가방, 아연과 마그네슘 보충제, 파란색의 오줌 깔개 같은 것을 구매하여, 임신 확률이 85% 이상으로 계산되었고, 결국 아기용품 할인 쿠폰을 그녀에게 제공했다는 것이었다(ETRI 성과홍보실, 2018). 이러한 이야기는 단적으로 인공지능을 이용한 광고 영역에서 광고의 대상에 대해 얼마나 정확한 타기팅이 가능할 수 있는지를 보여 준다.

특히 2017년에 덴츠는 TV시청률을 예측하는 시스템 '쉐어레스트 베타판(SHAREST ß판)'을 개발했다. 이 시스템은 과거 TV시청과 매스마케팅 데이터와 관련성 있는 데이터를 AI가 딥러닝을 통해 학습하게 만든 것으로, 지금까지 예측하기 어려웠던 타깃의 프로필별 시청률까지 예측 가능하게 한 인공지능 시스템이었다. 결국 이 시스템을 통해 해당 방송을 보는 사람의 프로필을 알 수 있게 됨으로써 적절한 광고표현을 제공하여 광고효과를 강화할 수 있었다(https://blog.hsad.co.kr/2552).

또한 인공지능을 활용하여 보다 최적화된 광고제작도 가능할 수 있다. 즉, 소비자가 원하는 광고적 카피나 광고효과를 높일 수 있는 이미지나 표현 방식을 찾게 하는 것이다. 즉, 다양한 연결 포인트에 접촉한 사람들이 어떤 방식의 카피나 크리에이티브 기법에서 보다 최종적으로 구매가 일어나는 지를 찾는 데에 인공지능을 활용하여 접점 포인트 정보를 최적화하거나 소비자가 원하는 크리에이티브를 분석함으로써 광고제작을 보다 원활히 할 수 있는 것이다. 이러한 경우는 인공지능 광고란 인공지능이 제작했거나 인공지능의 분석을 활용하여 소비자에게 최적화할 수 있도록 제작한 광고를 의미할 수 있다. 그 밖에도 인공지능 광고는 소비자와의 상호작용을 강화하는 방식의 광고 프로모션에도 다양하게 도입될 수 있다.

무엇보다 직접 소비자의 다양한 체험이 더하여지는 상호작용식의 광고 수행을 통해서 인공지능 광고는 힘을 발휘할 수 있다. 나이키가 개발한 달리기 게임은 소비자가 게임을 다운받아 게임을 하는 동안 게임 캐릭터가 착용한 신발과 의상은 물론, 트랙 등에 나이키 로고나 브랜드명이 자연스럽게 노출되게 함으로써 아무런 회피나 거리낌 없이 자연스럽게 광고에 노출되도록 하는 방식을 이용했다. 일종의 게임 PPL이다. 그러나 오늘날의 변화된 광고에서는 매체에 따라 광고형식이 다양화되는 것은 물론 소비자와 접점을 만드는 방식 또한 더 다양하게 이루어질 수 있다. 심지어 광고가 노출을 강화하는 것은 물론이고, 일종의 게임 PPL과 같은 방식을 따르는 것 뿐만이 아니라, 소비자가 게임을 하는 동안 몇 번이나 나이키 로고(혹은 게임 속 PPL 브랜드)에 시선을 멈추었는지를 소비자 눈동자의 움직임을 읽는 인공지능을 삽입해 분석, 계산하게 한다. 그럼으로써 게임하는 동안 소비자를 더욱 자극하거나 구매욕구를 높이도록 한다. 단순 게임 PPL이나 브랜드 엔터테인먼트의 일종으로 시행했던 광고 노출 방식을 넘어 소비자의 눈동자, 손의 클릭수 등 행동의 수치를 과학적으로 분석해 내고, 그에 맞는 방식으로 광고를 노출하는 것이다. 앞으로도 AI 광고가 어떠한 방식으로 진화할 수 있을지는 가늠하기 어려울 정도다. 하지만 소비자의 기호는 물론이고 소비자의 편의나 편리성에 맞춤화하는 방식이 우선될 것이 분명하다. 그 예의 하나는 아마존의 활용 사례다. 오늘날 아마존이 세계 최대의 온라인 쇼핑몰이 되고 있는 것은 철저하게 빅데이터를 통해, 소비자의 패턴을 분석하는 시스템을 활용하는 방식 때문이라고도 볼 수 있다(https://aws.amazon.com/machine-learning/what-is-ai/?nc1=h_ls).

아마존의 인공지능 활용 방식을 소개하면 그 첫 번째 방식은 이상 탐지 시스템이다. 소비자가 예상된 패턴이나 데이터 구성에서와 다른 구매 행동을 했을 때, 또는 기존 행동과 일치하지 않는 항목을 구매하였을 때, 그 이유가 이벤트나 프로모션 광고를 시행한 결과인지를 파악하는 것이다. 시스템을 통한 소비자에 대한 이상을 탐지했을 때 그것이 특별 이벤트나 프로모션 광고와 같은 방식 혹은 쿠폰의 제공이나 세일 광고의 결과인지를 파악하고, 다음번 광고나 마케팅에 그 결과를 적극 반영하는 것이다. 두 번째 시스템은 부적합한 행동의 탐지 시스템이다. 이는 잠재적으로 부적절하다고 판단되는 구매 변화를 파악하거나 부적당한 항목으로 생각되는 물건의 구매나 검토를 탐지하는 예측 모델을 구축한 것이다. 소비자가 예상 밖의 적당하지 않은 물건을 구매할 가능성을 예측하여 새로운 물건을 추천하는 방식이다. 해당 소비자가 기존의 구매행동과는 다른 방식을 할 것으로 예측되는 확률을 분석하여, 추천이나 할인 쿠폰을 보내 주는 방식이다. 세 번째는 고객 이탈에 대한 분석이다. 이는 이탈 위험이 높은 고객을 찾아 미리 프로모션이나 고객 서비스 활동에 참여시킬 수 있게 하는 체계이다. 네 번째는 콘텐츠 개인화이다. 이는 예측 분석 모델을 사용하여 이전 고객의 행동을 기반으로 항목을 추천하거나 웹 사이트 흐름을 최적화함으로써 웹 사이트에서 좀 더 개인화된 고객 경험을 제공하는 것이다. 이러한 일련의 방식들은 결국 소비자 개인에 대한 철저한 분석 체계라고 할 수 있으며 변화된 광고에서는 소비자에 대한 체계적인 분석이 광고의 결과를 완성시키게 될 수 있을 것임을 보여 준다.

이러한 고객이탈에 대한 분석은 최근 늘어나는 정치, 경제, 사회, 문화에 대한 페이크 정보들을 잡아내는 데도 인공지능이 활용될 것으로 보이는 부분과 맥락을 같이 한다.

3. OTT, SMR, 유튜브 등 동영상 광고

온라인 동영상 광고는 유선인터넷(데스크탑PC, 노트북) 또는 모바일인터넷(스마트폰, 태블릿PC)을 통한 동영상 수요가 폭발적으로 증가하면서 2014년 이후 급격히 증가하여 2018년 7월 집계된 자료(한국광고총연합회 제공, 리서치애드가 조사한 자료)에 따르면 490억 원의 매출을 기록한 것으로 나타났다. 이는 스마트폰과 디스플레이, 모바일 관련 기술의 발달이 온라인 동영상 광고 소비를 충족시킬 수 있는 환경을 만들면서 급속히 성장(이동훈, 이현진, 장욱, 조기성, 2014)한 결과이다.

최근 동영상 광고 시장을 견인하고 있는 것은 유튜브라고 해도 과언이 아니다. **동영상 광고**는 기존의 제한된 형태로 보이는 배너광고나 텍스트광고 형태에서 진화하여, 소비자의 상상력을 표현해 주고 정보나 메시지를 전달하는 데 매우 유용하다. 이에 디지털마케팅 시대에 소비자의 이목을 끌어모으는 가장 효과적인 커뮤니케이션 수단이 되고 있다. 동영상 광고는 동영상 서비스의 확대에서 비롯했다. 다변화된 미디어에 대한 사람들의 이용행태를 반영하여 동영상 서비스를 견인한 중요 요인은 스마트 모바일의 높은 보급률과 관련 있다. 실제로 2017년 2월 국내 LTE 보급률은 인구의 92.6%로 달하는데, 결국 스마트폰의 대중화, LTE에 기반한 빠른 통신속도, 무제한 데이터 요금제 확산, 고화질 영상 스트리밍 기술의 발전 등으로 어디서 누구나 동영상 서비스를 쉽게 이용, 생산, 공유할 수 있는 환경이 조성되면서 동영상 서비스 시장 성장이 가속화되었다. 이에 지상파, 유료방송 사업자, 통신 사업자 등이 앞다투어 동영상 서비스 사업에 뛰어들었고, 소비자들 또한 자신이 선호하는 동영상 콘텐츠를 시간과 장소의 제약 없이 능동적이고 탄력적으로 손쉽게 이용하면서 동영상 서비스 콘텐츠 시장은 더욱 가파르게 성장하였다.

동영상을 활용하여 시행하는 서비스는 OTT(Over The Top)라는 명칭으로 정의되고 있다. 최근에는 셋톱박스에서 보는 영상이라는 의미는 사라지고 인터넷을 통한 모든 온라인 동영상 서비스를 OTT라고 정의한다. 중요한 것은 OTT의 확산으로 기존 방송 산업의 지형마저 바뀌었다는 점이다(김도환, 2016. 4. 7.).

이제 대부분의 사람은 드라마나 영화 혹은 예능 동영상 등을 모바일과 같은 스마트 기기를 통해 언제 어디서나 원하는 영상에 접속하여 시청한다. 이러한 유형에 따

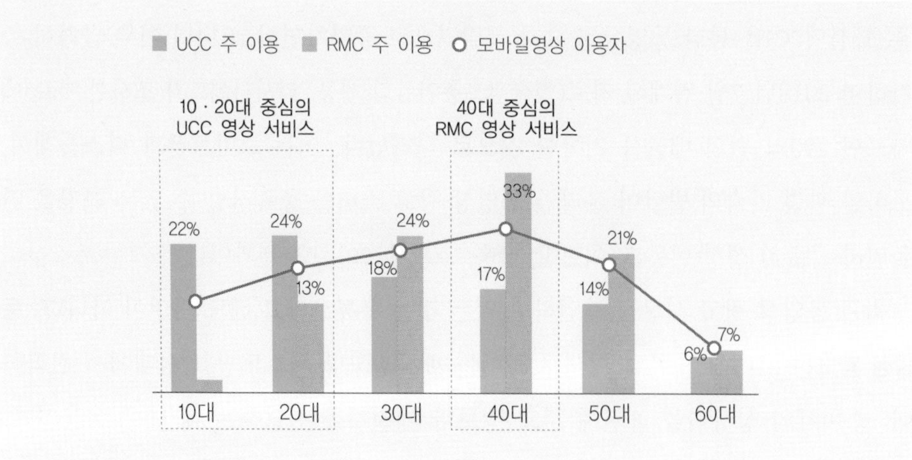

[그림 1-3] UCC, RMC 이용자별 연령대 비중

출처: 닐슨코리아(2016. 1.).

라 온라인 동영상 광고 시장도 더불어서 폭발적으로 증가했다. 특히 온라인 동영상 주요 시청 장르는 예능(46.8%), 스포츠(25.9%), 뮤직(25.9%) 순으로 나타나는데 이는 이용자 상당수가 OTT 서비스를 무료 또는 저렴한 가격으로 이용하기 때문이다. 국내 SK텔레콤(Btv 모바일), KT(올레tv 모바일), LG유플러스(유플릭스) 등 이동통신 3사는 일정 요금제 이상 가입자에게 OTT 콘텐츠를 무료로 제공한다. 아울러 CJ E&M의 '티빙'은 2017년 1월부터 tvN, Mnet, 온스타일, 투니버스 등 실시간 TV 채널 153개를 무료로 전환했다. 또한 월정액 4,900원에 2만 여 편의 영상을 무제한 시청할 수 있어 '한국판 넷플릭스'로 주목받은 '왓챠플레이'도 출시 1년 만에 누적 가입자가 64만 명을 돌파했는데 닐슨코리아 집계 기준으로 1인당 평균 이용 시간이 197분으로 넷플릭스의 41분의 5배에 육박하는 놀라운 성과를 보이기도 했다.

왓챠플레이 관계자는 "콘텐츠당 수십만 건에 달하는 시청자 평점 데이터를 활용해 맞춤형으로 영상을 추천하는 기술력이 앞서 있기 때문"이라고 이러한 성장의 이유를 설명하기도 했다(한국일보, 2017. 2. 5.). 무엇보다 이러한 OTT 서비스를 무료로 가능하게 하는 데 영향을 끼치는 것 중의 하나가 동영상 서비스에 붙는 동영상 광고 때문이라고 할 수 있을 것이다. 소비자들은 무료 동영상을 시청하기 위해서는 거기에 붙는 동영상 광고를 시청하는 것을 당연시하는 경향이 있다. 때로는 동영상 시청을 위해 노출되는 동영상 광고가 집중적으로 동영상 시청자에게 노출되다 보니 대부분 스킵하도록 되어 있는 경우에도 스킵하지 않고 추가적으로 클릭하는 경우도 발생한다. 해당 동영상을 보기 위해 짧은 시간 노출되는 이러한 동영상 광고들은 그 집중도로 인하여 소비자에게 TV 광고보다 더 효과적 수단이 되기도 한다. 특히 유튜브나 통신사가 제공하는 동영상에 못지않게 네이버나 다음 포털을 통해 방송사들이 제휴하여 노출하는 소위 SMR[1] 동영상들도 최근 높은 조회수를 기록하면서 SMR 광고 시장의 열기 또한 높다.

1 SMR은 SBS와 MBC의 합작법인회사 SMR로 출범한 회사에서 공급하는 영상 스트리밍을 의미한다. SMR(Smart Media Representative)은 2014년 5월 pooq 광고 판매와 함께 정식출범했으며 2014년 12월 유튜브(Youtube)에 방송 콘텐츠 국내 공급을 중단하면서 유튜브의 광고 수익을 자사로 가져오는 방향을 모색하였다. 그것이 2015년 2월 네이버, 다음카카오에 동영상을 활용한 통합광고 판매를 개시하는 것이었다(DMC리포트, 2015. 10.).

SMR은 현재 8개 콘텐츠 홀더(MBC, SBS, KBS, CJ E&M, JTBC, MBN, TV조선, 채널A)를 보유하고 있으며 유튜브(Youtube)에서 방송 콘텐츠를 중단했다. 따라서 방송 콘텐츠는 오직 SMR상품을 통해서만 시청이 가능하다. 이러한 방식을 통해 SMR은 동영상 서비스 유입을 강화하고 이에 대한 막대한 광고 수익을 얻고 있다. 현재는 포털과 광고 수익을 8:2로 나눈다. 이에 광고 수익에 대한 포털의 불만이 있지만, 방송 콘텐츠 동영상 클립을 시청하기 위해 모여드는 유저의 유입이 미치는 영향력으로 인하여 불공정에 대한 불만만을 가지고 있을 뿐 뚜렷한 대책을 마련하고 있지는 못하고 있다. 아무튼 SMR을 통한 방송콘텐츠에의 동영상 광고 송출로 인해, SMR 측은 무엇보다 콘텐츠 타기팅을 통한 동일 콘텐츠에의 광고 집행이 가능해졌으며, 15초까지 non-skip 하도록 하고, 소재 초수의 제한 및 할증이 없다는 특징으로 인하여, 네이버, 다음 등을 통한 동영상 광고 시장을 견인하고 있다(최민욱, 김운한, 김현정, 손영곤, 2017).

포털에서의 다양한 검색이나 조회는 결국 동영상 조회로 연결되므로, 회피되는 TV 광고와 달리 SMR 동영상 광고들은 대부분 시청된다. 특히 시청자가 원하는 시간에 원하는 영상을 보기 위해서는 무료라는 형태를 감내해야 한다는 인식하에 타의든 자의든 강제성에 의해 자발적으로 시청된다. 이에 회피되는 TV 광고보다 효과가 더욱 높은 것으로 인식되고 있다. 특히 15초 소재의 경우 재생 완료율 84%를 기록(약 16%는 15초 이전에 광고 회피-콘텐츠 간 이동, 앱 종료 등)한 바 있으며 30초 소재의 경우 중간재생(50%) 비율이 약 80%로 나타나기도 했다. 어떤 기록에서는 재생 완료율이 23%까지 기록되어 있어 광고효과가 주목된다. 결국 동영상 광고를 통해 알 수 있는 것은 상대적으로 광고 소재의 길이가 길수록 CTR%는 높아지는 경향을 보이고 있다는 것이다.

다만 8개 방송사가 모여서 연합체로 구성되는 측면으로 하여, 높은 성장에도 불구하고 실제적 광고수익의 배분이나 포털의 광고수익률에 대한 불만 등은 해결해야 할 과제로 논의되고 있다. 또한 향후 SMR과 같은 광고 수익창출 유형을 국외에서의 한류 드라마의 호응과 함께 검토하기 위한 방향도 모색해야 할 과제로 파악되고 있다.

4. 가상현실(VR), 증강현실(AR), 융합현실(MR) 광고

가상현실(VR), 증강현실(AR), 융합현실(MR) 광고는 일종의 인공지능형 광고의 한 유형이라고도 할 수 있다. 광고콘텐츠에서 가상현실이나 증강현실을 도입하여 활용하는 방안이다 보니 인공지능 시스템이 작동되기 때문이다. 가상현실이나 증강현실이 구현되면서 광고가 노출되는 경우가 일반적이다. 특히 가상현실 광고의 경우 가상현실 게임 등을 통해 브랜드가 구현한 게임 등을 하면서 자연스럽게 브랜드에 노출되는 경우가 많다. 반면, 증강현실 광고는 광고자체가 하나의 현실 속에서 콘텐츠인 광고물이 함께 노출된다. 이 경우 스마트폰의 앱을 다운받아 증강현실을 구현하는 가운데 노출이 가능하므로 보다 현실성이 느껴진다는 장점이 있다. 예를 들면, 앞서 인공지능 광고에서 소개했던 나이키가 했던 PPL방식은 가상현실 게임을 만들고 그 게임 속에서 마라톤을 경험하는데, 마라톤 캐릭터가 신는 신발이나 스포츠 의상이 나이키 브랜드로 노출되는 것이다. 혹은 게임 속 운동장의 트랙에 나이키 로고가 새겨져 있거나 운동장의 펜스에 나이키 로고가 노출되면서 자연스럽게 브랜드가 노출된다. 반면, 증강현실 광고로는 포켓몬고 게임이 대표적인데, 포켓몬이 출현하는 장소가 어떤 브랜드 매장이 되거나 브랜드가 노출되는 옥외 광고판이 되기도 하는 등 현실의 광고물이나 보여지거나 장소 브랜드 노출이 활용된다.

가상현실과 증강현실, 융합현실을 구분해 정의하면 다음과 같이 다른 점이 두드러진다. 우선 **가상현실**(Virtual Reality: VR)은 현실이 아닌 100% 가상공간에서 행해진다. 실제와 다른 공간에서 콘텐츠를 소비하는 양상이다. 가상현실은 현실 세계와는 동떨어진 완전히 다른 세계인 디지털 세계 내에서의 경험을 극대화하는 특징이 있다. 따라서 가상현실을 경험하기 위한 별도의 장치가 필요한데, 이것이 가상의 시야를 체험하도록 제작된 헤드셋이나 헤드 마운트 디스플레이(Head Mount Display: HMD, 머리 장착 디스플레이)이다. 가상현실을 경험하기 위해서는 헤드셋류의 착용이 필수적이며 이 HMD를 쓰고 보이는 가상의 세상 안에서 다양한 경험을 즐기는 것이다. 가상현실은 비사실적인 이미지의 구현이나 컴퓨터 그래픽으로 만든 가상의 공간에서 특별한 경험을 할 수 있어 몰입감이 높다는 장점이 있다.

이에 반해 **증강현실**(Augmented Reality: AR)은 헤드셋류의 장치가 필요 없다. 그냥 자신의 눈으로 보이는 지금 여기 현실의 세계가 배경이다. 현실 세계 안에 가상의 콘텐츠를 겹치게 하여 현실 안에서 가상을 직접 체험하는 것이 증강현실이다. 현실이 가상의 콘텐츠와 만나 증강된 것이라고도 이해할 수 있다. 가상현실이 현실과 동떨어진 가상의 세계이기에 사실감이 없다면 증강현실은 실제 현실의 공간에서 경험하기 때문에 현실감이 높고, 헤드셋과 같은 별도의 장치를 착용하지 않아도 된다는 편리한 점이 있어 보다 주목받는다. 대표적인 증강현실 활용은 '포켓몬고' 같은 게임이지만 광고에서도 다양하게 활용되고 있다. 하인즈 토마토케첩도 2011년, 하인즈 블리파(Blippar)라는 증강현실 앱을 출시했는데 이는 증강현실 광고의 한 유형이다. 하인즈 케첩의 로고를 스캔하면 즉석에서 하인즈 토마토케첩을 활용한 요리 레시피와 동영상을 열람할 수 있다. 스마트폰을 이용하여 그 레시피 책을 크게 보거나 책장을 넘기는 등의 활동을 할 수 있다.

[그림 1-4] 토마토케첩 레시피가 구동하는 증강현실 앱 '하인즈 블리파'
출처: daum 백과.

또는 **융합현실**(Merged Reality: MR)은 가상현실과 증강현실을 합했다고 해서 융합현실이라고 하고, 가상현실과 증강현실의 장점만을 따서 혼합했다고 하여 **혼합현실**(mixed reality)로도 불린다. 융합현실(MR)은 VR이 주는 몰입감과 AR에서 느낄 수 있는 현실감이 적절하게 섞여 있는 것으로 실시간으로 가상과 증강을 혼합해 사용자와 상호 작용할 수 있다. 따라서 정보의 사용성과 효용성을 극대화한 차세대 정보처리 기술로 받아들여지고 있다.

이처럼 첨단 정보기술로서의 융합현실에 대한 기대와 함께 최근에는 증강현실이 가상현실보다 주목받고 있다. 페이스북 또한 증강현실 콘텐츠 개발자를 위한 'AR스토어'를 준비하고 자체 카메라 앱에 증강현실 기능을 곧바로 적용할 수 있는 개발자 플랫폼을 이미 공개한 상태이다. 애플, 페이스북, 구글 등 글로벌 IT 기업들이 주목하고 있는 증강현실 시장은 차세대 기술 중 가장 빠른 성장속도를 보이고 있어 2021년 300억 달러(약 34조 원) 규모로 성장할 것으로 전망되고 있다(IDC). 가상현실 시장의 거의 두 배 규모이다. 따라서 이 분야의 광고 또한 광고 발전과 진화를 위한 개발이 시급한 분야이다.

증강현실 광고로서 가장 주목받은 것은 이케아의 플레이스 앱이다. 이 앱은 아이폰에서 다운로드하는 것과 안드로이드에서 다운로드하는 것이 구분되어 있으나 그 원리는 같다. 다운로드한 앱을 통해 현실의 공간에 실제로 가구를 배치해 볼 수 있도록 구현되어 있다.

즉, 이케아 앱에서 현실은 바로 나의 집안이고, 거기에 구현해 보는 것은 가상의 가구(콘텐츠)인 것이다. 마치 내 집의 거실에 쇼파나 의자를 놓아 보듯이 다양한 색상과 모양의 가구 배치가 가능하도록 증강현실 콘텐츠를 앱을 깔아 구현할 수 있다. 이케아 앱은 가장 대표적인 증강현실 마케팅이라고도 하지만 새로운 광고의 정의를 적용한다면 이는 단순히 마케팅이라기보다 증강현실 광고라고 할 수 있다. 실제로 앱을 깔고 가구 콘텐츠를 구현한 이들의 실제 구매율도 매우 높아지는 결과를 보이고 있기 때문이다.

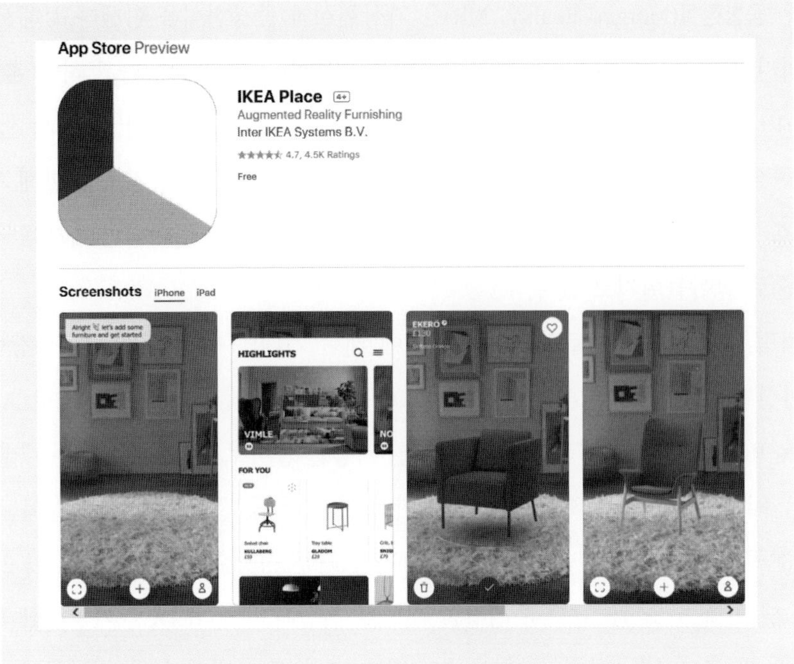

[그림 1-5] 이케아 플레이스 앱

출처: 저자가 직접 촬영.

화장품 리테일 숍인 Sephora의 경우도 Virtual Artist 라고 부르는 기술을 개발했는데 이는 증강현실 광고에서 대표적인 사례로 꼽힌다. 다운로드한 앱으로 여성이 자신의 얼굴을 스캔받으면 얼굴에 대고 각종 화장품 제품을 직접 사용해 볼 수 있게 되어 있다. 자신의 피부톤에 맞는 색조 화장품을 고르는 데 매우 유용하며 실제 적용해 본 화장품에 대한 카트 담기 기능도 구현되어 있어 제품을 바로 구매할 수 있어 구매효과도 높게 나타난다.

국내에서도 증강현실을 활용한 사례들이 점차 확대되고 있다. 롯데백화점이 2016년 9월 서울 중구 소공동 본점에 선보인 '3D 가상 피팅 서비스'가 그 대표적인 경우다. 디지털 거울에 연결된 동작 인식 카메라가 소비자의 신체 사이즈를 측정해 옷을 직접 입어 보지 않고도 옷을 입은 모습을 화면을 통해 가상으로 보여 준다. 원하는 의상을 구매하는 데 입고 벗는 불편을 없애고 구매시간을 단축함으로써 구매효과를 높인 가상광고의 사례라고 볼 수 있다.

또한 미국 세포라와 유사하게 신라면세점 또한 2018년 1월에 새로 개통된 인천공항 2터미널 면세점에 '가상 메이크업 거울'을 선보였다. 이 거울을 통해 자신의 피부와 얼굴에 맞는 화장품을 고를 수 있게 하고 있는 광고이다. 하지만 이러한 증강현실 광고들은 실재감은 있으나 아직까지는 기술 투입에 대한 초기 비용으로 일부 제품에서만 한정적으로 활용되고 있다. 따라서 기술을 활용하는 새로운 방법이나 구체적 구매효과 사례에 대한 연구들이 많이 요구되는 분야가 가상, 증강현실 광고 분야이기도 하다. 예를 들면, 화장품이나 의상구매 시 증강현실을 활용하는 것과 같이, 얼굴 성형을 원하는 이들이 성형외과에서 가서 증강현실로 자신의 성형 후의 모습을 증강현실 거울을 통해 측정해 보거나 예측해 보는 광고도 시행할 수 있을 것이다. 이 외에도 콘텐츠 개발의 한 예는 이러한 가상현실이나 증강현실 체험이 실제로 쉽게 경험하지 못하는 관광지 광고에 활용하는 사례들이 늘고 있다. 관광지는 미리 가보기 전에는 그 느낌을 알기가 쉽지 않은데, 가상현실 영상이나 융합현실 영상 등을 체험하게 함으로써, 관광지에 대한 광고효과를 높일 수 있기 때문이다. 예를 들면, 로마를 방문하기에 앞서 로마에 대한 영상을 가상으로 체험하게 하면서 곳곳에 숨겨진 역사적 내력을 미리 설명하고, 마치 현장에 가는 것과 같은 방식으로 로마를 느끼게 한다. 소비자가 가상으로 체험한 로마의 역사 유적지에 대해 호기심을 불러일으키게 하여 실제 방문을 유도하는 것인데, 구글, 유튜브 등에서 로마역사유적지를 비롯한 빅토리아 폭포 등의 다양한 풍광을 자랑하는 명소의 360도 영상들을 가상현실로 체험할 수 있게 하는 것은 이러한 방식의 한 예라고 할 수 있다. 360도 혹은 가상현실 영상들은 HMD로 스마트폰과 연동하여 쉽게 해당 관광지에 대한 영상을 원하는 곳에서 체험할 수 있도록 하고 있다. 이러한 영상들은 광고가 아니라 그냥 가상현실 영상으로 인식되기에 호기심과 방문 욕구가 동시에 자극되면서 관광지 광고효과로 이어질 수 있다. 이와 유사하게 국내에서도 백제 역사유적지구에 가상현실을 활용하여 일부만 남아 있는 정림사지 탑의 본래 모습을 가상현실로 체험하는 가상현실 관광 체험이 시행되고 있다. 탑만 일부 남아 있어 휑하기까지 한 역사 유적지에서

HMD을 끼고 가상현실로 백제의 정림사지 탑을 실제로 탐험하는 체험을 할 수 있다. 관람자들은 이러한 체험을 통해서 관광지 방문의 만족도는 물론이고 재방문까지를 고려하기에 가상현실이나 증강현실 광고의 유형과 내용은 다양한 콘텐츠의 개발 및 기획과 그 맥을 같이할수록 적용과 확대가 늘어날 수 있을 것으로 기대되는 새로운 광고 분야이다.

한편, 이러한 가상현실이나 증강현실의 활용은 단순히 제품의 구매 연결에서만 끝나기보다는 공익 캠페인 등에서 그 활용방안이 많이 연구되고 있다. 공익적 가치를 실현하는 공익광고가 과거에 단순히 광고 자체로서 일방향적인 태도변화를 설득하는 데 그쳤다면 증강현실이나 융합현실을 활용하는 공익캠페인은 체험을 통해 쌍방향적 방식으로 설득의 효과를 높일 수 있을 것으로 기대를 모으고 있다. 예를 들면, 음주운전을 막기 위해서 가상현실을 통해 음주운전으로 인한 가상의 상황을 체험하게 하는 공익캠페인을 시행하는 것 등이다. 이러한 경우 실제적 참여성을 통해 일방향적인 공익광고를 시행하는 것보다 높은 행동 변화 효과를 꾀할 수 있을 것으로 기대된다.

무엇보다 가상현실 체험은 광고라기보다는 체험의 형태로 전달되기에 수용자에게는 회피보다는 체험이라는 즐거움을 통해 자발적으로 행동 변화를 일으킬 수 있을 것이다. 그러한 사례 중에 국내에서 개발된 것으로 가상현실로 하는 지진 체험이 있다. 상암동의 가상현실 체험관 '누리꿈터'에서 실제로 체험할 수 있는 지진이 일어났을 때 대피하기 위한 방법을 알려 주는 가상현실 체험은 가상현실 체험 의자에 앉아 가상의 지진 상황을 경험하게 하면서 저절로 지진위험에 대치하는 방법을 알려준다. 많은 학교 등의 보급을 목표로 만들어진 이러한 가상현실 지진체험 의자를 통해 실제적으로 지진에 대피하는 방법을 배우므로 어린 학생들을 교육하는 교육홍보 매체로서 매우 유용할 것이다. 가상현실이나 증강현실 동영상이나 체험 등은 교육적 효과를 목표로 하는 공익캠페인을 기획할 경우, 콘텐츠 기획력이 관건이 될 수 있을 것으로 판단되어 광고홍보 전공 학생들의 역량을 높이는 것도 또한 이러한 기획분야에서 더욱 집중할 필요가 있을 것으로 판단된다.

또 다른 공익캠페인 사례로 살펴볼 만한 것으로는 2017년 2월 첫 선을 보인, 싱가포르의 아트사이언스 뮤지엄 내에 설치되었던 '인투 더 와일드(Into the Wild)'라는 융합현실(MR) 체험 공간이 있다. 2019년 6월 30일 체험이 공식 종료되었지만, 이곳은 세계 최초의 탱고지원 스마트폰이라고 하는 'LEVNOVO PHAB2'를 이용, 디지털 어드벤처의 세상으로 수용자를 이끌어 가며 전시장 1층에서부터 AR로 가상의 야생 세계로 들어가며 최종적으로 열대우림지역에 나무를 심을 수 있는 체험을 하게 하였다. 1층부터 4층까지 열대우림의 숲 체험 여정으로 구성되었으며(http://www.ciokorea.com/interview/34999), 이 체험 공간은 자연 파괴와 비삼림화의 문제를 체험하고 멸종 위기 동물과 서식지에 대한 다양한 지식의 전달과 같은 교육적 가치를 전하고자 기획되었다. 특히 참여자가 탱고지원 스마트폰을 이용하여 헤드셋을 끼고 벽을 보면, 융합현실(MR)을 활용해 아트사이언스 뮤지엄의 벽 위로 열대우림

[그림 1-6] 융합현실을 활용한 싱가포르 아트사이언스 뮤지엄의 '인투 더 와일드'

출처: 슬래쉬기어 홈페이지(위) 및 마리나베이샌즈 홈페이지(아래).

의 나무가 자라고, 복도는 숲길이 되는 가상현실의 새로운 공간이 나타난다(https://www.blog.google/topics/google-asia/step-wild-tango-singapore-artscience-museum). '인투 더 와일드'라고 명명된 이 체험의 경우 가상 세계를 실제 세상에 배치하는 데 있어서 현실성을 주기 위해 위치 좌표계를 사용하며, 가상공간에서 나무를 심을 때마다 멸종위기에 있는 수마트라 호랑이 서식지이면서 마지막 원시 열대우림지역의 하나인 림방 바링(Rimbang Baling)에 실제로 나무가 심어지도록 하여 열대우림의 사막화를 막고자 하였다. 단순한 가상 공간의 체험을 넘어 지구환경과 생태계를 보호하는 공익적 가치까지 담론화한 것이다(김현정b, 2018).

가상, 혹은 증강현실 혹은 융합현실 광고가 어떤 식으로 발전할지, 어떤 방향으로 보다 확대될지는 물론 쉽게 단정하기 어려울 정도로 이 분야는 현재진행형이다. 앞서 언급했듯이 가상현실 게임이나 증강현실 게임 속의 브랜드 노출과 같은 형태의 단순한 구현을 넘어 직접적인 구매효과를 높이기 위해 보다 콘텐츠적 속성으로 집중되는 이케아 앱과 같은 형태로의 발전이 가속화할 것으로도 예측되지만 그 방향은 아직도 미지수이다. 하지만 이 분야의 제품 프로모션을 보다 진화한 광고로 편입해 내고 광고의 발전과 진화를 가속화하는 것이, 광고 산업의 규모를 성장시키고 광고를 한층 더 진화시키는 또 다른 중요 방향이 될 것은 분명하다.

5. 디지털 사이니지 등 광고의 또 다른 미래

앞서 언급한 새롭게 변화하고 있는 광고들 외에도 기술의 발전과 더불어 새롭게 부상한 광고의 또 다른 유형으로 **디지털 사이니지**(digital signage)를 들 수 있다. 디지털 사이니지는 4차 산업혁명 시대에 맞춰 통신과 기술이 융합됨에 따라 디지털 화면을 옥외광고와 접목시킨 형태로 건물 내외의, 사람들이 많이 다니는 곳 등에 설치함으로써 유비쿼터스적 광고매체로 부상하고 있다. 디지털 사이니지의 특색 역시 일방향적 옥외매체가 아닌 쌍방향적 OOH(Out Of Home) 커뮤니케이션 매체라는 것이다. 엔터테인먼트, 광고, 정보 등 다양한 정보를 디지털 디스플레이(Digital Information Display: DID)를 이용해 제공하며 네트워크를 통해 원격 관리할 수 있는 장점이 있다(천용석, 2014). 따라서 오늘날 광고업계에서는 디지털 사이니지를 미디어를 움직이고 있는 3대 스크린인 TV, 인터넷, 모바일 기기(mobile device)를 잇는 제4의 스크린으로도 보고 있다(김소중, 심성욱, 2015).

디지털 사이니지는 "공공장소나 상업 공간에서 양방향의 개인 맞춤형으로 제공되므로 방송, 통신, 광고, 인터넷, 공공서비스 같은 다양한 분야와 유기적 관계를 맺는 융합 플랫폼"으로도 정의되기에(네이버 지식백과), 기존의 단순한 옥외광고와는 차별화된다. 또한 디지털 디스플레이가 중요 설치요소로서 삼성전자나 LG전자 등 디스플레이 생산 가전 업체들의 기술 경쟁 또한 디지털 사이니지 광고 산업과 긴밀하게 연결되고 있다. 단순 영상, 텍스트 노출이 아닌, LBS(Location Based Service, 위치 기반 서비스), NFC(Near Field Communication, 근거리 무선 통신), AR(Augmented Reality, 증강현실) 등의 기술과 융합하여 활용되기에(김건표, 이종민, 2018) 차세대 광고로서 더욱 주목된다.

글로벌 시장 조사 업체 IHS에 따르면 전 세계 디지털 사이니지 시장 규모는 2020년엔 220억 달러(약 24조 7천억 원)로 늘어날 전망이며, 2018년 3분기 IHS 마켓 보고서에 따르면, 삼성전자는 전 세계 디지털 사이니지 시장 점유율 중 25.7%로 1위를, LG전자는 12.9%로 2위를 차지하는 등 전 세계적으로 디지털 사이니지는 디스플레이 기업들의 새로운 먹거리로 떠오르고 있다(지디넷코리아, 2019. 2. 9.).

이러한 맥락에서 2019년 3월 25일부터 삼성전자가 2019년형 'QLED 8K' TV 출시 기념으로 코엑스 일대에 옥외 광고 자유표시구역에서 디지털 사이니지 광고를 진행한 것은 기술산업과 광고가 조화된 새로운 광고 방식이었다고 할 수 있다. 또한 2018년 12월 18일에는 세계 최대 공항을 목표로 하는 터키 이스탄불 신공항에 디지털 사이니지 700여 대를 설치하여 디지털 사이니지 광고는 물론 디스플레이 수출도 도모했다. 이보다 앞서 2017년 9월에는 '삼성갤럭시 8'의 출시와 함께 뉴욕스퀘어광장을 필두로 전 세계 유명 장소에서 디지털 사이니지 광고를 시행했다. 2019년에는

프랑스 파리 콩코드 광장에 설치된 〈미래를 펼치다〉라는 삼성의 디지털 사이니지 광고

이탈리아 밀라노 두오모 성당에 설치된 〈미래를 펼치다〉라는 삼성의 디지털 사이니지 광고

스페인 마드리드 까야오 광장에 설치된 〈미래를 펼치다〉라는 삼성의 디지털 사이니지 광고

[그림 1-7] 전 세계 주요 랜드마크에서 시행된 삼성의 디지털 사이니지 광고

출처: 삼성뉴스룸 홈페이지.

'갤럭시 언팩 2019'을 앞두고 전 세계 주요 랜드마크 지역에서 한글을 활용한 디지털 사이니지 광고를 진행하여 디지털 사이니지의 효과를 다시 입증했다. 한글로 진행한 '갤럭시 언팩 2019' 디지털 사이니지 광고는 1월 초 프랑스 파리 콩코드 광장에서 처음 광고를 진행한 데 이어 뉴욕 타임스퀘어, 이탈리아 밀라노 두오모 성당, 스페인 마드리드 까야오 광장, 싱가포르 히렌, 러시아 모스크바 하이드로 프로젝트 빌딩 등 유명 장소에서 시행했으며 특이한 것은 '미래를 펼치다'라는 한글로 쓰인 한글 메시지를 다이나믹한 영상으로 표현, OOH 광고로서 디지털 사이니지의 특성을 적극 활용하여 기술력과 광고를 더한 양상으로 시행되었다는 것이다.

이와 같이 디지털 디스플레이 산업과 밀접하게 연결되어 있는 디지털 사이니지 광고의 발전 과정은 다음과 같은 세대별 분류 유형으로서 설명할 수 있다(천용석, 2016). 첫째, 단순 노출형 디지털 사이니지(one way digital signage)이다. 이는 1세대에 해당하는 것으로 기존 아날로그 광고판을 디지털 디스플레이 장치로 바꿔 단순히 영상 정보를 송출하는 단방향 영상 기기로서, LCD 모니터로 변환된 전광판 형태로 광고 · 정보 제공 · 뮤직비디오 · 뉴스 · 안내영상을 주요 콘텐츠로 사용한다.

둘째, 참여형 디지털 사이니지(interactive digital signage)이다. 네트워크 기반의 중앙 관리 및 터치스크린을 바탕으로 매체와 소비자 간 양방향 소통이 가능하며, 키오스크(kiosk: 정부 기관, 지방자치단체, 백화점, 전시장, 공항, 철도역 같은 공공장소에 설치되어 각종 행정 절차나 상품 정보, 시설물의 이용 방법, 인근 지역에 대한 관광 정보 등을 제공하는 무인정보단말기)를 활용해 인터넷으로 실시간 정보를 전달한다.

셋째, 상황인지형 디지털 사이니지(context-aware digital signage)이다. 이 유형은 3세대 격의 좀 더 발전된 형태로써 미래형 하드웨어 기술, 통신 서비스, 모바일, 클라우드 같은 다양한 핵심 기술이 융합되었다. 적극적인 소통과 공유가 이루어지는 컨버전스형 디지털 사이니지이며 상황 인지 및 고실감 인터랙티브 인터페이스 기술로서 불특정 소비자에게 그룹 맞춤형 광고 콘텐츠를 추출하여 제공할 수 있다는 특징이 있다. 특히 디지털 사이니지로 대표되는 DOOH(Digital OOH) 미디어와 기존의 아날로그 옥외 미디어를 구분하는 주요 근거는 이와 같은 네트워크를 통한 콘텐츠의 송출 기능이다. 기존의 옥외 미디어는 광고 외에는 특별한 콘텐츠가 없어서 빌보드 광고, 옥상 광고, 버스 래핑 광고, 지하철 역사 내 광고 같은 대부분의 아날로그 옥외 미디어들이 활용되었고, 광고만을 위한 미디어에 지나지 않았다. 그렇지만 디지털 사이니지가 접목된 DOOH 미디어의 경우에는 네트워크 송출 기능을 통해서 다양한 콘텐츠를 지속적으로 노출할 수 있게 되어(천용석, 2014) 광고주와 소비자에 맞춤적인 광고로 발전되었다고 할 수 있다.

이러한 디지털 사이니지의 일종으로 건축물에 빛과 영상을 활용하여 외관에 빛을 비춤으로써 광고를 하는 방식의 디지털 사이니지로 미디어 파사드가 또한 최근 주목을 받고 있다. 미디어 파사드란 건축물 외벽에 빛과 영상을 이용하여 건축물을 재해석하는 것으로, 매체를 뜻하는 '미디어(media)'와 건축물 전면의 가장 중심인 건축물의 외관을 가리키는 '파사드(Façade: 프랑스어)'의 합성어이다. 즉, 미디어 디스플레이가 건축물의 외피 역할을 하는 것이다(유정선, 정진헌, 2014). 무엇보다 개념적으로 미디어 파사드란 옥외에 설치되는 디지털 사이니지의 일환으로서 건축물과 일체적으로 설치되며 디지털 경관조명, 미디어보드, 미디어월, 디지털 사이니지 등과 혼용되고 있다(이승지, 박현찬, 2016).

미디어 파사드는 크게 LED 소자적용 표출 방식과 건물 파사드를 스크린으로 활용하는 프로젝터 표출방식으로 나뉜다(안용준, 지남석, 2018). 스크린에 다양한 콘텐츠 영상을 보낼 수 있어 수용자의 흥미를 유발하며 주변의 관심을 끌기 쉽다. 이러한 주변적 관심 유발 특성 때문에 최근에는 많은 관광 콘텐츠에서 미디어 파사드 활용 광고가 주목받는다. 예를 들면, 토론토 관광청의 'The Cheating Wall'은 행인 옆의 벽에서 다른 도시거리를 지나가는 낯선 시민이 등장한다(www.adage.com). 거리에 등장한 벽 속에서 타 지역 도시와 사람이 보임으로써 관광유발효과를 보이는 것이다. 이러한 사례에서도 알 수 있듯이 미디어 파사드가 라틴어의 얼굴 겉모양을 의미하는 '파시스'에서 파생된 것처럼 미디어 파사드는 전면에 가장 먼저 드러나는 속성을 갖는 매체라고도 할 수 있다. 즉, 도시의 대형건물들을 시각적으로 아름다움과 정보를 전달하는 매개물로 활용하려는, 디지털 사이니지의 한 종류이다. 특히 건축

공간에 활용되면서 건물의 일부, 미디어 파사드와 건물을 마치 하나인 것처럼 보게 하는 효과를 일으킨다. 미디어 파사드는 결국 건물의 외벽, 내부 천정이나 벽, 바닥 등의 공간이 하나의 거대한 화면으로서 수용자와 만나는 중요한 매개, 접점이 된다. 그래서 모션 센스를 이용하여 거대한 빛의 움직임을 보여 주는 유형이 가장 많이 활용되고 있다. 이것이 발전하여 최근의 미디어 파사드는 수용자의 행위를 따라 다양한 상호작용적 체험의 도구가 되고 있다(김현정, 2018a에서 재인용).

미디어 파사드가 오늘날 더욱 주목받는 것은, 도시의 랜드마크효과와 상징적 문화효과를 기대할 수 있다는 것 때문이다. 도시 관광 홍보는 물론이고 궁극적으로는 경제효과까지 창출할 수 있다는 데 있을 것이라고 기대된다. 또한 "건축물에 영상을 상영함으로써 외향적으로는 도시의 미관 및 랜드마크효과를 담당하며 내재적으로는 도시의 독자성(identity) 및 브랜드(brand)를 보여 줄 수 있다. 인터랙션이 가능한 방향으로 진화하여 시민과의 상호작용, 즉 소통(communication)을 강화한 시민 중심(citizen-centered)의 미디어 문화로 발전할 수도(오은석, 2016, p. 61에서 재인용)" 있기에 그 활용성은 향후 더욱 증가할 것으로 전망된다.

국내의 대표적 쌍방향적 사례로는 서울시가 '서울로 7017' 만리동광장 앞 우리은행 중림동 지점 벽면에 설치한 가로 29m, 세로 7.7m 대형 미디어스크린 '서울로 미디어캔버스'가 있다. 2017년 9월 21일에 첫 설치된 '서울로 미디어캔버스'는 기존 미디어 파사드가 건물 외벽에 콘텐츠 영상물을 투사할 수 있게 하여 일방향적인 정보나 광고를 보여 주었던 데 치중했던 것과 달리, 투명 유리패널 안에 설치된 발광다이오드(LED) 전구를 밝혀 영상물을 표출하면서 누구나 스마트폰 앱을 통해 신청할 수 있게 한 쌍방향성의 특징을 가지고 있다. 신청자가 영상 · 사진 · 문구 등을 통해 사랑하는 연인에게 청혼하거나 자녀에게 힘내라는 등 다양한 개인 메시지를 보낼 수 있게 구성되었다(로맨틱 캔버스). 이 밖에도 '서울로 7017'에서 본인이 찍은 사진을 앱으로 전송하면 대형 화면에 직접 표출된다(방울방울 캔버스). 이러한 쌍방향적 방식의 다양한 개발은 매우 주목되는 미디어 파사드 광고의 양상이다. 특히 시카고의 명물인 시민들의 얼굴이 등장하는 크라운 분수의 미디어 파사드처럼 '서울로 7017'

[그림 1-8] 서울로 7017에 등장한 청혼 미디어 파사드

출처: 뉴시스.

이라는 장소 또한 미디어 파사드 광고로 서울을 알리는 관광효과를 기대하게 한다.

결국, 디지털 사이니지나 미디어 파사드 등은 소비자가 존재하는 어떠한 장소에서든지 광고가 기술적으로 브랜드 노출을 구현할 수 있음을 보여 준다. 즉, 디지털 기술을 활용하는 새로운 광고들은 첨단 디지털 기술을 활용하여 소비자 24시간의 어떠한 1분도 그냥 보내지 않고 '광고 같지 않은 광고'로 함께 하도록 하게 할 수 있다는 장점을 가지고 있다. 어디에서든 소비자는 첨단 기술 매체와 접점을 이루고 있고 그 접점을 통해 새로운 광고들은 매우 밀접한 쌍방향적 방식으로 시행될 수 있기 때문이다. 기술의 발전은 앞으로도 더 다양한 매체를 가능하게 할 것이다. 소셜미디어를 활용하는 더 다양한 광고가 등장할 것이고 새로운 기술의 접목을 통한 보다 새롭고 다양한 유형의 광고들도 계속적으로 나타날 것으로 예상된다.

광고의 형식이 변할 뿐 상품에 대한 정보를 알리고 소비자로 하여금 구매에 이르도록 하거나 어떠한 행동이나 태도를 변화시키려고 하는 광고의 본질은 변하지 않을 것이다. 따라서 이렇게 기술이 눈 깜짝할 사이에 새로운 것들을 내놓은 세상에서도 변하지 않는 것은 마케터나 광고기획자가 소비자의 눈높이에서, 소비자의 마음으로 광고를 기획해야 한다는 것이다. 새로운 광고, 광고 기술을 넘어서는 스마트

사회에서도 '소비자'가 광고의 중심이라는 사실은 변함없다. 새로운 광고와 스마트 광고 기술 매체에 발 빠르게 대응하는 것은 그래서 결국 소비자와 같이 하는 새로운 세상을 창조하는 것이 될 수도 있을 것이며 이 점을 기억하는 것은 스마트 광고 기술을 넘는 광고의 또 다른 핵심이 될 수 있다.

제2장

애드테크

최익성(㈜ 플로우 부사장)

1. 광고 환경의 변화
2. 애드테크
3. 애드테크의 주요 영역
4. 애드테크의 체계
5. 프로그래매틱 광고 거래
6. 마치며

◈◇◈

오늘날 우리가 살고 있는 세상은 하루가 다르게 변화하고 있다. 디지털 기술의 발달과 모바일 기기의 보급, 소셜미디어의 일반화된 활용, 방송과 통신의 융합 등으로 광고 환경도 많은 변화를 맞이하고 있다.

광고 시장은 환경 변화와 기술 진보에 따른 시장 변화 속도가 빠른 산업이다. 기술 변화에 따라 일어나는 광고 환경 변화에 민감하게 움직여왔다. 따라서 디지털 시대를 맞이하여 등장하는 빅데이터를 활용한 인공지능 광고, 가상, 혹은 증강현실, 또는 융합현실 광고 같은 새로운 광고에 대해 파악할 필요가 있다. 이 장에서는 새로운 광고 시스템에서 광고효과를 측정하고, 오디언스의 데이터를 바탕으로 구매 행태를 예측해 광고주에게 효율적인 광고를 제공하는 기술인 애드테크(ad tech)에 대해 알아보고자 한다.

1. 광고 환경의 변화

스마트폰이 대중화 되고, 자유로운 무선인터넷 사용으로 SNS를 통한 무제한의 정보가 유통되고 있는 현대사회는 디지털 기술의 발달과 방송과 통신의 융합 등으로 인해 광고 환경에도 많은 변화가 일어나고 있다. 4차 산업혁명이라는 말이 우리 사회의 중요한 화두로 등장한 이래 광고산업도 4차 산업혁명의 영향권으로 들어서게 되었다. '제4차 산업혁명'이란 용어는 2016년 세계경제포럼(World Economic Forum: WEF)에서 언급되었으며, 정보통신기술(ICT) 기반의 새로운 산업 시대를 대표하는 용어가 되었다(한정은, 2017). **4차 산업혁명**은 "소프트파워를 통한 지능형 공장과 제품의 탄생"을 말하며 이는 기계와 제품이 지능을 갖고 연결됨을 의미한다(장성복, 2017). 사물인터넷, 클라우드 컴퓨팅, 빅데이터, 인공지능 등으로 대변되는 4차 산업혁명 시대의 핵심 기술은 경제, 사회 전반 모든 부분에 융합되어 혁신적인 변화를 이끌고 있다. 기존의 산업과 지능정보기술이 융합되고, 센서기술, 나노기술 등 여러 분야의 신기술과 결합되어 네트워크로 연결된다. 모든 것이 연결되는 네트워크 시대는 4차 산업혁명 시대의 큰 특징이라고 할 수 있다.

이러한 환경의 영향으로 광고생태계도 변화가 일어나고 있다. 구글, 페이스북, 네이버, 카카오 등의 플랫폼 기업들이 광고 비즈니스에 본격 진입하였고 이들 플랫폼의 수익구조가 광고모델이 되고 있다. IBM 인터렉티브, 사피엔트 니트로(Sapient Nitro) 같은 IT 솔루션 기업, 딜로이트(Deloitte), 액센추어(accenture) 같은 컨설팅 기업들도 본업인 컨설팅에서 마케팅까지 완전한 서비스(full service)를 제공하며 디지털 마케팅 및 광고 시장에 진출하였다(김유나, 2017). 대행사, 플랫폼 기업, 콘텐츠 기업, IT/컨설팅 기업 모두가 경쟁하는 구도의 열린 시장이 되었다. 소비자의 구체적인 행동을 유도하기 위한 퍼포먼스 마케팅이 중요해지고, 브랜드의 '인식'보다는 '활동'을 유도해 효율을 극대화하는 자동화 광고 플랫폼이 등장하였다. 특히 데이터에 기반하여 실시간 입찰을 통해 적정 타깃에게 적시에 노출하는 **프로그래매틱 광고**가 중요한 시스템으로 부상하였다.

사물인터넷과 인공지능 등의 기술은 빅데이터 분석을 통해 각 개인의 취향과 움직임을 분석해 맞춤형 광고 콘텐츠 제공이 가능해졌다. 과거에는 많은 소비자에게 적절한 미디어를 통한 광고 메시지 도달이 중요했다. 어떤 미디어를 사용하느냐가 중요한 미디어 바잉시대였고 미디어 채널 셀렉션의 의미가 강했다. 타깃 소비자의 라이프사이클을 고려해서 미디어 채널을 선택하고 같은 메시지를 그 타깃 채널의 특성에 맞게 변화시켜 표현해 내는 것이 중요했다. 그러기 위해서 핵심을 전달할 수 있는 하나의 통일된 메시지(one simple message)가 중요하며 그 메시지를 집행할 수 있는 적절한 매체를 선택하는 미디어 믹스(media mix)가 전략의 핵심이었다. 이제는 개별적 소비자에게 맞춘 광고가 중요해졌다. 각각에게 맞는 맞춤형 편익이 제공되기 위한 미디어 채널도 다양하게 진화하고 있다. 새로운 채널들 속에서 정보는 끊임없이 생성되고 이용자들과 소통하면서 진화하고 있다.

과거에는 TV와 온라인사업자의 영역이 명확하였으나 디지털 기술의 발달 등 미디어 환경 변화의 영향으로 두 세계가 융합되었고, TV시장의 시청률 감소로 디지털 비디오 시장으로 광고흐름이 이동하였다. 24시간 네트워크가 연결되고 이러한 인터페이스를 기반으로 생활밀착형 정보기기로 스마트폰, 태블릿PC와 같은 모바일 기기가 주요 미디어로 자리를 잡았다. 쌍방향성과 상호작용성을 기반으로 오디언스와 상호작용이 가능한 광고 환경으로 변화하였다. 단순한 광고 메시지 전달 역할에서 벗어나 구매 전 단계부터 적극적으로 정보를 탐색하게 하고 참여와 체험을 유도하고 구매로까지 이어지게 한다. 이러한 과정에서 오디언스의 데이터 베이스가 중요한 역할을 하게 된다. 오디언스의 프로파일을 분석해 타기팅을 하고 각 타깃에 맞는 맞춤형 광고 메시지를 전달할 수 있으며 고객 맞춤 프로모션에 직접 반응하도록 유도할 수 있다. 따라서 변화된 디지털 환경에서의 광고는 오디언스가 필요로 하는 정보들을 파악한 후 이에 적합한 맞춤형 광고를 집행하는 것이 중요한 과제가 되었다. 구글, 페이스북 같은 글로벌 미디어는 엄청난 데이터와 도달률을 가지고 있기 때문에 수많은 광고를 유치하고 성공을 거두었다. 로그인 유저의 다양한 프로파일 정보와 데이터 베이스의 활용으로 타기팅의 정확도를 높이고 도달률을 더욱 확장해 가고 있다(윤정근, 2016).

매스마케팅 시대에는 '어디에'가 중요했다면 디지털마케팅 환경에서는 '누구에게'가 더 중요해졌다. 개인에게 맞는 맞춤형 정보가 제공되기 위한 미디어 채널도 다양하게 진화하고 있다. 새로운 채널들이 생겨나고 수많은 정보가 생산된다. 이용자들은 이러한 정보들을 활용하고 다른 사람들과 소통하면서 진화한다. 단순한 동영상 사이트로 시작했던 유튜브는 시간이 지나면서 수많은 동영상이 누적되고 정보들이 쌓여 가면서 동영상들이 모인 곳에서, 내게 필요한 모든 해결책을 동영상으로 볼 수 있는 곳이 되었다. 엔터테인먼트에 불과하던 동영상 제공 사이트가 사용자 자신의 문제를 해결해 주는 역할을 할 수 있을 정도로 진화된 것이다. 사람과 정보 모든 것이 넘쳐 나고 메시지나 정보는 더 이상 한쪽으로만 흐르지 않는다. 소비자는 볼 수 있는 것만 보는 것이 아니라 보고 싶은 것을 골라보고, 보고 싶은 대로 가공할 수 있게 되었다(한정은, 2017). 디지털 기술의 발전으로 인한 새로운 미디어의 등장은 사람들의 콘텐츠 소비습관을 변화시켰다. 즉, 콘텐츠 소비습관의 중심이 기존 전통적 미디어(traditional media)에서 온라인 미디어(online media)로 이동하였다. 미디어 환경, 소비습관의 변화는 효과적이고 효율적인 광고에 대한 광고주들의 니즈를 확대시켰다. 소비자들의 다양하고 까다로운 소비 욕구에 대응하기 위해 타기팅이 가능한 디지털 광고 수요가 증가하였고, 가장 효율적인 마케팅 플렛폼 선정에 대한 니즈가 확대되었다.

2. 애드테크

1) 애드테크의 개념

불특정 다수의 오디언스를 대상으로 TV, 신문 등 전통 미디어를 이용한 매스 마케팅이 디지털 기술의 발달과 소셜미디어, 스마트폰 등 뉴미디어의 확산으로 외형적인 통합이나 결합 단계를 지나 새로운 가치가 창출되면서 마케팅영역도 확대되었다. 인터넷 마케팅, 앱 마케팅, 소셜 마케팅 등 데이터를 기반으로 오디언스의 행동을 파악해 전략에 활용하는 다양한 마케팅 방식이 전개되고 있다. 따라서 디지털 시대를 맞이해 광고 시장의 변화와 광고와 미디어의 새로운 패러다임을 파악하려는 노력이 필요하다.

애드테크(ad tech)란 광고를 뜻하는 advertising과 기술을 뜻하는 technology란 단어가 합쳐진 말이다. 즉, 디지털, 빅데이터 등 첨단 IT기술이 적용된 광고 기술을 뜻한다. 인터넷을 이용하는 이용자가 여러 사이트를 검색할 때 남긴 쿠키(방문기록)를 기반으로 구매형태를 예측하고 제품광고에 적합한 타깃층을 선정해서 실시간으로 효율을 측정하여 대응할 수 있게 해 주는 기술을 말한다. 기술의 발전은 제품에 맞는 최적의 타깃을 찾아 집행하는 것을 가능하게 하였고 광고의 효율과 성과를 높여 주었다. 언제 어디서나 실시간으로 인터넷에 접속하고 정보를 검색할 수 있는 시대가 되면서 애드테크도 발전하고 광고계도 새로운 생태계가 형성되고 있다. 애드테크를 통해 광고 효율성이 개선되고 수익성 향상까지 동시에 달성할 수 있게 되었다.

광고 집행에서 중요한 핵심주체는 광고를 집행하는 광고주와 광고메시지를 전달해 주는 퍼블리셔(매체)다. 광고주는 광고 집행을 효과적으로 하기 위해 광고메시지가 많은 사람에게 노출되기를 바란다. 특히 상품을 구매할 가능성이 높은 사람들에게 광고가 노출되기를 원한다. 광고메시지를 전달하는 매체는 광고 집행을 통해 높은 수익을 얻기를 원한다. 이러한 광고주와 매체의 니즈를 충족시켜 주기 위해 등장한 것이 바로 애드테크다.

과거에는 광고대행사에서 개별적으로 매체를 선별해서 광고 인벤토리를 구매하여 광고 집행을 하였다. 인터넷이 대중화되고 방송, 통신의 융합, 디지털 기술의 발전 등의 영향으로 광고 집행이 가능한 웹 사이트의 수가 엄청나게 늘었고 그로 인해 다량의 광고 인벤토리가 생겨나게 되었다. 수많은 광고 물량을 사람의 힘으로 선정하고 집행하기가 어려워졌기 때문에 컴퓨터 프로그래밍을 통해 광고 인벤토리를 판매하고 구매하는 시스템이 등장하게 되었다. 애드테크는 광고 자동화 시스템을 통해 광고주와 퍼블리셔 사이에서 마케팅 목표달성과 광고수익 증대를 위한 툴과 솔루션을 제공하고 있다. 애드테크는 광고제품에 관심이 있고 구매할 가능성이 있는 사람들을 타기팅하여 원하는 타기팅에 맞춘 광고를 집행할 수 있다. 광고 타깃층의 주요 관심사는 무엇인지, 어떻게 유입되었으며, 유입된 후 매출까지 이루어지는 과정은 어떠한지, 매출이 일어난 후 재방문/재구매가 다시 이루어지는지 등을 파악하기 위한 데이터를 기반으로 하고 있다. 실시간으로 광고를 검색하는 유저의 방문기록, 접속시간 등과 같은 많은 데이터를 확보하여 실시간 타기팅이 가능하게 되었고 효율적인 광고 집행을 할 수 있게 되었다. 애드테크의 발전은 IT기술의 기술의 발전과 효과적으로 광고를 집행하고자 하는 마케터들의 수요를 더하여 진보하였다(DMC Media, 2016a).

디지털 광고 시대에는 온라인 모바일 미디어가 디지털 광고를 이끌고 있으며, 오디언스의 다양한 데이터 분석을 통한 결과와 광고가 결합되어 플랫폼 기술을 근간으로 한 애드테크로 발전하였다.

2) 애드테크 시장 현황

(1) 전 세계

애드테크 시장은 혁신적인 방식의 광고에 대한 광고주들의 관심으로 성장하고 있으며 광고 인벤토리를 자동으로 구입하고 서비스할 수 있는 광고 플랫폼 시대가 왔음을 보여 준다.

애드테크 시장이 커 가면서 실시간으로 광고를 구매할 수 있는 프로그래매틱 광고가 주목을 받고 있다. 인터넷 시장과 관련된 통계자료, 뉴스, 분석자료를 제공하는 eMarketer 자료에 따르면, 2018년 전체 글로벌 디지털 광고비는 2,280억 달러, 그 중에서 프로그래매틱 광고 시장은 700억 달러(30.7%)를 기록했다. 2019년 글로벌 프로그래매틱 광고 시장은 840억 달러로 19.4% 성장이 예측되며, 2020년은 980억

표 2-1 글로벌 디스플레이, 프로그래매틱 광고 비용(2012~2020) (단위: 10억 달러)

	디스플레이 광고비	프로그래매틱 광고비	전체 디지털 광고비
2012	$35.98	$3.71	$86.56
2013	$43.88	$8.58	$103.13
2014	$55.71	$19.86	$125.92
2015	$68.93	$30.64	$151.63
2016	$84.21	$42.87	$179.16
2017	$99.40	$56.53	$205.26
2018	$113.52	$70.21	$228.74
2019	$128.53	$83.81	$251.85
2020	$143.69	$98.19	$275.74

출처: eMarketer (2019. 2.).

달러로 17% 성장이 예상된다. 2018년 글로벌 프로그래매틱 대비 논프로그래매틱 시장비율은 31% : 69%, 2020년에는 36% : 64%의 광고 비중을 차지할 것으로 예측된다(〈표 2-1〉 참조).

(2) 미국

eMarketer 자료에 따르면, 애드테크 시장을 선도하는 미국의 프로그래매틱 광고 시장은 2018년 490억 달러에 이르고, 2019년에는 20.7% 성장률을 기록하며 590억 달러가 예상된다, 2020년까지 디지털 디스플레이 광고 지출에서 약 700억 달러를 프로그래매틱 방식으로 처리하여 디지털 디스플레이 광고의 86.3%를 차지할 것으로 예상된다([그림 2-1] 참조). 모바일 디스플레이 및 동영상 광고의 5분의 4 이상이 이미 프로그래매틱 방식의 채널을 통해 집행되고 있다. 2020년까지 미국의 디지털 디스플레이 광고 대다수가 프로그래매틱 방식으로 거래하게 될 것이다. 2020년까지

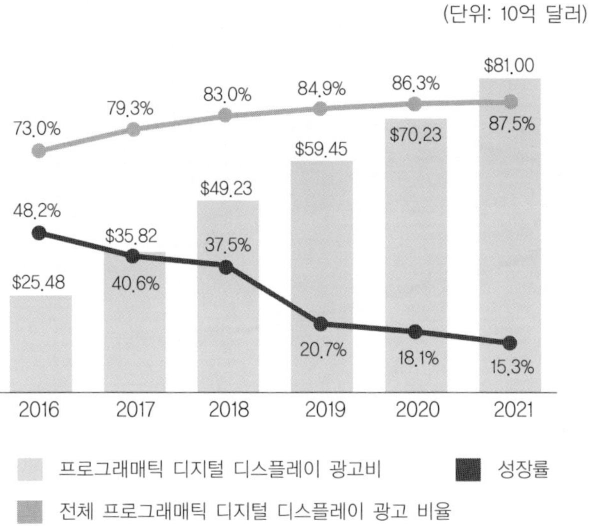

[그림 2-1] 미국 프로그래매틱 디지털 디스플레이 광고 비용(2016~2021)

출처: eMarketer (2019. 4.).

프로그래매틱 방식 광고의 3분의 2는 데스크톱 광고가 아닌 모바일 광고로 이어질 것이다. 전반적인 시장 추세와 모바일 및 프로그래매틱 중심의 페이스북 및 구글과 같은 플레이어의 지속적인 영향으로 디지털 디스플레이 광고 지출에서 모바일의 점유율이 증가할 것이다.

(3) 유럽

유럽에서도 프로그래매틱 광고 시장이 성장하고 있다. 영국, 프랑스, 독일 중심으로 살펴보면 영국은 유럽 개인정보보호법인 GDPR(General Data Protection Regulation) 및 Brexit의 영향으로 인한 불확실성에도 불구하고 프로그래매틱 방식의 광고는 계속 늘어나고 있는 추세다. 2020년까지 디스플레이 지출의 거의 90%가 프로그래매틱 방식으로 집행될 것이다. 프로그래매틱 방식 디지털 디스플레이 광고의 두 자릿수 성장으로 약 70억 파운드(88억 달러)가 프로그래매틱 방식으로 집행될 것이다([그림 2-2] 참조).

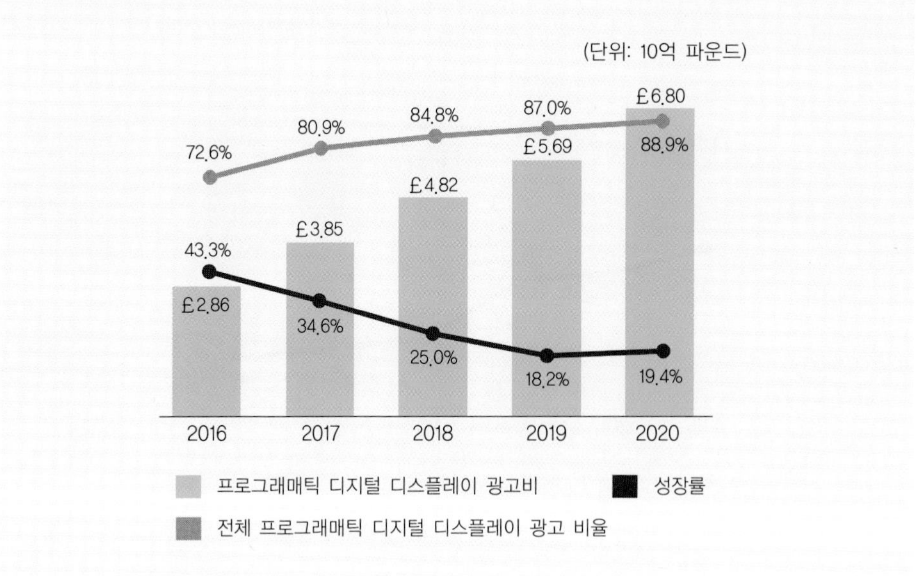

[그림 2-2] 영국 프로그래매틱 디지털 광고 비용(2016~2020)

출처: eMarketer (2019. 1.).

프랑스는 2018년 프로그래매틱 방식 디스플레이 광고 지출이 전년대비 31% 성장한 10억 4,000만 유로(11억 7,500만 달러)를 기록했다. 2019년의 연간 성장률은 16.4 %로 예상되며, 지출은 12.2억 유로(13.8억 달러)로 모든 디지털 디스플레이 지출의 83.2%까지 증가할 것으로 예상된다. 2020년에는 13.7억 유로(15.5억 달러)를 기록할 것으로 예상된다([그림 2-3] 참고).

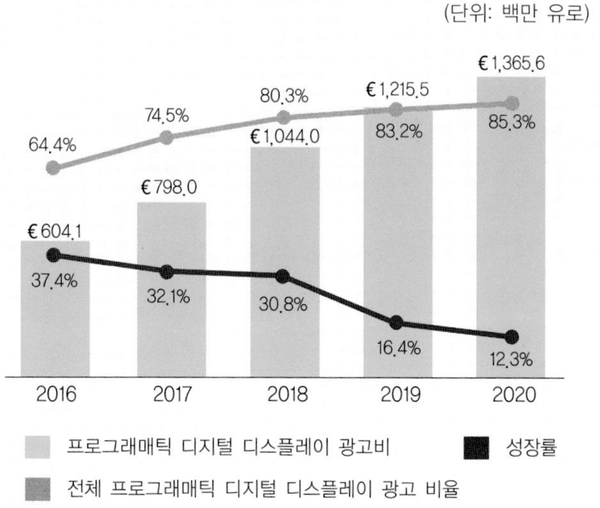

[그림 2-3] 프랑스 프로그래매틱 디지털 광고 비용(2016~2020)
출처: eMarketer (2019. 1.).

독일은 2018년 프로그래매틱 광고 지출이 2017년에 대비 37.5% 증가한 15억 6,000만 유로(17억 6,000만 달러)로 디지털 디스플레이 광고 지출의 70%를 차지했다. 2019년 프로그래틱 광고 투자는 15% 이상 증가한 18억 유로(20억 3,000만 달러)가 될 것으로 예상된다. 2020년은 10.3% 성장한 20억 유로(22.7억 달러)를 기록할 것으로 예상된다([그림 2-4] 참조).

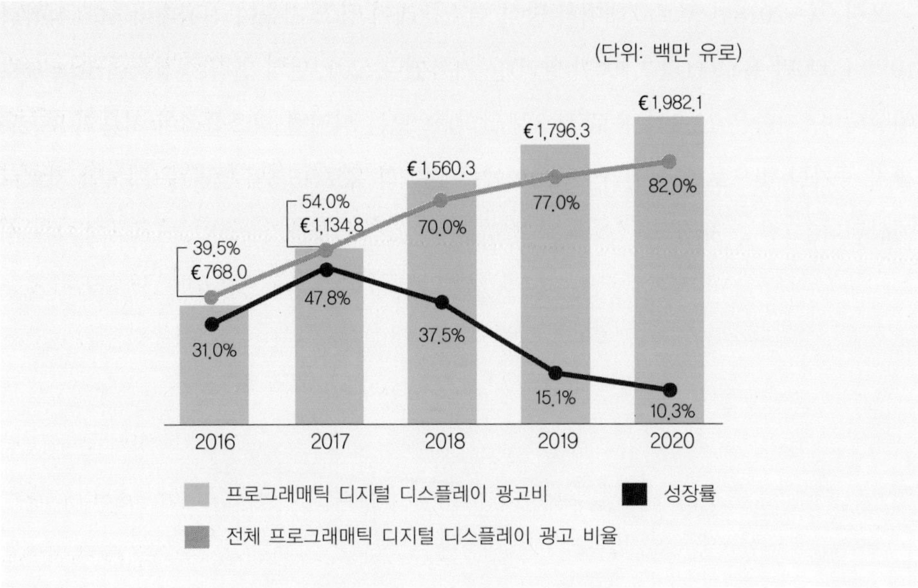

[그림 2-4] 독일 프로그래매틱 디지털 광고 비용(2016~2020)

출처: eMarketer (2019. 1.)

(4) 국내

국내 광고 시장에서도 애드테크 관련 분야가 관심을 받고 있다. 국내 프로그래매틱 바잉 시장은 성장 단계에 들어섰으며, 관련 업체들의 움직임도 활발하게 이루어지고 있다. DMC 미디어 자체조사 결과에 따르면 국내 프로그래매틱 광고 시장은 2016년 2,692억 원, 2017년에는 4,390억 원에 달할 것으로 추정했다. 프랑스 커머스 마케팅 기술 기업인 크리테오(Criteo) 자료에 따르면, 우리나라는 E-Commerce 수단에서 스마트폰을 사용하는 비중이 46%로, 소비자의 모바일 구매 경험이 최적화 상황에 이르렀다. 또한 PC나 태블릿, 스마트폰 등 다양한 디지털 디바이스에서 하나의 ID로 접속해 구매하는 크로스 디바이스(cross device) 구매 비중도 64%로 높아 디바이스별 특성에 맞는 맞춤화 광고 전략이 필요하게 되었다. 정교한 광고 효율이 요구되는 온라인 디지털 광고 시장에서 최적의 미디어 플래닝과 미디어 바잉, 정밀한 타기팅이 가능한 애드테크 광고 시장이 더욱 발전할 것으로 보인다(DMC Media,

2016c).

애드테크의 발전으로 디지털 광고 시장이 변화하고 있다. 특히 프로그래매틱 광고 방식은 디지털 광고 생태계의 구조에도 큰 변화를 가져올 것이다. 기존의 광고 집행은 '광고주-대행사-미디어렙-미디어'의 구조로 진행되어 왔다. 퍼포먼스 중심의 광고 집행이 증가하고 프로그래매틱 광고 집행으로 이 같은 구조에 변화가 생기기 시작했다(진봉섭, 2016). 프로그래매틱 광고는 아직까지는 작은 시장 규모지만 향후 활발히 활용될 여지가 많은 분야이므로 관심을 가지고 지켜봐야 할 영역이다.

3. 애드테크의 주요 영역

1) 프로그래매틱

수많은 매체가 존재하고 넘쳐 나는 광고로 인한 광고클러터 현상으로 타깃층에게 최적의 광고 시간을 확보하고 노출하는 것이 광고 집행의 최대 과제가 되었다. 특히 온라인상에서 수많은 트래픽이 거래되는 디지털 광고의 특성상 일일이 계약하고, 거래하는 건 사실상 불가능에 가깝다. 이러한 상황 속에서 어떻게 하면 효과적으로 광고를 집행할 수 있을까? 데이터에 기반을 둔 인공지능으로 최적의 광고 환경을 찾아내는 광고 집행 방식이 필요해진 시대가 되었다. 그러한 광고 집행 방식이 프로그래매틱(programmatic) 바잉이다. **프로그래매틱 바잉**은 프로그램에 기반해 광고를 구매하는 방식을 말한다. 프로그램이 자동으로 오디언스를 분석하고, 사용자들의 행동데이터를 근거하여 분석한 타깃을 대상으로 한 맞춤형 광고를 띄어 주는 광고 인벤토리의 구매 과정을 자동화한 방식이다. 광고를 구매할 때 사람을 통해서 이뤄지는 것이 아니라 사전에 만든 알고리즘에 따라 디지털을 통해 자동으로 구매를 하는 것을 말하며 수집된 사용자들의 데이터를 이용해 광고 인벤토리의 구매와 판매 과정을 실시간으로 거래할 수 있도록 자동화한 광고 방식이다. 프로그래매틱 생태계에서는 광

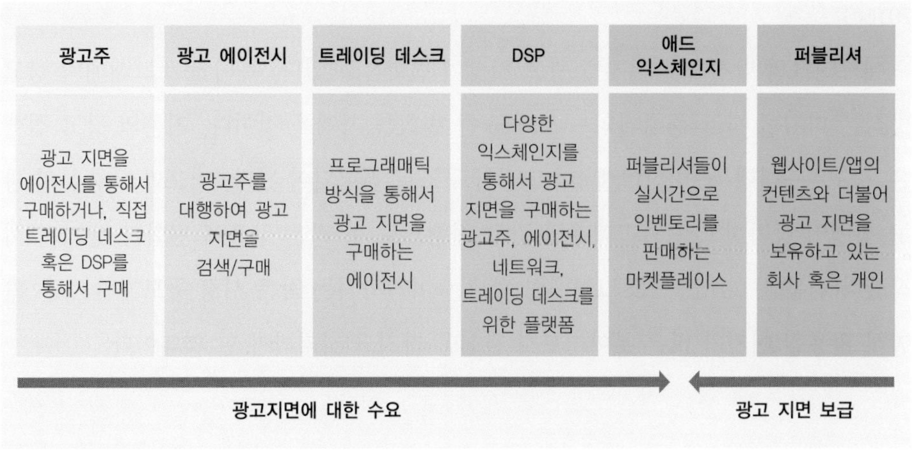

[그림 2-5] 프로그래매틱 생태계의 주요 플레이어

출처: 윤정근(2016).

고주, 광고 에이전시, 트레이딩 데스크, 수요자 측 플랫폼(DSP), 애드 익스체인지, 퍼블리셔(매체사)가 주요 역할을 하고 있다([그림 2-5] 참조).

과거에는 '사람'이 광고 집행에서 중요한 요소였지만 애드테크가 접목된 디지털 광고 시대에는 '기술'의 중요성이 더 커졌다. 애드테크라는 범주 안에 프로그래매틱 광고라는 구체적인 모델이 존재한다고 할 수 있다(최민욱, 김운한, 김현정, 손영곤, 2017). 애드테크 기반과 함께 모바일로 디지털 광고의 중심이 옮겨 가면서 새로운 광고 생태계가 형성되었고, 그 중심에 프로그래매틱 바잉에 의한 광고가 존재한다고 할 수 있다. 프로그래매틱 광고는 사람의 관여 대신에 소프트웨어기술을 통한 데이터에 기반하여 실시간 입찰(real time bidding)을 통해 구매 가능성이 높은 타깃 오디언스를 대상으로 적시에 노출하는 형태의 광고를 말한다(박현길, 2017). 광고주나 광고대행사가 미디어 렙이나 미디어를 통해 개별적으로 퍼블리셔의 광고 인벤토리를 구매하는 방식이 아니라, 자동화된 시스템을 통해 실시간으로 오디언스 관점에서 광고를 구매하여 집행하는 방식이다. 프로그래매틱 광고는 자동화된 소프트웨어 시스템을 통해 구매하는 방식이므로 광고 인벤토리를 사전에 구매할 필요가 없이 캠페인 목표에 맞게 원하는 시점에 수시로 실시간 입찰을 통해 원하는 타깃 오디언스를 정확하게 찾아 광고를 예약하여 노출시키고 집행 데이터를 분석하여 캠페인을 최적화할 수 있다(DMC Media, 2016b).

광고 집행 과정에서 핵심 역할을 하는 것은 광고주와 퍼블리셔다. 광고주는 타깃 소비자층에 맞게 광고를 집행하고 싶어 하고, 퍼블리셔는 남는 광고 인벤토리에 광고를 유치하길 바란다. 광고주가 직접 광고 인벤토리를 파악하고, 가격을 협상해서 구입하는 경우도 있지만, 광고대행사가 진행하는 경우가 많다. 프로그래매틱 광고는 이 광고 인벤토리 구입 과정을 소프트웨어를 이용해 자동화한 것이다. 인벤토리 구입 및 판매 과정을 자동화하기 때문에 수동으로 하는 것보다 속도를 높이고 규모를 확장시킬 수 있다.

프로그래매틱 플랫폼은 광고주들에게 광고가 노출될 소비자들에 대한 광범위하고 정확한 정보를 전달한다. 따라서 광고주들은 심리통계학, 인구통계학, 사용자의 행동 등을 기반으로 정확한 타깃에게 광고를 노출할 수 있다. 프로그래매틱 광고는 프로그래매틱 바잉을 통해 이루어진다. 프로그래매틱 광고 집행으로 광고주에게 도움을 줄 수 있는 측면이 많이 있다.

첫째, 프로그래매틱 광고는 시스템적 특성으로 인해 광고 집행의 투명성을 높일 수 있다. 프로그래매틱 광고는 자동화 시스템에 의해 집행됨으로 사람의 임의성이 개입될 여지가 적다. 구체적으로 광고 인벤토리를 구매해 주는 수요자 측 플랫폼(DSP)을 통해 정밀한 데이터를 바탕으로 타기팅하고 구매하고, 노출되는 과정을 거치는데, 그 과정은 모두 시스템에 의해 이루어지기 때문에 집행 결과의 투명성이 상당한 수준으로 유지된다. 이를 통해 관리자가 개입할 수밖에 없는 과거의 인벤토리 중심의 구매방식(inventory buying) 과정에서 생기는 불투명한 요소가 상당 부분 해소될 수 있다.

둘째, 프로그래매틱 광고 집행은 의사결정에 있어 실시간성을 강화해 줄 수 있다. 프로그래매틱 광고는 실시간 입찰 방식으로 광고 판매가 이루어진다. 이 입찰은 캠페인 진행기간 동안 광고주, 또는 대행사가 광고 게재 위치를 보다 효과적으로 제어할 수 있도록 실시간으로 개입하여 전략과 프로그램을 수정하고 보완할 수 있다. 따라서 전통적인 디지털 광고에 비해 광고주가 실시간 통제가능성이 커지고, 이미 구축된 데이터 관리 플랫폼(Data Management Platform: DMP)과 제3자 데이터뿐 아니라 사용자 로그를 지속적으로 업데이트하는 데이터 및 캠페인 결과에 대한 피드백이 반영된 데이터를 함께 사용할 수 있게 됨으로써 의사결정의 질, 적시성이 크게 향상된다(Seitz & Zorn, 2016; Rogers, 2017; 서헌주, 엄남현, 2019에서 재인용). 따라서 사전에 광고를 기획하고 매체 집행을 의뢰 하는 획일적인 의사결정과정을 탈피해 캠페인 진행 중에 소비자의 실제 반응을 바탕으로 캠페인을 지속적으로 수정, 향상시켜 나갈 수 있다. 광고 집행 과정에서 이루어지는 사전 의사결정은 실제 전략을 집행하기 위해 사전 점검이 필요하고, 캠페인 진행 중에 전략상 변동사항이 발생할 경우 이를 반영하고 수정하는 데 상당한 시간이 걸려 사후에 평가해야 하는 경우가 많았다. 의사결정의 실시간성은 광고주에게 마케팅 전략의 기획과 집행에 있어 어느 정도 유연성을 가지고 대처할 수 있게 되었다.

셋째, 프로그래매틱 광고 집행은 창의적 마케팅 전략 수립에 도움을 준다. 프로그래매틱 광고 실행 과정에서 광고 메시지에 대한 고객의 반응 데이터들이 자동으로 생성된다. 데이터 분석에 근거해 마케팅 활동의 목적에 따라 오디언스 프로파일을 구축하는 데이터 관리 플랫폼(DMP)에서 제공하는 기초 데이터가 활용되지만, 실행 과정에서의 오디언스의 반응이 새로운 정보로서 생성된다. 실제 데이터 관리 플랫폼에서 제공되는 고객 세그먼트는 기존에 시장조사를 통해 얻어지는 정보를 통한 분류보다 훨씬 세분화되어 있으며, 이와 같이 실시간 반응 데이터의 수집은 기존 데이터의 실효성을 지속적으로 강화해 준다(Seitz & Zorn, 2016; Rogers, 2017; 서헌주, 엄남현, 2019에서 재인용). 지금까지의 마케팅 전략에서는 선정한 세그먼트와 유사한 인구 통계학적 프로파일을 가지는 오디언스를 대상으로 광고를 집행할 수밖에 없었다. 프로그래매틱 광고는 마케팅 프로그램의 창의성과 실행력을 높이고 과학적인 집행을 할 수 있도록 해 준다. 프로그래매틱 광고는 빅데이터를 기반으로 하기 때문에 목표 설정과 성과측정이 용이하며, 소비자 맞춤형 광고로 광고 효율이 높다. 따라서 프로그래매틱 광고 집행은 창의적 마케팅 프로그램의 수립에 도움을 준다.

프로그래매틱 광고가 제대로 집행되기 위해서는 해결해야 할 몇몇 과제들이 존재한다.

프로그래매틱 광고 관련된 용어가 어렵고 개념도 제각각인 경우가 있어 이를 이해하기 쉽고 통일된 개념으로 조정이 필요하다. 프로그래매틱 광고 플랫폼이 광고대행사 중심이 아니라, 정보기술이나 플랫폼 개발사와 실무진을 중심으로 이루어져 용어의 장벽으로 인해 어려움을 겪는 경우가 발생하기 때문에 해결해야 할 과제라고 할 수 있다.

프로그래매틱 광고는 광고대행사의 도움 없이도 광고를 집행할 수 있는 방식이다. 네트워크화된 미디어는 모두가 프로그래매틱의 대상이 되어 가는 현실에서 광고대행사가 프로그래매틱 광고 생태계에서 어떤 특유의 역할이나 가치를 창출할 수 있어야 한다. 실시간으로 작동되어 사전에 리스크 발생을 방지할 수 없기 때문에 리스크 발생 시 이를 조정할 수 있는 방안이 마련되어야 한다.

프로그래매틱 광고의 정교성을 좌우하는 것은 데이터의 질과 데이터의 가공능력이다. 한국 시장에서는 법적인 규제, 데이터 제공기업의 보수적 기업문화 등으로 인해 상용화할 수 있는 데이터가 극소수에 불과하기 때문에 이를 해결할 수 있어야 성공적인 프로그래매틱 광고 집행이 가능할 것이다(서헌주, 엄남현, 2019).

2) 프로그래매틱 광고 유형

프로그래매틱 광고는 자동화된 시스템을 통해 디지털 광고를 거래하는 것이다. 광고를 구매하는 구매자와 판매를 하는 매체사를 자동으로 연결해 광고를 제품에 맞는 정확한 타깃(right audience), 적절한 장소(right olace), 정해진 시간(right time)에 노출시키는 것이다.

전 세계의 수많은 디지털 온라인 광고 지면을 프로그래매틱 광고 자동화 시스템을 통해 구매가 가능하다. 국내 주요 온라인 웹사이트나 특정 커뮤니티의 광고 지면을 한 자리에서 구매가 가능하고 해외 웹사이트의 광고 지면도 손쉽게 구매할 수 있다.

표 2-2 프로그래매틱 광고 유형

구매유형	공개 입찰	비공개 입찰	우선 거래	보장된 거래
거래방식	공개 입찰 (누구나 입찰)	비공개 입찰 초청된 구매자만 입찰	비공개 고정가 1:1 거래	비공개 고정가 1:1 거래
단가	입찰	입찰	협상	협상
노출량 보장 여부	보장불가	보장불가	보장불가	보장가능 업프론트 노출구매

출처: Cheil Magazine (2019. 4.).

구글, 페이스북, 트위터 등 글로벌 디지털 미디어 인벤토리 기업들은 대부분 프로그래매틱 광고 시스템을 통해 광고 집행이 이루어진다. 주요 매체사들은 자신들이 구축한 프로그래매틱 플랫폼에서만 자사 광고상품을 구매할 수 있도록 구조화하는 추세이다(Cheil Megazine, 2019. 4.).

프로그래매틱 광고 유형은 4가지로 구분된다(〈표 2-2〉 참조).

(1) 보장된 거래(guaranteed deals)

매체에서 가장 탑(top) 또는 프리미엄(premium) 인벤토리를 거래하는 방식이다. 미리 노출량과 구매금액을 합의한 뒤 해당 노출량을 모두 구매하는 방식이다. 하나의 구매자와 퍼블리셔가 가격을 합의해서 노출량, 기간을 예약해 집행하는 논프로그래매틱(non-programmatic) 방식과 동일한 유형이다.

(2) 우선 거래(preferred deals)

비공개 1:1 거래 방식으로 노출량을 업프론트로 구매하지 않고, 원하는 타깃에게 필요한 만큼만 노출할 수 있는 유연한 유형이다. 광고 효율이 안 좋을 때는 광고를 중지하고 광고 예산을 다른 매체로 변경하는 것이 가능하다는 장점이 있다.

(3) 비공개 입찰(private auction)

초청된 다수의 구매자만 인벤토리에 입찰할 수 있는 거래방식이다. 매체판매자는 입찰할 수 있는 하한가를 설정하고, 구매자는 그 이상의 가격으로 입찰하는 방식이다.

(4) 공개 입찰(open auction)

누구에게나 판매가 오픈되어 있어 누구나 자유롭게 입찰해 구매할 수 있는 방식이다.

3) 실시간 입찰

실시간 입찰(Real Time Bidding: RTB)은 프로그래매틱 바잉의 여러 구매방식 중 실시간으로 입찰하는 방식을 말한다. 실시간 입찰방식은 광고주와 퍼블리셔 모두에게 보다 효율적인 광고 거래를 제공하는 프로그래매틱 시스템 광고 기술이다. 광고주는 최적의 오디언스에게 광고를 노출시키고 퍼블리셔는 가장 좋은 가격으로 자신의 광고 인벤토리를 판매하는 모든 과정이 개별적이고 즉각적으로 이루어지는 실시간 경매 시스템이다. 실시간 입찰을 통해 광고주는 자신이 입찰한 인벤토리를 최저의 가격으로 구매할 수 있을 뿐만 아니라 자신의 브랜드 가치를 창출할 수 있다. 실시간 입찰의 진정한 가치는 프로그래매틱 광고 시스템에서 최적의 데이터를 사용해 광고주와 개발자가 최상의 결과를 얻는 것에 있다.

페이스북과 트위터 등의 퍼포먼스 광고와 구글 디스플레이 네트워크(GDN)과 같은 애드 네트워크 광고 등에 실시간 입찰이 적용되고 있다. 광고주는 원하는 광고 인벤토리를 찾아 입찰을 하며 타깃에 맞는 소재를 노출한다. 광고주를 위해 광고 인벤토리를 구매하는 수요자 측 플랫폼(DSP)은 광고 인벤토리의 실시간 입찰 및 거래를 중개하는 거래소인 애드 익스체인지(ad exchange), 또는 다수의 애드 익스체인지와 연동이 가능한 퍼블리셔를 대표하는 광고 자동화 플랫폼인 공급자 측 플랫폼

(SSP)에서 제공되는 광고 인벤토리를 입찰한다. 경매에서 낙찰받은 광고는 가장 높은 가격으로 입찰한 수요자 측 플랫폼에게 배정되며, 이 광고는 실시간으로 사용자 기기에 로딩된다. 오디언스가 광고가 게시되는 웹페이지나 앱을 보게 되면 공급자 측 플랫폼에서 애드 익스체인지를 통해 입찰 요청이 전달된다. 광고주가 이용하는 애드 익스체인지와 연결된 수요자 측 플랫폼은 해당 인벤토리의 평가자료를 입찰 요청에 사용한다. 이 평가자료는 웹페이지나 앱에서 광고가 게재되는 위치 그리고 광고주가 원하는 데모그래픽(demographic) 등의 요소를 기반으로 한다. 이렇게 경매로 판매된 광고 인벤토리는 가장 높은 입찰가를 제시한 광고주에게 판매되어 실시간으로 게재된다.

4. 애드테크의 체계

광고 영역에 기술이 합쳐지면서 광고 플랫폼이 다양해지고 있다. 이전에는 광고상품을 사고파는 것을 직접 사람이 발로 뛰어가며 했다면 애드테크가 등장한 이후 인력이 아니라 자동화된 프로그램에 기반해 광고를 구매하는 방식인 프로그래매틱 바잉 으로 자동화된 시스템에 의해 편리하게 이용할 수 있게 되었다. **애드테크 시스템의 체계**는 광고주와 매체사 사이에 기술적으로 연결되어 있는 여러 가지 플랫폼으로 이루어진다. 오디언스 데이터 제공 역할을 하는 데이터 관리 플랫폼, 광고주 편에서 광고 인벤토리를 구매하는 수요자 측 플랫폼, 미디어 인벤토리를 묶어 광고주에게 판매하는 애드 네트워크, 방대한 광고 인베토리 거래소인 애드 익스체인지, 매체사 편에서 오디언스에게 광고를 송출하는 공급자 측 플랫폼으로 나눌 수 있다.

1) 데이터 관리 플랫폼

데이터 관리 플랫폼(Data Management Platform: DMP)은 빅데이터 분석에 근거해 목표고객의 특성을 이해하도록 돕는 플랫폼이다. 광고 인벤토리 입찰에 필요한 미디어 정보, 인구통계학적 정보, 소비자 구매패턴 등 다양한 정보를 빅데이터를 활용하여 제공해 주는 서비스를 의미한다. 광고 집행 데이터나 웹사이트 방문자 데이터, POS(Point-of-Sale) 데이터, 고객 ID 등 다양한 데이터를 관리하는 플랫폼으로서 타기팅에 초점을 둔 타깃 오디언스와 개인 식별데이터를 가지고 있어 광고주가 세분화된 타깃 오디언스를 찾을 수 있게 한다.

데이터 관리 플랫폼에서 활용하는 데이터는 3가지 부류로 나누어 볼 수 있다. 첫 번째는 퍼스트 파티(1st party) 데이터로 자사가 보유한 데이터다. 거래정보, CRM, 웹과 앱에서 수집된 데이터 등 고객을 식별하는 데이터를 말한다. 두 번째는 세컨드 파티(2nd party) 데이터로 제휴 사이트로부터 습득한 오디언스 데이터를 말한다. 세 번째는 서드 파티(3rd party) 데이터로 외부 업체로부터 받은 데이터를 가리킨다([그림 2-6] 참조).

데이터 관리 플랫폼은 다양한 캠페인과 오디언스 데이터를 동시에 관리함으로써 미디어 구매와 광고 크리에이티브 최적화에 도움을 준다. 수많은 데이터 중에서 소

1st 파티 데이터	2nd 파티 데이터	3rd 파티 데이터
광고주 데이터	제휴된 사이트로부터 습득한 데이터	외부에서 구입하는 데이터
CRM/POS 등	오디언스 데이터, 디바이스 타입/OS 등	구매행동, 온라인/실시간 점포 구매, 소셜미디어, TV 시청 데이터 등

[그림 2-6] DMP 구성 데이터 유형

출처: 최민욱 외(2017).

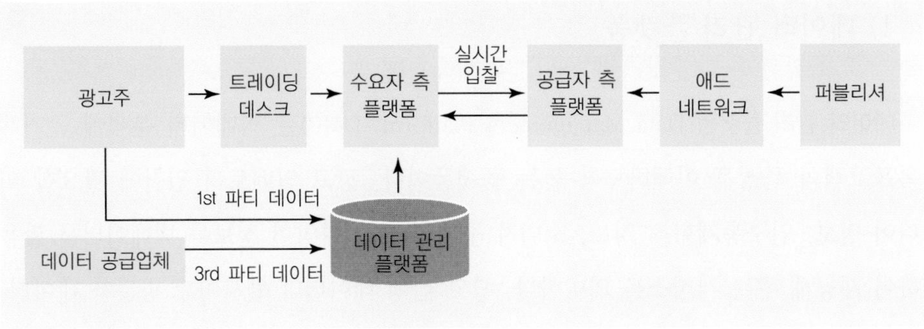

[그림 2-7] 프로그래매틱 바잉과 DMP

출처: 진봉섭(2016).

비자가 가장 관심 있어 하는 주제를 파악해 내야만 더욱 개인화되고 정교한 타기팅이 가능하다. 소비자가 가장 관심 있어 하는 개인적인 관심사까지 파악해 내는 것이 데이터 관리 플랫폼의 핵심이다. 소비자들의 구매 패턴, 서비스 이용 패턴과 같은 데이터 소스를 얼마나 많이 갖고 있고, 얼마나 정확한 정보를 가졌는지가 관건이 된다. 데이터 관리 플랫폼은 타기팅을 잘하기 위해 필요하다. 모바일 디바이스가 대중화되고 이를 통해 개인화된 데이터를 중심으로 정교한 타기팅이 가능해지니 더욱 정밀한 데이터에 대한 필요가 생겼다. 디지털 시대로 넘어오면서 광고효과 측정에 대한 광고주들의 니즈나 인식이 커졌다. 적은 비용으로 많은 소비자, 정확한 타깃 소비자에게 메시지를 전달하려는 본질적인 측면에서 디지털 데이터의 중요성이 강조된다.

데이터 관리 플랫폼을 중심으로 한 애드테크 시장이 현재는 PC, 모바일로 한정되어 있지만 앞으로는 디지털이 아닌 매체에도 확장될 것으로 보고 있다(김병국, 김윤규, 2019). 예를 들면, TV 광고 시간대에 특정한 서버가 이를 캐치하고 소비자 데이터를 분석해 타깃에 맞는 광고를 뿌리는 것이 가능 할 수 있다.

2) 수요자 측 플랫폼

수많은 미디어와 개별 메시지 전달 도구인 광고 비히클(vehicle)이 존재하고 있어 광고주는 어떤 미디어, 비히클을 통해 타깃층에게 광고를 노출해야 원하는 목표를 달성할 수 있을지 고민을 하게 된다. 이를 해결해 줄 수 있는 광고주를 위한 광고 플랫폼이 **수요자 측 플랫폼**(Demand Side Platform: DSP)이다. 수요자 측 플랫폼은 광고 구매 플랫폼으로 광고주가 적절한 매체에 광고를 제공할 수 있도록 한다. 광고주는 수요자 측 플랫폼을 활용하여 온라인상의 모든 미디어 중 원하는 미디어만 선택하여 구매할 수 있어, 타기팅된 유저에게만 광고가 송출될 수 있도록 실시간 입찰을 통한 바잉으로 효율적 구매를 할 수 있다. 수요자 측 플랫폼은 디지털 광고 시장의 거래를 촉진하기 위해 단일 인터페이스를 통해 다중 광고 거래를 관리하는 플랫폼이며, 온라인 광고 구매 프로세스를 자동화시켜 광고주에게 유리한 결과를 이끌어 낸다. 수요자 측 플랫폼이 광고 인벤토리를 구매하는 과정은 실시간 경매 시스템(Real-Time Bidding: RTB)을 통해 이루어진다. 퍼블리셔는 공급자 측 플랫폼을 이용해 비어 있는 광고 인벤토리를 거래에 올리고 수요자 측 플랫폼에서 가격을 정해 올리면 가장 좋은 인벤토리를 고르게 위한 경매가 즉시 이루어진다. 수요자 측 플랫폼은 인구 통계 정보와 위치 정보, 유저 디바이스, 검색 습관과 같은 아주 다양한 요소를 기반으로 타깃을 설정할 수 있다. 기존의 광고 네트워크에 비해 뛰어난 트래킹 성과를 보여 주기 때문에 광고주들은 보다 효율적으로 광고 비용을 최적화할 수 있다. 광고주는 수요자 측 플랫폼을 활용해 수많은 퍼블리셔 광고 인벤토리 중 광고주에게 가장 적합한 선택을 하고 자동구매를 할 수 있다.

3) 공급자 측 플랫폼

퍼블리셔(매체사) 편에서 퍼블리셔의 이익을 도와주는 플랫폼이 **공급자 측 플랫폼**(Supply Side Platform: SSP)이다. 광고 인벤토리를 보유한 미디어 퍼블리셔를 대표하는 광고 지동화 플랫폼으로 매체사가 광고를 송출하기 위해 원하는 광고주를 찾도록 도와준다. 공급자 측 플랫폼은 광고매체 상품의 이익을 최대화하기 위해 구매를 원하는 광고 중에서 수익이 높은 광고를 찾아낸다. 광고 단가가 높은 광고를 제공하여 매체의 이익 향상을 돕는다. 공급자 측 플랫폼을 통해 퍼블리셔는 클릭률이 높은 광고 인벤토리를 합리적인 가격에 판매할 수 있으며 광고주가 효율적인 마케팅을 할 수 있도록 도움을 준다. 공급자 측 플랫폼을 통해 광고 인벤토리를 수요에 맞게 관리, 공급하여 매체사의 수익을 높여 주고 광고주에게는 최적의 광고 인벤토리를 제공해 준다. 모든 광고 인벤토리는 실시간 입찰방식으로 유효한 공간에만 제공되고, 광고의 집행, 과정이 모두 기록되므로, 광고 노출과 클릭에 대한 분석을 광고주와 퍼블리셔에게 제공하게 된다.

공급자 측 플랫폼의 작동 원리는 수요자 측 플랫폼과 유사하지만 광고주 측이 아닌 퍼블리셔 측을 대변한다. 실시간 경매 시스템에서 공급자 측 플랫폼은 경매인이고 수요자 측 플랫폼은 입찰자다. 공급자 측 플랫폼을 사용하면 퍼블리셔는 인벤토리 최저 입찰 가격을 관리하고 특정 대상에게 자신의 인벤토리 구매를 제한할 수 있다. 또한 공급자 측 플랫폼은 광고의 구매, 판매가 이루어지는 광고거래소인 애드익스체인지를 통해 여러 수요자 측 플랫폼에 접근할 수 있기 때문에 퍼블리셔는 모든 잠재 구매자를 쉽게 파악할 수 있다. 수많은 광고주와 퍼블리셔는 이런 실시간 정보를 주고받으며 아주 짧은 시간 안에 거래가 이루어진다. 개별적인 거래에서는 매개변수가 작용돼 광고주와 퍼블리셔 모두 최적의 결과를 얻을 수 있다.

4) 애드 네트워크

애드 네트워크(ad network)는 수많은 미디어 인벤토리를 네트워크로 묶어 광고주에게 판매하는 사이트를 말한다. 흩어져 있는 광고 인벤토리를 취합하고 구분하여 광고주에게 판매하는 중개역할을 한다. 제휴를 통해 여러 매체 사이트에서 선구매 또는 수익배분 형태 계약을 통해 광고 물량을 확보하여 타깃 프로파일을 광고주의 니즈에 맞게 세분화하여 새로운 가치를 더해 판매한다. 기본적인 태그(tag) 기반의 리타기팅(retargeting)에서부터 쿠키 기반으로 유저를 타기팅 하는 오디언스 타기팅(audience targeting), 기계학습에 의한 자동 최적화 기능까지 광고주가 원하는 유저를 찾아서 광고를 내보낼 수 있다. 애드 네트워크는 수많은 계약된 사이트를 하나의 솔루션을 통해 광고를 전송하고 타기팅하는 방식으로 진행된다. 수많은 네트워크화된 사이트의 콘텐츠 중 광고주와 연관성이 높은 콘텐츠가 노출되는 지면에 광고를 전송하는 방식이다. 즉, 사용자가 인터넷을 서핑하며 방문하게 되는 수많은 페이지의 내용과 관련된 광고를 노출시켜 잠재고객을 유입하는 형식의 광고를 말한다. 광고주는 원하는 타깃에게 도달할 확률이 높아졌고, 매체는 광고 인벤토리를 보다 효율적으로 판매할 수 있게 되었다.

5) 애드 익스체인지

애드 익스체인지(ad exchange)는 광고 인벤토리의 실시간 입찰 및 거래를 중개하는 거래 중개소로서 수많은 애드 네트워크와 연결되어 있고 네트워크 간 거래가 가능한 트래픽 거래 시장이다. 애드 익스체인지로 인해 광고주는 여기저기 존재하는 애드 네트워크 그리고 개별 퍼블리셔와 일일이 접촉하지 않아도 온라인상의 모든 미디어 지면을 실시간 경매 방식으로 원하는 시점에 선택하여 구매할 수 있게 되었다. 애드 익스체인지는 광고주와 퍼블리셔, 애드 네트워크 간의 개별적 연동의 복잡성 및 비효율을 줄여 주고 실시간 입찰을 통한 거래 중계를 통해 광고주와 매체사 간의 균형 가격을 중재하는 역할을 한다. 광고주가 원하는 타깃을 찾는 데이터 관리 플랫폼과 매체사가 원하는 광고주를 찾는 공급자 측 플랫폼을 연결하며 광고주와 매체사는 직접 일일이 찾아 거래하지 않아도 애드 익스체인지를 이용해 자동으로 쉽게 거래를 할 수 있는 것이다.

5. 프로그래매틱 광고 거래

1) 구글, 페이스북

글로벌 기업 중에 애드테크를 활용하는 대표적인 기업이 디지털 광고 시장을 주도하고 있는 구글(Google), 페이스북(Facebook)이다. 애드테크를 활용한 오디언스 데이터를 기반으로 광고주가 원하는 오디언스나 시간, 지역 등에 따라 세분된 타깃층을 대상으로 광고가 노출된다.

페이스북은 페이스북을 사용하는 오디언스를 대상으로 집행되고, 구글은 구글 회원이나 사용 여부에 상관없이 구글 디스플레이 네트워크(GDN)에 포함된 웹 사이트에 방문한 모든 사용자를 대상으로 집행된다. 웹서핑 중에 검색했던 관심어, 사이트, 뉴스, 블로그 등에서 찾아본 내용과 관련된 광고가 포털 메인 화면에 뜨거나 서핑하는 사이트에 노출되는 경험을 쉽게 할 수 있다. 구글은 검색데이터, 웹사이트 방문고객 데이터 등 수많은 데이터에 기반을 둔 애널리틱스(analytics) 분석과 오디언스의 행동에 대한 예측 패턴을 찾아내고 적응하는 예측커뮤니케이션 서비스를 통해 효율적인 광고 전략을 수립할 수 있다.

페이스북은 나이, 성별, 학력, 직장 등의 인구통계 데이터, 주요 위치에 있는 고객에게 도달 가능한 지역 데이터, 취미, 페이스북에서 좋아하는 페이지 등의 관심사 데이터, 구매행동, 기기사용 및 기타 활동을 분석한 행동 데이터 등 타깃 최적화 기법을 이용한다. 핵심 타깃, 맞춤 타깃, 유사 타깃으로 나누어 효율적인 광고 집행이 가능하다. 핵심 타깃층을 대상으로 인구 통계, 지역, 관심사, 행동 데이터를 분석, 광고를 집행할 수 있어 타깃 오디언스를 정확하게 선택할 수 있다. 광고주가 가지고 있던 고객 리스트나, 사이트를 방문한 경험이 있는 맞춤 타깃층을 대상으로 데이터를 분석하여 해당 오디언스가 페이스북에 방문했을 때 광고를 노출한다. 맞춤 타깃 오디언스와 가장 유사한 관심이나 행동 패턴을 가진 유사 타깃층를 대상으로 타기팅 광고를 집행할 수 있다.

언론 미디어인 뉴스 퍼블리셔들도 데이터를 기반으로 한 프로그래매틱 광고를 활용 하고 있다. 해외 퍼블리셔 프로그래매틱 활용 사례를 살펴보도록 하겠다.

2) 이코노미스트

런던에서 발행되는 시사주간지인 이코노미스트(The Economist)는 2014년 4월 이전에는 프로그래매틱 프로그램이 존재하지 않았다. 2014년 말부터 프로그래매틱이 추진되었다. 클라이언트 측면에서 효율성을 추구하는 방향이 이코노미스트가 나아가야 할 방향으로 생각하고 해결점을 찾아갔다. 이를 위해 광고주들에게 동일한 인벤토리에 대한 액세스 권한을 부여하고 이를 가능하게 하기위해 프로그래매틱 전문가를 영입했다. 정해진 관습적인 틀 안에서 광고를 판매하는 광고 세일즈팀에게 프로그래매틱 판매 방식을 제시했다. 광고주가 가지고 있는 문제해결을 위한 통합 솔루션의 필요성을 깨닫고, 이를 위해 마케팅 과제를 이해하고 솔루션 프로그램을 모아 활용할 수 있는 영업 담당자를 영입했다. 외부컨설턴트의 영입보다는 영업팀의 기존 기술과 지식을 최대한 활용하여 새로운 업무를 담당하도록 하여 내부 변화를 이끌었다. 자체 플랫폼이 없어 구글을 이용하여 프로그래매틱을 시작하였다. 이코노미스트의 자체 축척 데이터와 클라우드 기반의 대용량 데이터 플랫폼인 블루 카이(BlueKai)가 제공하는 데이터 관리 플랫폼(DMP)을 통해 수집된 데이터 셋을 활용하였다. 기존 잡지 구독자들의 웹 페이지와 계정 정보를 분석하여 읽기 선호도를 파악한 후, 쿠키, 가입자 및 기타 데이터를 통해 데이터셋을 만들고 비슷한 성향과 관심분야를 가진 집단으로 그룹화했다. 이를 바탕으로 새로운 정보를 가진 오디언스가 잡지사 사이트에 접근하면, 잡지사가 가진 데이터셋과 사용자의 쿠키를 바탕으로 새로운 오디언스가 관심 있을 만한 내용의 광고를 실시간으로 분석 및 예측하여 헤드라인 위의 배너광고를 집행하였다. 사용자가 이 광고를 클릭하면 광고는 사용자를 맞춤 콘텐츠 허브로 이동하게 하였다. 마케팅팀 전담 멤버가 수요자 측 플랫폼(DSP)을 통해 캠페인을 실행함으로써 자체 광고 재 타기팅 프로그램을 자체적으로 운영하기 시작했다. 영업방식을 프로그래매틱으로 바꾸면서 영업팀 인력시간의 40%를 확보하는 효과를 거두었다(The impact of programmatic advertising on news publishers, WAN-IFRA Report, 2015).

3) 티엠지

네덜란드의 티엠지(Telegraaf Media Groep: TMG)는 신문, 잡지, 텔레비전 및 라디오는 물론 소셜네트워크, 게임, 광고 및 전자 상거래 사이트를 다루는 80개 이상의 브랜드로 네덜란드에서 가장 큰 퍼블리셔다. 티엠지는 전 세계에서 가장 큰 단일 실시간 입찰 URL 중 하나를 보유하고 있으며 게시자 거래 데스크(publisher trading desk)를 처음 출시한 퍼블리셔다. 티엠지는 프로그래매틱 방식에 있어서 앞서 가고 있다고 알려져 있다. 이미 50%가 넘는 티엠지의 온라인 디스플레이 광고수익은 프로그래매틱 분야로 넘어갔다. 2020년전에 90%까지 프로그래매틱 이 증가할 것으로 예측하고 있다. 티엠지는 전 세계 최대 실시간 입찰(RTB) 퍼블리셔 중 하나이며 자동화 된 디스플레이 분야에서 최고의 퍼블리셔로 간주된다.

티엠지는 독보적이며 새로운 퍼블리셔 시장 컨설팅 서비스를 통해 프로그래매틱 방식에 대한 과감한 의도를 보여 주고 있다. 티엠지의 자체 프로그래매틱 운영팀 규모는 작지만 다른 퍼블리셔들에게 프로그래매틱 전문가를 파견하는 서비스를 제공하고 있으며 이를 통해 퍼블리셔 마켓이 형성 되었다. 티엠지는 영업직사원의 수고를 덜고 더 많은 판매고를 올릴 수 있는 프로그래매틱 트레이딩(programmatic trading)을 도입하였다. 적은 수의 직원들로 더 많은 수익을 창출하는 것이 프로그래매틱 트레이딩의 요점이다. 프로그래매틱 기법을 도입한 이후 수 많은 테크놀로지의 변화 과정을 통해 가치 있는 사내지식을 축적하게 되었다. 프로그래매틱 기술을 사용하기 위해 플랫폼 161(platform 161)이라는 자사 플랫폼을 이용한다. 광고판매는 루비콘 프로젝트(Rubicon Project)의 광고판매 시스템을 이용하여 광고지면을 판매

한다. 루비콘 프로젝트의 광고판매 시스템은 수요자 측 플랫폼과 공급자 측 플랫폼의 오퍼링을 원활하게 해 준다. 프로그래매틱 방식의 보장된 제품을 제공하고 판매자가 이를 설정하고 관리하며 올바른 정보를 수요자 측 플랫폼에 전송하여 구매자의 설정을 쉽게 할 수 있고 거래를 처리할 수 있도록 해 준다.

티엠지는 기술적 첨단지식과 실험을 통해 이 분야에서 많은 경험을 가지고 있기 때문에 솔루션을 구축할 수 있었다. 소규모 광고주들을 위해 셀프서비스 솔루션 구축을 예로 들 수 있다. 소규모 레스토랑이 웹사이트에 로그인 하여 배너를 만들고 네덜란드에서 가장 큰 뉴스웹 사이트에 레스토랑 반경 10마일 내 사람들에게 자동화 시스템으로 광고를 노출시킬 수 있다. 구매자에게 가장 관련성이 높은 광고를 실시간으로 제공 하는 재타기팅 제품(retrageting product)을 통해 최적의 구매를 할 수 있도록 하였다(The impact of programmatic advertising on news publishers, WAN-IFRA Report, 2015).

4) 십스테드

노르웨이의 미디어 그룹인 십스테드(Schibsted)는 프로그래매틱 방식을 통해 전체 온라인 트래픽의 40%를 커버하며 전체 광고 매출의 약 20%가 프로그래매틱 방식을 통해 이루어진다. 기술적 측면에서 프로그래매틱은 두 개의 방식으로 진행된다. 첫 번째는 구매프로세스를 보다 효율적으로 해 주는 프로그래매틱 다이렉트(programmatic direct) 방식이고 두 번째는 구매 프로세스에 데이터를 제공하여 프리미엄을 보장하는 합의적 실시간 입찰(compromising RTB) 방식이다. 십스테드는 4가지 프로그래매틱 시스템을 운영한다.

(1) 공개 실시간 입찰(open RTB)

잔여 인벤토리를 경매로 판매하는 방식이다. 두 번째 입찰 경매, 보장은 없으며 광고로 연결하는 특정한 행동마다 가격을 지불하는 CPA(Cost Per Action) 또는 광고

1회 클릭당 비용을 지불하는 CPC(Cost Per Click) 방식의 목표 달성을 위해 최적화된 방식이다.

(2) 프리미엄 프로그래매틱(premium programmatic)

거래 ID 기능을 통해 광고 판매가 이루어진다. 특정 사이트, 특정 게재 위치, 지정 프리미엄 공간을 타기팅 할 수 있다. 원하는 사이트를 자유롭게 선택 가능하며 포맷에도 구애받지 않고 가능하다.

(3) 프리미엄 보장(premium guaranteed)

프리미엄 프로그래매틱과 동일한 방식으로 운영된다. 차이점은 1년이라는 기간을 미리 예약하여 투자할 경우 광고 노출 특정 횟수를 보장하는 것이다.

(4) 프로그래매틱 다이렉트(programmatic direct)

구매와 재고를 액세스하기 쉽게 하는 빙식으로, 한 달에 일정 건수 이상 집행 약속을 하는 고객과 연간 계약을 맺어 집행하는 방식이다.

프로그래매틱에서 오디언스의 데이터가 중요한 역할을 한다. 십스테드에는 서버 데이터, 클라이언트 데이터, 로그인 데이터 등 많은 데이터가 존재한다. 효과적인 캠페인을 위해 데이터를 최적화하여 실행 하지만 무료로 데이터를 제공하지는 않는다. 거래 ID로 데이터를 제공하거나 자체 캠페인으로 데이터를 예약할 수 있다. 프로그래매틱 시스템을 운영함에 있어 데이터의 중요성과 함께 가격 책정, 조건, 정확한 광고 표출 등 프로그래매틱 방식의 투명성 또한 중요하다. 십스테드는 원할한 프로그래매틱 방식 운영의 투명성을 위해 영업담당자, 영업관리자 및 프로그래매틱 담당자를 대상으로 워크숍, 트레이닝 세션, 프레젠테이션 등 내부 트레이닝교육을 실시하고 있다. 프로그래매틱 담당자는 미디어 에이전시가 제품을 알고 있는지 확인하고 프로그래매틱 방식으로 미디어를 구매하는 방법을 트레이닝하도록 돕는다. 또한 공급자 측 플랫폼, 수요자 측 플랫폼, 데이터 관리 플랫폼, 광고주 간 모든 연결이 제대로 작동하는지 확인하고 제어하는 역할을 한다(The impact of programmatic advertising on news publishers, WAN-IFRA Report, 2015).

6. 마치며

디지털 시대에 들어서면서 데이터 양이 기하급수적으로 늘어남에 따라 빅데이터라는 개념이 일반화되고 이와 함께 데이터 분석을 위한 프로그램 역시 정교화되면서 애드테크를 활용한 광고를 집행할 수 있는 여건이 마련되었다.

애드테크 시장의 성장은 광고 테크놀로지의 발전으로 이어지고, 광고 효율 상승과 미디어 경쟁력 강화를 불러올 것으로 예상된다. 해외 애드테크 기업들의 증가와 함께 국내 디지털 광고 시장에서도 애드테크에 대한 중요도나 관심도는 지속적으로 확대 될 것이다. 프로그래매틱 광고 시장이 성장단계에 이르렀으나 현재 프로그래매틱 광고 시장은 크게 활성화되지는 못하고 있다. 프로그래매틱 광고에 대한 국내 광고주 및 대행사의 인식과 장애요인에 대한 탐색 연구(서헌주, 엄남현, 2019) 결과를 보면 프로그래매틱 광고가 장기적으로는 성장할 것으로 보았지만, 단기적으로는 부진을 면치 못할 것으로 조사되었다. 장기적 관점에서 보면 산업의 발전에 있어 정보기술이 중요하고, 개인정보에 대한 규제가 점차 완화될 것으로 보여 프로그래매틱 광고도 성장할 것으로 긍정적으로 바라보았다.

단기적 관점에서는 시대적 트렌드로 이용하게 될 것이라는 긍정적 의견과 함께 부정적 시각이 많이 존재하였다. 아직 프로그래매틱 광고에 대한 정확한 이해가 부족하고, 알려진 성공사례가 없는 점, 개인정보 규제 정책으로 인해 오디언스 데이터를 적재적소에 활용할 수 있을 만큼 충분한 수준에는 이르지 못할 것이라는 점, 프로그래매틱 광고의 실질적 효과에 대한 신뢰감의 부족 등으로 크게 활성하지 못할 것이라는 부정적인 의견이 존재하였다. 그럼에도 불구하고 향후 테크놀로지의 발전과 함께 애드테크 시장은 성장할 것이고 프로그래매틱 광고가 일반화될 것이다. 프로그래매틱 광고는 기존의 광고 집행 체계를 변화시키고 새로운 광고생태계를 구축해 나갈 것이다.

모든 광고주는 눈앞에 보이는 높은 광고효과를 중요시하고, 매체는 보장되는 수익을 중요하게 생각한다. 이러한 외형적인 것을 넘어 가치를 중요시할 때 애드테크는 이 가치를 기반으로 광고 시장에서 필요한 기술로 자리 잡게 될 것이다. 프로그래매틱 광고 집행을 통해 광고주는 더욱 세밀하고 정교한 타기팅으로 광고효율을 높일 수 있으며, 더욱 오디언스 지향적인 광고 마케팅 전략을 수립할 수 있을 것이다. 광고 시장이 크고 복잡해질수록 애드테크는 더욱 주목받을 것이고, 광고 생태계는 판매자나 구매자 모두에게 유익한 방향으로 진화할 것이다. 앞으로 빅데이터 기반의 마케팅 성공 사례는 계속해서 증가할 것이고 온라인시장, 모바일시장, 디지털시장이 점차 확대되고 있기 때문에 애드테크 시장의 전망은 밝을 것으로 생각된다. ■

제3장

인공지능과 광고

김미경(홍익대학교 광고홍보학부 교수)

1. 인공지능의 개념
2. 인공지능의 유형과 시장 동향
3. 인공지능과 광고
4. 마치며

◈◇◈

2016년 스위스 다보스에서 열린 세계경제포럼(WEF)에서 언급된 4차 산업혁명(the Fourth Industrial Revolution)은 이제 우리에게 친숙한 용어가 되었다. 4차 산업혁명 시대에 접어들면서 특별히 많이 언급되고 있는 용어가 있는데, 바로 인공지능(artificial intelligence)이다. 4차 산업혁명은 '모든 것이 연결된 지능적인 사회', 즉 물리적 세계와 디지털 세계가 결합된 하나의 통합 시스템으로서 지능형 CPS(Cyber-Physical System)를 이끌 것으로 예상되는데(경향신문, 2016. 1. 20.), 이때 물리적 세계와 디지털 세계의 결합을 견인할 기술이 인공지능과 사물인터넷(Internet of Things: IoT)이다. 그러한 맥락에서 2017년 이후 국내외 주요 기관들이 발표한 미래를 이끌어갈 핵심 기술에 인공지능은 빠지지 않고 있다. 4차 산업혁명의 핵심적 기술로서의 인공지능은 이제 피할 수 없는 현상으로 사회 전반에 영향을 미치고 있으며, 광고 분야도 예외가 아니다. 광고 업계뿐 아니라 학계에서도 인공지능이 광고 산업 전반에 미치는 영향을 이해하기 위해 노력하고 있다.

그러나 4차 산업혁명과 인공지능이 사회와 업계에 영향을 미치기 시작한 지 불과 3년여밖에 되지 않았기 때문에 인공지능과 광고에 대한 논의는 시작 단계에 있다고 할 수 있다. 인공지능이 단순히 기술을 넘어 인간의 삶의 방식과 설득의 방식을 바꾸고 있으며 업계에서 심심치 않게 빅데이터(big data)로 뒷받침되지 않은 피티(PT, presentation)는 경쟁력이 떨어진다는 이야기가 들려오는 점을 생각할 때 인공지능과 광고에 대한 논의는 더욱 활발히 진행되어야 할 것이다. 이 장에서는 인공지능의 개념과 유형, 그리고 광고계에 영향을 미치는 인공지능의 사례 등을 살펴보고자 한다. 이러한 과정을 통해 현재 광고 분야에서의 인공지능의 위치와 향후 전개될 방향성 등을 논의해 보고자 한다.

1. 인공지능의 개념

인공지능이라는 용어는 1955년 존 매카시(John McCathy)가 다트머스 대학(Dartmouth College)에서 열린 콘퍼런스에서 처음 소개하였다. 당시 매카시는 인공지능을 '지능형(intelligent) 기계를 만들기 위한 과학 및 공학'이라 정의하였다. 인공지능은 처음 소개될 당시에는 주어진 문제를 해결하기 위해 기계에 논리를 적용하는 혹은 연산을 가진 컴퓨터 개념에 가까웠다. 그러나 인공지능에 관한 정의는 분야마다 다르게 표현되고 있으며 합의된 정의를 제시하기 어려운 실정이다(송기인, 2019). 원론적으로 정의를 내려 보면 "기계에 시스템을 적용해 인간과 같은 생각과 판단을 할 수 있게 하는 기술"이라 할 수 있다(김원걸, 유성민, 김영상, 2016, p. 24). 보다 자세하게 이야기하면 인공지능은 주변 환경 및 상황에 대한 인지(정보 취득)를 바탕으로 일련의 행위(activity)를 통해 성공 확률을 극대화시키기 위한 지적인 대리모델(시스템)을 만들기 위한 이론이라 할 수 있다(문진우, 2019).

인공지능과 혼재되어 사용되고 있는 용어들로 **머신러닝**(machine learning)과 **딥러닝**(deep learning)이 있다. 인공지능과 혼동되어 사용되기도 하는 해당 용어들은 인공지능과 동의어가 아니고 인공지능을 구현하는 기술적 용어이기 때문에 각 용어들을 구분하여 이해할 필요가 있다([그림 3-1] 참조). 먼저 머신러닝은 인공지능의 하위 분야이기 때문에 모든 머신러닝은 인공지능이라 할 수 있지만 모든 인공지능이 머신러닝이라 할 수는 없다. 머신러닝이라는 용어는 IBM의 인공지능 연구원이었던 아서 사무엘(Arthur Samuel)이 자신의 논문에서 사용하면서 등장하였다. 사무엘(Samuel, 1959)은 머신러닝을 "컴퓨터에게 명시적으로 프로그래밍하지 않고 학습을 할 수 있는 능력을 주는 연구 분야"라고 정의하였다. 머신러닝은 인간이 문제 범위를 먼저 설정하고 관련 정보를 분석한 후 특성을 모델링하여 만들어진 알고리즘을 통해 기계를 학습시킨다는 특성이 있다(김병희, 장병탁, 2017).

딥러닝은 머신러닝을 구현하는 접근법 중 하나로 현재의 인공지능은 딥러닝으로 대표된다. 우리에게 친숙한 구글 딥마인드(Google DeepMind)의 알파고(AlphaGo)가 바둑을 학습하는 데 이용한 기술이 바로 딥러닝이다. 딥러닝은 머신러닝 연구자들이 만들어 낸 또 다른 알고리즘인 인공신경망(Aartificial Neural Network: ANN)에서 발전한 형태의 인공지능으로 인간 뇌의 뉴런과 유사한 정보 입출력 계층을 활용해 데이터를 학습한다는 특징이 있다(nvidia Korea, 2016. 8. 3.). 딥(deep)이라는 단어의 의미는 인간의 뉴런에 해당하는 신경망의 층(layer)이 많고 각 층마다 고려되는 변수가 많다는 것이다. 딥러닝하에서는 프로그램이 입력된 데이터에 대한 경험을 바탕으로 스스로 해당 작업에 대해 학습하기 때문에 인간의 개입이 최소화된다.

또한 보다 정교한 결과를 얻기 위해 중요한 것은 해당 분야와 관련된 양질의 대량 데이터이다. 2000년대 들어서 딥러닝이 급속도로 발달하게 된 배경에는 컴퓨팅 환경의 발전, 혁신적인 알고리즘의 개발, 빅데이터로 대변되는 데이터의 급증이 있다. 그래도 아직 머신러닝과 딥러닝의 차이가 무엇이지라고 고개를 갸웃거릴 수 있을 것이다.

조금 더 자세하게 이야기해 보자면 머신러닝과 딥러닝은 크게 데이터 의존도, 하드웨어 의존도, 문제 해결 접근법에서 차이가 있다(Shaikh, 2017). 첫째, 데이터 의존도 측면에서 머신러닝과 딥러닝을 가르는 차이는 데이터의 양(the amount of data)이다. 비교적 작은 양의 데이터로도 알고리즘의 성능이 나오는 머신러닝에 비해 딥러닝의 경우 데이터 양이 작으면 알고리즘의 성능이 제대로 나오지 않는다. 둘째, 하드웨어 의존도 측면에서 딥러닝 알고리즘은 요구사항에 GPU가 포함되기 때문에 제대로 된 실행을 위해 고사양 기계가 필요한 반면, 머신러닝의 알고리즘은 저사양 기계에서도 실행이 가능하다. 셋째, 문제 해결 접근법으로 보았을 때 머신러닝 알고리즘으로 문제를 해결할 때는 문제를 여러 파트로 나눈 후 각각에 대한 답을 구하고 그 결과를 합치는 방법을 활용하는 반면, 딥러닝은 여러 단계의 과정을 한 번에 처리하는 앤드 투 앤드(end-to-end) 방식을 사용한다(Shaikh, 2017).

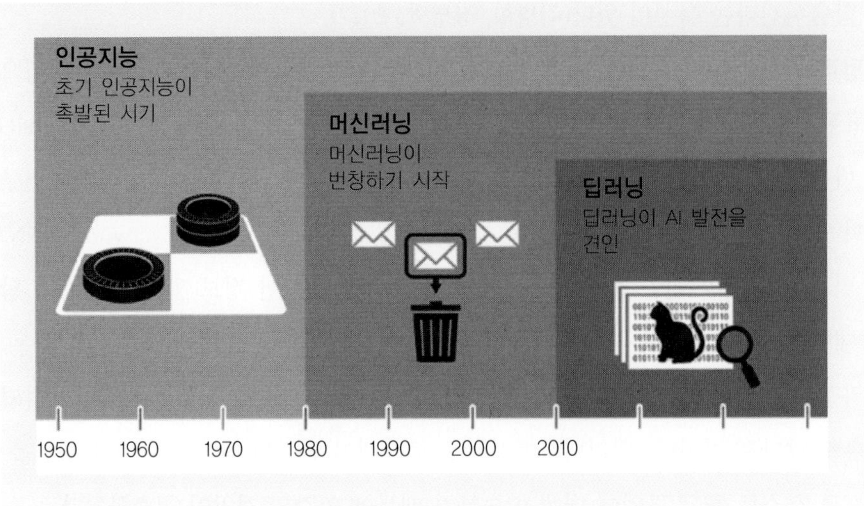

[그림 3-1] 인공지능과 관련된 용어들의 관계

출처: 엔비디아(nvidia) 블로그.

2. 인공지능의 유형과 시장 동향

1) 인공지능의 유형

인공지능의 유형은 하나로 대변되기보다는 여러 가지로 분류된다. 인공지능 분류 방법은 영역별, 학자별로 다양한 접근법이 있을 수 있으나 가장 간단한 방식은 진화 단계에 따라 약한 인공지능(weak AI), 강한 인공지능(strong AI), 초인공지능(super AI)으로 분류하는 것이다. 약한 인공지능은 지능의 범위를 한정하거나 좁혀서 특정 문제를 해결하거나 특정 임무를 수행하기 위한 인공지능 시스템을 의미하며 특정 영역에 한정된 문제를 해결하는 인공지능이라는 특성 때문에 좁은 인공지능(artificial narrow intelligence)이라고도 한다(송기인, 2019). 약한 인공지능은 특정 영역에서의 문제 해결에 초점을 맞추고 있기 때문에 알고리즘, 데이터, 규칙 등을 입력해야 한다는 특징이 있다. 구글 딥마인드의 알파고는 바둑이라는 특정한 문제만 해결할 수 있기 때문에 약한 인공지능에 해당하며 현재 활용되는 대부분의 인공지능은 약한 인공지능의 단계라 할 수 있다.

반면, 강한 인공지능은 스스로 무엇을 해야 하는지 인지하는 상태에서 문제를 해결하는 시스템으로 인간의 인지 능력과 함께하는 인공지능 시스템이다(송기인, 2019). 강한 인공지능은 일상생활의 대부분의 영역에서 인간을 대신할 수 있기 때문에 범용 인공지능(artificial general intelligence)이라고도 불린다. 사람과 유사한 지능을 바탕으로 추론, 문제해결, 판단, 계획, 의사소통, 자아의식, 감정 등 추상적인 부분까지 구현할 수 있는 인공지능이라 할 수 있다. 마지막으로 초인공지능은 강한 인공지능이 진화한 형태로 능력 면에서 인간을 초월하는 인공지능 시스템이다(송기인, 2019). 구글의 기술이사이자 미래학자인 레이 커즈와일(Ray Kurzweil)은 2045년이 되면 인간의 지능을 뛰어넘는 초지능을 지닌 컴퓨터가 등장할 것이라 전망하면서 컴퓨터가 인간의 사고능력으로 예측하기 어려울 정도의 기술을 통해 인간을 초월하는 순간을 특이점(singularity)이라 표현하기도 하였다.

2) 인공지능 시장 동향

2016년 구글 딥마인드가 선보인 알파고(AlphaGo)가 이세돌 9단과의 바둑 대결에서 승리하는 사건을 목도하며 우리는 새삼 우리 곁에 바짝 다가온 인공지능을 실감했다. 인공지능 관련 기술과 산업이 발달함에 따라 인간의 상상 속에서 존재하던 보다 정확한 질병 진단 및 예측, 언어 통번역 서비스, 가상 개인 비서 등의 결과물들이 실제화되고 있다. 많은 전문가는 인공지능이 인간이 수동적으로 해 왔던 일들을 최소화하거나 대체함으로써 업무 효율성을 향상시킬 것이라 전망한다. 예를 들어, 에어아시아는 항공기에서 수집되는 데이터를 실시간으로 분석해 최적의 항로를 제안하는 '항공 효율성 서비스(FES)' 도입을 통해 2014년 한 해 동안 약 100억 원의 연료비를 절감하였다(키뉴스, 2017. 7. 6.). 노동력 절감 및 비용 효율성은 의학의 발달로 인해 고령사회가 일반화될 가능성이 있는 여러 국가에게 희소식이다. 실제 초고령화

사회를 대비하는 일본 나가사키현의 헨나(変な, 일본어로 '이상한'이라는 뜻) 호텔의 경우 인간이 하던 업무 70% 정도를 인공지능 기술 기반의 로봇 직원을 통해 자동화 시킴으로써 인건비 절감을 하고 있다. 그 이후 일본 전국 16곳에 이와 유사한 호텔이 세워졌다고 한다(조선비즈, 2019. 4. 5.).

인공지능 관련 기술의 발달 및 효율성으로 인해 시장 규모도 성장하는 추세이다. 세계 인공지능 시장 규모는 2017년 125억 달러에서 2018년 전년 대비 56% 증가한

표 3-1 세계 인공지능 시장 규모 (단위: 억 달러)

구분	2017	2018(E)	2019(E)	2020(E)	2021(E)	2022(E)	CAGR (2017-2022)
시장 규모 (증감률 %)	125	195 (56)	310 (59)	470 (51.6)	730 (55.3)	1,132 (55.1)	55.4%

출처: 소프트웨어정책연구소 홈페이지.

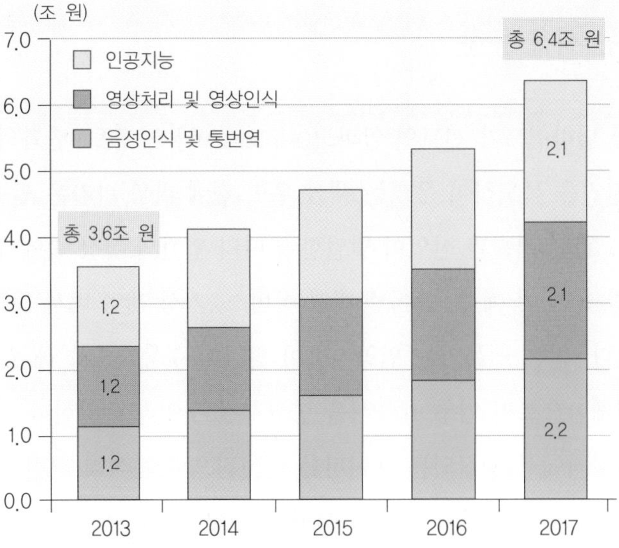

[그림 3-2] 국내 인공지능 시장 규모

출처: 미래창조과학부(2017).

195억 달러이며, 2017년부터 연 평균 55.4%씩 성장할 것으로 예상된다(〈표 3-1〉 참조). 그에 비해 국내 인공시장 규모는 2016년 5.4조 원 규모로 아직 크지 않은 규모이며 2020년에 약 11조 원에 달할 것으로 추정되고 있다(미래창조과학부, 2017; [그림 3-2] 참조).

인공지능에 대한 관심과 시장 규모가 커지면서 많은 글로벌 기업들이 인공지능 관련 기술을 가진 스타트업을 인수하고 조직을 신설하는 등의 노력을 하고 있다. 특히 IT 분야에서의 인공지능에 대한 관심은 가히 폭발적이라 할 수 있는데, 일례로 매년 2월 라스베가스(Las Vegas)에서 열리는 세계 최대 가전 박람회 CES(Consumer Electronics Show) 2019년 행사의 핵심 키워드는 단연 인공지능이라 할 수 있다. 이는 CES 진행기간 동안 언급된 트위터 해시태그(Twitter hashtag) 양에서도 드러나는데 인공지능이 사물인터넷(IoT), 5G, 로봇 대비 압도적으로 많이 언급되고 있음을 알 수 있다([그림 3-3] 참조).

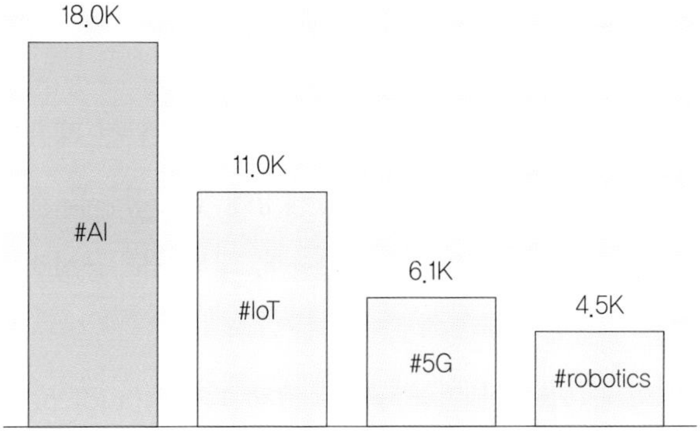

[그림 3-3] 2019 CES 기간 트위터 해시태그 양

출처: LG CNS 블로그.

인공지능은 IT 산업뿐 아니라 의료, 금융, 농업, 에너지, 자동차, 로봇, 지식 서비스 등 거의 모든 분야로 영향력이 확대되고 있고 마케팅과 광고 분야 또한 예외가 아니다. 특히 인공지능은 디지털 마케팅 영역에서 그 역할이 점차 커지고 있다.

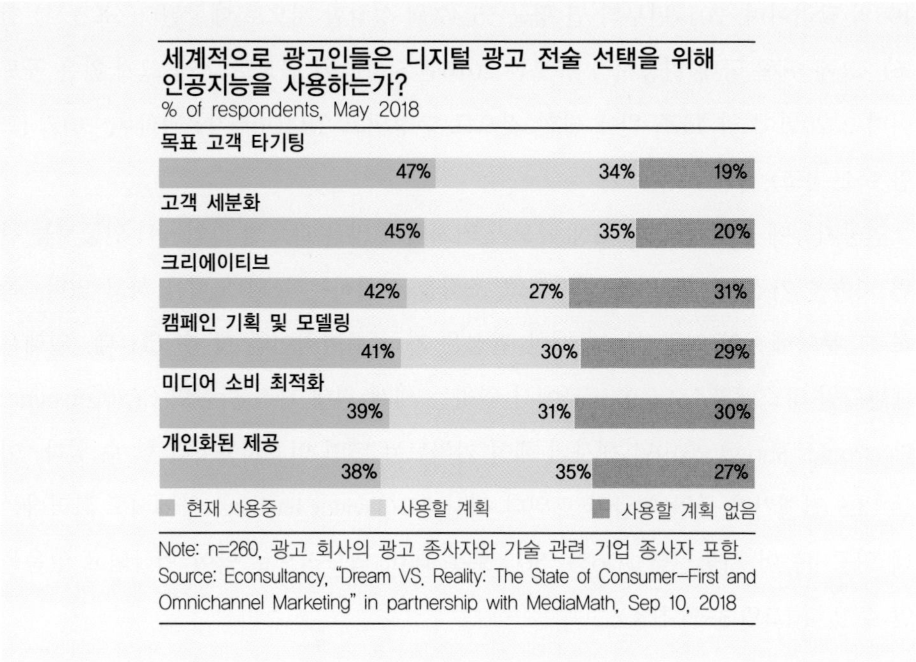

[그림 3-4] 디지털 마케팅에 인공지능을 활용하는 정도

출처: eMarketer (2018).

이마케터(eMarketer, 2018)의 조사 결과에 따르면 2018년 전 세계에 있는 마케터들(n=260)을 대상으로 조사한 결과, 디지털 마케팅에 인공지능을 적용하는 비율은 약 40~50%에 이르고 있으며 향후 인공지능 활용에 대해서도 긍정적인 것으로 나타났다([그림 3-4] 참조).

[그림 3-4]에서 알 수 있듯이 인공지능은 고객 타기팅(audience targeting), 세분화(segmentation), 제작(creative), 기획(campaign planning and modeling), 미디어(media spend optimization), 개인화(personalized offers) 등 디지털 광고 영역 대부분에 영향을 미치며 마케팅과 광고 생태계를 변화시키고 있다. 또한 대부분의 마케터는 인공지능이 그들의 업무를 보다 효율적으로 처리하는 데 도움이 될 것이라 인식하고 있었다([그림 3-5] 참조).

그렇다면 인공지능에 대한 소비자들의 인식은 어떠할까? 한 광고 업체가 미국, 영국, 프랑스, 이탈리아 등 8개국 소비자 2,000여 명을 대상으로 인공지능에 대한 인식을 조사한 결과 밀레니얼 세대(25~34세) 중 약 80%가 마케팅과 광고에 인공지능을 활용하는 것에 대해 긍정적으로 평가했으며, 60% 정도는 인공지능을 활용하여 자신의 관심사 중심의 상품이나 서비스를 제안하는 알고리즘을 가치 있다고 평가했다(조선비즈, 2017. 10. 10.).

인공지능이 디지털 광고 시장의 판을 흔들고 있는 상황이다 보니 기존 광고 회사들은 당황하고 긴장할 수밖에 없는 상황이다. 그도 그럴 것이 인공지능을 선도하고 있는 구글, 아마존, 페이스북 등의 IT 기업들이 최근 인공지능 기반의 디지털 마케팅 솔루션 개발이나 광고 제작에도 뛰어들고 있기 때문이다. 이제 광고업계에서 인공지능은 선택이 아닌 필수 요소가 되어 가고 있으며 인공지능을 외면하는 기업은 도태될 수 있는 상황을 맞이하고 있다. 국내에서도 대형 광고 회사, 디지털 광고 회사, 컨설팅 회사 등에서 인공지능을 활용하고자 하고 있다.

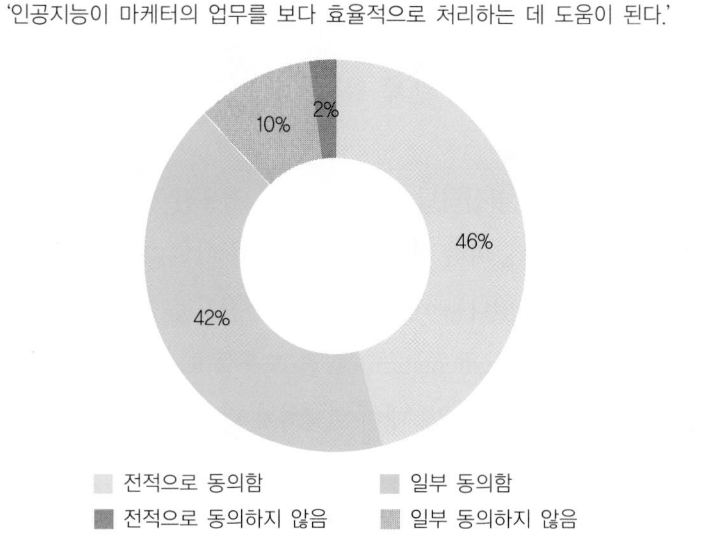

[그림 3-5] 인공지능이 마케터의 업무 효율성을 높여 줄 것인지에 대한 인식

출처: Econsultancy (2018).

3. 인공지능과 광고

1) 인공지능과 고객 세분화

광고에서는 늘 **정량화된 효율**(efficiency)과 **효과**(effectiveness)가 중요하다. 그를 위한 과제 중 하나가 우리 메시지에 반응을 보일 사람을 찾는 것이다. 제품에 대한 메시지를 전달할 대상을 목표 소비자라고 한다. 우리 브랜드를 구매하거나 사용해 줄 대상으로서의 목표 소비자는 **세분화**(segmentation) 과정을 거쳐 결정된다. 세분화는 소비자의 공통성을 바탕으로 시장을 나누는 것인데, 기존에 시장을 나눌 때 주로 쓰는 기준은 인구통계학, 사회 · 심리학적 측면, 소비 · 행동 측면 등이었다. 그러나 인공지능이 광고 영역으로 들어오면서 소비자의 디지털 행동들이 새로운 세분화의 기준으로 떠오르고 있다. 디지털 행동에 따른 세분화는 개인화를 가능하게 하고, 미래 행동을 예측하게 하며, 우선순위를 알려 주며, 성과 측정에 효과적이라는 장점을 제공하기 때문에 디지털 마케팅 영역에서는 필수적 기준으로 인식되고 있다(Pointillist website). 실제로 [그림 3-4]에서 알 수 있듯이 고객 세분화는 인공지능 적용에 있어 탑 투(top 2) 영역이다.

기존 세분화 방식 대비 머신러닝이나 딥러닝이 적용된 세분화 방식의 장점은 다양한 데이터의 결합을 통해 미리 정의된 세그먼트가 아닌 디지털 행동 기반의 새로운 세그먼트를 찾아낼 수 있다는 데 있다. 또한 인공지능 기반의 잠재고객 예측 세분화(predictive audience segmentation) 관련 도구들(tools)이 나오면서 같은 배경을 가진 집단 내에서도 다른 소비자 대비 현금화가 덜 된 잠재 세그먼트를 찾아낼 수 있다는 장점 또한 존재한다(IDG, 2017b). 대표적인 예로 어도비(Adobe)의 타깃 프리미엄(target premium)은 브랜드의 최우수 고객들의 웹분석(web analysis), 앱분석(app analysis), CRM(Customer Relationship Management) 데이터, 데이터 웨어하우스(data warehouse) 시스템 등 온라인과 오프라인 상의 다양한 데이터에 머신러닝 알고리즘을 적용하여 공통점을 추출하고 이를 기반으로 유사한 특징을 가진 잠재 고객들(look a like segmentation)을 찾아내는 고객 세분화 툴이다. 구글의 유니버셜 앱 캠페인(UAC) 경우, 적합한 앱 사용자를 찾기 위해 검색 쿼리, 방문 사이트, 비디오 시청, 앱 활용 등의 데이터 소스를 분석하여 관심사를 생성하고 그를 기반으로 고객을 세분화하고 있다.

이러한 정교한 세분화의 성공적 사례로 대만의 커먼웰스 매거진(Commonwealth magazine)의 새로운 독자 발굴을 들 수 있다. 커먼웰스 매거진은 대만의 인공지능 기업 애피어(Appier)의 잠재고객 예측 세분화 기능을 활용하여 과거에는 몰랐던 새로운 독자층을 발굴하였고 새롭게 발굴한 독자층을 대상으로 300% 이상의 광고 비용 대비 수익률(Return on Ad Spend: ROAS)을 달성하였다(Mobiinside, 2018. 3. 8.).

이렇게 정교한 세분화를 바탕으로 타깃의 정보 데이터를 수집해 인공지능에 학습시키면 데이터가 쌓일수록 알고리즘을 통해 각 브랜드에 맞는 보다 정교하고 정확한 타기팅이 가능할 것이다. 다음 장에서는 인공지능과 타기팅 광고에 대해 이야기하고자 한다.

2) 인공지능과 타기팅 광고

영화 〈왓 위민 원트(What women want)〉의 주인공 닉은 어느 날 여성들의 마음속 소리를 듣게 되는 능력을 얻게 된다. 닉처럼 브랜드는 늘 우리 소비자가 원하는 것이 무엇이고, 언제 원하고, 무엇이 문제인가를 궁금해한다. 기존에는 소비자가 원하는 것이 무엇인지 알기 위해 2차 자료를 찾고, 설문지를 돌리고, 포커스 그룹 인터뷰(focus group interview)를 진행하여 소비자의 생각이나 욕구를 찾으려고 노력하였다. 지금이라고 이러한 방식을 쓰지 않는 것은 아니지만 인공지능이 마케팅과 광고의 영역으로 들어오면서 소비자를 이해하는 방식이 달라지기 시작하였다. 소비자들의 검색, 온드 미디어(owned media)나 언드 미디어(earned media)상에서 행동, 온라인 구매, 동영상 시청 등을 통해 실시간으로 방대하게 쌓이는 디지털 흔적(digital footprint)을 분석함으로써 서베이 등의 인식 데이터를 통해 얻는 것보다 소비자에 대해 정확한 정보를 얻을 수 있다. 앞서 말한 것처럼 소비자가 원하는 것을 알게 되면 **타기팅 광고**를 할 수 있게 된다. 인공지능 시대가 오면서 기존에 불특정 다수를 대상으로 진행되던 광고가 타깃에 맞는 광고를 노출하는 타기팅 광고로 진화하게 되었다. 예를 들어, 페이스북(Facebook) 페이지를 열 때마다 내가 평소에 관심 있던 제품이나 제품군 광고가 화면에 나타나는 상황을 자주 마주한다. 자외선 차단제에 관심이 있어 검색하고 있었는데 페이스북 피드에 자외선 차단제 광고가 등장하는 경우가 그런 예이다. 국내에서는 2017년 카카오(Kakao)가 인공지능 기반의 광고 플랫폼인 '카카오 모먼트'를 런칭하였다. 카카오 모먼트는 카카오톡, 카카오스토리, 다음 등 카카오 관련 서비스 이용과 콘텐츠 구독 패턴 등에 대한 분석을 통해 개인의 관심사와 행태 정보를 분석하여 특정 광고에 반응할 것으로 예상되는 잠재 고객에게 맞춤형 광고를 노출한다.

타기팅 광고는 소비자나 타깃의 어떤 속성을 기반으로 하느냐에 따라 종류가 달라질 수 있다. 먼저, 행동 타기팅(behavioral targeting)은 소비자가 방문한 웹페이지, 검색한 기록, 클릭한 링크 등 웹 브라우징 행동 기반으로 맞춤화된 광고를 노출시키는 방식이다. 행동 타기팅의 대표적인 예가 리타기팅(retargeting) 광고라 할 수 있다(Criteo, 2018. 12. 4.). 리타기팅 광고란 "빅데이터에 기반한 AI 기술을 활용하여 소비자의 검색 및 방문 이력을 수집함으로써 개별 소비자에게 맞춤형 광고를 제공하는 것"으로 정의할 수 있다(이해수, 곽은아, 한동섭, 2019, p. 83). 리타기팅의 예시는 다음과 같다. 최근 운동복을 구매하고자 하는 사람이 한 브랜드 웹사이트를 방문하여 상품들을 둘러보다가 장바구니에 담거나 구매를 하지 않고 웹사이트를 떠났다. 몇 시간이 지난 후 이 사람은 기사를 검색하다가 본인이 보았던 운동복 제품 광고를 보고 다시 해당 사이트로 재방문하게 된다. 메조미디어(2015)에 따르면 리타기팅 광고의 경우 기존 배너 광고 대비 5배의 클릭률(CTR)과 10배의 투자대비수익(ROI)을 낸다고 한다. 그러나 리타기팅 광고가 소비자 개인정보를 침해한다는 등의 부정적 시각도 공존하는 것이 현실이다. 문맥 타기팅(contextual targeting)은 웹사이트 콘텐츠에 기반하여 콘텐츠와 매치되는 제품에 대한 광고를 삽입하는 것이다(Criteo, 2018. 12. 4.). 예를 들면, 골프 포럼에 골프화를 삽입하는 형태이다. 사용자가 방문한 페이지를 기반으로 검색 엔진이 미리 분석해 놓은 주요 키워드 및 페이지 내용을 통해 키워드와 내용에 관련된 광고를 다른 웹 페이지에 노출하는 광고이다.

예측 타기팅(predictive targeting)은 행동 타기팅에서 사용되는 모든 웹 브라우징 데이터와 제3자 데이터(third party data)를 기반으로 머신러닝을 적용하여 미래 구매 패턴을 예측하는 방식이다(Criteo, 2018. 12. 4.).

이러한 타기팅 광고는 기존 불특정 다수를 대상으로 하는 광고보다 효과가 좋은데 예를 들면, 영화 〈덩케르크(Dunkirk)〉 홍보를 위해 카카오광고의 오디언스 타킷팅을 활용하여 광고를 집행한 결과 통상적인 예매하기 클릭률 대비 2배 이상 높은 클릭률을 달성했다고 한다. 또한 카카오 광고의 오디언스 타기팅을 통해 버거킹의 플러스 친구 중 메시지에 높은 반응을 보일 것으로 추정한 사용자들에게만 메시지를 발송한 버거킹의 경우 기존 버거킹의 플러스 친구 모두에게 메시지를 보낸 것 대비 메시지 오픈율은 1.5배, 클릭률은 3.3배 높은 효율을 달성했다(김다윤, 2018). 뷰티 브랜드인 랑콤(Lancôme)도 인공지능 툴을 통해 분석한 결과 스킨케어 제품 구매자와 메이크업 제품 구매자의 성향이 다르다는 것을 파악하였다. 이러한 결과를 바탕으로 스킨케어 제품 구매자들에게 마스카라를 제외한 스킨케어 제품 관련 동영상 및 기사를 보내고, 고객에게 185개의 피부 톤에 대한 정보를 모두 제공하는 대신, 고객의 피부 톤에 가장 근접한 색조의 파운데이션만을 추천한 결과 전환율이 기존 대비 3배 상승하였다(appier blog).

이제 타기팅 광고를 넘어 개인 맞춤형 광고들도 등장하고 있다. 먼저 삼성전자 '갤럭시 S9의 큐브애드(Cube Ad)' 캠페인을 들 수 있다. 갤럭시 S9 큐브애드 캠페인은 유튜브(Youtube) 소비자의 검색 키워드를 기반으로 소비자가 관심을 가질 만한 메시지를 담아 6,480종의 개인 맞춤형 광고를 선보였다([그림 3-6] 참조). 소비자가 유튜브에 입력한 검색어에 따라 카피 메시지와 비쥬얼 영상을 조합하여 검색에 맞는 맞춤형 광고가 나오는 형식이다. 예를 들면, 푸켓(Phuket)으로 여름 휴가를 계획 중인 소비자가 유튜브에 푸켓을 검색하면 푸켓을 포함한 다양한 휴양지 이미지와 함께 "푸켓여행! 낯선 언어가 걱정이셨죠? 빅스비 비전으로 바로바로 해석해 봐요!"라는 문구가 담긴 맞춤형 광고가 나온다(강병희, 2018). 제일기획에 따르면 큐브애드 캠페인 영상 조회수는 2,500만 회이고 조회당 투여 비용(CPV)은 평균 대비 약 5배 높은 효율성을 보였다고 한다. 또한 큐브애드 시청군과 비시청군을 대상으로 스마트폰 구매 고려율을 조사해 본 결과 큐브애드 광고를 본 사람들이 보지 않은 사람들보다 갤럭시 S9 구매의도가 8.1% 높게 나타났다.

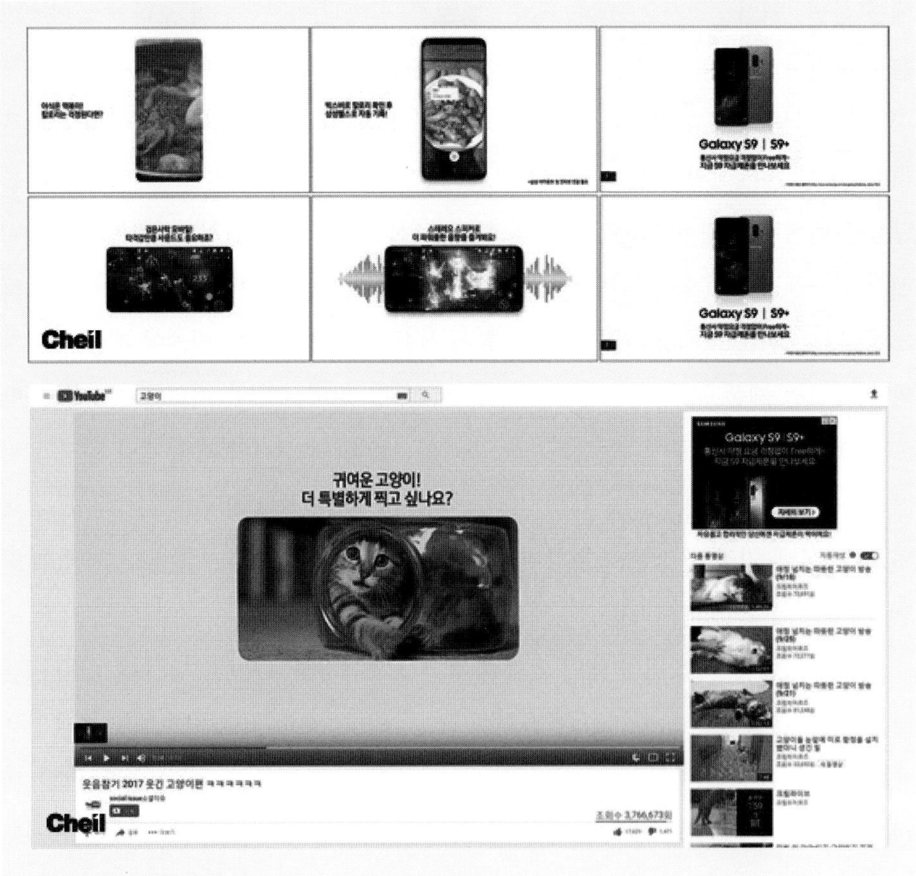

[그림 3-6] 삼성전자 갤럭시S9 큐브애드 캠페인

출처: 제일기획 블로그.

또한 2018년 삼성전자의 무풍에어컨 디지털 광고는 날씨에 맞는 제품 기능 중심으로 다른 광고를 내보냈다. 오픈 응용 프로그램인터페이스(API)를 기반으로 여름철 날씨 유형 세 가지, 17개 지역, 시청자 시간대와 관심사를 감안하여 지역에 따라 광고 배경을 달리하며 더운 날에는 냉방 기능이 강조된 광고 영상이, 습도가 높은 날에는 제습기능이 강조된 영상을 송출하는 사용자 맞춤형 광고를 내보냈다(전자신문, 2018. 9. 2.).

LG전자 또한 2018년 LG의 인공지능 시스템 씽큐(ThinQ)를 알리기 위해 유튜브에 '오늘의 씽큐' 광고 캠페인을 진행하였다. 한 달간 진행된 '오늘의 씽큐'는 개개인의 지역, 날씨, 관심사에 따라 매일 다른 정보가 담긴 광고를 제공하였다. 총 300여 편이 제작되었는데 이렇게 다양한 내용의 광고를 제작한 것은 사람이 아니라 구글의 인공지능을 활용한 디렉터믹스 시스템(director mix system)이다([그림 3-7] 참조).

[그림 3-7] LG전자 오늘의 씽큐 캠페인

출처: HS Adzine.

맥도날드(McDonald's)도 IBM 왓슨 에드버타이징(IBM Watson Advertising)을 활용하여 맥카페(McCafe) 커피 이벤트를 진행하였다. 맥도날드는 왓슨 에드버타이징을 이용하여 날씨에 따른 소비자 행동 패턴을 예측하고 평소 패스트푸드를 즐기는

18~40세 여성을 타깃으로 날씨에 맞는 사진과 광고 문구를 날씨 미디어 플랫폼에 노출하였다([그림 3-8] 참조). 그 결과 광고에 노출된 79%의 소비자들이 광고 노출 3일 내에 맥도날드에서 커피를 구매하는 결과를 가져왔다(IBM Korea, 2018).

[그림 3-8] 맥도날드 맥카페 날씨 캠페인

출처: IBM Korea 블로그.

코카콜라(Coca-cola)의 '코카콜라 1,000개의 이름을 공유하다(Share a Coke 1,000 Name Celebration)' 캠페인도 인공지능을 활용한 것은 아니지만 개인 맞춤형 광고의 예시이다. 해당 캠페인은 소비자가 본인의 이름을 코카콜라 홈페이지에 등록하면 고객의 이름이 들어간 노래를 만들어 주는 형태의 프로젝트로 총 1,000곡 이상이 만들어졌다([그림 3-9] 참조). 코카콜라의 캠페인은 2018 부산국제광고제(AD STARS) 그랑프리를 수상하였다.

마지막으로 영화 〈마이너리티 리포트(Minority Report)〉에서 인상적이었던 장면 중 하나는 지나가는 행인의 홍채를 인식하고 그 사람에게 맞는 광고를 내보내는 장면이다. 이와 유사한 광고들이 등장하고 있다. 초기단계이기는 하지만 한국전자통신

[그림 3-9] 코카콜라 1,000개의 이름을 공유하다 캠페인

출처: 부산국제광고제(AD STARS) 블로그.

연구원(ETRI)은 2014년 '쌍방향 스마트 사이니지' 기술을 개발했다. 광고판이 주변을 지나가는 사람을 인식하고 "여기 보세요." 하는 식으로 지나가는 사람을 부르고 사람이 돌아보면 안면 인식을 통해 연령, 성별을 파악한 후 관심이 있을 것으로 예상되는 광고를 보여 준다. 이후 고객이 동의하면 광고를 휴대전화로도 보내 주는 방식이다(중앙일보, 2015. 1. 4.).

3) 인공지능과 크리에이티브

2018년 프랑스 칸 국제광고제(Cannes Lion)의 세미나 중 하나는 '새로운 혁신 모델: 데이터가 주도하는 창의성(The New Innovation Model: Data Driven Creativity)' 이었다. 이 세미나의 주요한 주제는 창의성이 데이터와 결합할 때 크리에이티브가 어떻게 달라질 것인가였다. 기존에 크리에이티브가 인간의 직관과 감성을 기반으로 한다면 새로운 시대의 크리에이티브를 위해서는 데이터에서 보이는 맥락과 패턴을 고려해야 한다는 것이다. 또한 '창의성이란 무엇인가(What is Creativity)'라는 세미나에서 딜로이트 디지털의 CMO(Chief Marketing Officer)인 알리사 해치(Alicia Hatch)는 인공지능을 활용하면 광고 크리에이티브 전반에 걸쳐 명료성이 증가된다고 이야기하였다(뉴데일리경제, 2018. 12. 10.).

이와 유사하게 2019년 마케팅 스퀘어 콘퍼런스(MSC) 2019에서 '애드테크(Ad-Tech)의 미래'라는 주제로 세미나를 발표한 크리테오(Criteo) 고민호 대표는 "이전 하나의 소재로 만들 수 있는 광고의 시안 수는 16~32개를 넘기가 어려웠는데, 인공지능을 적용하니 만들 수 있는 시안 수는 17조 개다."라고 말하며 "예전엔 부장님이 고른 시안으로 결정돼 광고비를 낭비하는 경우가 있었지만, AI가 뽑은 시안으로는 매출이 15% 증가하는 성과가 나타났다."라고 밝혔다.

그렇다면 원론적인 담화 말고 인간의 영역이라고 여겨졌던 창의성 영역에서 인공지능이 적용된 사례가 있을까? 결론부터 말하면 그렇다. 2016년 7월 일본에서는 인간 CD(Creative Director)와 인공지능 CD 간 광고 창의성 대결이 펼쳐졌다. 일본의 껌 브랜드 클로렛츠(Clorets)의 '민트탭'이라는 제품에 대해 '속공 입속을 상큼하

[그림 3-10] 인간 CD와 인공지능 CD의 광고 대결

출처: 일요신문.

게. 10분 오래가는'이라는 메시지를 넣어 광고를 만들고 국민 투표를 통해 승자를 결정하는 방식의 대결이었다. 투표 결과 인간 CD가 만든 광고가 승리를 거두었지만 54:46이라는 근소한 차이로 승리하였다(AD STARS, 2017). 이 이벤트는 맥켄 에릭슨(McCann Erickson) 재펜이 개발한 인공지능 CD인 ß(베타) 때문에 가능했는데 베타는 10년간 광고상을 수상한 광고물들을 데이터로 알고리즘 분석을 통해 광고를 제작하였다. 이 결과는 창의력이 강조되는 영역에서도 인공지능이 영향력을 발휘할 수 있다는 사실을 보여 주는 상징적인 사건이라 할 수 있다([그림 3-10] 참조).

유사하게 인공지능이 쓴 광고 대본을 바탕으로 광고가 제작된 사례도 있다. 2018년 일본 자동차 회사 토요타(Toyota)에서는 IBM 인공지능 왓슨이 작성한 광고 대본을 바탕으로 '직관주행(Driven by Intuition)'이라는 제목의 60초짜리 렉서스(Lexus) 광고를 선보인 바 있다. 왓슨은 지난 15년 동안 칸 광고제에서 수상했던 토요타 자동차 광고의 영상, 대본, 음성 등의 데이터를 분석하여 "정서적으로 지적면서도 즐거움을 주는" 요소들이 무엇인지 파악하고 그를 바탕으로 광고 대본과 줄거리를 만들었다. 이때 인공지능이 모든 스토리를 다 만든 것은 아니고 왓슨이 만든 대본 흐름과 줄거리를 바탕으로 전문가들이 스토리를 완성하여 광고를 제작하였다. 왓슨은 토요타 렉서스 광고를 위해 다음과 같은 대본을 만들었다. 토요타 자동차의 기능장(다쿠미)이 정성스레 제작한 렉서스ES의 시험주행 및 충돌실험을 진행한다. 실험에 나서는 자동차를 보는 타쿠미의 표정은 흡사 자식을 시험장으로 보내는 부모와 같은 표정이다. TV를 통해 중개되는 렉서스의 충돌실험을 바라보는 타쿠미의 표정은 긴장으로 가득하다. 그 이후 트럭에 충돌하기 직전에 렉서스의 자동 비상 제동 시스템이 작동하며 렉서스가 멈추는 장면을 보며 타쿠미가 기쁨의 미소를 짓는다는 스토리이다(한겨레, 2018. 11. 20.; [그림 3-11] 참조).

카피라이팅 쪽에서는 인공지능 적용 속도가 다른 크리에이티브 영역보다 빠르게 나타나고 있다. 특히 같은 동아시아 국가에 속해있는 일본과 중국이 인공지능을 활용하는 정도가 높은 편이다. 일본의 광고회사 덴츠(Dentsu)에서는 인공지능 카피라이터 AICO를 선보였다. AICO는 'AI Copy Writer'의 약자로 일본어로는 귀여운 여

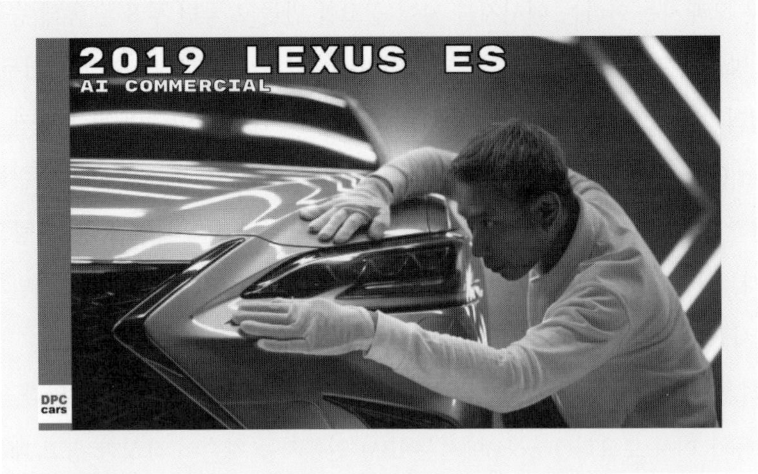

[그림 3-11] 인공지능이 만든 대본을 바탕으로 제작된 렉서스 광고

출처: 유튜브.

자아이라는 뜻도 된다. 그래서인지 AICO의 캐릭터도 만들었다([그림 3-12] 참조). AICO의 캐릭터 이미지 옆에는 'AICO 문과계 여자. 어느 편인가 하면 우뇌형에 기울었고 소설이나 만화, 드라마도 매우 좋아한다. 게다가 연극을 좋아해서 배우로 무대에 선 적도 있다'는 소개가 적혀 있다(신인섭, 2017). 일본의 한 신문사가 AICO를

[그림 3-12] 덴츠의 인공지능 카피라이터 AICO

출처: The PR 홈페이지.

이용한 광고를 요청하면서 AICO는 신문 광고라는 주제에 대해 블로그와 뉴스 사이트 등에서 방대한 데이터를 학습한 후 광고 카피를 쓴 바 있다.

그런가 하면 2018년 중국 최대 전자상거래업체인 알리바바(Alibaba)는 초당 2만 줄의 카피를 쓰는 인공지능 카피라이터를 개발했다. 알리바바의 인공지능 카피라이터는 알리바바의 전자상거래 플랫폼인 티몰(Tmall)과 타오바오(Taobao)에 적용되었던 수백만 줄의 광고 카피를 딥러닝을 통해 학습하여 결과물을 생산한다(전자신문, 2018. 7. 4.). 알리바바가 인공지능을 적용한 사례는 또 있다. 2017년 알리바바는 2018년 11월 중국판 블랙프라이데이인 광군제 당시 자체 개발 인공지능 '루반'을 통해 타오바오에 거는 4억 개의 특별 배너광고를 제작한 바 있다. 알리바바는 소비자가 타오바오 사이트에 접속할 때 마다 매번 다른 디자인의 배너가 뜨도록 하였고 루반이 만든 배너를 건 후 상품 조회수가 전년 대비 100% 이상 증가했다고 밝혔다(뉴데일리 경제, 2018. 12. 10.).

4) 기타

그 외에 인공지능을 활용한 색다른 옥외광고판도 있다. 2015년 엠앤씨 사치(M&C Saatchi)가 선보인 인공지능 기반의 옥외광고판을 들 수 있다. 영국 런던 중심가 버스 정류장에 바히오(Bahio)라는 커피 브랜드를 위한 옥외광고판에는 다양한 이미지, 문구, 레이아웃 등을 조합하여 만든 수천 가지의 광고가 나온다. 광고판에는 카메라가 설치되어 있어 인공지능이 광고를 보는 행인들의 반응을 분석하고 학습하여 반응이 좋지 않은 광고는 내리고, 반응이 좋은 광고를 남겨 두는 형식으로 옥외광고판을 바꾸었다(The Guardian, 2015. 7. 27.; [그림 3-13] 참조).

또 다른 사례로 IBM의 애플리케이션 '왓슨 트렌드(Watson Trend)'는 인공지능 왓슨을 활용해 소셜미디어와 블로그 등 온라인상에 존재하는 제품과 브랜드에 대한 리뷰 분석을 통해 소비자에게 도움이 될 만한 소비 트렌드와 제품 구입 시 참고할 수 있는 구체적인 리뷰도 함께 제공하고 있다(문용필, 2016. 4. 29.).

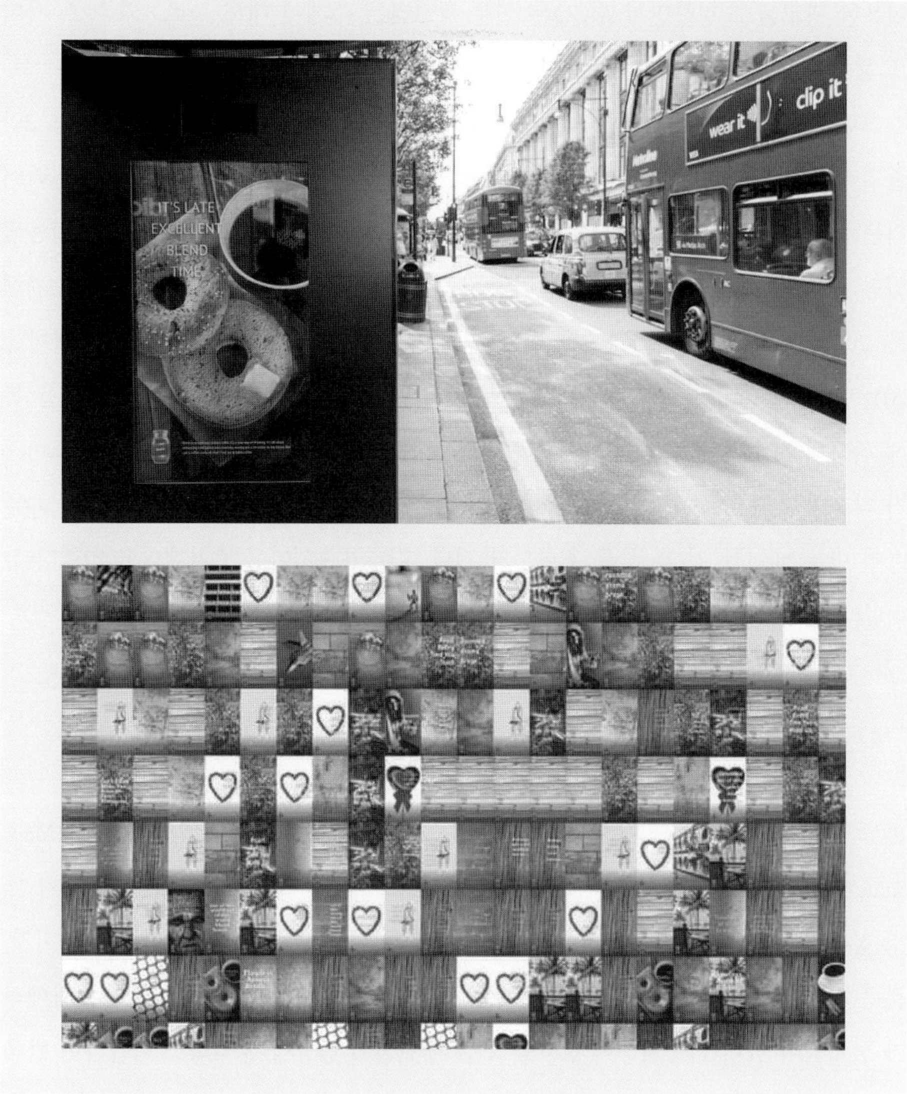

[그림 3-13] 엠앤씨 사치의 인공지능 광고

출처: The Guardian 홈페이지.

4. 마치며

인공지능이 광고계에 가져오는 변화는 피할 수 없는 현실이 되고 있다. 최근 칸 광고제에서 수상하는 작품들을 보아도 기술과 데이터가 접목된 작품들이 날로 늘고 있음을 알 수 있다. 앞서 말한 바와 같이 광고에 인공지능을 적용했을 때 보다 정확하고 기존에 보이지 않았던 세분화, 보다 정밀한 타기팅과 맞춤화 및 개인화된 광고 집행, 다양한 크리에이티브, 그리고 보다 정확한 광고효과와 효율성 측정 등의 장점을 제공할 수 있을 것으로 예상된다. 특히 다양한 크리에이티브과 개인화된 광고는 광고에 대한 회피를 줄이는 요소가 될 것이라는 전망도 있다. 그러나 한편에서는 인공지능의 한계점과 그림자에도 주목해야 한다는 목소리가 나오고 있다. 먼저 2017년 애드에이지(Ad age)에서 쥴리 슐랙(Julie Schlack)이 밝힌 바와 같이 인공지능이 내놓는 결과는 현재에 존재하는 데이터의 패턴에 의존하고 있기 때문에 인공지능에 의존하게 되면 혁신의 가능성을 제한할 위협이 있다.

또한 학습되지 않은 상황에 대해서는 엉뚱한 결과를 도출할 가능성도 있다. 2016년 마이크로소프트(Microsoft)의 트위터(Twitter) 인공지능 테이(Tay)는 머신러닝과 적응형 알고리즘을 이용하여 구문을 처리하고 사람과 대화할 수 있도록 만들어진 챗봇(chatbot)으로 당초 18~24세 연령을 대상으로 여러 소셜미디어 플랫폼에 배포될 계획이었으나 "히틀러가 옳았다!" "9/11은 미국 내부의 음모다!" 같은 발언으로 논란이 되어 16시간 만에 오프라인 상태가 되기도 하였다(IDG, 2019).

또한 인공지능이 상용화되었을 때 사라질 일자리에 대한 두려움도 있다. 미래학자 토마스 프레이(Thomas Frey)는 2030년 약 20억 명의 일자리가 사라질 것이라 예측하였고(월간중앙, 2017. 12. 17.), 손정의 소프트뱅크 회장도 2061년에는 인간이 설 자리가 없어질 수 있기 때문에 미리 대비해야 한다고 말한 바 있다(동아일보, 2018. 7. 20.). 인공지능이 대체할 수 있다고 생각되는 직업에는 지식 서비스 분야도 포함되기 때문에 광고계도 예외는 아니다.

그러나 앞서 말한 바와 같이 인공지능은 피할 수 없는 현상으로 앞으로 빅데이터, 사물인터넷, 5G와 연계하여 더욱 확장될 것으로 보인다. 그렇기에 인공지능이 우리가 하는 일을 대체할 것이라는 막연한 두려움이나 '인간 versus 기계'라는 대립구조보다는 인공지능이 인간의 한계점을 극복할 수 있도록 도와주는, 즉 공존할 수 있는 존재라고 생각하는 것이 지금 우리에게 필요한 자세인 것 같다. 또한 인공지능이 몰고 오는 바람이 광고계의 위기라기보다는 광고업의 변화라 보는 시각을 가지는 것이 더욱 적합할 것 같다. 변화의 방향을 정확하게 적시하기 위해 먼저 우리부터 인공지능, 머신러닝, 딥러닝이 공학자만의 영역이라 치부하며 멀리하기보다는 해당 영역에 대해 이해하고 공부하는 것이 필요할 것이다. 공학자들이 이해하는 것만큼의 기술적 이해까지는 차치하더라도 마케팅과 광고에 어떻게 쓰일 수 있을지에 대해 고민하고 필요하다면 공학자들과 협업하는 것이 필요해 보인다. 또한 인공지능 관련한 과학기술과 경제적 산업적 파급효과만 논의하는 것보다는 윤리적, 사회적, 법적인 이슈가 함께 논의되어야 할 것이다.

끝으로 영화 〈인터스텔라(Interstellar)〉의 유명한 대사를 인용하면서 이 글을 마치고자 한다. "우리는 답을 찾을 것이다. 늘 그랬듯이(We will find a way. We always have)". ■

제4장

빅데이터와 광고

김유나(대홍기획 빅데이터컨설팅팀 팀장)

1. 4차 산업혁명에 따른 광고계의 지각 변동
2. 데이터 기반 시대의 마케팅 패러다임의 변화
3. 데이터 기반 마케팅의 두 가지 진화 방향

◈◇◈

4차 산업혁명의 등장과 함께 소위 '빅데이터(big data)'가 비즈니스 생태계에서 가장 핫한 주제로 오르내리고 있다. 4차 산업혁명이 가지고 온 가장 큰 변화는 비즈니스 운영 체제가 '빅데이터'라는 원천과 '인공지능'이라는 동력을 바탕으로 업무 혁신을 이루고 있다는 것이다. 이러한 기조와 맥을 같이하여, 마케팅과 캠페인의 전략적 주체가 시스템 구축과 자동화라는 미명하에 제조사 안으로 내재화되고 있는 실정이다. 본격적으로 '경계 없는 전쟁(borderless war)'이 소리 없이 진행되고 있는 것이다. 이러한 흐름 속에서 광고 비즈니스를 주도해 왔던 광고대행사가 자체 경쟁력을 잃지 않으려면 광고 캠페인이라는 마케팅 테마 안에서 빅데이터의 활용도를 통찰해 낼 수 있어야 한다. 이 장에서는 4차 산업혁명이 광고 생태계에 어떤 변화를 가져오고 있으며, 빅데이터를 원천으로 광고 캠페인의 경쟁의 축이 어떻게 달라지게 될 것인지 살펴보고자 한다. 또한 빅데이터 기반의 광고 캠페인이 추구해야 하는 방향성이 무엇인지 마케팅의 진화 관점에서 고찰해 보고자 한다.

1. 4차 산업혁명에 따른 광고계의 지각 변동

1) 4차 산업형명의 본질

4차 산업혁명이 점차 가시화되고 있다. 2016년 다보스 포럼이 '4차 산업혁명의 이해(Mastering the Fourth Industrial Revolution)' 라는 주제로 개최된 이후, 다양한 산업군에서 이에 발 빠르게 대응하는 움직임을 보이고 있다. 인류는 과거 1~2차 물질혁명과 3차 정보혁명을 거쳐 현재 4차 산업혁명인 지능혁명으로 돌입하는 중이다. 독일과 미국의 Industry 4.0에서 출발한 제조혁신의 **4차 산업혁명**은 가상과 현실이 융합하여 더 나은 세상을 만든다는 O2O(Online to offline) 융합의 개념을 바탕으로 한다. 클라우스 슈밥(Klaus Schwab) 회장은 4차 산업혁명을 "현실과 가상이 융합된 가상의 물리적 시스템(cyber physical system)에서 모든 것이 연결된 지능사회"라고 하였는데, 이는 현실세계와 가상세계를 1:1 매칭시키고, 가상세계에서 시공간을 재조합하고 최적화해서 오프라인과 온라인을 융합한다는 것을 의미한다. 오프라인과 온라인을 연결하기 위해서는 센서 데이터를 기반으로 한 **IoT**(Internet of Things) 생태계와 여기서 생성되는 **빅데이터**(big data), 그리고 이를 분석할 수 있는 **인공지능**(AI)이 핵심 기술력으로 요구된다. 그렇다 보니 4차 산업혁명은 모든 산업에 걸친 스마트 업무 혁신을 구현하기 위해 다양한 데이터의 결합과 인공지능의 분석력을 기반으로 고객에 대한 새로운 기회를 제공하는 시대적 변화로 이해되기도 한다. 이런 시각에서 빅데이터는 4차 산업혁명의 실체를 구현하는 중요한 개념으로 여겨진다.

그렇다면, 이러한 4차 산업혁명은 최근 어떤 방식으로 각 산업군에 영향을 주는 것일까? 특히 광고 산업에서는 어떤 변화와 기회가 존재할까? 구글(Google), 페이스북(Facebook), 아마존(Amazon), 알리바바(Alibaba) 등 유수의 글로벌 기업들이 광고업을 미래 먹거리로 여기고 뛰어들고 있는 만큼, 빅데이터 기반 마케팅 영역에서 가장 관심을 많이 받고 있는 분야는 광고 산업이다. 그렇기 때문에 마케팅 커뮤니케이션 관점에서 이러한 변화에 주목해 보는 것은 대단히 중요한 과제라 할 수 있다. 그럼 어떻게 광고라는 비즈니스가 이들 기업에게 중대한 기회가 되고 있는지 빅데이터를 둘러싼 제반 현상들을 통해 살펴보기로 하자.

2) 광고 산업의 경쟁 다각화

광고가 지금의 위상에 이르기까지 역사적으로 3대 혁신이 있었다. 19세기 '**대량생산**'으로 시장에 제품들이 대규모로 쏟아져 나오면서 시장 경쟁이 치열해지고, 1980년대 '**컬러 TV**'가 나오면서 시각적 정보가 커뮤니케이션의 중요한 역할을 담당하게 되었으며, 1990년 이후 제품(product) 이상의 가치(value)를 담은 '**브랜드**(brand)'라는 개념이 인기를 끌면서 브랜드를 기반으로 한 고객과의 관계 형성(brand relationship)이 마케팅의 중요한 목표가 되었다. 이러한 토대 위에 광고(advertising)는 시대적인 상징과 소비자 욕망의 결정체로서 매력적인 브랜드를 구축하기 위한 핵심적인 마케팅 커뮤니케이션 툴로 활용되었다.

시대가 거듭되면서 브랜드를 구축하는 커뮤니케이션 채널들이 다양화되고, 채널의 다양화는 광고업을 수행하는 광고대행사의 역량을 확장시키는 계기가 되었다. 초기의 광고대행사는 TV, 라디오, 신문, 잡지 등 매스미디어를 중심으로 한 **ATL**(Above the Line) **광고**가 핵심 역량이었는데, 옥외(outdoor) 미디어가 생기고 **BTL**(Below the Line) **광고**가 등장하면서 미디어 믹스(media-mix)가 대행사의 역량을 가늠하는 기준이 되었다. 그러다가 **인터넷 광고**가 등장하며 채널이 다양해짐에 따라 많은 채널

ATL 마케팅	BTL 마케팅	IMC 마케팅	O2O 마케팅

TV media	Outdoor media	Internet media	Mobile media
매스미디어 중심의 활동 전개	옥외 미디어가 등장하며 미디어 믹스 시도	디지털이 급성장하며 미디어의 화학적 결합 시도	모바일을 중심으로 온 · 오프라인 융합 시작

[그림 4-1] 미디어 분화에 따른 광고 캠페인 변화

출처: 김병희 외(2018).

을 효율적으로 관리하는 IMC(Integrated Marketing Communication) 마케팅이 한 시대를 풍미하였다. 최근에는 **모바일**(mobile)이 온라인과 오프라인 채널들을 연계하는 허브(Hub) 미디어가 되면서 O2O 마케팅(Online to Offline Marketing)이 등장하기 이르렀다. 이러한 O2O 마케팅은 광고 영역이 유통 영역과 가까워지는 계기를 마련해 주었다.

이러한 흐름을 살펴보면 마케팅 커뮤니케이션은 브랜드를 기반으로 소비자의 인식을 관리하던 과거의 패러다임에서, 매장 내 구매를 유도하기 위한 매출 극대화로 그 목표가 점차 바뀌고 있음을 알 수 있다. 다시 말해, 과거에는 광고가 소비자에게 제품 혹은 브랜드에 대한 매력을 어필하며 구매로 이르는 관문 역할을 하였는데, 지금은 소비자가 매장 안에서 스마트폰을 통해 모든 정보를 탐색하고 구매하게 되면서 유통이 마케팅 커뮤니케이션 영역까지 넘보게 된 것이다.

사실 소비자의 동선에 대한 접근은 현재 유통사보다 **플랫폼 기업**이 더 유리한 상황이다. 구글(Google), 네이버(Naver), 카카오(Kakao) 등 포털에서 시작한 플랫폼 기업들은 모바일을 기반으로 검색, 콘텐츠, 게임, 쇼핑 등 방대한 라이프스타일 서비스를 장착해가며 고객 플랫폼으로서의 역량을 확장하는 중이다. 최근에는 자신들의 플랫폼에 결제 서비스까지 결합하며 고객의 모든 접점을 점유하려는 움직임을 보이고 있다. 최근 알리바바가 알리페이를, 카카오가 카카오페이 서비스를 론칭하였는데, 이러한 현상의 저변에는 다양한 라이프스타일 접점을 유통과 연결하여 자신들의 플랫폼에서 고객 유입과 구매 전환을 극대화 하려는 목표가 자리 잡고 있다.

이러한 움직임은 제조사에서도 나타난다. 이들은 비콘(beacon), 와이파이(wi-fi), **지자기장**(地磁氣場), 비가청 주파수(非可聽周波数) 등 다양한 기술들을 활용하여, 고객이 그들의 캠페인 존(zone)에 도착할 경우 이벤트 메시지를 보내는 **위치 기반 마케팅**(Location Based Marketing)으로 고객의 오프라인 이동 동선까지 점령해 가기 시작했다. 더 나아가 최근에는 프로세스 마이닝(process mining) 기법을 통해 고객 로그 데이터(log data)를 바탕으로 사이트 유입이나 구매 전환율을 통제하면서 온라인상의 **고객 여정**(consumer journey)을 최적화할 수 있게 되었다. 프로세스 마이닝은 웹이나 앱 이용자의 행위분석을 통해 어느 화면에서 고객이 유입되는지, 어떤 프로세스에서 이탈이 일어나는지, 이를 개선하기 위해서 프로세스를 어떻게 최적화하는 게 좋을지 등에 대한 결과를 제공해 주는 분석 툴이다.

이러한 흐름 속에서 광고 산업에도 데이터와 인공지능이라는 4차 산업혁명의 핵심 기술력 위에 구조적인 패러다임 변화가 생기기 시작했다. 단순히 멀티채널을 플래닝 하는 매체 기획력을 넘어, 소비자의 온 · 오프라인 접점에 떨어지는 데이터로 고객 여정을 최적화할 수 있는 인프라와 기술력이 미래 광고 비즈니스의 경쟁력을 가르는 기준이 되고 있다.

3) AI 기반으로 진화하는 마케팅 플랫폼

IoT, AR/VR, 블록체인(blockchain), 빅데이터, 인공지능, 머신러닝/딥러닝(machine learning/deep learning) 등 다양한 IT 기술이 마케팅 영역으로 들어오고 있다. '마케팅 테크놀로지(marketing technology)'라는 말이 등장하면서 미래의 마케팅은 컴퓨터 스스로 소비자들의 행동을 분석하고 마케팅에 대한 판단을 하는 과학적 영역으로 진보할 것으로 예측된다. 다시 말해, 테크놀로지의 활용 수준에 따라 마케팅 경쟁력이 좌우되는 시대로 진입하고 있는 것이다.

점차 마케팅이 과학과 결합되는 양상을 보이지만, 여기서 눈여겨봐야 할 것은 인공지능의 놀라운 기술력이 아니다. 오히려 인공지능이 새로운 플랫폼의 핵심이 되고 있다는 점을 예의 주시해야 한다. 이는 무엇을 의미하는가? 가장 이해하기 쉬운 AI 플랫폼 서비스는 아마존의 알렉사(Alexa), 애플의 시리(Siri), 삼성의 빅스비(Bixby), 네이버의 클로바(Clova)처럼 인공지능(AI) 비서이다. 인공지능 비서가 하는 일은 무엇일까? 지금은 과거의 패턴을 학습할 데이터가 부족하고 그 기술력도 미진한 상태이지만, 조만간 인공지능 비서가 제대로 기능하게 된다면 소비자는 더 이상 구글이나 네이버에 검색하지 않으며, 쇼핑몰을 일일이 돌아다니며 상품을 비교하지 않아도 된다. 소비자가 날씨, 교통, 사회적 이슈, 제품 문의, 제품 구입, 서비스 예약 등 일상에 관한 모든 것을 인공지능 비서에게 물어보기만 하면 이들은 소비자의 과거 행동들을 취향이라는 패턴으로 분석하고, 유사한 사람들에게 선호되는 유망 대안들을 개인의 상황에 맞게 추천해 줄 것이기 때문이다. 소위 우리가 '**개인화 맞춤 서비스**'라고 부르는 마케팅 활동들이 가능해진다. 여기서 우리가 진짜 놀라고 주목해야 할 것은 인공지능 비서가 생활 곳곳에 쌓이는 데이터를 가지고 소비자의 '선택'을 컨트롤하고 있다는 점이다. AI 플랫폼이 바꿔 놓을 마케팅의 풍경은 소비자의 머릿속에서 형성되는 선택 메커니즘을 연구하는 것에서 인공지능 비서의 추천 목록에 들어갈 수 있는 추천 우위의 전략을 짜는 것으로 옮겨지게 될 것이다.

AI 플랫폼이 가져올 또 다른 마케팅의 양상은 **채널 블랙홀 현상**이다. AI가 모든 소비자 채널들을 흡수한다는 것이다. AI 플랫폼의 위력은 실시간 쌓이는 고객 데이터에서 출발한다. AI 플랫폼에 내장된 인공지능 알고리즘은 학습을 하면 할수록 더 강력한 능력을 발휘하기 때문에, 플랫폼을 더 많이 쓸수록 소비자의 성향이 더 잘 분석되어 AI가 그들의 니즈를 더 잘 충족시키게 된다. 일단 고객의 신뢰를 얻게 된 AI 비서는 정보채널부터 비교를 포함한 구매채널, 더 나아가 구매 후 애프터서비스까지 소비자 여정의 모든 순간을 점령하게 된다. 이렇듯 소비자의 접점이 AI 하나로 모아지게 되면, 마케터의 타깃 역시 AI로 좁혀질 수밖에 없다. 그렇게 되면 다양한 채널의 통합적 관리가 목적인 IMC(Integrated Marketing Communication)는 무용지물이 될 수도 있다. 그동안 소비자 접점을 총괄해 왔던 종합 광고대행사가 두려워할 대상은 더 이상 디지털 에이전시가 아니라 시리나 알렉사가 될지도 모른다. 이제는 단순히 브랜드 인지도를 높이기 위한 전략이 아니라, 알렉사의 추천 리스트에 들기 위한 전략으로 브랜드 인지도를 관리해야 한다. 그러기 위해서는 추천 알고리즘을 파악하고 설계할 수 있는 행태 데이터 분석 역량이 필요하다. 또한 이에 따른 마케팅 관리 지표로 마케팅 목표를 수정해야 할 것이다.

앞으로는 **AI 플랫폼**이 광고 채널을 대신하게 될 가능성이 높다. 소비자가 플랫폼을 더 많이 쓸수록 플랫폼은 그들의 습성과 선호를 더 잘 이해하고 그들의 필요를 더 잘 충족시켜 줄 것이다. AI 플랫폼이 마케팅 수단이자 유통, 주문처리, 판매, 서비스 센터를 한데 모아 놓은 곳이 되면서, 모든 채널에서 고객 경험을 만들려는 마케터들의 집착은 사라지게 될 것이다. 많은 브랜드의 초점이 소비자와의 직접적인 관계를 강화하는 것에서 AI 플랫폼 상에서 자신들의 위치를 최적화하는 방향으로 전환되어야 할 것이다.

표 4-1 브랜드 중심 전략과 플랫폼 중심 전략 비교

브랜드 중심 전략	플랫폼 중심 전략
• 마케팅 이론에 근거한 전략 • 소비자 인식의 설계 • 브랜드를 통한 품질 보증 • 브랜드 이미지 및 가치로 어필	• 데이터 분석에 근거한 전략 • 소비자 행동의 설계 • 실시간 퍼포먼스 최적화 • 개인화 맞춤 서비스 추천

2. 데이터 기반 시대의 마케팅 패러다임의 변화

1) 빅데이터에 대한 이해

빅데이터, 인공지능, 사물인터넷은 4차 산업혁명의 핵심 기술이다. 이러한 원천을 바탕으로 4차 산업혁명이 추구하는 방향은 데이터에 근거하고(data-driven), 사실에 근거한(fact-based) 의사결정에 깊게 뿌리를 내리고 있다. 알리바바 그룹 회장인 마윈(馬雲)은 “앞으로의 시대는 데이터 테크놀로지의 시대이며, 데이터를 활용해 돈을 버는 일이 미래의 핵심 가치가 될 것이다”라고 언급하였으며, 소프트뱅크의 CEO 손정의는 “인터넷 시대에 이어 IoT 시대가 오고, AI는 IoT를 가능하게 한다. 이들 기반에는 데이터가 있다. 데이터는 산업혁명 시대의 석유 같은 자원이다.”라고 말한 바 있다. 앞으로 데이터는 점점 더 많이, 빠른 속도로 축적될 것으로 전망된다. 그리고 이러한 빅데이터를 처리하고 분석해 의사결정에 활용하려는 움직임 역시 가속화될 전망이다. 해가 거듭할수록 빅데이터의 중요성이 커지고 있기 때문에 마케팅 영역에서는 몇 년 전부터 빅데이터를 수집하고 분석하여 소비자 통찰(insight)을 도출하는 것에 주목하기 시작했다. 이들은 새롭게 주어진 다양한 빅데이터로 다른 산업과의 융합을 통해 새로운 가치를 창출하는 데 심혈을 기울이는 중이다. 그럼, 4차 산업혁명 시대를 주도해 나갈 것으로 기대를 받고 있는 빅데이터가 무엇인지 구체적으로 살펴보기로 하자.

(1) 빅데이터의 출현 및 정의

빅데이터란 다양한 종류의 대규모 데이터로부터 저렴한 비용으로 가치를 추출하고, 데이터의 초고속 수집 및 발굴, 분석을 지원하도록 고안된 차세대의 기술 및 아키텍처를 의미한다. 빅데이터는 대중매체에서 많이 사용하고 있지만 아직까지 표준화된 정의는 존재하지 않으며 연구자에 따라 빅데이터를 포괄하는 범위를 다르게 규정하기도 한다. 빅데이터는 대체로 정형 및 비정형 데이터를 포괄하는 데이터의 규모에 초점을 맞춘 좁은 의미와, 빅데이터 정의와 데이터 처리 방식과 관련 기술까지 포함하는 넓은 의미의 정의로 나눠 볼 수 있다.

사실 빅데이터는 우리에게 생소한 전혀 새로운 개념이 아니다. 빅데이터는 평소 우리가 중요하지 않게 생각해 왔거나, 데이터라고 부를 만큼 인식하지 못해 왔던 일상의 기록들이 모두 데이터화된 것으로 볼 수 있다. 소셜미디어 사용자의 지속적인 성장은 모바일 기기의 확산과 결합되어 일상 속에서 매우 다양한 종류의 데이터를 생성하게 되었으며, 개별 소비자들의 매체 이용 행태와 소비 행태는 물론, 개인 정보 등의 모든 일상이 디지털화되어 활용할 수 있게 된 것이다.

빅데이터는 기존의 데이터 분석 기법에 비해 100배 이상 많은 데이터를 처리하는 기술을 말하는데, 여기에는 로그 데이터, 구매기록 등 **정형 데이터**뿐만 아니라 소셜미디어, 위치, 센서 등 **비정형 데이터**까지 분석 대상에 포함된다. 이처럼 방대한 정보를 수집하고 축적 및 활용하려는 시도가 생겨나면서 빅데이터를 효과적으로 분석하고 이를 사업화하려는 노력이 다방면에서 이루어지고 있다. 현재는 공공, 의료, 마케팅, 정보통신 등 다양한 분야에서 빅데이터의 도입과 활용에 힘쓰는 중이다.

빅데이터는 그 크기가 테라바이트(TB) 단위일 만큼 매우 크다. 따라서 크기(volume)는 빅데이터가 지닌 가장 두드러진 특성이다. 하지만 단순히 데이터의 크기만으로 빅데이터를 설명하기에는 부족함이 있다. 보통 빅데이터는 데이터의 방대한 **양**(volume), 데이터 유형의 다양한 **형태**(variety), 빠르게 처리되는 **속도**(velocity)라는 속성과 새로운 **가치**(value)의 자원이 될 수 있다는 관점에서 4V로 요약되기도 하고, 여기에 처리기술의 **복잡성**(complexity)이 추가되어 정의되기도 한다(Carter, 2011). 최근에는 '빅데이터에서 어떤 시각과 통찰을 얻을 수 있느냐'를 더 중요한 문제로 보기 때문에, 비즈니스의 핵심에 대해 보다 객관적이고 종합적인 통찰을 줄 수 있는 데이터를 찾는 것을 무엇보다 중요하게 보고 있다.

기존의 데이터 분석과 빅데이터 분석은 현저한 차이가 있는데, 빅데이터 분석은 다양한 데이터의 관계를 새로운 컴퓨팅 기술을 적용하여 빠르고 동시적으로 새로운 가치를 창출하는 데이터 처리 방식이라는 특징을 갖는다. 이러한 혁신적인 테크놀로지에 기반한 빅데이터 분석은 전통적인 방법론에 비해 다음과 같은 장점을 갖는다. 첫째, 빅데이터는 인식에 근거를 두는 서베이가 아닌 사용자의 **실제 행동**을 기반으로 한다. 즉, 계획된 의도나 질문에 의한 응답자의 답변이 아닌 소비자의 실제 행동을 분석하는 것이다. 둘째, 빅데이터는 표본 집단을 대상으로 일부 자료를 수집하는 서베이보다 더 방대한 **모집단 자체**를 분석할 수 있게 된다. 따라서 샘플링을 기반으로 하는 기존의 조사방법론에서 범할 수 있는 표본오차에 대한 문제를 희석시킬 수 있다. 셋째, 빅데이터는 의사결정의 정확도를 높여 ROI(Return On Investment) 향상에 기여할 수 있다. 즉, 행동에 기반한 데이터 분석을 통해 주관적 의사결정이 아닌 객관적 의사결정의 근거를 제시하여 오류로 인해 발생할 수 있는 손실을 사전에 예방할 수 있다. 넷째, 빅데이터는 가까운 **미래를 예측**하여 새로운 기회를 창출할 수 있다. 다양한 데이터마이닝 방법과 기계학습 방법을 활용하여 과거 데이터를 통해 가까운 미래를 예측하여 비즈니스의 기회를 극대화할 수 있다(김유나, 2019에서 재인용).

표 4-2 빅데이터의 주요 속성

구분	주요 내용
규모	• 기술적인 발전과 IT의 일상화가 진행되면서 해마다 디지털 정보량이 기하급수적으로 폭증 → 제타바이트(ZB) 시대로 진입
다양성	• 로그 기록, 소셜, 위치, 통신, 결제 데이터 등 데이터 종류의 증가 • 텍스트 이외의 멀티미디어 등 비정형화된 데이터 유형의 다양화
속도	• 사물 정보(센서, 모니터링), 스트리밍 정보 등 실시간성 정보 증가 • 실시간성으로 인한 데이터 생성, 이동 속도의 증가 • 대규모 데이터 처리 및 실시간 활용을 위해 데이터 처리 및 분석 속도가 중요
가치	• 빅데이터에서 얻을 수 있는 정보의 경제적 가치 • 빅데이터에서 도출된 최종 결과물은 문제 해결에 통찰력이 있는 유용한 정보를 제공하고 가치를 창출할 수 있어야 함
복잡성	• 구조화되지 않은 데이터, 데이터 저장 방식의 차이, 중복성 문제 등 • 데이터 종류의 확대, 외부 데이터의 활용으로 관리 대상의 증가 • 데이터 관리 및 처리의 복잡성이 심화되고 새로운 기법 요구

출처: 이종석, 황현식, 황진석(2018).

(2) 빅데이터의 유형

앞서 다양한 종류의 빅데이터가 존재한다고 하였는데, 빅데이터의 종류에는 크게 **정형 데이터**(structured data), **반정형 데이터**(semi-structured data), **비정형 데이터**(unstructured data)의 3가지 유형이 있다. 정형 데이터란 일정 기준에 의해 체계적으로 정리된 데이터를 의미한다. 예를 들어, 매년 국가에서 실시하여 발표하는 인구통계 수치, 매출액, 광고비 등이 여기에 해당한다. 정형 데이터는 그 자체로 의미 해석이 가능하고, 바로 활용 가능한 정보라는 점에서 나머지 두 데이터와 구별된다. 반정형 데이터는 규칙에 따라 체계적으로 정리되지 않은 일반적 데이터를 의미하는데, 문자로 기술된 텍스트 정보 또는 그림이나 표 형태로 작성된 정보이다. 마지막으로 비정형 데이터는 형태가 없고, 연산(calculation)이 가능하지 않은 데이터이다. 페이스북, 카카오톡, 트위터 등의 사용자들이 상호 교류하는 과정에서 생산되는 대량의 정보, 즉 소셜데이터가 여기에 속하는데 대개 텍스트, 영상, 음성 등의 형태로 나타난다. 비정형 데이터는 그 양이 갈수록 증가하고 있는데, SNS(Social Network Service) 사용의 활성화에 힘입어 전 세계 데이터양은 매년 5배 이상 증가하여 빅데이터 활용 여건을 성숙시키고 있다.

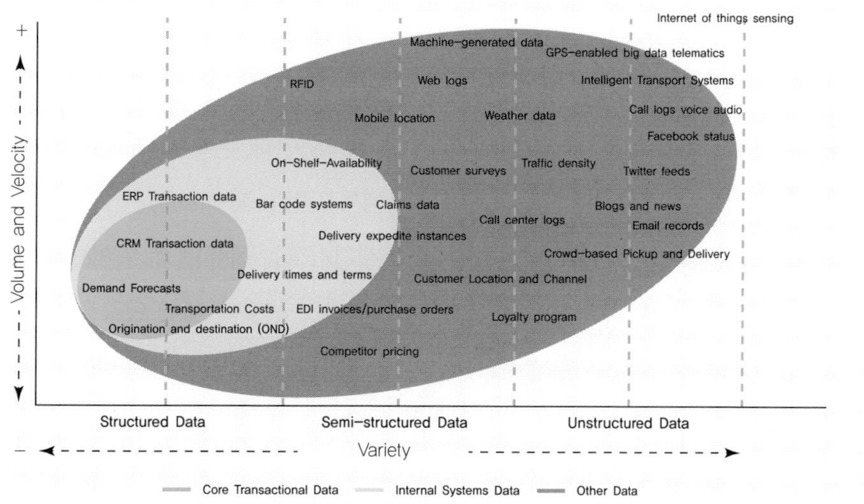

[그림 4-2] SCM Data Volume and Velocity vs. Variety

출처: ResearchGate 홈페이지.

(3) 빅데이터 분석 기법

빅데이터를 통해 지금까지 파악하지 못한 데이터 안의 숨겨진 패턴을 발굴하기 위해서는 다양한 기법으로 데이터 간의 관계를 분석하고 비즈니스적인 의미를 발견해야 한다. 즉, 대규모의 빅데이터를 잘 활용하기 위해서는 빅데이터를 다룰 수 있는 통계 테크닉이 필요하다.

빅데이터 분석 방법은 보통 마이닝(mining)으로 이루어지는데, 마이닝은 크게 **텍스트마이닝**(text mining)과 **데이터마이닝**(data mining)으로 나뉜다. 텍스트마이닝은

'비 · 반정형 텍스트 데이터에서 자연어처리(natural language processing) 기술을 기반으로 유용한 정보를 추출, 가공'하는 것이고, 데이터마이닝은 '의미 있는 패턴과 규칙을 발견하기 위해서 자동화되거나 반자동화된 도구를 이용하여 대량의 데이터를 탐색하고 분석하는 과정'을 말한다.

데이터마이닝의 대표적인 기능으로는 분류, 추정, 예측, 연관분석, 군집분석 등이 있다. **분류**(classification)는 대상 개체를 사전에 정의된 범주들 중의 하나에 할당하는 기술로, 타깃 고객의 제품 구매 예측이나 스팸 메일의 구분, 질병의 진단, 군사용 레이더의 피아 식별 등 매우 다양한 응용 분야들에 적용된다. **추정**(estimation)은 분류와 유사한 과정으로 진행되나, 연속형(continuous)이나 수치형(numerical)으로 결과를 규정한다는 점에서 분류와는 구분된다. **예측 기법**(predication)은 미래의 행동이나 미래 추정치의 예측에 따라 구분되는 것을 제외하고는 분류나 추정 기법과 동일하다. 즉, 예측 기법은 입력 변수들에 대한 관계나 타깃 변수에 대한 예측을 통해 예측 모델링(predictive modeling)을 한다는 것을 의미한다. **연관분석**(association analysis)은 동시발생 관계에 있는 사건이나 활동을 발견하는 대표적인 데이터마이닝 기법으로, 어떤 특정 문제에 대한 예측(prediction)이나 자료를 특정 목적에 따라 분류(segmentation)하는 방법이 아니라, 자료 변수들 간의 연관성 정도를 측정하여 연관성이 높은 변수, 조건, 자료들을 군집화 하는 기법의 일종이다. **군집분석**(clustering)은 주어진 데이터를 의미 있거나 유용한 그룹 또는 군집으로 나누는 것으로, 데이터에 내재된 있는 그대로의 구조를 파악하기 위한 것이다. 따라서 군집분석은 유사한 특성을 지니는 자료들을 서로 모아 하나의 의미 있는 군집을 형성하는 것이며, 이미 정의된 집단으로 구분하는 분류와는 구분된다. 군집분석에서는 사전에 정해진 범주를 가정하지 않기 때문에 비표식 자료를 바탕으로 자율학습 방법으로 수행된다. 대표적인 군집분석으로 클러스터링이 이에 해당한다(김유나, 2019에서 재인용).

(4) 빅데이터 활용 가치

빅데이터가 인기를 끌게 되면서 많은 마케터와 경영자는 빅데이터를 통해 사람의 힘으로는 미처 발견해 내지 못했던 새로운 인사이트를 발굴하고 미래를 예측할 수 있을 것으로 기대하고 있다. 그럼 빅데이터가 실제로 어떤 가치들을 제공할 수 있을지 빅데이터의 특징에 기인해서 살펴보기로 하자.

빅데이터는 과거 샘플링 조사를 통해 전체 시장을 추론했던 방식에 비해 실시간 대규모 분석이 가능하다는 점 때문에 비용 및 시간 효율성이 높다. 또한 인식 데이터가 아닌 소비자 생활 전반의 행동 데이터를 분석하여 전방위 소비자 인사이트를 확보할 수 있다는 장점이 있으며, 과거 데이터 추이와 패턴 분석을 통해 새로운 규칙과 예측이 가능하다는 비즈니스 차원의 가치를 가진다.

표 4-3 빅데이터 분석의 활용 가치

특성	주요 내용	마케팅적 가치
대규모 분석	일부 소비자가 아닌 대부분의 소비자에 해당	비용 및 시간 효율성 확보
빠른 분석	시의성 있는 빠른 분석 결과 도출	실시간 빠른 의사결정 지원
과거 데이터 추적 가능	과거 데이터를 통한 추이 탐색 및 예측 가능	과거 분석에서 미래 예측으로 선제적 대응 가능
행동 기반 데이터 분석	인식이 아닌 정확한 행동패턴 파악	가정이 아닌 사실의 파악
소비자 중심 데이터 분석	구매 및 사용 맥락, 생생한 리뷰, 일상이 담긴 라이프 데이터	소비자 중심의 분석 관점 확대
다양한 종류의 데이터 분석	정형에서 반정형, 비정형 데이터로 확장	전방위 소비자 인사이트 확보
통계 기법을 통한 고급 분석	데이터 마이닝 기법을 통한 의외의 패턴 발굴, 알고리즘 시뮬레이션을 통한 맞춤형 · 최적화 의사결정 가능	상식을 넘는 새로운 기회 발굴

그렇다면 이러한 빅데이터가 마케팅 전략에는 어떤 가치를 주게 될까? 마케팅 전략을 도출하는 데 가장 중요한 기준은 소비자이다. 빅데이터 시대가 열렸다 하더라도 이러한 공식은 변함이 없다. 하버드 경영대학 테오도르 레빗(Theodore Levitt) 교

수는 "성장 산업 같은 것은 없다. 단지 소비자의 욕구만이 있을 뿐이고 그것이 변해 갈 뿐이다."라는 발언으로 소비자 니즈(needs)의 중요성을 지적한 바 있다. 필립 코틀러(Phillip Kotler) 역시 "고객 욕구의 이해는 마케팅의 출발점이며 경영에서 이것이 없으면 마치 장님과 같다."라고 주장한 바 있다.

그렇다면 빅데이터를 통해 소비자의 욕구를 파악한다는 것은 어떤 의미인가? 이는 사이먼 사이넥(Simon Sinek)의 저서 『나는 왜 이 일을 하는가?』를 보면 힌트를 얻을 수 있다. 이 책에서는 소비자들이 세제를 사용하는 행동 패턴을 관찰하면 놀라운 발견을 할 수 있다고 했는데, 세탁을 끝낸 소비자들이 세탁기에서 세탁물을 꺼내면서 '얼마나 깨끗하게 빨렸는지'를 보는 것이 아니라 '세탁물의 냄새'를 맡는다는 것을 발견하고, 우리가 상식적으로 생각하는 소비자의 행동 기준이 실제와 얼마나 다른지, 인식이 아닌 행동을 분석하는 것이 얼마나 중요한지 언급하고 있다. 따라서 빅데이터는 소비자 인식 조사만으로는 파악이 어려웠던 제품과 브랜드에 대한 실제적인 니즈와 가치를 소비자 행동 데이터를 통해 접근할 수 있게 해 준다.

2) 빅데이터 기반 마케팅의 시작

빅데이터의 중요도가 날로 높아지게 되자 기업들은 내부에 확보하고 있는 데이터를 활용할 수 있도록 정비하고, 더 나아가 고객 개개인을 중심으로 데이터를 통합하기 시작했다. 이들이 개인화 마케팅을 완성하기 위해 추구하고 있는 것은, 고객의 모든 접점을 통합한 데이터 플랫폼을 구축하여 **고객의 여정**(consumer journey)을 파악하는 것이다. 소비자가 수많은 채널 사이를 어떻게 움직이면서 제품을 구매하는지 행동 데이터를 분석하게 되면 고객 경험 중심의 채널 설계가 가능해진다. 이러한 데이터 기반 마케팅(data-driven marketing)을 위해서는 **싱글 소스 데이터 프레임**(single source data frame)을 갖추는 것이 반드시 필요하다. 미디어 광고 접촉 데이터가 되었든, 구매 데이터가 되었든, 이것들은 모두 하나의 아이디(ID) 안에서 통합되어 관리되고 분석되어야 한다. 이러한 시스템을 구축하는 데 가장 유력한 기업은 아이디 정보를 가지고 있는 구글, 페이스북, 아마존 등과 같은 플랫폼 기업이기 때문에, 데이터 시대로 갈수록 이런 플랫폼 기업들의 입지는 점점 더 넓어질 것으로 예상된다.

(1) 데이터 수집 및 구축 트렌드

앞으로는 기업 내부에 얼마나 다양한 데이터를 보유하고 있으며 활용할 수 있는지가 기업의 역량을 결정하게 될 것이다. 보통 CRM(Customer Relationship Management), ERP(Enterprise Resource Planning), SCM(Supply Chain Management) 등의 데이터는 기업 내부에 존재하지만, 최근에는 기업 외부 영역에서 다양한 데이터가 생겨나게 되었다. 인터넷을 기반으로 소비자들의 담론을 파악할 수 있는 SNS 데이터, 사진이나 비디오 기록물을 통해 얻을 수 있는 비정형 데이터, 통화 기록 데이터, 카드 사용 데이터, 비콘, 와이파이, 지자기장 등을 통해 얻을 수 있는 위치 데이터, 웨어러블(wearable) 기기 등에서 떨어지는 신체 데이터 등 데이터는 점점 더 확장되는 추세이다. 여기에 사물인터넷 시대가 대중화되면 모든 물건에 센서를 부착하여 실시간 제품 소비와 구매에 대한 정보들이 실시간 쌓이게 될 것이다. 다시 말해, 향후 빅데이터의 근원은 '모든 곳(everywhere)'이 될 것이다.

기업 내부에서 생산된 소규모의 정제된 데이터로서는 급변하는 환경의 변화와 경쟁에서 살아남기 힘들다 보니, 기업 내부뿐만 아니라 기업 외부 환경에서 생산된 초대용량의 비정제된 데이터를 경영에 활용할 수 있어야 기업의 지속가능성이 확보된다는 전망들이 나오고 있다. 그렇다 보니 기업들이 데이터 구축 여부에 따라 미래 경쟁력이 좌우될 것이라는 위기의식을 갖기 시작했다. 따라서 이에 대응하기 위해 대부분의 기업들은 고객 개개인을 중심으로 데이터를 재정비하는 작업들을 진행하고 있다.

고객 개개인을 중심으로 데이터를 재정비한다는 것은 무슨 의미인가? 이는 개인화 마케팅을 구현하기 위해 고객 아이디 중심으로(single source) 데이터를 통합하는 것을 뜻하는데, 사실 이런 싱글 소스 데이터들은 구축까지 꽤 오랜 시간과 비용이 투자되어야 한다. 온라인만 보더라도 소비자들은 한 사이트에 머무르는 것이 아

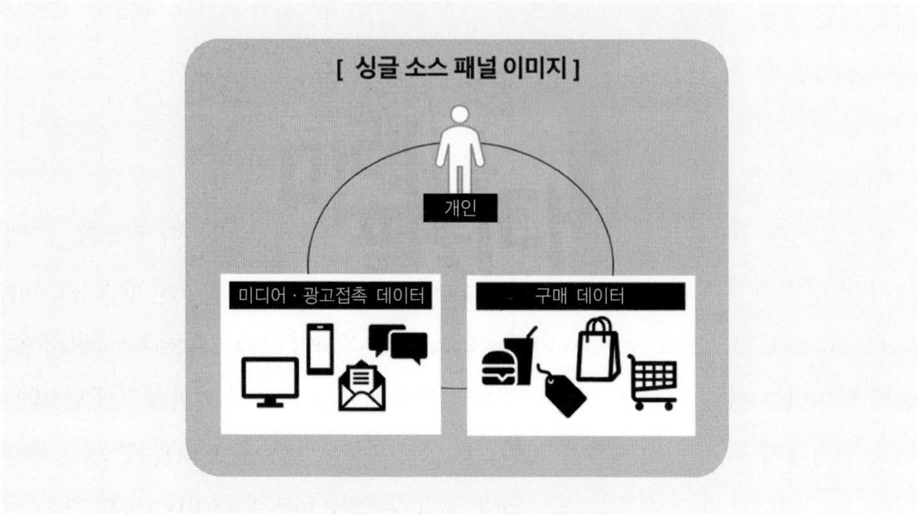

[그림 4-3] 싱글 소스 패널 이미지

출처: 요코야마 류지, 사카에다 히로후미(2015).

니라 여러 사이트를 돌면서 검색하고 비교하고 최종 구매를 하게 된다. 이 모든 사이트에 입력되어 있는 제품 코드들이 모두 같아야, 그리고 이들이 하나의 아이디로 데이터화 될 수 있어야 가능한 이야기이다. 따라서 요즘에는 싱글 소스 데이터 외에 O-X 데이터에 대한 활용도에 눈을 돌리고 있는 추세이다. **O-X 데이터**란 구매, 로그, CRM 등의 **오퍼레이션 데이터**(operation data)와 소셜, 검색, 후기 등 **고객 경험 데이터**(experience data)를 말하는 것인데, 이러한 접근은 '빅데이터(big data)'보다 **'롸잇 데이터**(right data)'가 마케팅 현장에는 더 필요하고 효율적이라는 관점에서 나오게 된 것이다. 또한 이런 O-X 데이터의 접근은 정형 데이터가 말해 줄 수 없는 고객 행동의 원인, 행동의 동기까지 파악할 수 있다는 활용도를 갖는다. 데이터를 다 모아도 고객이 왜 샀는지, 왜 장바구니에 담았다가 구매를 안 했는지, 우리 제품에 뭐라고 이야기하는지에 대한 데이터가 없으면 실질적인 마케팅 전략을 세우기가 어렵다. 따라서 최근에는 O-데이터, X-데이터의 결합 분석이 하나의 대안으로 언급되고 있다.

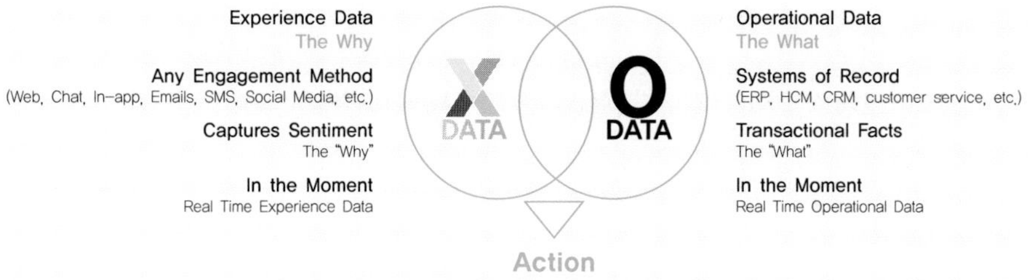

[그림 4-4] O-X 데이터

출처: ZDNet 홈페이지.

(2) 데이터 기반 마케팅의 주요 과제

빅데이터의 가치를 최대한 활용하는 능력이 경쟁 우위의 원천이 되면서, 일부 기업을 중심으로 고객과 제품의 제조, 연구, 마케팅에 관련된 빅데이터를 분석하여 비즈니스 의사결정에 활용하려는 추세가 늘어나고 있다. 데이터에 대한 분석의 단계는 **기술**(descriptive), **진단**(diagnostic), **예측**(predictive), **처방**(prescriptive) 단계로 구분된다. 각 단계마다 마케터가 질문해야 하는 문제가 달라지는데, 기술 단계에서는 '무

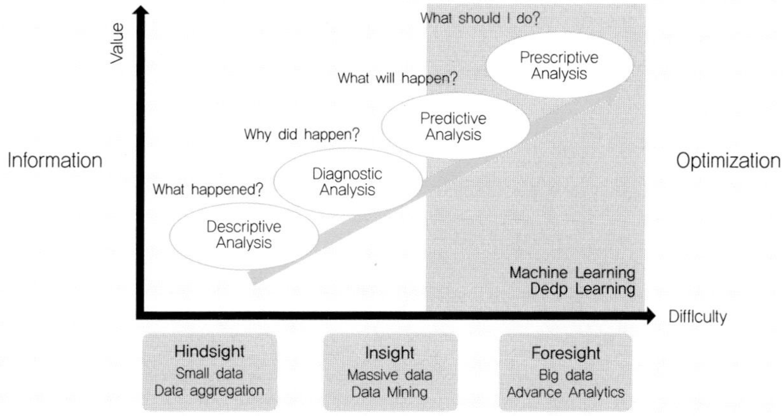

[그림 4-5] 빅데이터 분석의 활용 단계

출처: 김진호, 최용주(2018).

슨 일이 일어났는가?', 진단 단계는 '왜 그런 일이 일어났는가?', 예측 단계는 '앞으로 어떤 일이 일어날 것인가?', 처방 단계는 '그래서 어떻게 해야 하는가?'의 질문을 던져서 현명한 비즈니스 의사결정에 답을 찾아야 한다. 과거에는 데이터를 분석하는 단계가 기술과 진단에 머물러 있었다면, 빅데이터를 통해 미래를 예측하고 최적화하는 고도의 의사결정이 가능한 단계로 진화하고 있다. 특히 처방 단계는 자동화된 인공지능 시스템을 통해 구현되어서 실시간으로 대응하고 솔루션을 추천하는 방식으로 이루어져야 한다. 미래 상황을 예측하고 자신이 원하는 최선의 상황을 유도하기 위해 필요한 조치를 최적화하는 것이야말로 모든 기업이 꿈꾸는 마케팅의 과제일 것이다.

(3) 데이터 기반 마케팅의 지향점

빅데이터는 사후 진단으로 쓰는 도구이기보다, 시장과 소비자의 흐름을 예측해서 미래 발생할 기회를 탐지하고, 실제로 마케팅 목표인 퍼포먼스를 기반으로 적중률을 높이는 방식으로 진행되는 선제적 대응 방식이다. 이러한 해석은 데이터 기반 마케팅에 대한 두 가지 지향점을 내포한다.

하나는 소비자 조사나 인터뷰, 2차 자료를 통해 현 상황을 파악하고 원인을 진단하는 '**과거 중심의 분석**'에서, 패턴을 탐지하고 추이를 전망하는 '**미래 예측**'으로 마케팅 이슈가 전이된다는 점이다. 시장의 장기적 전망은 시대를 막론하고 중요하게 다루어 온 이슈이나, 과거에는 미래 전망을 하기 위해 전문가 집단의 의견을 취합하는 정도에 그쳤었다. 하지만 빅데이터를 활용한 미래 예측은 정형 · 비정형 데이터를 모두 활용하여 추세나 시계열적인 변화를 전망해 줄 수 있다는 분석 우위를 갖는다. 또한 추상적 전망이 아니라 특정 이슈별로 구체적 전망이 가능하며 어떤 요인이 결과와 상관관계를 갖고 있는지 분석할 수 있기 때문에 대응 방안까지 도출해 낼 수 있다.

빅데이터 분석을 통한 미래 예측이 효용 가치가 있으려면 실시간으로 유입되는 정보를 바로 분석해 신속히 대응한다는 새로운 패러다임 위에 작동되어야 한다. 이를 가장 효과적으로 수행한 대표적인 기업이 바로 자라(Zara)다. 일반적인 패션 기업이 상품을 기획해서 판매까지 하는 데 1년의 시간이 필요한데, 자라는 제품을 기획하고

표 4-4 전통적 미래 예측과 빅데이터 기반 미래 예측

전통적 미래 예측	빅데이터 기반 미래 예측
• 전문가 집단 의견 중심의 미래 전망 • 행정 정보, 통계 등 한정된 데이터 활용 • 10~50년 이후 중장기적 전망 • 거시적, 추상적 전망 • 단발성, 비정기적인 수행	• 객관적 데이터 분석+전문가 통찰력 • 정형 및 비정형의 모든 데이터 활용 • 추세나 시계열적인 변화 전망(단기~장기) • 이슈별 전망(단일 이슈, 복합적 상황)과 대응 • 상시적, 지속적 미래 예측과 대응 추진

출처: 이종석, 황현식, 황진석(2018).

제조 및 판매하는 기간을 4주로 단축하는 혁신을 이뤄냈다. 그 결과 자라는 전 세계 매장에서 유입되는 정보를 분석해 어떤 상품이 얼마나 판매될지 예측하고 곧바로 이를 실행에 옮기고 있다. 또 다른 기업으로는 이탈리아에서 레스토랑 체인을 운영하는 올리브가든(Olive Garden)을 들 수 있다. 올리브가든은 매장 운영에서 나오는 거의 모든 데이터를 분석하는데, 이 결과 불필요한 메뉴와 반찬의 종류를 줄이고, 고객의 수요를 예측 분석하여 종업원의 운영을 탄력적으로 조정할 수 있게 되었다. 그 결과 2년 동안 비정기적으로 일하는 종업원의 근무시간을 40% 줄일 수 있고 음식 낭비를 10% 줄일 수 있었다.

데이터 기반 마케팅의 두 번째 지향점은 매스마케팅 시대에 정보를 제공했던 '**광고**'에서 판매를 촉진하는 '**개인화 추천**'으로 전이되고 있다는 점이다. 빅데이터를 통해 다양한 데이터를 분석하는 것이 가능해졌고, 앞으로는 개인 맞춤형 서비스 비용 또한 낮아질 것이다. 개인 맞춤형 서비스에 필요한 비용보다 맞춤형 서비스를 통해 개선될 고객 경험이라는 효용이 더 커지게 된 것이다. 따라서 개인 맞춤형 서비스나 마케팅에 대한 관심은 더욱 높아져가는 추세를 보이고 있다. 개인화 마케팅을 가장 잘하는 기업으로 손꼽는 것은 미국의 온라인 쇼핑몰 아마존(Amazon.com)이다. 아마존은 소비자의 과거 제품 구매 정보를 분석하여 구매가 예상되는 상품을 추천하고 관련 할인 쿠폰을 제공하는 개인화된 서비스를 실시하고 있다. 그 결과 회사 매출의 약 35%가 빅데이터 기반의 추천 시스템에 의해 발생하고 있으며, 매년 기업 수익의

10%를 추천 시스템의 기능 향상을 위해 투자하는 것으로 알려져 있다.

3. 데이터 기반 마케팅의 두 가지 진화 방향

지금까지의 마케팅 전략은 '브랜드'라는 강력한 틀 위에서 구축되었다. 하지만 점차 행동 데이터의 활용이 높아지면서 소비자 인식상에 브랜드 가치를 구축하는 브랜딩이 설 자리는 점점 줄어드는 것처럼 보인다. **퍼포먼스 마케팅**이 등장함에 따라 몇십 년 동안 마케팅 업계를 주름잡았던 **브랜드 마케팅**이 공격받고 있는 것이다. 하지만 일각에서는 퍼포먼스 마케팅의 본질이 실시간 구매를 유도하는 촉진과 유사하므로, 퍼포먼스 마케팅이 수행될수록 브랜드 가치는 실추된다는 부작용의 측면으로 보기도 한다. 이 모든 변화는 마케터가 활용할 수 있는 데이터의 종류가 다양해지고 이를 통해 도출해 낼 수 있는 소비자 인식 및 행동 인사이트가 다채로워지고 있다는 데서 기인한다. 분석의 소스들이 다양해짐에 따라 마케터들 역시 기존 브랜드 마케팅과 신규 퍼포먼스 마케팅 사이에서 어떤 방식의 마케팅이 적절할 것인지 갈피를 잡지 못하고 있는 실정이다. 그렇다면 마케터들이 가용할 수 있는 빅데이터가 다양해짐에 따라 미래 마케팅은 어떤 방식으로 진화해 나아가야 하는지 살펴보기로 하자.

1) 구매와 소비의 이분화

앞서 언급한 빅데이터 유형을 정형, 반정형, 비정형 데이터로 구분한 것은 데이터의 기술적 속성에 기인한 분류이다. 하지만 이를 소비자의 행동 동선에 따라 구분해 보면 크게 '**구매 관점의 데이터**'와 '**소비 관점의 데이터**'로 구분해 볼 수 있다. 빅데이터의 유형이 소셜, 검색, 결제, 로그, 통신, 리뷰, 이미지, 날씨, 교통, 위치 데이터까지 다양해짐에 따라, 마케터는 소비자를 파악할 수 있는 모든 맥락 데이터를 수집할 수 있게 되었다. 이러한 빅데이터를 통해 마케터는 소비자의 두 가지 맥락, 즉

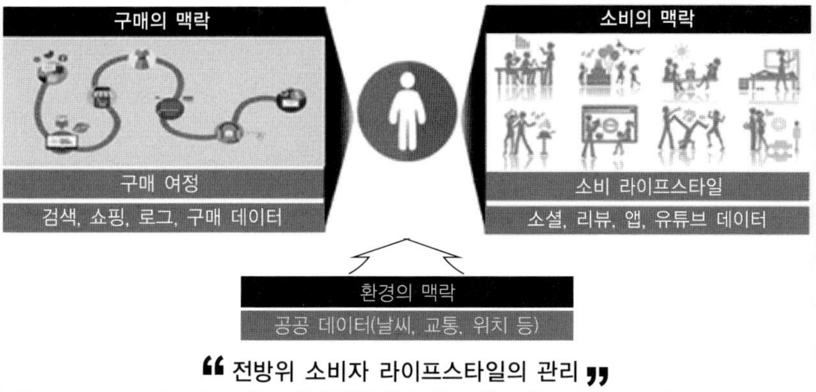

[그림 4-6] 구매 맥락과 소비 맥락으로 본 빅데이터 유형들

구매의 맥락과 소비의 맥락을 파악할 수 있게 된 것이다. 이때 구매의 맥락은 검색, 쇼핑, 로그, 구매 데이터를 통해 소비자 여정(consumer Journey)을 파악하는 것이고, 소비의 맥락은 소셜, 리뷰, 앱, 유튜브 데이터 등을 통해 소비자의 라이프스타일(consumer lifestyle)을 파악하는 것이다. 여기에 공공 데이터를 통해 환경의 맥락까지 합쳐지면 전방위로 소비자의 생활 동선 및 상황 정보까지 관리할 수 있는 데이터 플랫폼이 완성되게 된다.

여기서 구매의 맥락은 브랜드보다 소비자 개인의 행동 여정이 중요해지는 개인화 마케팅의 영역과 가까우며, 소비의 맥락은 점차 라이프스타일로 진화하고 있는 브랜드 마케팅의 영역과 가깝다는 것을 알 수 있다. 그렇다면 데이터 기반 마케팅의 두 가지 기조인 개인화 마케팅과 브랜드 마케팅에 대해 좀 더 자세히 살펴보도록 하겠다.

2) 데이터 기반 마케팅의 첫 번째 기조: 개인화 마케팅

개인화 마케팅이 펼쳐지는 장소는 개인별 로그 데이터의 수집과 분석이 가능한 웹

(web) · 앱(app) 사이트이다. 우리가 온라인 쇼핑몰에서 제품을 구입하기 위해 보이는 행동들을 살펴보면 브랜드보다 제품 후기에 더 의존하여 제품을 검색하고, 대안들을 비교하며, 종국에는 구매에 이르는 것을 알 수 있다. 또한 오프라인 사이트에서 제품을 구입할 때 중요하게 검토되었던 구매고려 요인(key buying factor)보다는 인공지능 알고리즘이 추천하는 대안 제품들을 중심으로 구매가 이루어지는 경우들이 많다는 것을 알 수 있다.

그렇다 보니 개인화 마케팅에서 분석 지표로 삼는 것들은 웹 · 앱 사이트에서 소비자가 얼마나 방문하는지, 그중에 몇 명이 페이지에 남아있고 이탈하는지, 그중에 몇 명이 제품 상세 페이지로 이동하거나 이탈하는지, 다시 그중에 몇 명이 장바구니에 제품을 담는지, 그리고 또 그중에 몇 명이 구매로 전환하거나 아직 구매에 이르지 않았는지 등이며, 그 목표도 구매까지 유도되는 각 페이지별로 **고객 전환율**(conversion rate)을 높이는 것에 맞춰져 있다. 이때 페이지 전환율을 높이기 위해 개인화 추천이라는 마케팅 활동을 투입하게 되는 것이다. 다시 말해, 개인화 마케팅은 온라인 · 모바일 쇼핑몰의 고객 행동 패턴(로그)를 분석하여 개인 맞춤형(구매 가능성이 높은) 상품 추천해 주는 서비스를 목표로, 고객 개인의 특성을 분석하여 이에 따라 최적화된 메시지를 전달하는 마케팅 기법을 말한다.

개인화 마케팅으로 성공한 기업으로 널리 알려진 것은 넷플릭스(Netflix)이다. 넷플릭스는 DVD 대여점에서 시작한 기업이나 지금은 주로 온라인 스트리밍(online streaming) 방식으로 콘텐츠를 서비스하고 있다. 넷플릭스에서 대여되는 영화의 80%가 추천 서비스로 발생하는데, 이를 위해 넷플릭스는 76,897가지의 방법으로 콘텐츠를 세분화하여 개인의 취향에 맞는 콘텐츠들을 추천하는 방식으로 고객 이탈을 줄이고 만족도를 높이고 있다.

그렇다면 어떻게 개인들의 취향을 맞출 수 있을까? 개인화 추천 서비스를 구현하는 방식은 크게 세 가지가 있다. 첫째, 특정 제품을 구매하기 위해 페이지에 접속할 때 그 상품의 대체재나 보완재를 제시하는 **'상품' 간 추천 방식**이 있다. 상품 간 추천 방식은 특정 제품의 상세 페이지로 들어간 고객에게 해당 상품과 연관된 제품을 알려 주는 것을 말한다. 일반적으로 특정 상품의 상세 페이지에 들어온 고객의 누적 클릭 횟수가 증가할수록 구매 전환율이 증가하기 때문에, 유사한 대체재나 함께 구매되는 보완재를 제시하는 것이 효과적이다. 둘째, 특정 키워드에 대한 검색 결과를 바탕으로 관련 제품을 제시해 주는 **'키워드' 방식**이 있다. 키워드 기반 추천 방식은 검색 결과에 해당하는 제품이 부족할 경우에도 고객이 풍부한 소비 경험을 할 수 있도록 도와주고 웹 · 앱 사이트에서 이탈할 확률을 낮추는 효과가 있다. 셋째, 특정 **'개인'에 대해 맞춤형**으로 제품을 추천해주는 방식이 있다. 이는 검색 페이지 결과에 고객이 검색한 결과 이외의 관련 제품을 보여 주는 형태로, 개인의 최근 클릭, 검색, 구매 이력을 감안하여 제품을 추천하는 방식이다. 웹사이트에 나타난 개인의 행동 내역을 기업의 최근접이웃(K-Nearest Neighbors algorithm: K-NN; 새로운 데이터를 입력받았을 때 가장 가까이 있는 것이 무엇이냐를 중심으로 새로운 데이터의 종류를 정해 주는 알고리즘) 검색 알고리즘에 대입해 유사한 고객 집단을 찾는다. 그런 다음 최근접이웃 집단이 해당 상품을 클릭한 후 추가적으로 구매하거나 검색한 제품 데이터를 바탕으로 상품을 추천하는 방식이다.

표 4-5 추천 알고리즘 유형

추천 유형	이미지	설명
상품 to 상품 (대체재 · 보완재)	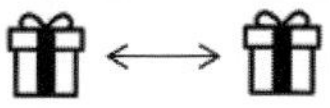	특정 상품에 대해서 유사 상품을 대체재 및 보완재로 구분하여 추천해 주는 방식
키워드 to 상품 (검색 추천)	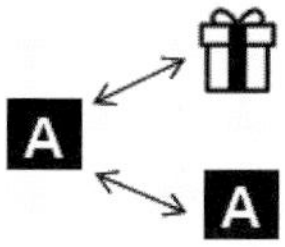	특정 키워드에 대한 검색 결과로 관련 상품을 추천해 주는 방식 - 상단: 키워드 검색 결과 제공 - 하단: 유사 키워드 제공
개인 to 상품 (개인화)	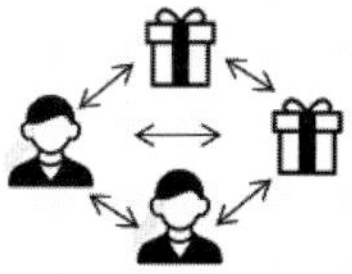	특정 개인에 대해서 맞춤형 상품을 추천해 주는 방식 - 상단: 특정 개인 선호 상품을 연관 상품 추천과 결합 - 하단: 유사 사용자 집단을 정의하여 신규 상품을 추천

출처: 이종석, 황현식, 황진석(2018).

최근에는 이런 추천 알고리즘이 **프로그래매틱 광고**(programmatic advertising)와 연계해서 광고 산업에 적용되고 있다. 새로운 광고 비즈니스 영역으로 떠오르는 것이 **퍼포먼스 마케팅**(performance marketing)인데, 퍼포먼스 마케팅은 클릭, 다운로드, 결제 등 소비자의 구체적 행동을 유도해 효율을 극대화하는 일련의 디지털 마케팅 활동이다. 예전에는 광고주나 광고대행사가 미디어랩이나 미디어를 통해 개별적으로 퍼블리셔의 광고 인벤토리를 개별적으로 구매하였는데, 최근에는 DMP(Data Management Platform), DSP(Demand Side Platform), SSP(Supply Side Platform) 등의 자동화 분석–구매–판매 시스템을 통해 실시간으로 광고를 구매하여 집행하는 방식으로 변화되고 있다.

이러한 퍼포먼스 마케팅의 분석은 개인 정보들을 바탕으로 하여 인공지능 알고리즘을 통해 실시간 자동화 기제로 작동하게 된다. 웹 · 앱 마케팅의 목표는 결국 '**유저 획득**'이다. 디지털 기반 마케터들은 웹 사이트나 스마트폰마다 부여된 애드 아이디(ID), 그리고 수많은 서드 파티(third party) 업체들이 제공하는 트래킹 분석 도구들을 통해서 어떤 매체에서 얼마의 획득 비용(acquisition cost)으로 얼마나 많은 유저를 획득했는지를 정확하게 알 수 있다. 매체별, 크리에이티브별, 타깃별 마케팅 효과 측정이 가능하므로 이를 통한 최적화 작업도 가능하다.

퍼포먼스 마케터들은 유저 획득부터 구매 전환까지 모든 과정을 **퍼널**(funnel)의 관점에서 바라봐야 한다. 마케터의 KPI(Key Performance Indicator)는 보통 퍼널 아래쪽에 위치하는데, KPI를 달성하기 위해서 2가지 방법을 공략해야 한다. 첫 번째는 상위 퍼널의 크기를 키우는 것, 두 번째는 하위 퍼널에서 상위 퍼널로의 전환율을 높이는 것이다. 퍼널은 또 문제 해결과정에서도 중요하다. [그림 4–7]에서 보듯이 유저가 획득되는 과정, 유입 이후에 유저들이 보이는 행동들에 대해서 정교하게 트래킹 해야만 문제가 발생했을 때 어떤 퍼널을 개선해야 하는지 파악할 수 있다.

최근에는 웹이나 앱 광고뿐만 아니라 TV 광고, 옥외 광고, SNS 채널 등 온라인과 오프라인 채널을 모두 활용해서 '유저 획득'이라는 마케팅 최종 목표를 극대화하기 위해 '**퍼포먼스 기반 마케팅**'으로 전환을 시도하는 중이다. 퍼포먼스 기반 마케팅은 브

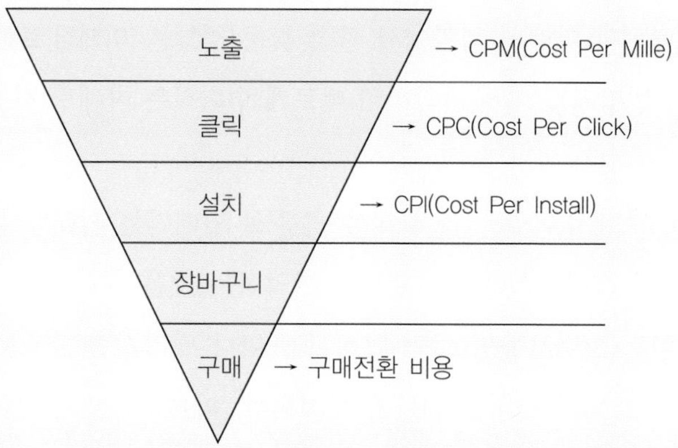

[그림 4-7] 앱 마케팅의 퍼널

출처: 동아비즈니스리뷰 홈페이지.

랜드 마케팅과 퍼포먼스 마케팅을 균형 있게 집행하는 것으로, 퍼포먼스 집행 시 나타나는 캐즘(chasm) 구간을 극복하기 위해 디지털 매체 중심의 퍼포먼스 마케팅뿐만 아니라 전통적인 매체를 활용한 브랜드 마케팅을 균형 있게 집행하는 것을 뜻한다. 이러한 방식을 통해 퍼포먼스 마케팅과 전통 마케팅의 보완과 결합으로 더 정교한 소비자 행동의 설계와 강화가 가능해진다.

3) 데이터 기반 마케팅의 두 번째 기조: 브랜드 마케팅

다음은 소비 맥락 중심의 브랜드 마케팅이다. 브랜드 마케팅에 대한 출발은 다른 곳에서부터 시작한다. 앞서 분석 패러다임이 진단에서 예측으로 간다고 언급했었다. 미래 예측은 경영자들이 예전부터 관심을 갖고 있는 비즈니스의 화두이며, 빅데이터 시대가 도래함에 따라서 최근 크게 각광받고 있는 분석 영역이다. 미래지향성은 기업의 전략적 의사결정의 핵심 요소이기 때문에, 회사의 경영진이 미래에 대해 얼마나 자주, 그리고 잘 생각하느냐에 기업의 성패가 달려 있다고 보기도 한다. 미래 예측이 필요한 이유는 한마디로 말해서 유연한 전략을 갖추기 위해서이다. 특히 미래 예측과 관련해서 마케팅 영역에서 관심 갖는 정보는 '**마케팅 트렌드**'의 파악이다. 시장이 어떻게 변할지를 미리 파악하여 빠르게 변화하는 마케팅 시장에 경쟁 우위를 선점하겠다는 것이다.

최근처럼 '구매'에서 '소비', '소유'에서 '공유'로 넘어가는 시대에 살고 있는 마케터에게 소비자들의 라이프스타일 트렌드를 파악하는 것은 대단히 중요한 과업이라고 할 수 있다. 이는 소비자들의 삶의 방식이 해마다 달라지면서 소비 패턴이 영향을 받고, 이러한 흐름에서 소비 트렌드가 형성되며, 마케터들은 이러한 소비 트렌드에서 힌트를 얻어 브랜드를 소비자의 삶에 밀착시켜야 하기 때문이다. 따라서 브랜딩을 하는 데 있어서, 소비자의 소득과 경제력은 어떤지, 어떤 지역(환경)에서 누구와 살고, 어떤 일을 하는지, 어떤 경험을 쌓아 왔으며, 어떤 욕망에 민감한지, 어떤 가치관을 추구하며 사는지 등의 **라이프스타일**을 파악하는 것은 대단히 중요한 마케팅의 분석 과제라 할 수 있다.

소득이 증가하면서 더욱 더 자신만의 개성 있는 라이프스타일을 지향하는 사람들이 늘어남에 따라 마케팅의 축이 라이프스타일로 옮겨 간다는 전망이 나오는데, 이러한 흐름은 특히 빅데이터 시대에 잘 부합하는 접근이라고 볼 수 있다. 이는 소비자를 읽어 낼 수 있는 데이터들이 소비자 생활 전반을 둘러싸고 점점 다양하게 형성되고 있기 때문이다. 마케터는 소비자 전방위로 떨어지는 다양한 빅데이터를 통해 빠르게 변하는 소비자의 라이프스타일을 탐지할 수 있게 되었다. 이제 마케터는 빅데이터를 통해 눈에 보이지 않는 것들을 꿰뚫어 보고, 이를 패턴으로 읽어 낼 수 있어야 한다. 특정 라이프스타일을 가진 고객을 발견하고 관찰하고 이해하고 가치관과 행동 패턴을 파악하는 일은 결코 쉬운 일이 아니다. 따라서 '빅데이터에 기반한 트렌드 분석'이라는 화두는 마케터들이 장착해야 할 새로운 역량이라고 할 수 있다.

브랜딩은 기본적으로 소비자의 가치(value)에서 출발한다. 제품의 효용(benefit)을 가치로 둘 것인지, 제품 외에 서비스에서 나오는 경험(experience)을 가치로 둘 것인지, 제품을 만든 회사가 추구하는 철학(philosophy)을 가치로 둘 것인지에 따라 브랜드의 아이덴티티(brand identity)는 결정되게 된다. 이러한 브랜드의 결정 요소에 최근에는 라이프스타일이 크게 부각되고 있는 것이다. 이런 추세에 따라 요즘에는 제품의 구매와 소비를 넘어서는 라이프스타일 자체를 서비스하는 브랜드들이 인기를 끌고 있다. 츠타야(TSUTAYA) 서점, 무지(MUJI) 호텔, 이케아(IKEA) 등이 보여 주는 브랜딩의 행보는 하나의 테마를 중심으로 다양한 경험을 제공하는 **라이프스타일 큐레이션 브랜드**(lifestyle curation brand)로서의 지향점을 보여 주는 사례라고 할 수 있다.

무지는 의류, 가구, 식품, 가정용품 등의 라이프스타일 제품들을 기반으로 전 세계 700여 개 매장을 가진 글로벌 생활 브랜드이다. 이런 제조회사에서 최근에는 조립식 주택도 팔고, 까페에 호텔까지 운영하는 비즈니스 구조로 탈바꿈을 하고 있다. 무지호텔은 2018년 1월 중국 선전(深圳)을 시작으로 베이징, 도쿄 긴자 등 매장을 계속 확장해 가고 있다. 무지호텔의 차별점은 여기서는 먹고 놀고 자는 모든 공간에서 오롯이 무지 스타일을 경험할 수 있다는 것이다. 무지호텔에서는 전형적인 무지 제품들로만 꾸며져 있는 무지 스타일의 객실, 24시간 이용할 수 있는 도서관, 건강식을 파는 무지 디너, 무지의 제품들을 살 수 있는 무지 스토어가 운영된다. 이 모든 공간이 무지 제품의 디자인 콘셉트(concept)와 일치한다. 제품만 팔던 그들이 라이프스타일을 팔기 시작한 것이다.

츠타야 서점을 성공시킨 마스다 무네아키 최고경영자(CEO)는 "고객이 무엇을 원하고 있는가, 이 부분만 집중하면 답이 나온다."라면서 "자동차에 관심이 많은 고객이 서점에 와 자동차 관련 책만 보는 것을 넘어, 자동차와 관련된 방대한 책 이외의 지식을 쌓도록 만드는 것이 우리의 전략"이라고 언급한 바 있다. 서점의 존재 이유를 라이프스타일 큐레이션으로 확장시키는 순간이다. 현재 츠타야 서점에는 네일아트 서비스가 제공되며 장난감을 판매하는 한편, 카메라 전문점까지 구비하고 있다. 분명 생활용품 회사, 특급 호텔, 가구 회사는 서로 다른 업을 가진 것처럼 보이지만 지금은 모두 **라이프스타일 비즈니스**를 한다는 공통점을 갖는다. 이들 모두 소비자의 일상을 점유하는 라이프셰어(lifeshare) 전략을 펼치기 때문에 과거와 달리 서로의 비즈니스에 직접적인 영향을 미치고 있다. 궁극적으로 이들은 자신들의 업종에서 소비자의 관심과 인기 있는 트렌드를 쫓고 예측하는 것을 넘어, 소비자의 생활 반경에서의 라이프 트렌드를 리딩함으로써 브랜드가 가야 할 새로운 지향점을 보여 주고 있다.

라이프스타일 비즈니스는 우리의 의식주를 좀 더 가치 있게 만드는 물건뿐만 아니라 우리가 누리는 공간, 시간, 삶의 방향, 태도, 각종 경험까지 모두 포함한다. 결국 라이프스타일 비즈니스를 위해서는 사람들이 중요하게 여기는 가치와 일상의 욕망을 잘 해석하는 것이 필요하다. 또한 타깃 소비자의 라이프스타일을 이해하고 이들이 지향하는 라이프스타일의 흐름을 알아내면 비즈니스에서 그만큼 유리해질 수 있다. 라이프스타일 브랜딩을 위해서는 소비자의 일상 속 점유율을 높여야 한다. 제품 구입과 사용 데이터를 넘어 날씨, 교통, 지역 등의 공공 데이터를 통해 일상 속에 놓여 있는 일시성을 띤 시간과 공간들을 탐색해야 한다. 소비자들이 제품을 구입하고 사용하는 소비행태에서 시야를 확대하여 주변 상황을, 생활의 맥락을 읽어 내서 브랜드만의 **TPO 인게이지먼트**(TPO engagement)를 높여야 한다. 글로벌 화장품 브랜드 엘리자베스 아덴(Elizabeth Arden)은 주변 공기 오염도를 지하철에 놓인 디지털 광고판에 실시간 제공해 줌으로써 환경오염이 피부에 미치는 영향을 전달하며 자사 브랜드를 어필하고 있고, 차량 연결 서비스인 우버(Uber)는 미국 12개 도시 상황 데이터를 분석하여 지역별로 인기 있는 브런치 레스토랑(brunch restaurant)에 대한 인사이트를 도출하여 승객들에게 다이닝(dining) 정보를 제공하는 방식으로 마케팅을 하고 있다.

미디어 및 디지털 에이전시 캐럿 USA(Carat USA)의 저스틴 블룸(Justine Bloome)은 "우리가 설계하는 커뮤니케이션이란 광고보다는 생활에 도움이 되는 것이나 부가 가치를 제공하는 것"이라고 이야기한다. 마케터는 소비자를 둘러싼 다양한 빅데이터를 통해 레이 올든버그(Ray Oldenburg)가 정의한 일상생활 중 일시성을 띤 '**제3의 공간**(third spaces)'을 발굴할 무궁무진한 기회를 가지고 있다. 이렇게 일시적이지만 상황과 연계된 순간은 개인화 된 소비자 참여를 끌어내는 데 활용할 수 있다. 이제 마케터는 제품과 콘텐츠뿐만 아니라 소비자가 놓은 주변의 상황과 맥락을 고려한 캠페인을 기획하는 것이 중요하다 하겠다.

마케터는 매 순간 발생하는 소비자 니즈를 적극적으로 충족시키고, 소비자의 불편함을 제거하는 방법을 찾아야 한다. **상황 정보 데이터**(contextual data)는 소비자가 원하는 것을 제공할 수 있는 유용한 요소이다. 기상 정보, 위치 정보, 시간 정보와 같이 소비자를 둘러싼 정보가 뒷받침 될 때 브랜드는 소비자의 의도를 정확히 파악할 수 있고, 개개인의 요구를 더 효과적으로 충족시킬 수 있기 때문이다. 맥락과 상황을 담은 데이터들은 앞으로 마케팅의 축이 될 것이다.

지금은 실시간 생성되는 다양한 생활 데이터를 통해 진짜 '소비자'를 중심에 두고 브랜딩 전략을 세우는 것이 필요하다. 마케터들은 이미지나 상징으로 부가가치를 획득했던 브랜드 아이덴티티(brand identity)의 시대를 넘어, 새로운 삶의 스타일(brand lifestyle)을 제안하고 리드하는 것을 브랜드의 임무이자 역할로 삼는 라이프스타일 브랜드의 관점을 탑재해야 한다. 나아가 다양한 생활 데이터를 분석하여 마케팅 전략을 구축할 수 있는 분석 프레임과 이를 실행할 수 있는 캠페인 전략들을 새롭게 구축해야, 빅데이터 시대가 요구하고 고객이 기대하는 마케팅 솔루션들을 만들어 낼 수 있을 것이다. ■

제5장

디지털 사이니지 광고

박 현(현대HCN 부국장)

1. 디지털 사이니지 광고의 개요
2. 국내 디지털 사이니지 광고 시장 현황
3. 디지털 사이니지 크리에이티브 사례
4. 마치며

◈◇◈

디지털 사이니지(digital signage)는 기술의 발전으로 나타난 사회 변화의 산물(産物)이나 사회 환경을 바꾸고 우리 생활의 행태를 변화시키는 중요한 미디어적 기능을 가지고 있다. 광고 미디어가 소비자의 긍정적인 수용 속에서 인정받고 발전해 왔듯이 디지털 사이니지도 소비자가 스스로 채택해고 인정할 수 있어야만 광고 미디어로서의 기능을 발휘할 수 있다. 최근 10여 년 사이에 디지털 사이니지는 광고업계를 포함하여 공공, 교통, 건축, 인테리어, 리테일업계 등에서 일반적으로 사용하는 용어로 자리 잡고 있다. 이는 디지털 사이니지가 우리 생활 곳곳에서 그 효과를 인정받고 빠르게 확산되고 있음을 의미한다.

디지털 사이니지 광고는 옥외광고 분야에서 아날로그 미디어를 대체하면서 시작되었으나 최근에는 그 기능과 역할이 확장되면서 신기술 융합 미디어로서 각광받고 있다. 특히 옥외 활동 공간에서 특정 타깃에게 양방향 커뮤니케이션이 가능하다는 특성으로 인해 새로운 광고 캠페인에 많이 활용되고 있으며 소비자 경험을 확장할 수 있는 임팩트 강한 미디어로 변모하고 있다.

따라서 이 장에서는 디지털 사이니지 광고에 대한 개요와 시장 현황 및 우수 크리에이티브 사례 등을 살펴봄으로써 미래 지향적 미디어로서의 의미를 확인하고 앞으로의 발전 방향성, 뉴미디어 솔루션으로서의 새로운 가치 등을 알아보고자 한다.

1. 디지털 사이니지 광고의 개요

디지털 사이니지는 광고 미디어로 각광받기 이전에 퍼블릭(public) 미디어로 먼저 시장에 등장하였다. 퍼블릭 미디어는 TV, 스마트폰과 같은 개인 미디어에 상대되는 공공 미디어의 개념으로서 다수의 사람이 머무르거나 이용하는 특정 공간에서 공공 정보나 공간 정보를 제공해 주는 것과 같이 일상생활의 편리성을 줄 수 있는 정보 제공 디스플레이를 기반으로 성장하였다.

따라서 디지털 사이니지 광고 미디어는 초기에 옥외의 특정 공간에서 상시 운영되는 정보 제공 미디어로서의 특성을 가지며 광고만 운영되는 독자적인 미디어라기보다 다양한 정보 콘텐츠와 함께 광고가 노출되는 경향을 보였다. 보다 구체적인 디지털 사이니지 광고 미디어의 개념과 종류, 적용 기술과 활용 영역 등을 살펴보면 다음과 같다.

1) 개념과 정의

디지털 사이니지는 OOH(Out Of Home) 공간에 설치되어 있는 퍼블릭 미디어로서 신기술에 기반한 디지털 디스플레이와 디지털 콘텐츠, 통신 네트워크와 소비자의 이용 방식이라는 네 가지 특성을 가지고 설명될 수 있다. 그리고 국내외 학자, 관련 기관, 기업 등에서 지금까지 디지털 사이니지에 대해 다양한 개념과 정의를 발표해 왔는데 대부분 이 네 가지 특성에 기반하여 **IT, 통신 기술, 디지털 디스플레이 등을 포함한 뉴미디어, 양방향성(interactive)과 맞춤형 정보를 제공하는 디지털 미디어**, 새로운 모든 기술이 융합될 수 있는 미래지향적 미디어라는 개념으로 디지털 사이니지를 설명하고 있다.

일반적으로 디지털 사이니지 광고는 디지털 사이니지의 개념에 포함되어 있으며 콘텐츠의 내용이 광고일 경우를 말한다. 따라서 디지털 사이니지 광고는 디지털 옥

표 5-1 디지털 사이니지에 대한 정의

연구자	디지털 사이니지의 정의
쉐플러(2011)	소프트웨어와 하드웨어 자원을 통해 목표수용자에게 엔터테인먼트, 정보 및 광고의 형태로 목표 내용을 전달하는 중앙 및/혹은 원격으로 통제되고 접속 · 이용할 수 있는(addressable) 전형적 평면-스크린 디지털 디스플레이의 네트워크
룬트스트룀(2008)	(다른 종류의 디스플레이 디바이스와 마찬가지로) 컴퓨터나 텔레비전스크린의 다양한 이용을 토대로 공공지역에서 소비자들에게 광고와 정보를 효율적으로 전달이 가능한 시스템
안희진, 박승배 (2012)	네트워크를 전반으로 하는 뉴미디어로서 공공장소와 상업 공간에서 다양한 정보와 광고 등의 메시지를 송출하여 정보전달을 하는 방식으로 기존에 존재하는 디지털정보 디스플레이에 폭넓고 다양한 IT기술이 접목된 정보전달 매체
심성욱(2013)	디지털 기술로 정보를 가장 효과적으로 전달하기 위해 공공장소나 상업 공간 같은 OOH 공간에 네트워크를 통한 원격제어가 가능한 디지털 디스플레이를 설치하여 정보, 엔터테인먼트 프로모션 인터랙티브 기능 광고 등의 다양한 콘텐츠를 제공하는 디지털 미디어
김철호(2013)	인간 활동의 주요 공간에, 실시간 관리가 가능한 디지털 디스플레이를 설치하여, 현재적 잠재적 소비자에게, 광고주가 의도하는 콘텐츠를, 실시간으로 제공하는, 디지털 미디어
한국정보통신기술협회 (2014)	옥내 · 외에 설치한 고정형 디스플레이 장치나 각종 운송수단에 탑재된 이동형 디스플레이 장치를 이용하여 광고, 뉴스, 생활 정보, 재난 정보 등의 다양한 정보를 전달하는 서비스
ETRI(2014)	디지털 사이니지 기업들의 마케팅, 공공정보, 광고, 트레이닝효과 등 고객 경험을 유도할 수 있는 양방향 대화형 맞춤형 서비스로서, 공항이나 호텔, 병원 등 공공장소에서 방송, 광고뿐만 아니라 특정한 정보를 함께 제공하는 디지털 영상장치

출처: 홍종배, 김형경, 박원준, 김아랑(2014) 등에서 재인용 및 재구성함.

외광고 미디어, 디지털 OOH 미디어(DOOH)와 같은 말로 사용되며 기존 아날로그 옥외광고가 디지털로 전환된 경우와 최근 소비자 트렌드와 필요성에 의해 OOH 장소에 새롭게 등장한 디지털 뉴미디어들을 의미한다.

2) 종류 및 장소별 운영현황

앞에서 이야기한 디지털 사이니지의 네 가지 특성은 디지털 사이니지의 종류를 결정하는 중요한 역할을 한다. 첫째, **디지털 디스플레이**의 소재 특성에 따라 LED(Light Emitting Diode)전광판, LCD(Liquid Crystal Display), PROJECTION, 홀로그램 등으로 구분되며 실내외에서 다양한 종류의 미디어로 불린다. 대체로 LED는 햇빛과 기온, 습도 등의 한계를 극복할 수 있는 옥외에서 주로 사용되며, LCD는 실내 환경에서 주로 사용되나 실외에서도 고휘도 LCD가 사용되고 있다.

둘째, **디지털 콘텐츠**에 따라서도 미디어의 종류가 결정된다. 즉, 공공 정보나 편의 제공을 위한 디지털 사이니지, 상품정보를 제공하여 기업의 마케팅 활동을 지원하는 디지털 사이니지, 그리고 특정 공간에서 예술작품(art) 등을 제공하여 공간의 가치를 높여 주거나 비상정보, 긴급정보를 제공하는 디지털 사이니지 등이 있다.

셋째, **통신 네트워크**의 적용 방식에 따라 크게 두 가지 디지털 사이니지로 구분될 수 있는데 유무선 통신을 통해 여러 미디어가 통합되어 원격에서 제어되며 여러 장소에서 동시에 노출되는 네트워크형 디지털 사이니지와 그렇지 않고 개별 공간에서 독립적으로 운영되는 독립형 디지털 사이니지가 있다. 여기서 독립형 디지털 사이니지는 여러 미디어를 동시 노출시키는 광고 노출의 파급성보다 주로 특정 공간에 국한되어 임팩트효과를 더 기대할 수 있는 경우에 해당한다.

넷째, **소비자의 콘텐츠 이용방식**에 따라 일방향 사이니지와 양방향 사이니지, 모바일 결합형 사이니지로도 구분된다. 일반적으로 옥외광고와 같이 불특정 다수를 대상으로 하는 디지털 사이니지는 일방향일 경우가 많고 특정 소비자가 미디어와의 직접적인 접촉을 통해 정보를 주고받을 경우에는 양방향 디지털 사이니지로 불리운다. 특히 개인 모바일인 스마트폰 등을 통해 정보를 주고받는다든지 자신의 SNS 정보가 공공장소에 디지털 사이니지를 통해 표출되는 경우에는 모바일 결합형 디지털 사이니지로 분류될 수 있다.

이렇게 다양한 종류의 디지털 사이니지들을 통해 광고가 표출되는 미디어를 디지

표 5-2 디지털 사이니지의 종류

구분	종류
디스플레이	LED, LCD, 프로젝터, 홀로그램 등
콘텐츠(목적성)	광고, 정보, 편의, 판매촉진, ART 등
통신 네트워크	네트워크형, 독립형
소비자 이용방식	일방향형, 양방향형, 모바일 결합형

털 사이니지 광고 미디어라고 한다. 디지털 사이니지 광고 미디어는 주로 OOH 장소에서 운영되는데 교통시설, 쇼핑몰, 리테일매장과 극장, 스포츠시설, 공공기관, 호텔 등 다중 집합시설의 실내에서 주로 운영되고 있으며 옥외 전광판, 미디어 파사드, 미디어폴 등과 같이 실외 영역에서 운영되기도 한다. 현재 운영되고 있는 디지털 사이니지 광고 미디어의 종류를 장소별로 정리하면 〈표 5-3〉과 같다.

표 5-3 장소별 디지털 사이니지 광고 운영현황

<table>
<tr><th>구분</th><th>세부장소</th><th>주요 미디어</th></tr>
<tr><td>교통시설</td><td>공항, 철도, 지하철, 터미널, 버스쉘터 등</td><td rowspan="3">전광판, 멀티비전, 키오스크, 싱글패널, 프로젝터, (유사)홀로그램 등</td></tr>
<tr><td>쇼핑몰
리테일</td><td>복합쇼핑몰, 대형할인점, 지하상가, 커피숍, 편의점, 드럭스토어, 레스토랑 등</td></tr>
<tr><td>다중 집객시설</td><td>극장, 스포츠, 레저시설, 호텔, 은행, 대학교, 아파트 등</td></tr>
<tr><td>옥외 지역</td><td>도심 내 도로변, 교차로 주변, 건물외벽 등</td><td>옥외전광판, 미디어폴, 전자현수막, 미디어 파사드 등</td></tr>
</table>

각 장소별 디지털 사이니지 광고 미디어의 특성을 살펴보면 먼저 **교통시설**의 경우 교통정보, 시설 이용 정보, 공공 정보 등과 더불어 광고가 표출되는 방식의 미디어가 많은 편이며 광고만 표출되는 독립형 광고물도 다수 운영되고 있다. 가장 대표적인 광고물로는 지하철 행선게시 안내기, 공항 캐로셀, 버스 내부 LCD, 디지털 버스 쉘터 등이 있으며 대부분 기존 아날로그 광고물이 디지털화된 경우가 대부분이다.

1 지하철 승강장 행선게시기　2 서울시내버스 앞TV　3 서울역 전광판

4 인천공항 캐로셀 멀티비전　5 강남 센트럴시티 기둥광고　6 가로변 디지털 버스쉘터

[그림 5-1] 교통시설 디지털 사이니지 사례

쇼핑몰, 리테일 매장의 경우 대부분 이용객의 특성에 맞는 디지털 광고물이 개발되어 운영되고 있다. 즉, 젊은층이 많이 찾는 복합쇼핑몰은 신기술을 이용한 프로모션 미디어, 웨이파인딩(way finding), 초대형 멀티비전 등의 뉴미디어가 주를 이루고 주부층이 많은 대형 할인점의 경우 제품 판촉 활동과 관련된 미디어나 지역 상권의 로컬 광고주를 대상으로 하는 미디어가 운영되고 있다. 또한 백화점과 지하상가 역시 해당 공간 이미지나 유동인구를 고려하여 핵심 위치 중심으로 노출 임팩트 높은 미디어들이 운영되고 커피숍, 편의점, 드러그스토어 등에는 창문이나 내부 결제 데스크 주변에 디지털 광고물을 설치하여 전국 네트워크형으로 운영되고 있다.

극장, 스포츠 · 레저시설, 은행, 호텔 등의 **다중 집객시설**에서는 해당 공간을 이용하는 특정 이용객을 대상으로 하는 마케팅 목적 또는 편의를 제공하기 위한 목적의 디지털 사이니지 광고 미디어가 주로 운영되고 있다. 즉, 극장 내 멀티비전이나 티켓발권기, 스키장 전광판, 병원 키오스크, 아파트 엘리베이터 LCD 등이 대표적으로,

1 스타필드몰 채널코엑스

2 롯데타워 미디어샹들리에

3 이마트 LCD

4 코엑스 디지털아트갤러리

5 GSTV

6 올리브영라이브

[그림 5-2] 쇼핑몰, 리테일 매장 디지털 사이니지 사례

1 CGV극장 전광판

2 대명리조트 멀티비전

3 반얀트리호텔 전광판

4 우리은행 멀티비전

5 휘닉스파크 스키장 전광판

6 창원NC파크 야구장 전광판

[그림 5-3] 다중 집객시설 디지털 사이니지 사례

1 강남 CGV 전광판 2 강남대로 미디어폴 3 서초구 전자게시대
4 서울스퀘어 미디어 파사드 5 대전 으능정이 스카이로드 6 프로젝션 맵핑광고

[그림 5-4] 옥외지역 디지털 사이니지 사례

이러한 미디어들은 소비자가 특정 장소에서 옥외 활동 중 일정 시간 동안 머무르는 정지동선에 설치되어 소비자의 자연스러운 행태 속에서 소비자와 브랜드 간 호감도와 관여도를 높일 수 있는 광고매체로 인정받고 있다.

도로나 건물 등의 **옥외지역**에 설치되는 디지털 사이니지 광고 미디어는 약 30여 년 전부터 등장했던 대형 전광판 광고를 포함하여 미디어 파사드, 미디어폴, 프로젝션 맵핑, 전자현수막, 차량탑재형 광고 등이 있다. 하지만 옥외지역은 「옥외광고물 등의 관리와 옥외광고산업 진흥에 관한 법률」(이하 「옥광법」)에 의해 규제되는 미디어가 많아 현재 미디어 파사드, 프로젝션, 차량탑재형 광고 등은 불법광고로 규정되어 프로모션 등에 한정적으로 운영되고 있는 상황이다.

이상과 같이 최근에 운영되고 있는 디지털 사이니지 광고는 여러 OOH 장소에서 다양한 형태와 목적을 가지고 소비자와의 관계성을 강화하고 있다. 즉, 단순 브랜드 노출효과를 목적으로 운영되었던 기존 아날로그 옥외광고와는 달리 소비자가 위치한 여러 장소와 상황에 따라 관련성(relevance) 있는 다양한 콘텐츠를 표출함으로써 소비자 커뮤니케이션(communication)의 질적 수준을 높이고 브랜드 관여도(involvment)를 이끌어 낼 수 있는 방향으로 진화하고 있다.

3) 특성 및 장단점

아날로그 옥외광고와 비교하여 디지털 사이니지 광고의 가장 중요한 특성은 디지털 기술을 이용하여 **콘텐츠를 쉽게 표출하고 통제**할 수 있다는 점이다. 즉, 디지털 사이니지 미디어는 하나의 디스플레이에 여러 다양한 콘텐츠를 표출할 수 있으며 통신 네트워크를 통해 원격에서 고화질의 광고를 송출, 관리함으로써 광고 운영의 효율성을 극대화할 수 있다.

둘째는 동적 임팩트를 가진 콘텐츠를 통해 **시선유도효과와 이미지 전달력을 강화**할 수 있다. 기존의 아날로그 옥외광고가 고정적인 이미지 광고를 특정 장소에서 상시적으로 강제 노출을 할 수 있었다면 디지털 사이니지 광고는 필요에 따라 고정적인 이미지 광고뿐만 아니라 동적 임팩트를 줄 수 있는 콘텐츠 모두를 운영할 수 있다는 장점이 있다.

셋째는 **즉시성**이다. OOH 장소에 광고를 게재하기 위해서는 사전에 허가를 받고 광고물을 제작하여 작업자가 직접 설치를 해야 했으나 디지털 사이니지 광고는 이러한 시간적 제약을 뛰어넘어 즉시적인 광고물 게재가 가능하다. 또한 통신기술이 발전하면서 최근에는 실시간 라이브(live) 방송과 같이 고화질 영상의 실시간 중계가 가능해짐으로써 방송미디어 콘텐츠와 연계가 가능하고 미세먼지, 기상 상황 등의 대기정보, 긴급정보 등을 실시간으로 제공할 수 있는 미디어로 인정받고 있다.

넷째는 **양방향성**이다. 디지털 사이니지에 카메라나 센서를 부착하여 광고물이 소비자를 인식할 수 있게 함으로써 개인적인 메시지를 서로 주고받을 수 있는 광고 운영이 가능해졌다. 즉, 온라인이나 모바일 미디어에서나 가능했던 개인적인 광고 접촉이 OOH 환경에서 구현될 수 있게 되었고 이를 통해 소비자에게 개인적인 브랜드 경험을 제공하거나 소비자 혜택(benefit)을 줄 수 있는 양방향 커뮤니케이션이 가능해졌다.

다섯째는 **효과를 측정**하기 용이하다는 점이다. 디지털 사이니지는 양방향성 기능을 이용하여 소비자의 접촉량을 측정할 수 있고 카메라나 센서를 통해 주변 유동인구를 파악할 수 있으며 얼굴인식 기능을 통해 광고에 접촉한 소비자의 성별, 연령대별로 구분이 가능해졌다. 따라서 기존의 옥외광고가 불특정 다수에게 상시적으로 노출되는 미디어로 인정받았다면 디지털 사이니지 광고는 요구되는 타깃에게 얼마나 접촉되었는지 실시간으로 결과 데이터를 확보할 수 있어 광고 집행의 당위성을 높여 줄 수 있다.

하지만 이러한 긍정적인 특성 외에도 디지털 사이니지가 광고 시장에서 활성화되기 어려운 이유와 사회 문화적으로 문제를 야기시킬 수도 있는 몇 가지 단점이 있다. 먼저 사업자의 관점에서 보면 디지털 사이니지는 일반 아날로그 옥외광고보다 초기 설치비용 측면에서 부담이 된다. 또한 LED의 경우 규격의 한계가 없지만 LCD는 제조사가 정한 제한적인 규격 내에서의 설치가 불가피하다. 그리고 소비자의 입장에서는 디지털 사이니지 광고가 고급감과 세련미를 주지만 하나의 디스플레이에서 많은 정보가 보여 특정 광고를 쉽게 인식하기 어렵고 동영상 광고일 경우 순간적인 정보파악이 어려운 단점이 있다. 사회문화적으로 보면 관리 부재 시 빛 밝기에 의한 빛 공해 문제와 시각적인 혼란에 따른 도시미관의 문제를 야기하며 송출시스템이 헤킹될 경우 불법적인 디지털 콘텐츠가 공공장소에 기습적으로 노출될 수 있다.

이상에서 언급한 디지털 사이니지 광고 미디어의 장단점을 소비자, 광고사업자, 사회문화적 측면에서 구분하여 다시 살펴보면 〈표 5-4〉와 같다.

표 5-4 디지털 사이니지 광고 미디어의 장단점

구분	장점	단점
소비자 측면	• 대화면 영상콘텐츠, 동적 임팩트 경험 • 인터랙션을 통한 재미와 경험 • 생활의 편리함과 경제적 혜택	• 정보가 많고 사용이 불편 • 순간적인 정보파악이 어려움
광고 사업자 측면	• 다수의 광고(콘텐츠) 운영 가능 • 콘텐츠의 표출과 관리가 용이 • 광고주 요구에 기술적 대응 가능 • 효과 측정 가능	• 초기 투자 비용 부담 • 디스플레이의 크기, 사양 등의 한계
사회 문화적 측면	• 자원 절약, 환경 보호(지류, 석유화학 폐기물 축소) • 긴급 재난 정보 송출, 대국민 홍보 • 도시정비와 디지털 문화 조성에 기여	• 관리 부재 시 빛 공해, 사회문제 야기

출처: 심성욱, 박현(2012)에서 재인용 및 재구성함.

2. 국내 디지털 사이니지 광고 시장 현황

한국의 디지털 사이니지 광고 시장은 글로벌 시장보다 더 일찍 시작되었다. 그 이유는 디지털 사이니지 패널 전 세계 시장점유율 1위 사업자가 한국의 삼성전자였기 때문인 것도 있지만 통신과 IT기술이 발전하고 뉴미디어에 대한 사회적인 기대감이 높았던 점이 크게 작용한 것으로 보인다. 그리고 현재 디지털 사이니지 광고는 옥외 광고시장의 트렌드를 주도하고 있으며 다른 미디어와의 융합되어 광고 캠페인에서의 활용도가 점차 높아지고 있다. 디지털 사이니지 광고 시장의 발전과정과 시장 규모 및 주요 사업자 현황 등을 살펴보면 다음과 같다.

1) 발전 과정

디지털 사이니지는 개발 초기에 삼성전자에 의해 DID(Digital Information

Display)라는 이름으로 먼저 불리웠다. 평판 TV가 PDP(Plasma Display Panel)에서 LCD(Liquid Crystal Display)로 넘어가는 시기에 정보 제공 목적의 퍼블릭 미디어로 DID가 2006년 본격적으로 생산되기 시작했다.

국내 최초의 디지털 사이니지 옥외광고물은 2003년경 지하철 승강장에 설치된 승강장 PDP이다. 이 미디어는 고가의 일반 평판 PDP TV를 옥외광고 미디어로 사용한 사례인데 당시 먼지, 진동 등에 약하고 정지영상이 오래 지속될 수 없다는 제품 특성을 감안하지 못해 사업 성공으로는 이어지지 못하였으나 이후 대학교, 은행, 대형 할인점 등에 디지털 사이니지 광고 미디어를 확산시키는 계기가 되었다.

2006년 이후 기존 PDP 광고물들은 대부분 LCD 사양으로 교체되었고 점차 규격이 확대되기 시작하였다. 또한 여러 패널을 연결하여 100인치 이상의 대화면으로 표현할 수 있는 멀티비전이 제한적인 싱글 패널의 한계를 극복하며 중요한 옥외광고 미디어로 자리 잡게 되었다.

하지만 디지털 사이니지 광고는 아날로그 옥외광고를 디지털 패널로 대체하면서 기존의 전광판 광고와 같은 방식으로 운영되었기 때문에 시장 초기에는 광고주들로부터 환영받지 못하였다. 하나의 디스플레이에 여러 개의 광고가 표출되는 디지털 사이니지 광고는 당시 광고 노출시간이 적고 소비자 인지가 어렵다는 이유로 광고주들의 호응을 받지 못했으나 여러 장소에 원격으로 동시에 광고를 운영할 수 있고 옥외광고의 노출 범위를 확장할 수 있는 운영상의 장점으로 대기업 사업자들이 미래 신규사업으로 관심을 가지기 시작했다.

2008년에서 2009년경 CJ계열사인 CJ파워캐스트와 KT, 인터넷 포털기업 다음, GS넷비전 등의 대기업들은 디지털 사이니지를 이용한 옥외광고 사업에 대규모 투자를 시작했다. 이마트 LCD, 지하철 행선게시안내기, 편의점 GSTV, 지하철 디지털뷰 등의 미디어들이 시장 초기에 대기업들이 투자한 대표적인 디지털 사이니지 광고 미디어였으나 기대한 만큼의 사업 성공은 이루지 못하였다.

그리고 2000년대 말에는 또 다른 변화가 일어났다. 디지털 사이니지의 양방향성을 이용한 미디어들이 등장한 것이다. 코엑스몰에 프로젝터를 이용한 리엑트릭스,

극장 로비 클라우드, 강남대로 미디어폴 등의 양방향 미디어들은 소비자의 접촉이 가능하며 소비자들로 하여금 재미를 유발할 수 있었기 때문에 등장 초기에 관심을 받았으나 광고 미디어로서의 수명은 길지 못했다. 그 이유는 양방향성 미디어들은 개인과의 인터랙션이 주된 목적이었기 때문에 상시적인 광고 노출에는 한계가 있었다. 즉, 인터랙션 운영 도중 배경화면 정도에 간접적인 광고만이 가능했고 그 만큼 광고적 임팩트가 약했기 때문이었다.

하지만 양방향성을 이용한 디지털 사이니지는 크리에이티브 한 옥외광고를 주도했다. 하지만 상시적인 운영이 어려워 광고 캠페인이나 프로모션적 성격으로 운영된 경우가 많았는데 많은 비용과 시간이 필요함에도 불구하고 브랜드의 지향점을 소비자가 경험하게 한다는 측면에서 나이키, 구글, 코카콜라 등 글로벌 광고주들 중심으로 적극적인 참여가 일어났다. 최근까지도 신기술을 이용한 새로운 디지털 사이니지 캠페인은 국내뿐만 아니라 글로벌 시장에서도 활발하게 전개되고 있다.

국내 디지털 사이니지 광고 시장은 2013년경 등장한 강남역 게이트비전을 필두로

① 지하철 승강장 PDP ② 코엑스몰 리엑트릭스 ③ 대학교 PDP

④ CGV 클라우드 ⑤ 아파트 E/V LCD ⑥ 강남역 게이트비전

[그림 5-5] 초기 디지털 사이니지 사례

새로운 분위기가 조성되었다. 옥외광고 시장에서 유동인구가 많고 상징성이 높은 장소는 광고주 수요가 높은 편이다. 즉, 강남역과 같이 젊은층 유동인구가 많은 장소는 수량이 제한적인 아날로그 광고만으로는 그 수요를 감당하기 쉽지 않다. 따라서 이러한 장소는 디지털 광고물로 그 수요를 충족해야 하며 그렇게 될 경우 보다 저렴한 공고료로 보다 많은 광고주의 참여를 유도할 수 있다. 강남역 게이트비전은 이러한 시장의 요구에 맞춰 아날로그 광고물을 디지털 사이니지로 변경한 성공사례로서 삼성역 디지털 미디어 터널(DMT), 코엑스몰 디지털 아트갤러리 등의 미디어로 성공이 이어졌고 이후 옥외광고의 디지털화에 큰 이정표 역할을 하였다.

최근의 디지털 사이니지는 기술의 발전으로 제작 비용이 낮아지고 품질은 보다 더 고급스러워지면서 고화질, 대형화 추세로 변화하고 있으며 리뉴얼되거나 새로 신축되는 공간에서는 아날로그 광고보다 디지털 광고물을 더 많이 채택하고 있다. 새롭게 오픈한 인천공항 제2터미널이나 수서역, 그리고 최근 리뉴얼한 강남고속버스터미널 등에서는 디지털 사이니지 광고 미디어가 대부분을 차지한다. 이는 공간을 세련되게 만드는 데 디지털 사이니지가 효과적이라는 점과 광고주들의 미디어 채택 관점이 바뀌고 있다는 점을 보여 준다. 즉, 절대적인 광고 노출시간보다 노출시간은 짧지만 특정 장소에서 얼마나 세련되게 광고가 보일 수 있는지도 중요한 미디어 구매 포인트가 된 것이다.

옥외지역의 경우에는 2018년경부터 대형 전광판 광고물이 증가하고 있다. 이는 건물 측면, 높이 8m 이내에서만 설치될 수 있었던 전광판 규제가 건물 정면까지 허용되고 면적 225㎡ 이내로 기준이 완화되면서 서울 핵심 도심을 중심으로 전광판 신규 설치 및 리뉴얼이 증가하고 있기 때문이다. 그리고 최근 전광판의 규제완화는 세로형 전광판의 시대를 열었다. 세로 크기 규제가 없어지면서 건물 미관에 보다 적합한 세로형 광고물이 등장하기 시작했는데 TV 광고의 개념을 모방 · 확장했던 기존의 전광판 광고가 초대형 포스터 개념의 광고로 바뀌면서 전광판의 노출효과나 인지효과를 보다 높일 수 있는 계기가 되었다.

이러한 세로형 전광판은 옥외뿐만 아니라 고급 쇼핑몰, 공항 터미널과 같은 대규모

1 삼성동 SM타운 전광판 2 삼성동 현대백화점 전광판 3 코엑스몰 브랜드애비뉴
4 도산대로 S&S빌딩 전광판 5 스타필드몰 미디어타워 6 인천공항 미디어타워

[그림 5-6] 최근 디지털 사이니지 사례

시설들에도 적용되어 세련된 광고물로 인정받으며 인기를 얻고 있다. 동대구역 신세계백화점을 시작으로 스타필드 하남점, 삼송점과 인천공항 제1터미널 랜드사이드에 전광판 미디어타워가 설치되어 명품 브랜드 광고주의 참여를 이끌어 내고 있다.

2018년 삼성동 코엑스 일대에 조성된 광고자유표시구역에는 지금까지 보지 못했던 초대형 전광판 광고물들이 운영되고 있다. 그리고 이 디지털 사이니지 광고물들은 그동안 옥외광고에 참여하지 않았던 명품 패션 브랜드, 외산차 광고주 등으로부터 호평을 받고 있는데 그 이유는 디지털 사이니지가 짧은 시간에도 불구하고 소비자에게 강한 임팩트를 줄 수 있다는 믿음과 자신의 브랜드 철학과도 어울릴 수 있다는 판단 때문일 것으로 생각된다.

마지막으로 소형 디지털 사이니지 광고 미디어의 경우도 진일보하였다. 기존의 미디어들이 단순 광고의 반복 노출과 파급력을 높이기 위해 보다 많은 사이트에 동시 노출되는 것을 목표로 하였다면 최근의 미디어들은 인지효과와 매출효과 등의 실질적인 마케팅 효과를 높이기 위해 목적성이 바뀌어 가고 있음을 알 수 있다.

① 아파트 E/V LCD ② 오피스빌딩 E/V 외부 ③ 지하철 디지털 포스터

[그림 5-7] 소형 디지털 사이니지 성공 사례

대표적인 사례가 지하철 디지털 포스터와 아파트 엘리베이터 LCD이다. 디지털 포스터는 지하철 역 주변의 로컬(local) 광고주들을 대상으로 한 저가의 광고매체였으나 배경이미지를 고급스럽게 바꾸고 광고물을 디지털화하여 여러 개의 디스플레이를 동시 노출함으로써 광고 임팩트를 높였다. 그 결과 기존의 광고료 수준으로 더 많은 광고를 유치하게 되면서 광고주 만족도와 사업성을 모두 높인 성공사례라 할 수 있다. 또한 아파트 엘리베이터 LCD도 실질적인 매출효과를 위한 많은 노력 끝에 대기업 광고주들이 장기적으로 참여하고 유지할 수 있는 미디어로 바뀌어 가고 있다. 광고 집행 이전과 이후의 매출효과가 달라지거나 광고에 반응하는 소비자 데이터가 확보되면서 광고주의 신뢰를 이끌어 낸 것이다. 그리고 엘리베이터 내 · 외부라는 검증된 소비자 접점 광고가 아파트에서 대형 오피스 빌딩으로 확산되어 가고 있는데 이러한 추세는 다른 디지털 사이니지 광고 미디어의 개선과 발전에도 큰 영향을 줄 것으로 보인다.

이상과 같이 국내 디지털 사이니지 광고 미디어의 발전과정을 살펴보았다. 이러한 흐름은 국내뿐만 아니라 해외에서도 비슷한 전개 양상을 보이고 있다. 유럽 등지에서 주요 옥외광고 미디어 회사들은 디지털 사이니지를 이용해 주변 환경과 연동되는 광고 운영을 시작하였고 빅데이터나 SNS의 메시지와 연동하여 광고 운영의 효율성을 높이는 실험들을 계속 이어 가고 있다. 또한 이러한 신기술 콘텐츠의 적용 분야 외에도 디지털 사이니지 디스플레이의 고급화와 디자인의 차별화, 운영 방법의 효율화를 위해 다양한 시도를 추진하고 있으며 그 내용들이 빠르게 인터넷을 통해 공유되고 있다. 그리고 디지털 사이니지 광고는 이러한 전 세계적인 공유와 벤치마킹을 통해 신기술을 기반으로 늘 새로움을 지향하면서 소비자에게 보다 더 고급스럽고 세련되게 광고 메시지를 전달할 수 있는 미래지향적 미디어로 자리매김해 가고 있다.

2) 시장 규모 및 추세

2006년부터 본격화된 국내 디지털 사이니지 광고 시장 규모는 당시 약 240억 원 규모였으나(현대HCN, 2017) **2019년 현재 2,021억 원 수준**으로 약 8배 이상 성장하였다. 일반적으로 디지털 사이니지 광고는 옥외광고 시장 안에서 파악되는데 같은 기간 옥외광고 시장 규모의 성장 폭이 약 40%인 점을 감안하면 폭발적인 시장 성장을 이루었다고 볼 수 있다. 하지만 최근 3년간의 성장 추세는 다소 둔화된 모습으로 나타나고 있는데 이는 신규로 등장한 미디어가 많지 않았고 경기 부진에 따른 전체 광고 시장의 성장 정체와도 맞물려 있는 것으로 보인다.

표 5-5 디지털 옥외광고 시장 규모 (단위: 백만 원)

구분	2017년	2018년	2019년
아날로그	787,014	806,046	808,755
디지털	188,887	193,693	202,164
합계	975,901	999,738	1,010,919
디지털 비중	19%	19%	20%

출처: 한국옥외광고센터(2018).

하지만 광고자유표시구역 미디어의 광고비 상승 경험을 통해 새롭고 효과 있는 디지털 사이니지 광고 미디어는 시장에서 충분히 성공할 수 있다는 점을 확인했기 때문에 다시 한번 디지털 사이니지 광고 시장 규모의 높은 성장 추세를 예상할 수 있다.

장소별 디지털 사이니지 광고 시장 규모는 국내에서 아직까지 공식적으로 발표된 자료가 없어 디지털 사이니지 사업을 운영하고 있는 기업 데이터를 통해 확인할 수 밖에 없는데 현대HCN이 2016년 기준 국내 옥외광고 사업을 취합하여 광고비를 파악한 바에 의하면 교통광고 시장보다 집객시설 광고 시장이 더 크게 나타나고 있다. 이는 디지털 사이니지 시장이 초기시장을 주도했던 교통광고보다 쇼핑과 영화, 스포츠 관람 등의 목적 지향적 장소의 디지털 사이니지 광고가 늘어나고 있는 추세임을 보여 준다.

표 5-6 디지털 옥외광고 운영장소별 광고비 비중

구분	장소별	비중
교통 (45%)	버스	2%
	지하철	24%
	공항	13%
	철도	5%
	터미널	1%
집객시설 (54%)	쇼핑몰, 극장	18%
	리테일	8%
	스포츠, 레저	16%
	기타	12%
옥외 (1%)	옥외	1%

* 옥외 전광판은 제외
출처: 현대HCN(2017).

3) 주요 사업자

디지털 사이니지 광고 사업은 주로 옥외광고 사업을 운영하는 사업자가 자신의 미디어를 디지털로 전환하거나 디지털 옥외광고 사업의 입찰에 참여하면서 시작되었다. 또한 통신 및 기술 인프라, 유통체인, 영업력 등 자신이 가진 기존의 자산을 활용하여 디지털 사이니지 신규사업에 진출함으로써 새로운 광고 사업자가 되기도 하였다. 하지만 이 사업은 기존의 옥외광고 사업보다 초기투자비가 많이 들기 때문에 중소기업보다 자본이 많은 대기업에 유리하여 초기의 국내 디지털 사이니지 광고 사업은 대부분 대기업이 중심이 되어 추진되었고 최근까지도 규모가 큰 주요 사업들은 대기업이나 언론사 등이 주도하고 있다.

표 5-7 주요 사업자 현황

사업자	주요 운영 미디어
CJ파워캐스트	광고자유표시구역 사업(SM타운, 현대백화점), 서울 시내 주요 전광판(강남 CGV, 강남역 이즈타워 등), 제주공항, 서울역, 강남역 지하상가, 스타필드(코엑스몰, 하남, 고양), 야구장, 배구장, CGV 극장, 올리브영, 투썸플레이스 등
미디어링크 (중앙일보)	광고자유표시구역 사업(파르나스 지주, 영동대로 지주), 메가박스 극장, 강남역 미디어폴 등
동아일보	인천공항 제1, 제2터미널
KT	서울 가로변 버스쉘터, 신분당선, 아파트 E/V LCD 등
이노션	강남역 몬테소리 전광판, 강남 센트럴시티 등
엔미디어	광고자유표시구역 사업(브랜드애비뉴), 삼성역 DMT, 인천공항 AMT, 지하철 프로모션 및 음성광고 등

하지만 최근에는 디지털 사이니지의 제작비용이 낮아지고 광고주들로부터 광고효과를 인정받기 시작하면서 중소 옥외광고 사업자들도 자신의 미디어를 디지털화하려는 움직임이 일어나고 있다. 또한 옥외 전광판 광고규제가 완화되면서 서울 주요

도심에서 전광판 신규 개발이 활발해지고 지하상가, 철도역, 터미널 등 중소 사업자들이 참여하던 장소의 사업 입찰에도 디지털 광고가 채택되면서 디지털 사이니지 광고 미디어를 운영하는 사업자들이 점차 늘어나고 있다.

디지털 사이니지 광고 미디어는 이제 옥외광고 분야에서 새로운 패러다임이 되어 가고 있는 추세다. 특정 대기업만이 운영하던 시기를 지나 대부분의 사업자가 디지털 사이니지에 대한 기대감을 가지고 효과성을 높이기 위해 노력을 기울이고 있다. 하지만 광고자유표시구역과 같은 초대형 투자 사업의 경우 언론사나 대기업 중심의 참여가 불가피하기 때문에 중소 옥외광고 사업자의 불만은 여전히 계속되고 있다. 정부나 공공기관 주도의 사업에 있어 중소기업의 지원과 배려가 필요한 대목이다.

3. 디지털 사이니지 크리에이티브 사례

이제 디지털 사이니지는 신기술을 이용한 새로운 커뮤니케이션 미디어로 자리매김하고 있다. 특히 지금까지 보지 못했던 시각적인 이미지를 제공하고 오프라인에서 양방향 커뮤니케이션을 통해 다양한 소비자 경험을 창출하는 효과적인 툴(tool)로서 인정받고 있다. 그리고 그러한 위치까지 오는 데 여러 성공사례가 있었는데 이 장에서는 국내외적으로 대표적인 크리에이티브(creative) 사례 몇 가지를 소개하고자 한다.

1) 국내 사례

먼저 국내 디지털 사이니지를 이용한 최초의 캠페인은 **나이키의 프로모션**이었다. 2008년 나이키 명동점을 중심으로 운영된 “Interactive Custom Dunk” 캠페인은 고객이 직접 자기 자신만의 운동화에 색상을 자유롭게 넣을 수 있도록 하고 스티커로 출력하여 제공하는 프로모션이었다. 그리고 2010년 나이키우먼 브랜드는 “This is

Love, 김연아" 캠페인을 통해 소비자가 직접 김연아와 손을 맞대고 소통할 수 있는 느낌을 디지털 사이니지를 통해 전달하였다.

2011년 **서울역 앞 서울스퀘어빌딩**에서는 미디어 파사드를 이용하여 가수 노라조의 특별한 공연이 만들어졌다. 이 사례는 사람의 모션을 따라 실시간으로 움직임이 표현되는 동작인식 기술을 기반으로 제작되었는데 건물과 공간 전체가 하나의 무대가 된 것과 같이 초대형 미디어 파사드에 실제 공연 장면과 동작 연동 콘텐츠가 같이 보이게 되면서 소비자들의 큰 호평을 받았다.

또한 2011년에는 버스쉘터를 이용한 **구글의 모바일 검색 캠페인**이 이슈가 되었다. 이 캠페인은 총 3가지 시리즈로 제작되었는데 동작센서와 터치 센서가 부착된 디스플레이와 음성이 표출되는 스피커를 이용하여 소비자가 접근하면 사전에 제작된 영상의 모델이 말을 걸어 질문을 하고 소비자가 터치 방식으로 답을 제시하면 맞고 틀림에 따라 영상이 반응하는 양방향 디지털 사이니지 캠페인이었다.

2013년에는 상설 광고물을 이용한 **동화약품 인터렉티브 광고 캠페인**이 전개되었다. 이 캠페인은 다른 프로모션 캠페인과 달리 많은 비용을 들이지 않고 간단한 액션 한 번만으로 소비자가 브랜드 체험을 할 수 있었다는 점에서 아이디어가 돋보였다. CGV 로비에 설치된 70인치 양방향 디지털 사이니지에 단순히 손만 가져다 대면 '꺽, 소화 다 됐다.'라는 음성 메시지가 표출되는 방식인데 실제 소비자의 접촉회수를 실시간으로 파악할 수 있어 광고주의 좋은 호응을 얻었다.

2014년 초 코카콜라는 바이럴효과를 위해 신사동 대형 건물 외벽에 코카콜라 자이언트 메시지 자판기를 영상으로 설치하여 **"코카콜라로 마음을 전해요" 캠페인**을 진행하였다. 그리고 여기에는 초대형 자판기 이미지가 가능하도록 프로젝션 맵핑을 활용하였고 프로모션에 참가한 소비자들이 자신이 원하는 메시지를 동작인식 기능으로 입력할 수 있도록 하였다.

2016년 **동화제약 박카스**는 중앙차로 버스쉘터에 디지털 사이니지를 이용하여 소비자의 현재 상태를 체크할 수 있는 '방전지수 스캐너'를 설치하여 **'나를 아끼자' 캠페인**을 진행하였다. 손 모양의 패드에 소비자가 손을 가져다 대면 소비자의 방전지수를

1 나이키, Interactive Custom Dunk
2 나이키, This is Love
3 노라조 슈퍼맨, 서울스퀘어
4 구글, 모바일 검색
5 동화약품, 까스활명수
6 코카콜라, 자이언트 자판기

[그림 5-8] 국내 초기 크리에이티브 사례

체크하여 알려 주고 편의점에서 박카스와 교환할 수 있는 쿠폰을 제공하는 프로모션으로서 소비자로 하여금 간단하게 자신을 체크해 볼 수 있는 재미와 더불어 무료 음료에 대한 혜택을 준 사례였다.

2017년 이노션에서는 강남역 몬테소리 전광판에서 주변 날씨에 연동하는 **불스원 광고 캠페인**을 진행하였다. 비 오는 날에 불스원 와이퍼를 이용해 창문을 깨끗이 닦을 수 있다는 메시지가 전광판 앞 도로의 실시간 영상과 더불어 표출되었는데 여기에는 날씨를 인식할 수 있는 센서, 전광판에 실시간 영상을 제공하는 카메라와 광케이블 통신 등의 기술이 적용되었다.

2018년 12월 스타필드몰 하남에서는 신세계프라퍼티와 공동 이노션으로 **실종 아동 찾기 '세상에서 가장 큰 아이' 캠페인**을 진행하였다. 이 캠페인은 '작은 관심이 큰 도움이 된다.'라는 콘셉트의 고객 참여형 캠페인으로서 약 22m 규모의 대형 LED 미디어타워를 이용하였는데 실종 당시의 어린이 이미지에 소비자가 눈을 맞추면 실종 어린이의 현재 모습이 약 10m 크기로 바뀌어 나타나는 인터렉티브 방식이었다. 여기

1 박카스, 방전지수 스캐너 2 불스원, 날씨 연동 증강현실 3 스타필드몰 실종 아동 찾기

[그림 5-9] 최근 크리에이티브 사례

에는 영상 속 어린이와 고객이 눈을 마주치는 데 필요한 얼굴 인식 시스템, 실종 어린이의 현재 추정 모습을 만들기 위한 부모님과 친척 사진 등의 빅데이터와 머신러닝 기술 등이 동원되었다.

2) 해외 사례

해외의 신기술을 이용한 디지털 사이니지 사례는 국내와 마찬가지로 2010년 전후로 등장하기 시작하였다. 그리고 초기 사례 중 눈에 띄는 것은 뉴욕타임스퀘어에 있는 **포에버21 건물 전광판**에서 적용한 PIP(Picture in Picture)솔루션으로서 건물 외부 광장의 모습을 카메라가 실시간으로 촬영하여 전광판에 중계하고 중간중간 자이언트 걸(Giant girl)이 등장하여 도로 위 사람들의 사진을 찍거나 특정 인물을 가지고 장난을 치는 모습 등을 연출하여 고객들의 관심을 유발하였다. 여기서 사용한 PIP 솔루션은 이후 옥외 전광판을 이용한 AR사례를 확장시키는 계기가 되었다.

2013년 **브리티시항공**(British Airways)이 오길비와 공동으로 진행한 디지털 사이니지 사례는 평상시 비행기를 보며 휴가를 꿈꾸던 소비자들에게 와우효과를 제시하였다. 런던 **피카딜리광장 전광판**에 GPS 기술과 영상 콘텐츠를 연동하여 비행기가 광고물 상공을 날아갈 때 해당 항공기의 편명과 도착지를 알려 주는 콘텐츠로서 지금까지 보지 못했던 새로운 방식의 디지털 사이니지 캠페인으로 평가받았다.

2014년 런던에서 진행된 **펩시콜라 Max의 AR 버스쉘터** 사례는 디지털 사이니지를 이용한 AR 옥외광고로 호평을 받았다. 카메라를 설치하여 쉘터 반대편 풍경이 안쪽의 디지털 사이니지에 보이도록 함으로써 투명한 유리와 같은 느낌을 주었고 여기에 폭발, 우주선, 문어, 호랑이 등 일상생활에서 일어나지 않을 것 같은 특이한 상황을 실시간 풍경 영상과 결합함으로써 쉘터 이용객에게 새로운 경험을 전달하였다. 그리고 이 사례는 국내에서도 코엑스몰 리뉴얼 개관 캠페인에 벤치마킹되어 사용되기도 하였다.

2014년 실시된 스웨덴 지하철 승강장에서 운영된 화장품 브랜드 **Apolosophy의 헤어케어 제품 광고**는 지하철 승강장에 차량이 진입할 때 불어오는 바람이 여성 모델의 머리카락을 휘날리도록 연출함으로써 광고와 주변 환경 사이의 경계를 허물었다. 이 사례에 적용된 기술은 지하철이 진입하는 부분에 센서를 설치하고 센서에 움직임이 감지될 때 디지털 사이니지의 특정 콘텐츠가 나타나도록 한 것으로서 비교적 간단한 기술이 동원된 크리에이티브가 굉장한 파장을 일으킨 사례라 할 수 있다.

2016년 국제 여성의 날에 맞추어 **영국의 여성가족자선단체**는 사람들의 관심이 여성 폭력을 줄여 줄 수 있다는 메시지를 전달하기 위해 Ocean Outdoor라는 옥외광고 미디어 회사와 함께 신기술을 적용한 새로운 캠페인을 전개하였다. 광고물에는 실시간으로 동작인식과 시선추적을 할 수 있는 카메라를 설치하여 광고 화면을 사람들이 보았을 때 콘텐츠가 상처받지 않은 얼굴로 바뀌는 콘텐츠가 표출되도록 하였다. 또한 사람들의 시선 여부가 어떤 결과를 나타낼 수 있는지 실시간으로 화면에서 보여 줌으로써 보다 명확하게 광고메시지를 전달하였다.

2017년 **버추얼 크래시**(Vertual Crash) **빌보드 캠페인**은 휴대전화를 보면서 도로를 횡단하거나 적색 표시등에 도로를 횡단하는 사람들에게 경각심을 주기 위해 동작인식 센서, 스피커, 카메라 등을 이용하여 파리 도로안전기관에서 기획하였다. 이 사례는 적색등이 들어 왔을 때 횡단보도를 건너는 사람들에게 타이어 미끄러지는 소리가 들리도록 하였고 이때 깜짝 놀란 얼굴을 촬영하여 “죽음에 직면할 위험을 감수하지 마십시오, 안전한 표시등이 들어왔을 때 건너십시오.”라는 메시지와 자신의 놀란 얼굴

① 뉴욕타임스퀘어 포에버21

② 브리티시항공 전광판

③ 펩시 Max, AR 전광판

④ 가정폭력 방지 캠페인

⑤ 스웨덴 Apolosophy 광고

⑥ 버추얼 크래시 빌보드

[그림 5-10] 해외 크리에이티브 사례

사진이 하나의 광고처럼 보이게 하였다.

신기술이 세계 최초로 미디어에 적용되어 이슈가 된 사례 몇 가지를 소개하면 다음과 같다. 먼저 2012년 **메르세데스 벤츠**(Mercedes-Benz)**의 투명 자동차**(invisible car) **캠페인**이다. 독일의 자동차 제조 회사인 메르세데스 벤츠는 F-Cell 수소 연료 전지 동력 자동차 중 하나를 '투명 망토(invisibility cloak)'로 포장하여 '배기가스에서 수증기만 배출하기 때문에 자동차가 환경에 미치는 영향을 최소화 한다.'는 콘셉트로 이 캠페인을 기획했다. 이 사례는 플렉서블(flexable) LED로 자동차 전체를 감싸고 반대면에 카메라를 설치하여 반대쪽 풍경이 전면에 보이도록 함으로써 자동차가 사라지는 느낌을 만들었고 수소로 움직이는 자동차를 보았냐는 이슈를 낳으면서 성공 캠페인으로 인정받았다.

2017년 뉴욕 타임스퀘어에서는 오랫동안 원스퀘어빌딩에 광고판을 가지고 있었던 **코카콜라**가 세계 최초이자 최대 규모의 **3D 로봇 간판**을 설치하였다. 이 특별한 전광판은 6층 높이에서 1,700개의 독립적인 전광판 모듈이 컴퓨터 솔루션을 통해 통

1 벤츠, 투명 자동차 2 코카콜라, 로보틱 빌보드 3 영화 〈원더우먼〉, 드론

[그림 5-11] 해외 신기술 적용 사례

제되어 모듈 각각이 움직일 수 있도록 함으로써 많은 사람으로부터 놀라운 기술의 진화를 느끼게 하였다. 또한 이 사례는 기네스 세계 기록에 등재되어 세계 최초이자 세계 최대 규모의 3D 광고판으로 인정받았다.

2017년 9월 **인텔 드론팀**은 미국 LA 다저스 스타디움에서 세계 최초의 **드론 조명쇼**를 선보였다. LED 조명이 탑재된 무인 소형 드론 300여 개를 하늘에 날려 세계 최초로 메시지와 이미지를 만든 것인데 당시 워너브라더스의 영화인 〈원더우먼〉을 홍보하였다. 드론의 자율비행 기술과 GPS 기술 등이 동원된 이 사례는 2018년 2월 평창 올림픽 개막식에서 오륜마크를 공중에 보여 주는 프로젝트로 이어지기도 하였다.

이상과 같이 국내외 디지털 사이니지 크리에이티브 사례들을 통해 대부분 새로운 기술과 콘텐츠가 연동되어 브랜드가 지향하는 바를 제시하거나 고객과의 즐거운 커뮤니케이션을 목표로 하고 있음을 알 수 있다. 또한 유튜브 등에 게재하여 바이럴을 확장시키고 이슈를 창출하기 위한 목적으로 과도한 비용이 소요되더라도 단기, 단발성 디지털 사이니지 개발이 많았는데 이는 디지털 사이니지가 늘 새로움을 찾는 소비자에게 신기술을 적용하여 명확한 메시지를 줄 수 있는 가장 적합한 미디어로 인정받고 있음을 확인할 수 있다.

4. 마치며

앞으로 디지털 사이니지 광고 미디어는 신기술을 채택하면서 끊임없이 발전해 나갈 것이다. 다른 미디어들 역시 새로운 기술로 업그레이드되고 변화와 발전은 불가피 하겠으나 디지털 사이니지 분야는 보다 더 빠른 속도로 다양한 기술 융합을 이루어 낼 것으로 보인다. 그 이유는 OOH 공간이라는 장소적 특수성과 규모감, 접촉 방식 등의 차이도 있겠지만 새로운 기술들을 가장 먼저 테스트하기 쉽고 광고주들도 늘 이 분야에서 새로운 미디어의 출현을 먼저 기대하기 때문이다.

디지털 사이니지의 미래는 매우 밝으며 미래 지향적 미디어로서 가장 많은 변화와 발전이 예상된다. 하지만 디지털 사이니지 광고 미디어 초기 시장에서 그러했듯이 광고효과에 대한 깊은 고민과 개선은 어느 시점에서나 필요할 것이다. 따라서 새로움을 인정받기 위한 디지털 사이니지는 예전의 것들 보다 더 월등해야 할 것이며 그 역할은 광고주들의 문제를 해결하는 솔루션, 해결책으로 존재해야 할 것이다. 또한 단순 광고노출이나 이미지나 메시지 전달의 수준을 넘어 사회적 이슈를 창출할 수 있는 새로운 커뮤니케이션 툴로서의 지위를 확보해 나가야 할 것이다. ■

제6장

소셜미디어와 광고

김신엽(한양대학교 광고홍보학과 겸임교수)

1. 소셜미디어
2. 소셜미디어 이용 행태와 동기
3. 소셜미디어와 광고
4. 마치며

◈◇◈

소셜미디어는 정보와 의견을 나눌 수 있는 소통의 도구이자 참여자 간 공유하고 협업할 수 있는 네트워크라고 말할 수 있는데 국내 1세대 소셜미디어라고 칭해지는 싸이월드(1999년 출시) 이후 이미 우리 생활에서 빼놓을 수 없는 중요한 부분이자 수많은 콘텐츠와 정보가 유통되는 거대한 플랫폼으로 진화하고 있다.

소셜미디어가 국내 마케팅에 본격 도입된 것은 아이폰3GS가 공식적으로 출시된 2009년 전후로서 처음에는 트위터를 중심으로 시작된 활동이 현재에는 페이스북, 유튜브 등의 관련 미디어를 확대하며 마케팅의 중요한 부분을 차지하고 있다.

이에 이 장에서는 소셜미디어 개념을 이해하고 소셜미디어 콘텐츠 기획과 운영, 광고 및 기타 미디어와 연동할 수 있는 소셜미디어의 전략적 운영방안을 중심으로 한다.

1. 소셜미디어

1) 소셜미디어의 정의

2018년 과학기술정보통신부와 한국인터넷진흥원이 공동으로 조사한 『2018 인터넷 이용자 실태조사(요약)』에 따르면 만 3세 이상 국민 5,039만 명 중 91.5%에 해당하는 4,610만 명이 인터넷을 이용하고 있으며 60대의 경우 88.8%, 70대 이상은 38.6%로 전년 대비 6.8% 증가하며 인터넷 이용이 보편화되고 있다.

같은 자료로 확인한 국내 소셜미디어(social media) 이용 경험률은 2018년 기준, 인터넷 사용자의 65.2%로서 주당 평균 이용 빈도 22회, 주당 평균 이용 시간 53분의 활동으로 인터넷 뱅킹, 이메일, 인터넷 쇼핑, 클라우드 서비스 등의 다른 미디어 서비스 대비, 높은 이용률을 보이며(노명선, 허해녕, 최영준, 이해솔, 2019, pp. 7-23). 많은 사람의 일상과 사회관계에 있어 필수 불가결한 것이 되고 있다.

표 6-1 인터넷 서비스 이용률

항목	2016년	2017년	2018년
인스턴트메신저 이용률	92.5%	95.1%	95.9%
이메일 이용률	59.1%	60.2%	62.1%
소셜미디어 이용률	65.2%	68.2%	65.2%
인터넷 쇼핑 이용률	57.4%	59.6%	62.0%
인터넷 뱅킹 이용률	57.5%	63.1%	63.7%
클라우드 서비스 이용률	25.3%	28.1%	30.2%

출처: 과학기술정보통신부 인터넷 이용실태 조사 결과 보도자료(2019), p. 5. 만 6세 이상 1년 이내 해당 서비스 이용 경험자(중복응답).

2019년 1분기 현재 페이스북(Facebook)은 약 23억 8천만 명, 트위터(Twitter)는 3억 8천만 명의 사용자가 전 세계적으로 활동하고 있다(월간 사용자 기준, 김채린, 2019; 안희권, 2019).

이처럼 소셜미디어는 우리에게도 잘 알려진 "페이스북과 트위터와 같은 소셜네트워킹 서비스(Social Networking Service: SNS)에 가입한 이용자들이 서로 정보와 의견을 공유하면서 대인관계망을 넓힐 수 있는 플랫폼"(이인희, 2013)을 말하는데 협의의 개념과 광의의 개념을 모두 포괄한다고 할 수 있다.

먼저 협의의 개념으로 최민재(2009)는 "사람들이 자신의 의견이나 생각 또는 직접 제작한 콘텐츠 등을 다른 사람들과 공유하기 위해 사용하는 온라인 툴과 플랫폼"으로 이야기하였고 김지연(2011)은 "협의의 개념으로는 온라인을 통한 인맥관리 서비스를 의미하며 광의의 개념으로는 사람과 사람 간의 연결을 촉진하고 지원하는 기능을 가진 서비스(가상세계, 커뮤니티)"로 구분하였다(심성욱, 김운한, 2011, p. 345에서 재인용). 이에 심성욱과 김운한(2011)은 관련 연구를 정리하며 "소셜미디어는 온라인에서 구축된 사회적 네트워크 서비스 전반을 가리키는 것"이라고 정의하였다(심성욱, 김운한, 2011, p. 345).

다시 말해, 소셜미디어는 다양한 콘텐츠 및 정보 공유를 통해 사회적 상호작용이 가능한 소통의 도구로서 각자의 관심사를 중심으로 참여자 간 공유하고 협업할 수 있는 네트워크라고 이야기할 수 있다.

한편, 국외에서는 소셜미디어를 정보, 지식, 감정의 공유 및 창조 미디어로 보지만 국내에서는 폭넓은 인적 네트워크의 형성도구로 인식하는 경향이 높다고 할 수 있다(신영송, 김효은, 송학준, 2018, p. 287).

소셜미디어는 현재 기업들이 그 중요성에 주목하여 제품과 서비스에 대한 다양한 콘텐츠를 공유하고 고객과 상호작용할 수 있는 수단으로 활용하고 있는데, 고객들이 직접 자신의 소비 행동을 표현하고 정보와 의견을 교환하는 장소로 중요한 의미가 있다.

소셜미디어는 스마트폰으로 대표될 수 있는 디지털 기술의 발달에 따라 급격히 확산하고 있으며 기업이 우위에 있던 정보 비대칭성을 해소하고 소비자와 사회 구성원의 적극적인 사회 참여를 끌어내는 등 사회 구조와 생활양식까지 변화시키고 있다. 소셜미디어는 정보의 확산이 매우 빠르게 이루어지기 때문에 어떤 미디어보다 빠르고 광범위한 사회문화적 변화를 유발할 수 있다(이호영 외, 2014, p. 1).

2) 소셜미디어 등장 배경과 특성

소셜미디어의 등장 배경은 디지털 기술의 발달과 분화하며 재통합하는 사회적 현상과 관련이 있는데 다음 4가지를 통해 이야기할 수 있다.

먼저, 정보통신과 멀티미디어 기술발전에 따른 새로운 패러다임 등장을 말할 수 있다. 콘텐츠를 소비하며 동시에 생산도 하는 프로슈머(prosumer)가 대표적인 현상이다.

둘째, 사회가 분화하며 재통합하는 커뮤니티 문화의 진화를 이야기할 수 있다. 퍼스널 미디어의 등장이 소셜미디어 서비스로 확대되고 융합되었다고 할 수 있는데 국내에서는 '싸이월드(Cyworld, 1999)'를 1세대 소셜미디어 서비스로 평가한다.

셋째, 웹 기반 기술의 발달로 다양한 정보공유와 네트워킹 기능이 확대되었다. 개방, 참여, 공유의 문화로 일컬어지고 있는 웹2.0 사상과 기술은 애플리케이션 간의 상호작용을 핵심으로 한다.

마지막으로, 사람들의 친화욕구와 자기표현 욕구가 증대하고 있다는 점인데 이는 인간의 기본 욕구인 사회적 욕구를 가장 잘 충족시켜 주었기 때문이라고 할 수 있다(FKⅡ 조사연구팀, 2006; 이방형, 한상린, 이성근, 이성훈, 2013에서 수정하여 재구성).

심성욱과 김운한(2011)은 이러한 **소셜미디어의 특성**에 대해 앞서 이야기하였던 FKⅡ 조사연구팀의 자료를 인용하여 참여와 공개, 쌍방향적(대화), 커뮤니티, 연결의 다섯 가지를 이야기하였다

먼저 '참여'란 관심 있는 모든 사람이 직접 참여하여 콘텐츠를 생산하고 소비하는 정보 생산자이며 정보소비자이다.

또한 대부분의 소셜미디어는 참여자에게 해당 정보가 '공개'되어 있으며 콘텐츠 접근과 이용에 제한을 두지 않는다.

'대화'란 전통적인 미디어가 일방적으로 이야기하는 데 반해 소셜미디어는 서로 대화할 수 있는 쌍방향적 소통이라는 특징이 있다.

아울러 소셜미디어는 공통의 관심사를 가진 사람들이 빠르게 '커뮤니티'를 구성하고 네트워크를 확대할 수 있으며 다양한 멀티미디어 구성요소의 조합, 링크를 통해 콘텐츠가 풍부해지며 재생산될 수 있는 '연결'을 특징으로 한다(심성욱, 김운한, 2011, p. 346).

표 6-2 소셜미디어의 특징

구분	해설
참여(participation)	소셜미디어는 관심 있는 모든 사람의 기여와 피드백을 촉진하며 미디어와 오디언스의 개념을 불분명하게 함
공개(openness)	대부분의 소셜미디어는 피드백과 참여가 공개되어 있으며 투표, 피드백, 코멘트, 정보 공유를 촉진함으로써 콘텐츠 접근과 사용에 대한 장벽이 거의 없음
대화(conversation)	전통적인 미디어가 '브로드캐스트(broadcast)'이고 콘텐츠가 일방적으로 오디언스에게 유통되는 반면, 소셜미디어는 쌍방향성을 띔
커뮤니티(community)	소셜미디어는 빠르게 커뮤니티를 구성하게 하고 커뮤니티로 하여금 공통의 관심사에 대해 이야기하게 함
연결(connectedness)	대부분의 소셜미디어는 다양한 미디어이 조합이나 링크를 통한 연결성에서 번성

출처: FKⅡ 조사연구팀(2006), p. 53.

3) 소셜미디어의 유형

소셜미디어는 인터넷을 매개로 하며 특정 목적을 위해 타인과 정보를 공유하거나 사회적 관계 형성을 돕는 쌍방향 소통 서비스라는 특징을 가지고 있는데 어떤 기준으로 구분하는가에 따라 다양하게 유형화될 수 있다(이윤희, 2014, p. 58).

최민재와 양승찬(2009)은 소셜미디어 특성에 따라 커뮤니케이션 모델, 협업 모델, 콘텐츠 공유, 엔터테인먼트 모델로 분류하였다. '커뮤니케이션 모델'은 이용자 간의 네트워크 구성을 목적으로 하며 블로그 혹은 트위터 등의 마이크로 블로그가 포함될 수 있다. 둘째 '협업 모델'은 위키피디아처럼 이용자 간의 협동을 기반으로 한다. 셋째, 콘텐츠 공유 모델은 이용자 간의 네트워크 구성보다 공유에 초점을 맞추고 있다. 사진 공유를 중심으로 하는 플리커와 영상 공유를 중심으로 하는 유튜브가 해당될 수 있다. 넷째, '엔터테인먼트 모델'은 오락적인 서비스를 기반으로 한다는 것을 가장 큰 특징으로 할 수 있다. 세컨드 라이프와 같이 가상 세계를 기반으로 하거나 게임 공유 서비스를 말할 수 있다(최민재, 양승찬, 2009, p. 22).

안대천과 김상훈(2012)은 소셜미디어의 성격에 따라 표현형, 관계형 공유형, 하이브리드형으로 분류하였다. 첫째, '표현형'은 완전한 공유와 노출을 목적으로 하며 인터넷에 접속할 수만 있다면 해당 서비스에 가입하지 않아도 사용 가능한 특징을 가지고 있다(예: 트위터 등). 둘째, '관계형'은 이용자 자신을 중심으로 인맥관리와 친목유지를 목적으로 한다(예: 페이스북). 셋째, '공유형'은 콘텐츠 공유에 초점을 맞추어 이용자 다양한 콘텐츠 및 링크 제공을 특징으로 한다(예: 유튜브). 넷째, '하이브리드형'은 블로그와 같이 콘텐츠 생성 및 공유, 자기 표현을 특징으로 한다(성동규, 2012, pp. 55-56에서 재인용).

한국방송통신전파진흥원(2012)은 서비스 기능과 성격에 따라 8가지로 유형화하였는데 프로필 기반, 비즈니스 기반, 블로그 기반, 버티컬, 협업 기반, 커뮤니케이션 중심, 관심주제 기반, 마이크로 블로깅으로 SNS를 구분하였다(이윤희, 2014, p. 58에서 재인용).

표 6-3 소셜미디어의 유형 분류

분류	내용	서비스
프로필 기반	특정 사용자나 분야의 제한 없이 누구나 참여 가능한 서비스	페이스북, 카카오스토리 등
비즈니스 기반	업무나 사업 관계를 목적으로 하는 전문적인 비즈니스 중심의 서비스	링크드인, 링크나우, 로켓펀치 등
블로그 기반	개인 미디어인 블로그를 중심으로 소셜네트워킹 기능이 결합된 서비스	네이버 블로그, 다음 브런치 등
버티컬 관심주제	사진, 동영상 등의 특정 유형 혹은 특정 관심 분야만 공유하는 서비스	유튜브, 핀터레스트, 인스타그램 등
협업 기반	공동 창작, 협업 기반의 서비스	위키피디아 등
커뮤니케이션 중심	채팅, 메일, 동영상, 컨퍼러싱 등 사용자 간 연결 커뮤니케이션 중심의 서비스	네이버 밴드 등
마이크로 블로깅	짧은 단문이 중심이 되는 서비스	트위터, 텀블러 등

출처: 이윤희(2014), p. 58에서 재인용 후 수정하여 재구성.

그러나 소셜미디어는 단일 형태의 서비스라기보다는 여러 요인과 특성이 결합되어 복합적인 형태로 나타나는 것이 일반적이다.

2. 소셜미디어 이용 행태와 동기

1) 소셜미디어 이용 행태

최근 1년간 소셜미디어를 이용한 사람은 전체 인터넷 이용자의 65.2%이며 주 평균 22회의 이용 빈도와 주 평균 53분의 이용 시간을 보이고 있다. 주 이용 소셜미디어는 '페이스북'(65.7%), '카카오스토리'(49.6%), '인스타그램'(41.0%)의 순으로 인스타그램의 경우 2017년 30.5% 대비 41.5%를 점유하며 급격히 성장하고 있다(노명선 외, 2019; 이계남, 최영준, 윤은정, 2018).

『2018 인터넷 이용자 실태조사(요약)』에 따르면 소셜미디어를 이용하는 이유는

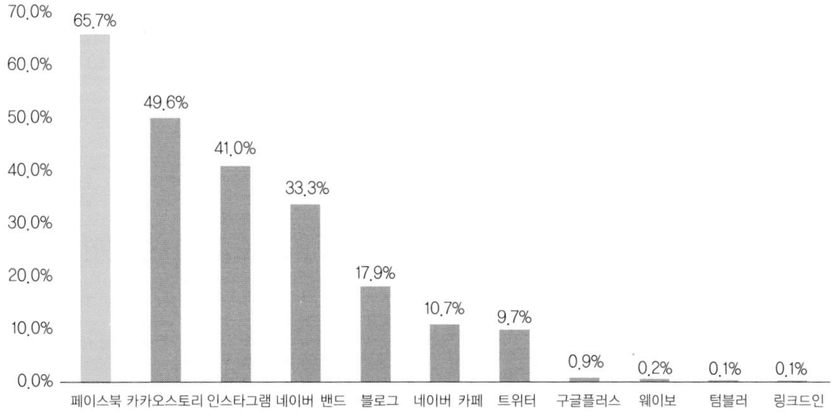

[그림 6-1] 주 이용 소셜미디어 서비스(만 6세 이상)

출처: 노명선 외(2019), p. 16.

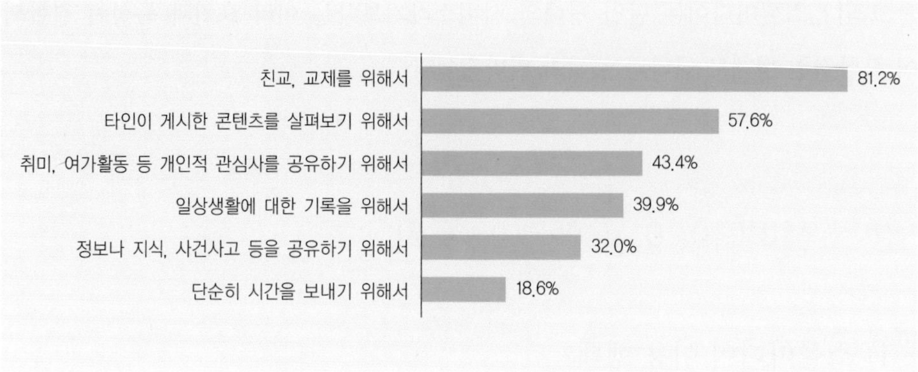

[그림 6-2] SNS 서비스 이용 이유(만 6세 이상)

출처: 노명선 외(2019), p. 17.

크게 '친교와 교제를 위해서' 이용하는 사람의 비율이 81.2%, 그다음으로 '타인이 게시한 콘텐츠를 살펴보기 위해서' 57.6%, '취미와 여가활동 등 개인적 관심사 공유를 위해서' 43.4%로 인맥관리 및 타인과의 정보 공유를 위한 비율이 매우 높게 나타났다. 반대로 소셜미디어를 이용하지 않는 이유의 경우 '필요가 없어서'라는 응답이 72.2%로 가장 많았고 '모르는 사람과 연결되는 것이 불편해서' 30.2%, '이용할 자신이 없거나 방법을 몰라서' 16.4%의 순으로 나타났다(노명선 외, 2019, p. 17).

2) 소셜미디어 이용 동기

소셜미디어에 참여하는 이용자들은 주로 타인과의 교류와 정보 공유를 목적으로 하나 개인 일상의 기록 혹은 단순히 시간을 보내기 위해서라는 복합적인 이용 동기를 살필 수 있었다.

여기에서 이용 동기란 '미디어를 통해 과연 무엇을 할 것이냐?'라는 목적성을 내포한 개념으로 소셜미디어를 활용한 마케팅 전략 수립을 위해 이용자의 구체적인 동기를 이해하는 것이 중요하다.

이와 관련하여 이방형 등(2013)은 관련 연구를 정리하여 소셜미디어 이용 동기를 기능적, 유희적, 사회적 동기의 3가지 차원으로 구분하였는데, 첫째, '기능적 동기'는 정보 획득과 공유 등을 말하며 사적인 기록 등을 포함한다. 둘째, '유희적 동기'는 즐거움과 감정적인 부분으로 휴식과 오락, 시간 활용 그리고 유명인의 일상 관찰 등을 포함한다. 셋째, '사회적 동기'는 소셜미디어 이용 동기의 가장 큰 부분을 차지하며 사회적 연결과 공동체 소속감, 자기표현 등을 포함한다(이방형 외, 2013, p. 93).

표 6-4 소셜미디어 이용 동기

차원	이용 동기	
기능적	정보공유 콘텐츠 이용 네트워크 검색 정보 찾기 콘텐츠 공유 연계 기능	정보 전달의 용이성 사적인 기록 정보 수집 외국과의 접근 미디어 심취와 성과 정보 추구 외
유희적	오락성 휴식 및 유희 시간 소비 스트레스 완화	시간 활용 유명인과의 접근 시간 보내기 감정적 표현 외
사회적	네트워킹 관계성 사회적 연결 상호작용을 바탕으로 팔로우 형성 사회적 정보 획득(타인 동향 등) 관계 맺기, 관계 유지 편리한 소통 기능	커뮤니케이션/커넥션 상호작용, 편리한 이용, 단문성 정체성 유행성 자기표현 나르시즘 지위향상 외

출처: 이방형 외(2013), p. 93에서 수정 후 재구성.

3. 소셜미디어와 광고

디지털로 촉발된 마케팅 환경변화에 대응하기 위해 우호적인 소비자 네트워크 구축과 마케팅 메시지 전달을 위해 기업의 소셜미디어 운영이 늘고 있다.

블랙쇼와 나자로(Blackshaw & Nazzro, 2004)는 소셜미디어를 "제품과 브랜드와 서비스, 개성, 그리고 이슈들에 대해 서로를 교육하려는 의도로 소비자들에 의해 생산되고, 주도되며, 유통되고 사용되는 새로운 형태의 정보원"으로 정의하였는데(심성욱, 김운한, 2011, p. 345에서 재인용) 소셜미디어는 매스미디어와 비교하여 개인과의 관계를 기반으로 하며 사람과 사람, 서비스와 서비스 간 높은 연결성을 핵심으로 한다(김가영, 이우진, 2017, p. 76).

표 6-5 매스미디어와 소셜미디어 비교

매스미디어	소셜미디어
개인이 관련성을 기반으로 한 커뮤니케이션	개인과의 관계를 기반으로 한 커뮤니케이션
일방향적	양방향적
부분적인 개방, 공유, 참여	개방, 공유, 참여 가능
자발성 결여	자발성 존재
사람 간 또는 서비스 상호 간의 연결 부재(접근성 낮음)	사람 간 또는 서비스 간 높은 연결성(접근성 높음)
실시간성과 즉시성 부족	실시간성과 즉시성
높은 소통비용	낮은 소통비용
입소문 창출에 시간이 필요	신속하고 수월한 입소문 효과

출처: 김가영, 이우진(2017), p. 76.

소셜미디어 광고는 “소셜미디어의 쌍방향성, 개인적, 콘텐츠 기반 특성을 활용하여 광고 주체가 의도적으로 노출하는 통제 가능한 광고”라고 정의할 수 있는데(심성욱, 김운한, 2011, p. 353) 페이스북, 트위터 같은 소셜미디어의 광고 공간을 이용하는 것과 소셜미디어 내 계정을 설치한 후 콘텐츠를 운영하는 두 가지 유형이 있을 수 있다. 심성욱과 김운한(2011)은 이시훈(2010)의 연구를 인용하여 이처럼 기업이 직접 제작, 운영하는 소셜미디어 및 이러한 공간을 통해 광고 메시지를 전달하는 것을 ‘직접 매체 광고 유형’이라고 분류한 바 있다(심성욱, 김운한, 2011, p. 353에서 재인용).

1) 트위터

트위터(Twitter)는 2006년 3월 서비스를 시작하였으며 140자 이내의 단문 메시지를 전파할 수 있는 빠른 정보 유통을 자랑하고 있다. 이때 단문 메시지를 보통 ‘트윗(tweet)’이라고 부르며 타인의 트윗을 다시 공유하는 행위를 ‘리트윗(retweet)’이라 한다.

트위터는 마음에 드는 상대의 트윗을 별도의 승인절차(예를 들어, 친구맺기) 없이 구독할 수 있다 이를 ‘팔로잉(following)’한다고 하고 나의 트윗을 구독하는 사람을 ‘팔로워(follower)’라고 말한다. 현재 트위터 이용자 수는 『2018 인터넷 이용자 실태조사(요약)』를 참고할 때 현재 인터넷 이용자 수의 9.7%(6세 이상, 1년 이내 트위터 사용 경험자 기준)인 약 447만 명으로 추정된다.

트위터는 2019년 1분기 현재 전체 매출은 7억 8,700만 달러(약 9천 252억 원)로 전년 대비 18% 성장하며 한동안의 침체를 다시 극복하고 있다(안희권, 2019).

트위터는 실시간성, 신속한 전달력, 정보의 공개성, 비대칭적 자유성, 친숙성이라는 장점이 있다(이강호, 2011). 화제가 되는 이야기는 리트윗 행위 등을 통해 빠르게 전파될 수 있으며(전달력), 트위터의 이야기는 모두에게 공개된다(공개성). 상대의 승인 없이도 이야기의 공유가 가능하며(비대칭적 자유성) 이경렬과 목양숙(2011)은 실제 인간관계를 의식할 필요 없이 누구나 자신의 타임라인에 자유로운 정보 게시와 리트윗이 가능하다고 하였다(성동규, 2012, p. 65에서 재인용).

(1) 광고 캠페인 사례

기업의 마케팅 활동에 있어 트위터가 본격적으로 도입된 것은 국내의 경우 2009년 전후로 파악되며 쉬운 참여와 빠른 전파력을 주요 장점으로 한다.

① 나이키 쵸크봇 캠페인

2010년 나이키는 세계적인 명성을 가진 선수였지만 '암'으로 은퇴 후 기적적으로 재활에 성공하여 프랑스 일주 사이클 대회(True de France)에 참가하는 '랜스 암스트롱(Lance Armstrong)'의 암 퇴치 기금 활동(Live Strong Foundation)을 위해 '나이키 쵸크봇(Nike Chalkbot)' 캠페인을 기획하였다. 캠페인은 TV를 통해 경기를 지켜보는 시청자로부터 트위터를 통해 응원 메시지를 전송받으면 쵸크봇(분필가루로 페인팅을 해 주는 기계)이 실시간으로 경주 도로에 인쇄하여 함께 공유하는 것으로 암에 대한 경각심과 암 투병 환자에게 용기를 전해 주며 성공적으로 종료되었다.

[그림 6-3] 나이키 쵸크봇 캠페인

출처: 유튜브.

② 지마켓 #개_오래가네 캠페인

2017년, G마켓은 LG전자의 최신형 노트북을 단독 판매하면서 '트위터 프로모션 트렌드'를 활용, 약 900만 회의 노출 성과를 달성하였다.

[그림 6-4] G마켓 #개_오래가네 캠페인

출처: 트위터 마케팅 KR 블로그.

캠페인은 최신 노트북에 관심을 가질 10대에서 20대의 젊은 소비자이 강조의 화법으로 '개'를 접두어로 붙이는 것에 착안, #개_오래가네를 캠페인 해시태그로 결정했고 강아지 인형이 움직이는 모습이 반복되는 장난기 가득한 소재를 게재하였는데 소비자들의 폭발적인 관심을 끌며 성공을 거둘 수 있었다(트위터 마케팅 KR, 2017).

(2) 트위터 광고 상품

트위터 광고 상품은 크게 광고주의 팔로워를 증대시키기 위한 '프로모션 계정', 광고 메시지를 폭넓게 전달하기 위한 '프로모션 트윗', 트위터 트렌드 최상단에 광고 메시지를 고정시켜 노출효과를 극대화하는 '프로모션 트렌드' 그리고 모바일 전용으로 앱다운로드 전용 상품인 '모바일 앱 프로모션'으로 나뉠 수 있다(트위터 마케팅 KR, 2017, p. 3).

표 6-6 트위터 광고 상품 분류

분류	내용
프로모션 계정	팔로워 모집을 통해 브랜드를 지지하는 커뮤니티 확보
프로모션 트윗	트위터를 통해 발신하는 콘텐츠 전달을 위한 상품으로 이미지와 동영상, Live 방송 등을 포함
프로모션 트렌드	실시간 인기 있는 이슈를 소개하는 트위터 트렌드 최상단에 1일(24시간) 동안 관련 해시태그 고정
모바일 앱 프로모션	동영상 혹은 이미지를 활용하여 앱 설치를 유도

출처: 트위터 마케팅 KR(2017), p. 3 재구성.

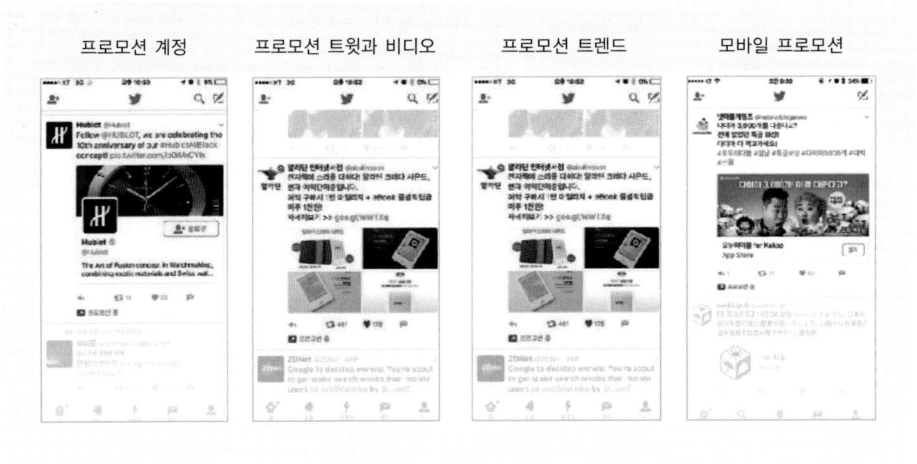

[그림 6-5] 트위터 광고 상품 분류

출처: 트위터 광고 상품 소개서 Q2-2017에서 화면 캡처.

2) 페이스북

페이스북은 2004년 2월 서비스를 시작한 후 2019년 1분기 기준 전 세계 23억 8천만 명의 월간 활성화 이용자를 가진(안희권, 2019) 세계 최대의 소셜미디어이다. 국내의 경우 『2018 인터넷 이용자 실태조사(요약)』를 참고할 때 현재 인터넷 이용자

수의 65.7%(6세 이상, 1년 이내 페이스북 이용 경험자 기준)인 약 3,028만 명으로 추정된다.

디지털 광고 시장의 페이스북은 2019년 1분기 광고부문 매출 149억 1,200만 달러(약 17조 2600억 원)에 이르며(박혜린, 2019) 미국 내 광고 시장 점유율에 있어서도 구글(33.0%)에 이어 30.8%로 뒤를 바짝 뒤쫓고 있다. 특히 미국 내 소셜미디어 광고 매출의 분야의 경우 83.3%로서 절대적 위치를 차지하고 있다(김창영, 2019).

페이스북은 '사람간의 신뢰'를 기본 가치로 하며 학교, 기업, 기타 조직 등 현실 세계의 네트워크를 기반으로 디자인되었는데(성동규, 2012, p. 94) 기본적으로 상호 승인된 친구 관계를 기반으로 네트워크를 확장할 수 있으며 개인 정보 설정을 통해 다른 사람에게 공유할 수 있는 범위를 선택할 수 있다.

페이스북은 개인 프로필 기반의 서비스 외 '페이스북 그룹' 및 '팬 페이지'를 통해 이용자들의 커뮤니티 활동을 지원하고 있는데 특히 기업들의 경우 브랜드 충성도를 높일 수 있는 기회의 공간으로 브랜드 팬 페이지를 활용하고 있다. 브랜드 팬 페이지를 활용한 정보 노출 및 마케팅 메시지 전달과 적극적인 소통은 브랜드 인지도와 호의적인 이미지를 형성시켜 브랜드 충성도에 긍정적인 영향을 미치게 된다(김은호, 유동호, 도선재, 2019, pp. 48-49).

(1) 광고 캠페인 사례

페이스북은 브랜드 팬페이지를 중심으로 다양한 콘텐츠를 전달하고 소비자 참여와 공감을 확산시켜 지속적인 관계 구축에 유리한 장점이 있다.

① 와퍼 새크리파이스(Whopper Sacrifice) 캠페인

2009년, 버거킹은 페이스북 친구 10명을 삭제하면 와퍼 햄버거를 무료로 제공하는 캠페인을 진행하였다. 이를테면 친구보다 와퍼가 더 소중하다는 증거를 보이라는 의미이다. 소비자는 친구 10명을 삭제해도 다시 친구로 등록할 수 있기에 큰 재미를 느끼며 참가하였는데 캠페인은 희생당한 친구로부터 입소문을 타고 자연스럽게 확대되었다.

그러나 캠페인은 친구를 삭제한다는 이유로 '페이스북'으로부터 제재를 받아 더 이상 진행하지는 못했지만 참신한 아이디어로 많은 호평을 받았다.

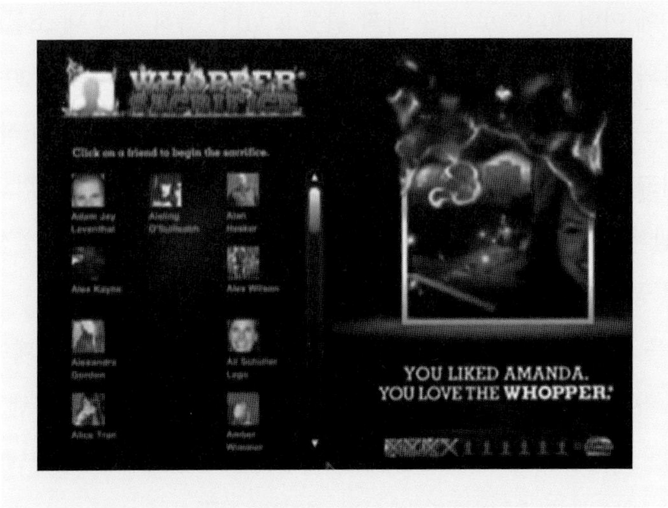

[그림 6-6] 와퍼 새크리파이스 캠페인

출처: 유튜브.

② 모닝케어 레이디, '티안나 걸스' 캠페인

2014년 동아제약은 여성 전용 숙취 음료 '모닝케어 레이디'를 출시하며 유튜브와 페이스북을 중심으로 '티안나 걸스' 캠페인을 진행하였다.

캠페인은 얼굴을 가린 5명의 여성 아이돌 그룹이 '난 티안나'라는 음원과 뮤직비디오(유튜브)를 출시한 후 페이스북에서는 노래 가사와 같이 술 취했을 때 티 안 나는 방법, 바람피워도 티 안 나는 방법 등 우리 생활 속에 티 안 내고 살 수 있는 여러 가지 이야기를 소비자와 공유하며 젊은 여성 소비자들의 큰 관심을 끌었는데 캠페인이 종료된 후 동아제약은 '티안나 걸스'효과를 통해 전 부문 매출 20% 상승이라는 성공을 거두었다(김민섭, 2014).

'티안나 걸스' 캠페인은 음원 출시와 소셜미디어 운영 외에도 한정판 패키지 발매,

[그림 6-7] 티안나 걸스 페이스북 운영 콘텐츠

출처: 페이스북 '티안나 걸스' 팬페이지.

길거리 샘플링과 무대 공연 등 성공적인 '브랜디드 엔터테인먼트'의 사례로도 매우 큰 의미를 거두었다.

(2) 광고 상품

페이스북은 주로 뉴스피드 사이의 공간에 이미지 혹은 동영상을 통해 광고주의 메시지를 노출하는데, 형태에 따라 이미지 광고, 동영상 광고, 슬라이드 쇼 광고, 슬라이드 광고, 컬렉션 광고, 모바일 전용으로 '인스턴트 경험'이 있다(페이스북 광고주 지원센터, 2019).

표 6-7 페이스북과 인스타그램 광고 상품 분류(형태)

분류	내용
이미지 광고	이미지 혹은 동영상이거나 텍스트와 결합한 형태
동영상 광고	
슬라이드 쇼 광고	단일 이미지나 동영상을 선택했을 때 여러 이미지나 문구, 소리를 결합하여 메시지 전달 가능
슬라이드 광고	이미지 또는 동영상을 최대 10개까지 표시하고 슬라이드마다 링크를 제공할 수 있음
컬렉션 광고	카탈로그에서 가져온 제품 이미지를 동영상, 슬라이드 쇼 또는 관련 이미지와 결합하여 메시지 전달

인스턴트 전용	• 모바일 전용으로 사용자가 광고를 클릭하면 펼쳐지는 전체 화면을 통해 메시지 전달 • 이미지와 동영상, 기타 페이스북에서 지원하는 모든 형태의 광고가 지원됨

이 외에 광고 게재 지면에 따라 라이트 핸드 사이드(right hand side), 오디언스 네트워크(audience network), 인스턴트 아티클(instant articles), 인스트림 비디오(in-stream videos), 서제스트 비디오(suggestes video) 등이 있다(페이스북 광고주 지원센터, 2019).

표 6-8 페이스북 광고 상품 분류(게재 지면)

분류	내용
라이트 핸드 사이드	PC를 통해 페이스북에 접속했을 때 뉴스 피드 오른쪽 칼럼에 위치한 이미지와 텍스트 결합형태로 구성
오디언스 네트워크	페이스북 지면이 아닌 페이스북 네트워크에 참여한 다른 모바일 앱/웹에서 페이스북 광고물이 노출될 수 있는 상품
인스턴트 아티클	언론 사업자를 대상으로 해당 사업자의 뉴스 기사를 페이스북 내에서 볼 수 있는 서비스
인스트림 비디오	1분 이상의 동영상 콘텐츠 시작 전이나 일정 시간 후 재생되는 동영상 광고
서제스트 비디오	추천하는 동영상 사이에 재생되는 동영상 광고

3) 인스타그램과 카카오스토리

(1) 인스타그램

인스타그램(Instagran)은 이미지와 영상의 공유를 목적으로 2010년 출시되었으며 2012년 4월 페이스북에 인수된 이후 2018년 6월 기준, 월간 활성화 사용자가 10억 명에 이르는(안희권, 2019) 현재 가장 가파르게 성장하고 있는 소셜미디어이다.

국내 이용자 수는 『2018 인터넷 이용자 실태조사(요약)』를 참고할 때 현재 인터넷 사용자 수의 41.0%(6세 이상, 1년 이내 트위터 사용 경험자 기준)인 약 1,890만 명으로 추정된다.

인스타그램은 자신의 관심사를 쉽게 표현하고 찾을 수 있는 #해시태그를 대중화하며 국내에서도 큰 인기를 끌고 있는데 이미지로 표현될 수 있는 직관적이고 쉬운 인터페이스가 가장 큰 특징이라고 할 수 있다.

빙그레에서는 '바나나맛 우유' 브랜드 활성화를 목표로 2016년 '#채워바나나' 캠페인을 시작하였다. 캠페인은 바나나맛 우유 용기에 'ㅏ ㅏ ㅏ 맛 우유'라는 제품명을 인쇄한 후 소비자들이 직접 메시지를 채워 인스타그램에 해시태그(#채워바나나)와

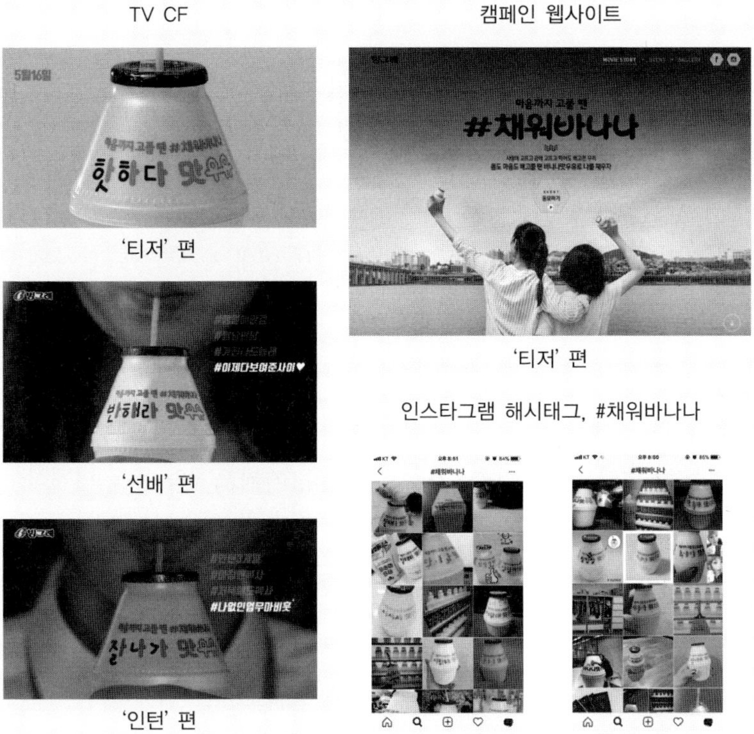

[그림 6-8] #채워바나나 캠페인

출처: 유튜브, 빙그레 홈페이지, 인스타그램.

함께 인증하는 방식으로 진행되었다.

TV CF와 연계한 #채워바나나 캠페인은 소비자들이 '랄랄라 맛 우유' '나만봐 맛 우유' '하하하 맛 우유' 등 각자의 느낌과 감성으로 참여하며 브랜드와의 공감을 확대할 수 있었는데 약 2,000여 개의 #채워바나나 해시태그와 전년 동기 대비 22%의 매출 신장(천진영, 2016)이라는 성과를 올릴 수 있었다.

인스타그램은 인스턴트(instant)와 텔레그램(telegram)의 합성어로 '세상의 순간들을 포착하고 공유한다(Capturing and sharing the world's moments).'라는 슬로건(권혜미, 2015)을 가지고 시작하였으며 자신이 올린 사진에 다양한 필터(filter)효과를 적용할 수 있게 하고 자신의 위치를 위도와 경도로 표현할 수 있게 하는 지오태그(giotag)를 통해 비전을 확장해 나가고 있다.

(2) 카카오스토리

카카오스토리(Kakao Story)는 카카오(Kakao)가 2012년 3월 출시한 이미지 공유 기반 소셜미디어로서 국내 이용자는 『2018 인터넷 이용자 실태조사(요약)』를 참고할 때 현재 인터넷 이용자 수의 49.6%(6세 이상, 1년 이내 카카오스토리 사용 경험자 기준)인 약 2,286만 명으로 추정된다.

카카오스토리는 인스턴트 메신저 카카오톡(Kakao talk)과의 연동을 가장 큰 특징으로 한다. 카카오톡에서 발생한 트래픽을 자연스럽게 카카오 스토리에 접속하게 해주며 사용자들 대부분은 카카오톡, 카카오스토리, 카카오게임 등을 연계하여 사용하고 있다.

그리고 이미지 및 영상 공유 기반의 '인스타그램'과 같이 이미지와 영상을 공유하더라도 휴대전화 번호가 등록된 지인과의 교류를 위한 페이스북의 특성을 포함한다. 이는 카카오스토리 이용 동기에 있어 지인과의 상시교류를 위해서라는 항목이 유의하게 나타난 것으로도 확인할 수 있다(이지영, 신재권, 이상우, 2015, pp. 381-384).

카카오스토리의 광고는 모바일에서 노출되는 디스플레이 광고 상품으로 배너 타입과 게시글 타입으로 구분할 수 있는데 광고를 클릭하면 모바일 웹사이트 혹은 모

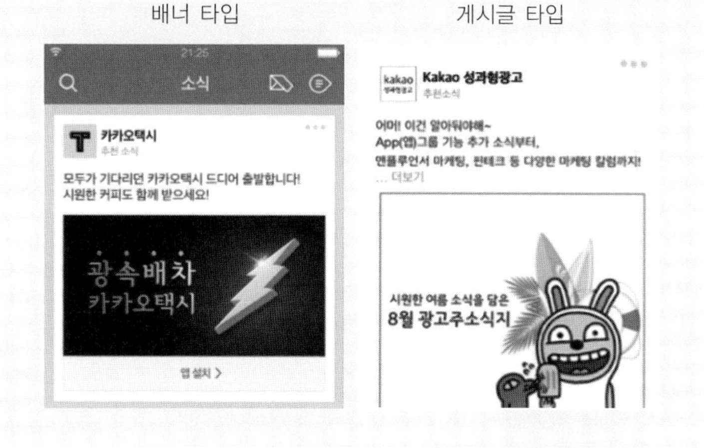

[그림 6-9] 카카오스토리 광고 형태

출처: 카카오스토리 AD.

바일 앱 설치 화면, 카카오플러스 친구 추가, 카카오스토리 채널 소식받기 화면으로 이동할 수 있다(카카오스토리, 2017, pp. 2–6).

4) 소셜미디어 광고 형태와 특성

소셜미디어 광고는 크게 광고 메시지의 전달을 위한 '노출형 광고'와 사용자의 참여를 목적으로 이벤트 가입, 모바일 앱 설치, 트위터의 경우 팔로우 수 증대 등의 '전환 유도 광고'로 구분될 수 있으며 친구 관계를 맺은 사용자를 통해 추천하는 간접 광고 형태를 가지고 있다.

여기서 광고는 기업이 직접 운영하는 계정이 아닌 공간에서 노출되는 형태를 의미한다.

표 6-9 소셜미디어 광고 형태 및 특성

유형	노출형 광고 형태	전환 유도 광고 형태	간접 광고 형태
형태	이미지 및 동영상으로 메시지 전달	이벤트 광고, 투표(poll), 모바일 앱 설치, 상담 신청 혹은 구매, 팔로워 신청 등	해당 광고에 반응한 소셜미디어 친구의 활동 노출 등
특성	사용자 피드에 위치하며 자연스럽게 메시지 전달	사용자 참여를 유도하며 참여 결과를 바탕으로 광고효과 측정에 용이	친근감을 제공하며 공감확보 용이
광고비용 산정기준	• Cost per Mille(CPM): 1,000회 노출당 과금 • Cost per Engagement(CPE) 혹은 Cost per Action(CPA) : 참여(이벤트 가입 및 의견개진, 상담요청, 구매 결정 건당 과금 • Cost per View(CPV): 영상 시청당 과금(시청 기준 별도) • Cost per Link Click(CPLC): 링크 클릭 당 과금 • Cost per Installation(CPI): 앱설치 당 과금 • Cost per Follower(CPF): 팔로우 증가에 따라 과금(트위터) 등		

5) 소셜미디어 콘텐츠 운영

심성욱과 김운한(2011)은 이시훈(2010)의 연구를 인용하여 기업이 직접 제작, 운영하는 소셜미디어 및 이러한 공간을 통해 광고 메시지를 전달하는 것을 '직접 매체 광고 유형'이라 분류한 바 있는데(심성욱, 김운한, 2011, p. 353에서 재인용) 이는 콘텐츠 마케팅의 범주에서 생각할 수 있다.

콘텐츠 마케팅(contents marketing)이란 "브랜드 이미지 개선을 위해 소셜미디어나 광고주 웹사이트 등에 음악, 동영상 등을 업로드 하는 것을 말하며, 기자가 뉴스를 작성하듯이 콘텐츠를 생산하여 소비자에게 브랜드를 알리는 '브랜드 저널리즘(brand journalism)'으로 정의할 수 있다(한경경제용어사전, 2015)."

문장호(2014)는 콘텐츠 마케팅 관련 개념과 프로세스에 관해 〈표 6-10〉 및 [그림 6-10]과 같이 정리하였다.

표 6-10 콘텐츠 마케팅의 관련 개념

항목	내용
브랜드 퍼블리싱 (brand publishing)	브랜드가 관심 있는 토픽에 대한, 브랜드에 관련된, 브랜드의 상품에 관한 콘텐츠를 진정성 있고 매력적이며 자기 홍보적이지 않은 방식으로 스토리텔링 (Lazauskas, 2014)
브랜디드 콘텐츠 (branded contents)	소비자에게 엔터테인먼트 혹은 교육적 부가가치를 제공하는 것을 목적으로 브랜드에 의해 제작 또는 큐레이션되며, 상품, 서비스의 판매가 아닌 브랜드에 대한 고려와 선호도의 증가를 목적으로 디자인된 콘텐츠(Forrester, 2013)
네이티브 광고 (native advertising)	페이지 콘텐츠와 응집력 있게 결합되어 있고, 디자인이 동화되어 있으며, 플랫폼의 구성과 일치하여 사용자가 해당 플랫폼과 이질감이 없음을 느끼게 하는 유료 광고(IAB, 2013)
스폰서드 콘텐츠 (sponsored contents)	네이티브 광고의 한 형태로서 브랜드의 콘텐츠를 브랜드가 소유하지 않은 매체의 공간에 노출시키기 위하여 비용을 지불할 때 발생(Lazauskas, 2014)
브랜드 저널리즘 (brand journalism)	전통적 언론, 마케팅, PR 활동의 혼합된 형태로서 브랜드가 언론적 접근법을 사용하여 브랜드 콘텐츠를 대중에게 전달하는 커뮤니케이션 모델(Bull, 2013)

출처: 문장호(2014), p. 58.

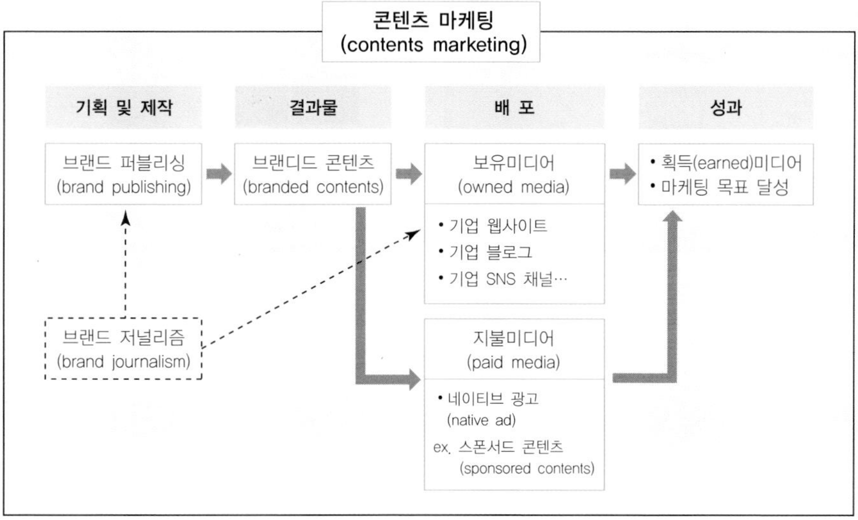

[그림 6-10] 콘텐츠 마케팅 개요

출처: 문장호(2014), p. 58.

이처럼 콘텐츠 마케팅은 의미 있는 마케팅 메시지를 기획, 제작한 후 적절한 시점과 최적의 미디어를 통해 소비자에게 전달할 수 있는 전략 설계라고 할 수 있다.

2015년 글리코 해태 '포키'는 디지털 팬 퍼스트(digital fan first) 정책 수립에 따라 페이스북 브랜드 페이지를 운영하며 현재까지 높은 성과를 이어 가고 있다.

'포키' 브랜드 페이지(https://www.facebook.com/HappyPocky)는 브랜드 및 제품 관련 콘텐츠를 발행하고 참여형 이벤트를 운영할 수 있는 '커뮤니케이션 거점'으로서 브랜드 공감 확대를 위해 기획되었다.

2015년 당시 '포키'의 콘텐츠 전략의 핵심은 '포키 스토리'와 '포키 레시피'로서 관련 디저트 카페와의 제휴, 쉐프(chef)로도 유명한 김풍 작가가 전해 주는 팁, 포키를 즐기는 소비자 아이디어 등 다양한 브랜드 경험을 전달하며 소비자 참여를 확대할 수 있었고 판매 향상에도 크게 기여할 수 있었다.

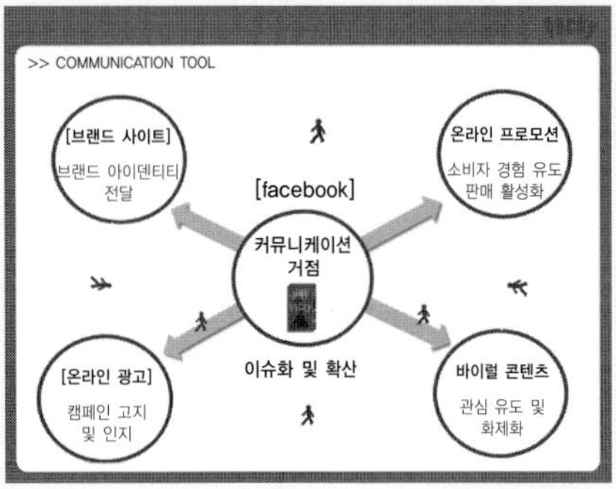

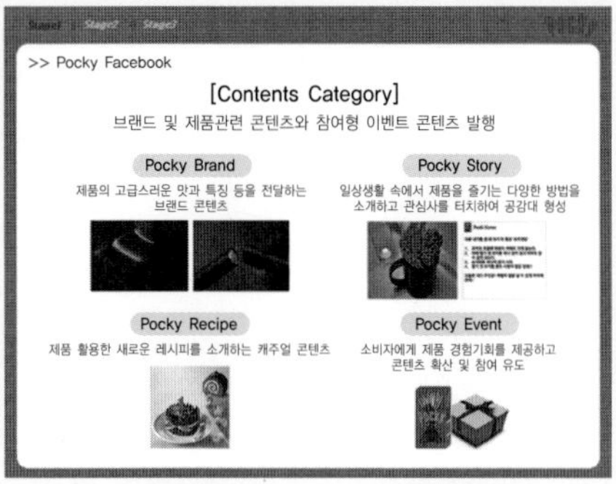

[그림 6-11] '포키' 페이스북 전략

출처: 2015년 '포키' 페이스북 운영 기획안 중 일부(저자 제공).

6) 소셜미디어는 소셜플랫폼으로

소셜미디어는 SNS를 포괄하는 개념으로서 인스턴트 메신저, 블로그, 마이크로 블로그, 소셜뉴스, SNS, 위키피디아, 동영상 공유 사이트 등 다양한 유형이 있다. 이

중 인맥 관리와 정보 공유를 중심으로 했던 SNS(페이스북 혹은 트위터 등)가 동영상, 뉴스, 음악, 게임 콘텐츠가 공유되고 유통되는 거대한 플랫폼으로 확대되며 소셜미디어 산업뿐만 아니라 광고 및 콘텐츠 산업의 핵심으로 부상하고 있다(이호영 외, 2014, p. 57).

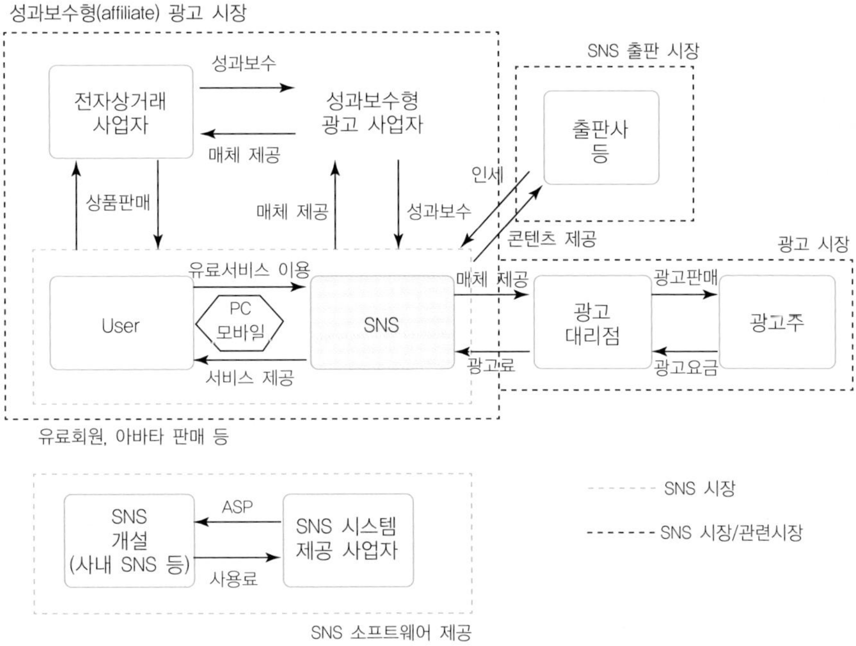

[그림 6-12] SNS의 수익모델

출처: 이호영 외(2014), p. 57에서 재인용.

4. 마치며

이렇게 우리 삶의 플랫폼으로 영향력을 확대해 나가고 있는 소셜미디어는 폭넓은 소통과 정보 습득의 경로로 활용되며 사회적 투명성과 신뢰형성, 시민 참여와 집단지성의 확대로 이어질 수 있는 반면, 지나치게 많은 정보로 인한 혼란함, 사생활 침해, 허위 정보 유통 등에 따른 역기능도 존재한다(이호영 외, 2014, pp. 25-33).

특히 기업에 있어 소셜미디어는 소비자의 참여와 공감을 확대하기 위한 효과적인 도구이지만 부정적이거나 왜곡된 정보 역시 그만큼이나 빠르게 확대될 수 있기에 소셜미디어의 순기능과 역기능을 이해한 올바른 운영 정책의 수립과 조직 내 공유가 반드시 선결되어야 할 것이다.

표 6-11 소셜미디어의 순기능과 역기능

구분	순기능	역기능
사회관계	사회 자본의 확대 다양한 사회 자본의 증가 심리적 안정 및 사회적 지지	사회 자본의 불평등 사생활 침해 집단 괴롭힘 및 따돌림
소통 및 정보 유통	정보 유통 및 소통 비용 감소 사회적 신뢰 및 투명성 확대 시민참여 및 집단지성	정보 과잉 및 필터버블 허위 정보 유통 등 사회적 비용 증가 사회적 갈등 증가 및 통합 저해

출처: 이호영 외(2014), p. 33.

제7장

OTT와 SMR

김지윤(㈜코리아하베스트 연구원)

1. OTT 서비스 시장의 정의
2. OTT의 개념과 특성
3. OTT 서비스의 유형
4. OTT 시장 현황과 규모
5. OTT 서비스의 이용 행태
6. OTT 서비스와 광고
7. SMR과 동영상 광고

◈◇◈

과학기술과 커뮤니케이션의 발전으로 기업의 마케팅 채널과 소비자의 구매 채널이 다양하게 변화하고 있다. 미디어, 플랫폼, 채널의 진화 및 발전은 기업의 광고와 마케팅 그리고 커뮤니케이션 방식을 변화시켰으며, 소비자의 정보 획득과 판매 그리고 구매방식에 많은 변화를 가져왔다. 특히 채널의 확장과 변화로 인해 국내외적으로 온라인을 활용한 동영상 광고 시장이 급격하게 성장하고 있다. 이는 PC에서 시작하여, 스마트폰, 태블릿 PC 그리고 스마트 TV까지 인터넷을 접속하면 동영상 콘텐츠 이용이 가능해졌기 때문이다. 이와 같이 언제 어디서나 어떠한 기기든지 콘텐츠를 이용할 수 있는 시대에 발맞춰 인터넷을 기반으로 한 동영상 서비스인 OTT 서비스가 빠르게 정착하기 시작하였다. 현재 디바이스가 다양해졌고, VOD 서비스와 온라인 스트리밍을 통한 미디어 콘텐츠 이용시간이 증가 및 OTT 서비스 등을 통해 인기 드라마와 쇼 · 오락 예능프로그램의 에피소드를 한 번에 시청할 수 있게 되었다(김가영, 김성민, 2014). 특히 스마트기기를 활용하여 동영상 콘텐츠 수요가 급격하게 늘어나면서, 넷플릭스(Netflix), 유튜브(YouTube), 애플(Apple), 페이스북(Facebook) 등을 포함하여, 네이버(NAVER), 카카오(Kakao) 등 국내외 동영상 서비스 및 미디어 플랫폼 기업들의 중심으로 한 온라인 기반 동영상 서비스, 즉 OTT 서비스 시장이 날로 증가 및 확대되고 있다.

이처럼 초고속 인터넷과 스마트폰의 보급 확대에 따라 OTT 서비스 이용이 국내외적으로 증가할 것으로 보인다. 본 장에서는 OTT 서비스 시장의 성장과 함께 앞으로 OTT 서비스의 콘텐츠의 시장의 지배력은 확대될 것으로 예상하며, 국내외 OTT 서비스의 현황과 발전 그리고 SMR 광고에 대해서 논의하고자 한다.

1. OTT 서비스 시장의 정의

유럽전자통신감독기구(The Body of European Regulators for Electronic Communications: BEREC)는 OTT 서비스 시장을 다음과 같이 정의하였다. 공용 인터넷을 통해 최종 사용자들에게 제공되는 애플리케이션 콘텐츠나 서비스를 제공하는 것이다. 그리고 국제전기통신연합(International telecommunication Union)에서는 기존의 음성통신이나 문자메시지와 같은 전통적인 정보통신 서비스를 대체하거나 보조하는 비디오 및 방송서비스 또는 인터넷 응용프로그램으로 정의하고 있다.

국내 **OTT 서비스의 개념**을 살펴보면, 하윤금(2014)은 광의적인 관점에서 인터넷을 통한 동영상 콘텐츠 서비스 전체를 OTT 서비스로 보는 관점과 초기 제3의 독립사업자들에 의해 셋톱박스에서 출발하는 협의적인 OTT 서비스로 보는 관점으로 두 가지 개념을 혼재하여 정의 내리고 있다. 현재는 광의적인 OTT 서비스는 온라인 동영상 서비스와 동의어로 사용되고 있다고 설명하고 있다. 방송통신위원회(2016)의 정의에 따르면 OTT 서비스란, Over The Top의 줄임말로 Top은 TV 셋톱박스 같은 단말기를 의미하여, 셋톱박스를 넘어서 제공되는 서비스를 의미한다.

이처럼 OTT 서비스는 단말기를 통한 영화나 TV 프로그램 등 프리미엄 콘텐츠를 VOD 방식으로 제공하는 서비스를 지칭하였으며, 현재는 인터넷 기술의 발전과 변화로 인해 셋톱박스의 유무를 떠나서 PC, 스마트폰, 태블릿 PC 등 단말기뿐만 아니라 기존의 통신사나 방송사가 추가적으로 제공하는 인터넷 기반의 동영상 서비스를 모두 포괄하는 의미로 사용되고 있다(한국인터넷진흥원, 2013).

앞의 내용을 종합하면 OTT 서비스란 인터넷을 통해 콘텐츠가 최종 이용자들에게 제공되는 것으로 설명할 수 있다. 따라서 OTT 서비스는 기존의 통신과 방송 사업자와 더불어 제3사업자들이 인터넷을 통해 드라마, 영화 등의 다양한 콘텐츠 서비스를 제공하는 것을 의미한다.

2. OTT의 개념과 특성

OTT 서비스란, Over The Top을 줄인 말이며 여기서 Top은 셋톱박스(set top box)를 의미한다. 구체적으로 OTT 서비스는 방송과 영화, BJ가 만든 제작물 등을 실시간 혹은 비실시간으로 방송전파나 인터넷망을 통해, 다양한 단말기 PC, 스마트폰, 스마트TV, 태블릿 PC, 셋톱박스 등에서 제공되는 서비스를 말한다(김희경, 2011). 기존의 OTT 서비스는 원래 인터넷과 연결된 TV 셋톱박스를 통해 제공되는 다양한 부가적인 서비스를 지칭하는 용어였다. 하지만 현재, OTT 서비스는 통신과 방송 사업자와 함께 제3의 사업들이 인터넷을 통해 드라마나 영화 등의 다양한 미디어 콘텐츠를 제공하는 서비스라고 설명할 수 있다. 아울러 제공되는 콘텐츠도 단순한 동영상 서비스뿐만 아니라 날씨나 뉴스 등의 정보탐색 등으로 그 영역은 점차 확대되고 있다. 이처럼 OTT 서비스는 이용자들의 요구에 따라 더욱 다양화되고 있다.

OTT 서비스가 이렇게 활성화될 수 있었던 것은 스마트폰 보급의 확산 때문이다. 국내 스마트폰 보급 대수는 이미 4천만 대를 넘어섰고, 이제 많은 사람이 드라마나 영화 쇼 · 예능프로그램을 TV에만 국한하지 않고, 모바일과 같은 스마트 기기를 통해 시공간에 영향을 받지 않으며, 원하는 동영상을 언제든지 시청할 수 있다. 특히 OTT 서비스는 인터넷을 통해 콘텐츠를 제공하는 방식이기 때문에 대규모의 투자 없이도 서비스 사업 시장에 진입할 수 있다(배기형, 2015). 현재, 국내 OTT 서비스 시장 규모는 2016년 말 기준 4,884억 원으로 전년대비 53.7% 성장, 2020년에는 7,801억 원으로 성장할 것이라고 전망하고 있다.

OTT 서비스는 전통적인 미디어 이용의 형태와 달리 상호작용을 기반으로 하는 인터넷 미디어이며, TV처럼 가구 단위의 중심이 아닌, 개별 이용자 중심으로 이용이 활발하고 능동적인 개인적인 성격의 미디어라고 볼 수 있다(김대한, 박남기, 2016). 미디어의 이용과 충족(uses and gratifications) 이론에서는 미디어 이용자가 자신이 필요한 욕구에 따라 미디어를 선택하고, 욕구 충족의 결과로 만족을 얻으며, 이러한 필요와 욕구는 개인이 가지고 있는 성향과 경험한 사회적 영향에 따라 달라질 수 있다고 본다(Katz, Blumler, & Gurevitch, 1974). 이용과 충족의 이론 관점으로 볼 때, 미디어 이용자가 자신이 필요한 콘텐츠를 욕구에 맞게 능동적으로 이용하기 때문에 앞으로 OTT 서비스 이용자의 만족도는 높을 것으로 예상된다.

OTT 서비스는 이미 상당한 수준에서 잘 갖춰진 지상파 방송, 케이블 TV, 위성방송과 같이 방송네트워크가 아닌 인터넷을 활용하여 방송하는 데는 이유가 있다.

첫 번째, OTT 서비스는 기존 방송 사업자가 아니어도, 방송 사업에 진출하는 것에 매우 용이하다. 그 이유는 콘텐츠를 보유하고 있더라도 방송사업자가 아니면, 콘텐츠 보유자는 TV를 대상으로 콘텐츠 판매에 자유롭지 못했다. 이러한 이유로 콘텐츠를 보유하고 있어도 방송 사업으로 진출하기 어려웠지만, 현재는 콘텐츠를 보유하고 있으면, 사업자가 OTT 서비스를 통해 콘텐츠를 쉽게 제공할 수 있는 환경이 마련된다. 두 번째, OTT 서비스는 기존 방송방식이 가진 지역제한을 해소할 수 있다. OTT 서비스는 인터넷 속성으로 운영되기 때문에 시간과 장소에 구애받지 않고, 언제어디서나 인터넷이 연결된 곳이라면 원하는 OTT 서비스를 이용할 수 있는 공간이 된다. 세 번째, OTT 서비스는 제공 가능한 콘텐츠의 종류와 양이 기존 방송 서비스에 비해 유리하다(조수미, 2011).

3. OTT 서비스의 유형

OTT 서비스는 요금과 서비스 형태에 따라 크게 4가지 유형으로 나눌 수 있다. 광고기반형, TV포털형, 가입형, PPV형(Pay Per View)이 있다. 첫째, **광고기반형**은 콘텐츠를 이용하는 소비자가 콘텐츠 이용에 대한 비용을 지불하지 않지만, 대신 반드시 광고를 시청한 후, 콘텐츠를 이용할 수 있다. 이에 대한 대표적인 예는 유튜브(YouTube)와 훌루(Hulu.com)가 있다. 둘째, **TV포털형**은 셋톱박스가 내장된 TV를 통해 직접 콘텐츠를 선택하여 서비스를 이용하는 것이다. 이 경우, 공동으로 네트워크를 대응할 수 있는 TV의 공통된 사양을 만들고, 그 TV를 이용하여 다양한 방송 콘텐츠를 제공하는 서비스이다. 셋째, **가입형**은 매달 일정한 금액을 이용자가 가입하여 요금을 지불하는 방식이다. 요금제를 제한 또는 무제한 요금으로 선택하여, 콘텐츠를 그 안에서 자유롭게 선택하여 시청할 수 있는 형태이며, 이에 대표적인 예는 넷플릭스(Netflix)가 있다. 넷째, **PPV형**은 콘텐츠 이용자가 시청하는 콘텐츠마다 건당으로 요금을 지불하는 형태가 있다. 이 형태의 대표적인 예는 애플(Apple) TV, 아마존(Amazon) VOD, 블록버스터의 무비링크(Movielink) 등이 있다(김병수, 2010).

4. OTT 시장 현황과 규모

1) 국외시장 현황

OTT 서비스 가입자의 빠른 증가 추세는 전 세계적인 현상으로 볼 수 있다. OVUM(2018)은 2022년 이후에는 가입형 OTT 서비스의 가입자 규모가 유료방송서비스 가입자 규모를 넘어설 것으로 전망하고 있다. OVUM(2018)에 의하면, 넷플릭스, 아마존뿐만 아니라, 지역 기반 OTT, 실시간으로 제공하는 SLIN(Subscription-base Lineal) OTT 등 다양한 OTT 서비스가 OTT 서비스 시장에 빠르게 성장할 것으로 전망하고 있다. 그중에서도 유튜브TV, SlingTV와 같이 실시간 채널을 제공할 수 있는 SLIN OTT 서비스가 가장 빠른 성장세를 기록할 것이라고 예측하고 있다. 현재, 사업자별로는 넷플렉스와 아마존이 가장 많은 가입자를 확보하고 있는 가운데, 지역 기반 OTT 사업자의 가입 규모 또한 빠르게 성장할 것이다(황유선, 2018).

(1) 아마존

아마존(Amazon)은 이커머스(e-commerce) 분야의 압도적인 이용자 수를 통해 아마존 닷컴의 프리미엄 서비스 가입자에게 쇼핑의 혜택과 아마존 프라임 비디오 등의 연계 서비스를 제공하여 이용자를 확보 중에 있다. 또한 아마존은 2010년 아마존 스튜디오를 설립하고, 자체 드라마 등을 제작하여 OTT 서비스 시장에 진출하였다. 아마존은 자체 콘텐츠를 제작하고 라이센스 계약 등 콘텐츠 확보를 위해 2015년에는 27억 달러, 2017년에는 45억 달러, 2018년에는 50억 달러의 자금을 투자 중에 있다. 이는 지속적으로 콘텐츠 투자를 늘려 가고 있지만, 자체 오리지널 콘텐츠 투자는 소수 작품에 집중하는 형태로 투자 행보를 보이고 있는 것이다. 또한 아마존은 이미지 분석 기술을 동영상 서비스에 적용하여, 콘텐츠 감상 중에 특정 화면을 인식하여, 배우에 대한 정보나 음악, 일반상식 등과 관련하여 다양한 정보를 실시간으로 제공하고 있다.

(2) 애플

애플(APPLE)은 애플스토어, 애플뮤직, 애플TV 등 다양한 서비스를 통해 콘텐츠 유통 사업을 하고 있으며, 2017년 애플 뮤직을 통해 자체 콘텐츠인 플레넷 오프 더 앱스(Planet of the Apps)를 시장에 출시하였다.

(3) 넷플릭스

넷플릭스(Netflix)는 1997년 DVD 전문 대여 서비스로 출발하여, 2006년 개인 맞춤형 비디오 추천 시스템을 도입하고, 2007년 인터넷 VOD 서비스를 시작하였다. 이후, 2010년 월정액 기반으로 스트리밍 서비스를 제공하기 시작하여, 현재 대표적인 OTT 서비스 사업자로 자리 잡았다. 2017년 기준 약 560개의 오리지널 콘텐츠를 확보 이후, 오리지널 콘텐츠 비율을 2017년 25%에서 2020년 60%까지 끌어올려 20억 달러의 비용절감을 목표로 하고 있다. 넷플릭스의 경쟁력 확보를 위해 콘텐츠 제작 및 구매 투자 비중으로 2015년 기준 49억 달러, 2017년에는 60억 달러, 2018년에는 80억 달러로 증가 추세를 보이고 있다. 넷플릭스의 오리지널 콘텐츠 투자는 글로벌 시장 진출 전략으로 볼 수 있으며, 이는 지역 방송사와 제작사, 지역 오리지널 콘텐츠 공동제작으로 확대될 것이다.

(4) 구글과 유튜브

구글(Google)은 2005년 유튜브(YouTube) 사용자가 제작한 콘텐츠 기반으로 한 온라인 무료 동영상 공유 사이트로 시작하였다. 이후, 2006년 구글이 인수 후, 다양한 오리지널 콘텐츠 제공을 확대하고 프리미엄 채널 사업자로 확장 중에 있다. UGC(User Generated Content) 중심에서 다양한 오리지널 채널 제공을 위한 라이브와 주문형 스트리밍 서비스 및 유료 서비스 인 유튜브 프리미엄 스트리밍 서비스를 통해 콘텐츠 한계를 극복하려는 전략을 이용하고 있다. 또한 2012년 유튜브 스페이스(YouTube Space)를 설립하여, 지속적으로 전문 크리에이터를 통해 영상 및 콘텐츠 제작 크리에이터를 양성 중에 있다.

(5) 디즈니

디즈니(Disney)는 콘텐츠 공급에 중점을 두고 있었지만, 제작배급사인 디즈니 또한 스포츠 스트리밍 서비스인 ESPN+를 출시하고, 넷플릭스의 콘텐츠 공급 계약을 중단하였다. 폭스(FOX) 인수를 통해 2019년 현재, 디즈니는 본격적으로 자체 브랜드 OTT 서비스를 선보일 예정이다. 현재, 디즈니는 픽사, 스타워즈, 마블 등 유명 IP를 보유하고 있을 뿐만 아니라 폭스사와 수평적 결합을 통해 이용자 규모 확대를 기반으로 한 높은 서비스의 OTT 서비스의 경쟁력을 확보하게 될 것이라고 전망하고 있다.

(6) 페이스북

페이스북(Facebook)은 세계 최대 글로벌 SNS 기업으로 동영상 플랫폼으로 2017년 페이스북 와치(Facebook Watch)를 출시했다. 이를 통해 페이스북 자체 동영상 콘텐츠와 영상 제작자가 공급하는 콘텐츠, 페이스북 이용자의 개인 생중계 영상, TV 생중계 방송 등 모든 유형의 영상콘텐츠를 제공한다는 계획을 가지고 있다. 페이스북은 오리지널 콘텐츠 제작을 위해 약 10억 달러를 투자하고, ABC 뉴스, CNN, FOX 뉴스 등 뉴스 프로그램 독점 제공하고 있다.

2) 국내시장 현황

국내 OTT 서비스 시장은 곰TV, 판도라TV 등 초기 온라인 콘텐츠 스트리밍 업체가 인터넷 TV 서비스로 시작하였다. 2004년 10월 판도라TV가 2005년 2월에 출시한 유튜브보다 먼저 서비스를 선보였다. 이후, 2006년 3월 곰TV는 그래텍에서 제공하는 인터넷 방송으로 시작했으며, 인터넷 개인 방송 서비스는 아프리카TV가 2006년에 시작을 알렸다(배기형, 2015). 이후 OTT 서비스 이용 시장을 살펴보면, 2016년 국내 OTT 서비스 이용률은 35%, 2017년 기준 이용률은 36.1% 수준으로 나타난 가운데, 젊은 층에서 이용률이 상대적으로 높은 수준을 보이고 있다. 연령대 별로 이용률을 살펴보면, 10대는 58.4%, 20대는 62.8%, 30대는 50.9%로 10~30대의 이용률이 상대적으로 높게 나타나고 있다(황유선, 2018). 또한 2017년 방송매체 이용행태 조사 결과, 1인 가구의 OTT 이용률은 41.1%로 상대적으로 높게 나타나, 1인가구의 증가는 OTT 서비스 이용률을 더욱 상승시킬 가능성이 보인다.

현재, 국내의 주요 OTT 서비스는 티빙(Tving), 푹(Pooq)이 있으며, 이는 기존 방송사업자이다. 옥수수(Oksusu), 올레TV 모바일은 통신사업자, 네이버TV, 카카오TV 포털 뉴스 사업자, 왓챠플레이(WatchaPlay)는 OTT전문사업자가 운영하고 있다. OTT 서비스 사업자를 구체적으로 살펴보면 다음과 같다.

(1) 티빙

CJ ENM에서 운영하고 있는 티빙(Tving)은 자사의 콘텐츠 위주의 서비스를 제공하는 것을 벗어난 종합편성사와 방송채널사업자뿐만 아니라 디지털 콘텐츠까지 제공하는 개방형 플랫폼 서비스를 하고 있다. 티빙은 현재, 200여 개 라이브 채널을 제공하고 있으며, 2018년 6월에는 국내 최초 전 세계 시청자들이 실시간으로 시청할 수 있는 글로벌 티빙을 출시하였다.

(2) 푹

푹(Pooq)은 KBS, MBC, SBS 지상파 방송사들이 공동으로 출자했으며, 지상파 3사 채널의 실시간 방송을 모두 제공하고 있는 유일한 OTT 플랫폼이다. 현재, 약 70개 이상의 채널과 20만 편 이상의 VOD를 제공하고 있다. 2018년 11월 기준 유료 가입자가 70만 명 수준으로 4년 전 유료가입자 수 22만 명과 비교했을 때, 3배가 넘는 높은 성장을 나타내고 있다(김정희, 백지원, 2019).

(3) 옥수수

옥수수(Oksusu)는 SK텔레콤의 자회사인 SK브로드밴드의 OTT 서비스이다. 특히 옥수수는 데이터 분석 시스템을 통해 10대와 20대의 관심 성향을 파악하고, 아이돌 오리지널 콘텐츠 개발에 주력하여 맞춤형 콘텐츠 타켓을 통해 이용자를 확보하고 있다. 2018년 기준 옥수수 가입자 수는 전년 대비 22.1% 증가하였다.

(4) 올레TV 모바일

올레TV 모바일은 KT의 올레TV 모바일 360VR 전용관을 통한 VR 콘텐츠, 모바일 클립형 콘텐츠 제공을 통해 다양한 전문기업과 제휴를 맺고 있으며, VR과 AR 기술 및 키즈 콘텐츠를 접목하여 지속적으로 서비스를 개선 중에 있다.

(5) 네이버TV

네이버TV는 네이버 아이디 개정으로 네이버TV 동영상 업로드와 통계확인, 수익 정산, 광고설정, 저작권 관리, 라이브까지 진행할 수 있는 창작자의 관리 도구이다. 동영상 라이브 플랫폼 브이라이브(V LIVE)를 출시하고, 네이버TV 크리에이터 스튜디오 등 1인 방송 크리에이터들의 방송제작을 지원하는 MCN 사업모델을 발전시키고 있다.

(6) 카카오TV

카카오TV는 카카오가 출시한 모바일 소셜 영상 서비스로 메신저의 특성을 살려 친구와 대화하면서 동영상을 시청하는 OTT 서비스를 제공 중이며, 최근 비디어 태그 서비스를 론칭하였다. 이 서비스는 영상 시청 중, 영상 속 정보가 궁금할 때, 화면을 멈추면 출연자의 의상, 소품, 잡화, 가구, 가전 등 협찬 제품 정보가 표시되는 이용자 능동형 미디어 커머스 결합 모델을 시도하고 있다.

(7) 왓챠플레이

왓챠플레이(WatchaPlay)는 국내 스타트업 기업으로 시작하였으며, 이용자 알고리즘을 활용하여 빅데이터 기반 영화 추천 서비스를 통해 국내 OTT 서비스 시장을 선점 중이다(이해미, 2018).

표 7-1 국내 주요 OTT 서비스 현황

사업자	서비스	주요 특성
콘텐츠 연합 플랫폼 (KBS, MBC, SBS)	푹	• KBS, MBC, SBS의 합작으로 만들어진 OTT 서비스 • 지상파 콘텐츠 제공 • 약 20만여 편
CJ ENM	티빙	• 방송클립, MCN, 자체 제작 프로그램 제공 • 자사 통신 이용자 전용관을 통해 별도의 서비스를 제공 • 개인화 및 큐레이션 시스템 • 약 8만 5천여 편
KT	올레TV 모바일	• 가입통신사와 관련 없이 누구나 설치 가능 • 개인화 및 큐레이션 시스템 • 약 11만여 편
SK텔레콤	옥수수	• CBS, BBC, D&D 리미트리스 등 독점 시리즈 제공 • 국내 최다 스포츠 채널 및 VOD 제공 • 방송클립, MCN, 자체 제작 프로그램 • 자사 통신사 이용자 전용관을 운영하여 별도 서비스 제공 • 약 8만여 편

네이버	네이버TV	• 실시간 방송 VOD 무료 제공, 카카오톡 메신저 연동 이용 가능 • 네이버TV 크리에이터 스튜디오 설립
카카오	카카오TV	• 실시간 방송 VOD 무료 제공, 카카오톡 메신저 연동 이용 가능 • 비디오 태그 기술 결합 양방향 커머스 서비스 제공
프로그램스	왓챠플레이	• 특화된 사용자 취향 큐레이션 가능 • 제공되는 VOD마다 감상평 제공 • 광고없이 콘텐츠 제공 • 약 2만 3천여 편

출처: 함민정, 신유진, 이상우(2018), 한국콘텐츠진흥원(2017) 재구성.

5. OTT 서비스의 이용 행태

2018년 방송매체 이용 행태 조사에 따르면, OTT 서비스 이용에 있어서 평소 시청 경험이 있는 OTT 서비스로 유튜브가 38.4%로 가장 높았으며, 그다음으로 페이스북(11.5%), 네이버TV(7.1%), 아프리카TV(3.8%) 등으로 순위로 나타났다. 현재, 국내 이용자들은 무료 서비스의 이용률이 높은 편이고, 유료 서비스로 제공하는 OTT 서비스 이용률은 상대적으로 낮은 수준이다. 하지만 주 5일 이상 OTT 서비스를 이용하는 비율이 2017년 기준 6.7% 증가한 30.8%로 이용 빈도가 증가되고 있으며, 기존 IPTV 사업자가 제공하는 유료 방송 콘텐츠의 이용률이 높은 형태에서 2017년에는 푹이나 티빙 등 순수 OTT 서비스 사업자의 유료 이용률이 증가 추세로 예상한다.

연령별 이용률은 20대가 78.4%로 가장 높으며, 10대는 71.7%, 30대는 64.2% 순으로 나타났으며, 30대 이후 연령이 높을수록 이용률이 낮아지는 것으로 나타났다. 참고로 2016년 7.385명, 2017년 7,416명, 2018년 7,234명을 대상으로 조사하였다.

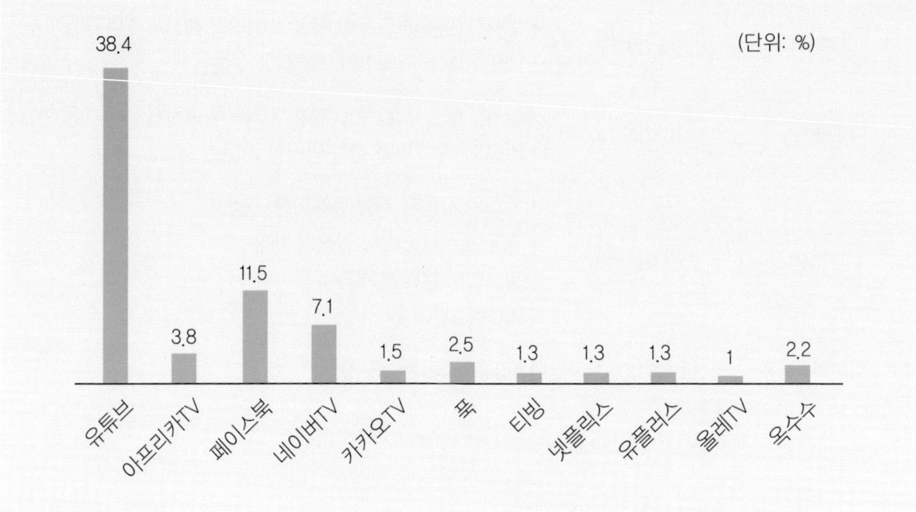

[그림 7-1] OTT 서비스 이용률

출처: 방통통신위원회(2018).

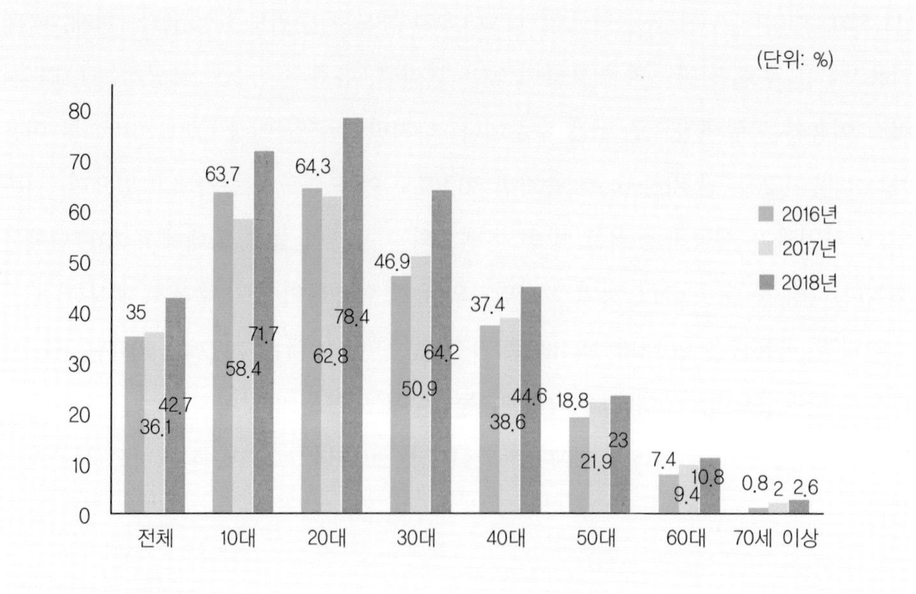

[그림 7-2] 연령별 OTT 서비스 이용률

출처: 방통통신위원회(2018).

OTT 서비스 이용 시, 스마트폰을 통해 시청하는 경우가 가장 많았으며, 그다음이 데스크톱PC, 랩톱PC 순으로 나타났다.

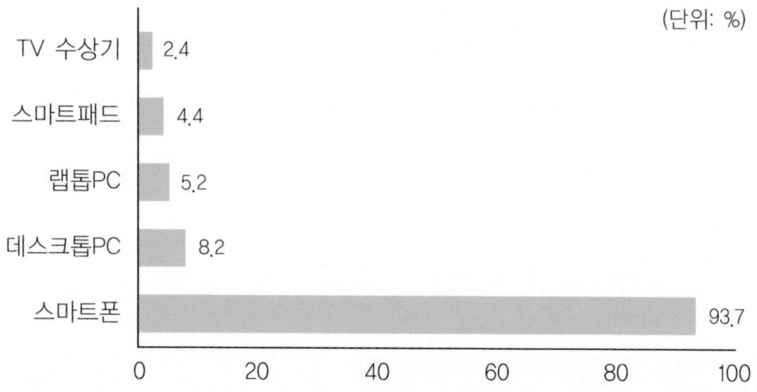

[그림 7-3] OTT 서비스 이용기

출처: 방통통신위원회(2018).

OTT 서비스를 이용 행태를 살펴보면, 주로 시청할 때, 5분 이하로 편집된 콘텐츠를 주로 시청하는 비율이 높은 것으로 나타났으며, 와이파이 연결 후 시청하는 비율, 그리고 OTT 전용 콘텐츠를 이용하는 비율 순으로 나타났다.

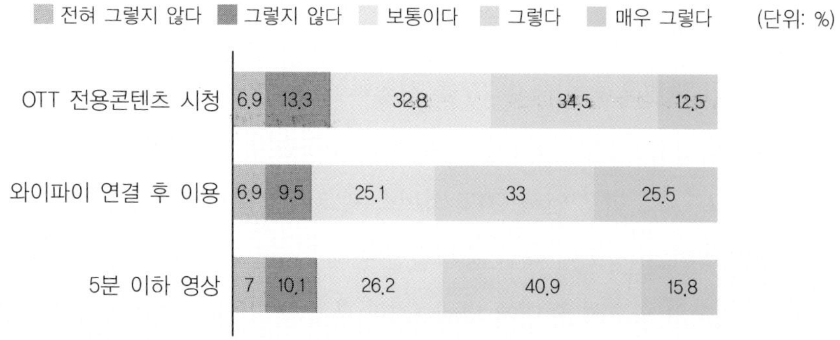

[그림 7-4] OTT 서비스 이용 행태

출처: 방통통신위원회(2018).

6. OTT 서비스와 광고

메조미디어(2019)에 따르면, 2018년 tvN의 인기드라마 〈미스터 션샤인〉 주연 배우이자, 오휘(OHUI) 브랜드의 모델인 김태리를 중심으로 티빙 OTT 서비스 플랫폼에서 콘텐츠 타기팅을 집행하였다. 인기 드라마 콘텐츠의 출연 배우를 활용한 디지털 캠페인 믹스인데, 콘텐츠 송출 채널 타기팅을 통해 브랜드 오휘 인지도를 상승시킨 사례로 볼 수 있다.

인기드라마 주연 배우이자 오휘 브랜드의 모델 '김태리'　티빙 채널에서 프로그램 콘텐츠 타기팅 실시

[그림 7-5] 티빙과 오휘 디지털 캠페인 믹스 사례

출처: 메조미디어(2019).

이제 전통적인 방법으로 실시간 TV를 시청하는 방식에서 시간과 장소에 구애받지 않는 TV시청 방식의 확대와 방송콘텐츠 소비 패턴의 변화에 따라 OTT 서비스 매출이 증가하고 있고, 이로 인해 OTT 서비스 광고매출 또한 증가할 것으로 예상된다. 현재, OTT 서비스 광고에 대한 공식적인 통계 자료는 존재하지 않지만, 앞으로 OTT 서비스 시장의 규모의 확대에 따라 OTT 광고 또한 성장 추세에 있을 것으로 예상된다. 정보통신정책연구원(2018) 광고주 설문조사에 따르면, 2017년 OTT 광고 지출액 규모는 TV 방송광고 지출액의 5.6%, 2018년에는 7.8% 수준으로 예상하고

있으며, 앞으로 OTT 광고에 대한 수요는 지속적으로 증가할 것으로 판단한다. 광고주 설문조사 결과, TV 방송광고의 경우, 광고주목도, 광고커버리지에 있어서 우수하고, OTT 서비스 광고는 가격, 광고효율성, 특정 시청자 타기팅, 광고주 요구에 맞는 광고 집행, 집행결과에 대한 정보제공 등이 우수한 것으로 나타났다.

표 7-2 TV 방송광고 VS. OTT 광고

구분	TV 방송 매우 우월	TV 방송 우월한 편	동등함	OTT 우월	OTT 매우 우월
가격	-	13.6%	19.8%	46.9%	19.8%
광고 효율성	1.2%	27.2%	25.9%	30.9%	14.8%
광고 주목도	6.2%	39.5%	23.5%	25.9%	4.9%
광고 커버리지	13.6%	38.3%	24.7%	22.2%	1.2%
특정 시청자 타기팅	1.2%	4.9%	23.5%	54.3%	16%
광고주 요구에 맞는 광고 집행	1.2%	16%	28.4%	40.7%	13.6%
집행결과에 따른 정보 제공	2.5%	18.5%	40.7%	28.4%	9.9%
집행결과 모니터링 용이성	4.9%	25.9%	39.5%	23.5%	6.2%

출처: 정보통신정책연구원(2018).

7. SMR과 동영상 광고

SMR(Smart Media Representative)은 MBC와 SBS의 합작법인기업으로 2014년 5월 푹 광고 판매와 함께 정식 출범했다. 특히 SMR은 2014년 12월 유튜브의 방송콘텐츠 국내 공급을 중단하였으며, 2015년 2월에는 네이버와 다음카카오의 통합 광고 판매를 시작함으로써, MBC와 SBS는 SMR을 통해 광고를 송출하면서 네이버를 통한 동영상 광고 시장을 견인하고 있다. 특히 네이버와 다음카카오는 SMR 측에 방송 영상을 제공받는 대신 광고 선택권과 광고 수수료는 SMR측의 의견을 많이 반영하는 형식으로 사업을 전개하고 있다. 현재, 10개의 방송사(MBC, SBS, KBS, CJ ENM, jtbc, 채널A, TV조선, MBN, KNN, OBS) 68채널을 보유하고 있으며, 누적기준 3천 개 이상의 프로그램과 월 평균 3만 건 이상 클립을 기록하고 있다.

유튜브에서 방송 콘텐츠를 중단함에 따라 방송 콘텐츠는 SMR 상품을 통해, 네이버TV캐스트, 다음TV팟, 방송사 홈페이지 등 동시 송출이 가능하다. 또한 포털의 막대한 검색을 통해 해당 검색에 대한 뉴스 조회가 동영상 조회로 연결 가능하며, PC와 모바일에서 모두 시청 가능하다. SMR은 국내 방송 콘텐츠 영상을 클립 형태로 편집하여 국내 주요 온라인 포털에 업로드하게 된다. 주요 수익모델은 방송 하이라이트 클립과 VOD 상품 앞에 탑재되는 프리롤 광고 수익이라고 볼 수 있다.

또한 SMR의 큰 장점으로는, 첫째, TV와 디지털 영상 광고의 장점을 하나로 접할 수 있다는 점이다. 인기 TV콘텐츠 시청 전 광고 노출로 주목도를 강화시키고, 시의성 높은 인기 프로그램 커버리지로 도달률을 확장하고, 프로그램 단위 타기팅으로 광고 인게이지먼트를 강화할 수 있다. 또한 광고 노출의 정량적 측정이 가능하고(예: 노출, 재생완료, 클릭, 도달률 등), 클립 단위 타기팅이 가능하고, 시간과 디바이스 등 더 세밀하게 타기팅을 제공할 수 있다는 점이다. 둘째, SMR에서만 프리미엄 방송 콘텐츠에 광고를 집행할 수 있다. 시청 몰입도가 높은 방송 콘텐츠 VOD 클립을 독점적으로 유통(예: 웹 콘텐츠, MLB, 월드컵, 올림픽 등)하여 프리미엄 방송 콘텐츠에 광고를 집행하면, 프로그램 기반에 맞게 다양한 타기팅이 가능하다(예: 콘텐츠 기반 타기팅, 키워드 기반 타기팅). 셋째, 중요 KPI(Key Performance Indicators)에 따라 타기팅 및 스킵(skip) 방식의 이원화 운영이 가능하다. 넷째, 실시간 화제성으로 최적의 마케팅 시의성을 제공할 수 있다. 높은 포털 검색어, 장안의 화제의 실시간 화제성 및 시의성 확보로 일주일 이내 콘텐츠를 제공한다.

이처럼 국내 동영상 광고업계는 SMR로 인해 큰 변화를 맞이하게 되었다고 볼 수 있다. SMR이 구축한 시스템을 통해 다양한 플랫폼에 공급되는 콘텐츠와 광고를 관리하게 된다. SMR은 직접 광고 상품을 개발하고, 판매하는 미디어렙의 역할, 방송

[그림 7-6] KPI의 타기팅과 스킵 방식

출처: 스마트미디어렙(2019).

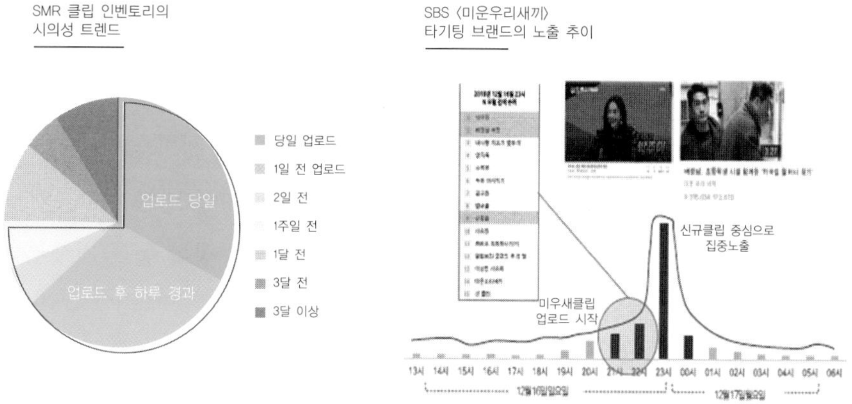

[그림 7-7] SMR 클립 인벤토리의 시의성 트렌드와 타기팅 브랜드 노출 추이

출처: 스마트미디어렙(2019).

사로부터 클립 콘텐츠를 공급받아 유통하는 가상의 플랫폼 역할, 시스템을 구축하고 운영하는 애드테크의 역할, 콘텐츠 가치 분석을 하는 리서치 역할도 담당하는 통합 관리 조직으로 볼 수 있다.

또한 SMR의 설립으로 유튜브와 같이 자체적으로 광고를 판매하는 동영상 플랫폼에서는 국내 방송 콘텐츠를 업로드하는 것이 전면 금지되었으며, SMR이 직접 광고 판매를 하도록 허용해 준 네이버TV캐스트, 다음팟TV와 같은 국내 동영상 플랫폼에만 배타적으로 업로드되기 시작하였다.

이처럼 SMR의 출시 배경의 시작은 모바일 매체의 급성장과 모바일 동영상 트래픽의 급증과 관련 있다. 국내 2016년 1분기 기준 모바일 동영상 트래픽은 2,159TB로 전체 모바일 트래픽의 58%에 이르는 것으로 나타났다. 웹포털이 17.9%, SNS가 13.8%의 점유율을 보이는 것과 비교했을 때, 매우 높은 수치로 볼 수 있다. 이는 소비자들의 동영상 소비가 증가했다고 볼 수 있고, 동영상 서비스가 광고매체로서 영향력을 확보했다는 것으로 해석할 수 있다.

TV를 안방에서 실시간으로 시청하는 방식에서 기타 다른 방법으로 VOD나 OTT 서비스 등을 통한 프로그램 시청 방식이 확대됨에 따라 앞으로 OTT 서비스의 매출의 증가가 예상되고 있다. 이와 함께 OTT와 SMR 광고 매출 또한 증가하였다. 앞으로 이 시장은 점차 확대 될 것으로 예상되는 분야이며, OTT 서비스와 SMR 광고와 관련된 정확한 정보 파악이 필요할 것으로 보인다. 또한 OTT 서비스와 SMR 광고는 방송광고와 다른 매체를 통해 콘텐츠가 송출되기 때문에 이에 대한 향후 광고제도나 정책 수립, 규제 관점에서 향후 주요 이슈가 대두될 가능성이 높을 것으로 예상된다. ■

제8장

유튜브와 동영상 광고

유인하(한라대학교 광고영상미디어학과 교수)

1. 유튜브의 개념
2. 유튜브의 범위
3. 유튜브 동영상 광고의 특성
4. 유튜브 크리에이터와 인플루언서
5. 유튜브를 활용한 동영상 광고 전략
6. 유튜브를 활용한 동영상 광고 사례
7. 온라인 동영상 광고

◈◇◈

1. 유튜브의 개념

유튜브(Youtube)는 당신을 뜻하는 영어 단어 'you'와 텔레비전을 뜻하는 영어 단어 'tube'를 합친 단어로 동영상을 자유롭게 업로드하거나 볼 수 있는 사이트이다. 즉, 당신이 원하는 대로 골라 보는 텔레비전이라는 뜻이다. 유튜브는 온라인 기반의 PC · 모바일 플랫폼으로 PC 모니터뿐만 아니라 스마트폰, IPTV를 통해 시청할 수 있다. 유튜브는 미디어 플랫폼뿐만 아니라, 소셜미디어 플랫폼이며, 검색 기능도 막강한 오늘날 뉴미디어 환경에서 다양한 역할을 담당하고 있는 초대형 플랫폼이다. 반면에 유튜브 동영상 광고는 실제로 사용자가 광고를 시청했을 경우에만 광고요금이 부과되기 때문에 비교적 효율적인 광고라 할 수 있다. 이 때문에 소비자가 버튼을 눌렀을 경우의 비용은 지불할 필요가 없고, 다양한 인적사항 거주지 관심사 등에 맞춰 타기팅을 할 수 있다. 유튜브 페이지를 사용하는 사용자 중 대부분은 모바일을 통해서 발생하는데 하루 평균 모바일을 통한 조회 수가 억에 이르기 때문에 유튜브는 한 가지 디바이스에 고정되지 않고 여러 가지 디바이스를 통해 고객에게 도달할 수 있도록 하였다. 또한 유튜브는 실시간으로 광고의 효과를 확인할 수 있는데 광고 동영상의 하단에 광고를 본 횟수와 공유 수 '좋아요' 횟수 등이 기재된다. 그리고 유튜브의 무료 분석도구를 사용하면 광고를 시청한 사람과 사용자가 광고와 어떠한 상호작용을 하였는지 알 수 있도록 한다.

유튜브는 2005년 2월 페이팔(PayPal)에서 함께 근무하던 채드 헐리(Chad Hurley),

스티브 첸(Steve Chen), 자웨드 카림(Jawed Karim) 등 세 명이 “모두가 쉽게 비디오 영상을 공유할 수 있는 기술”을 모토로 하여 캘리포니아 산 브루노(San Bruno)에서 설립하였다. 최초의 유튜브 동영상은 2005년 4월 자웨드 카림이 업로드한 Me at the Zoo(동물원에서)이다. 지금 보면 촌스럽다고 느낄 수 있지만, 동영상으로 개인의 경험을 공유하고 소통하고자 하는 소셜미디어 플랫폼으로서의 유튜브 콘텐츠의 특성이 잘 드러난 영상이다.

유튜브 초창기는 유튜브가 탄생하고 성장하며 정체성을 형성해 나가고 있었던 시기로서 발전이 다소 정체되었던 시기를 말한다. 시기적으로는 2005년 2월에서 2008년 5월까지로 보았다. 유튜브는 2006년 10월 16억 5천만 달러 금액으로 구글이 인수하였다. 구글의 인수는 유튜브가 급속하게 성장하는 중요한 계기가 되었다. 2007년부터 국가별 현지화 서비스를 시작으로 한국어 서비스는 2008년 1월에 시작되었다. 2015년 기준 54개 언어를 지원하는 다국적 서비스를 하였으며, 일부 서비스를 제외하고는 기본적으로 무료로 제공하였다. 현재 유튜브 사용자 수는 10억 명 이상으로 전체 인터넷 사용자의 3분의 1을 차지하고 있으며, 사용자들은 매일 유튜브에서 수억 시간 분량의 동영상을 보고 있고, 수십억 건의 조회 수가 발생하고 있다. 또한 88개 이상의 국가에서 현지화된 버전으로 출시되고 있으며, 총 76개의 언어로 검색할 수 있는 서비스를 제공하고 있다. 이는 인터넷 인구의 95%가 자신이 사용하는 언어로 유튜브를 이용할 수 있다는 것을 의미한다. 커뮤니케이션 분야에서 주목을 받아 온 유튜브는 광고와 마케팅을 위한 이상적인 미디어로서 현재 가장 큰 인터넷 상의 동영상 공유 사이트가 되었다.

유튜브의 장점은 **개방성**이다. 로그인을 안 해도 동영상을 볼 수 있는 특성이 유튜브 초창기에는 오히려 동영상 플랫폼 시장에서 경쟁력을 약화시키는 계기로 작용했다. 이에 유튜브 창업자들은 초창기 운영 시 자금난 등 어려움을 겪었다. 이후 2006년 구글이 주식 교환을 통해 약 16억 달러에 유튜브를 인수하여 초기부터 사용자 편의성을 최우선으로 플랫폼을 발전시켰다. 성장 포인트는 유튜브 내의 콘텐츠 생산자와 유튜브 내의 광고주, 유튜브 시청자 간의 교류를 활발히 할 수 있는 것을 목표로 삼은

점으로, 이는 2007년 국가별 현지화 서비스를 개시하는 것으로 이어졌다.

유튜브가 압도적인 사용자 수와 이를 기반으로 방대한 콘텐츠 양을 제공할 수 있는 가장 큰 특징은 단순한 영상 공유 플랫폼이나 동영상 정보 제공 플랫폼 등의 검색 플랫폼에서 탈피하여 대중적인 수익 플랫폼으로서 발전했다는 점이다. 유튜브의 모든 사용자는 자신이 만든 동영상을 활용하여 비교적 손쉬운 과정으로 수익을 얻을 수 있다. 심지어 유튜브에서는 동영상에 대한 조회 수뿐만 아니라, 시청시간, 평균 시청 지속 시간, 지역, 성별, 트래픽 소스 등에 대한 분석 자료를 기본적으로 제공하여 자신의 콘텐츠를 보다 능동적으로 노출할 수 있도록 지원을 하고 있을 정도이다. 즉, 유튜브를 통한 수익 발생은 단순히 유명 유튜버 몇 명만의 특별한 경우가 아니라 유튜브가 이미 대중적인 수익 발생의 수단으로 정착하였으며, 사용자들의 능동적인 이용 패턴 분석을 통해 수익의 극대화를 위하여 적극적으로 정보와 분석을 제공하고 있다는 것이다.

유튜브를 통해 사용자가 수익을 올릴 수 있는 가장 기본적인 방법은 광고를 통한 수익이다. 동영상을 시청하는 시청자는 직접 돈을 지불하지 않고, 동영상 실행 전·후 혹은 중간에 나오는 광고를 보거나 플레이어 곳곳에 위치한 광고를 보게 된다. 이러한 광고의 노출 조회 수를 바탕으로 유튜브는 영상제작자에게 일정 부분의 비용을 지불한다.

유튜브는 다양한 광고형식을 가지고 있다. 디스플레이 광고, 오버레이 광고, 건너뛸 수 있는 동영상 광고, 건너뛸 수 없는 동영상 광고, 범퍼 광고, 스폰서 카드 등 다양한 형식으로 분류되어 제공되고 있다. 광고 외에도 기부, 상품판매, 스폰서십 서비스 등 유튜브를 활용한 다양한 수익 창출 방법이 있으나, 유튜브를 활용한 수익 창출의 핵심은 바로 광고인 것이다.

표 8-1 유튜브 광고 형식

광고 형식	게재 위치	플랫폼	사양
디스플레이 광고 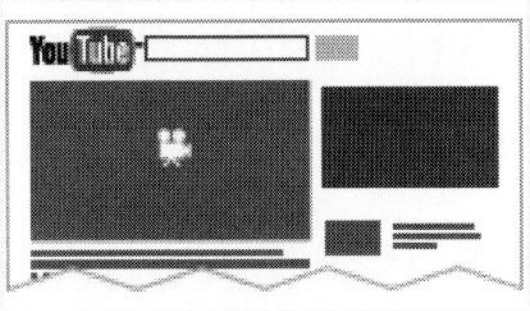	추천 동영상 오른쪽과 동영상 추천 목록 상단에 게재, 플레이어가 더 큰 경우 광고가 플레이어 하단에 게재될 수 있음	데스크톱	300×250 또는 300×60
오버레이 광고 	반투명 오버레이 광고가 동영상 하단 20% 부분에 게재됨	데스크톱	468x60 또는 728x90의 이미지 광고 또는 텍스트 광고
건너뛸 수 있는 동영상 광고 	건너뛸 수 있는 동영상 광고는 시청자가 원하는 경우 5초 후에 건너뛸 수 있음. 기본 동영상 전후 또는 중간에 삽입됨	데스크톱 및 휴대기기, TV, 게임 콘솔	동영상 플레이어에서 재생
건너뛸 수 없는 동영상 광고 	건너뛸 수 없는 동영상 광고가 나타나면 광고를 모두 시청해야 동영상 시청이 가능함. 이 광고는 기본 동영상 전후 또는 중간에 삽입됨	데스크톱 및 휴대기기	동영상 플레이어에서 재생, (지역 기준에 따라) 15초 또는 20초
범퍼 광고 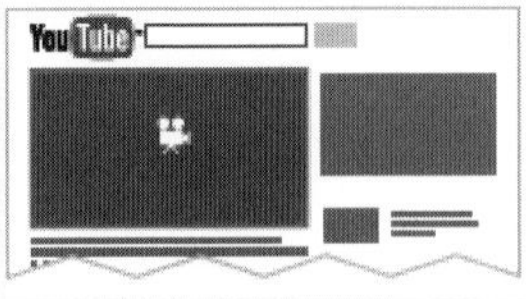	최대 6초 길이의 건너뛸 수 없는 동영상 광고로, 이 광고를 시청해야 동영상을 시청 가능함	데스크톱 및 휴대기기	동영상 플레이어에서 재생, 최대 길이 6초

스폰서 카드 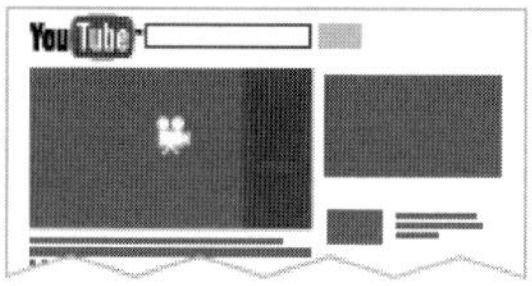	스폰서 카드에는 동영상에 포함된 제품 등 동영상과 관련이 있는 콘텐츠가 표시됨. 카드의 티저가 몇 초간 표시되며, 동영상 오른쪽 상단의 아이콘을 클릭하여 카드 탐색이 가능함	데스크톱 및 휴대기기	카드 크기는 다양

출처: 유튜브 고객센터 홈페이지(2018. 10. 30.).

2. 유튜브의 범위

유튜브는 기본적으로 개인의 동영상을 공유할 수 있는 **'영상 공유 플랫폼'**이다. 사용자들은 손쉽게 자신의 영상을 무료로 업로드할 수 있으며, 반면에 다른 사람이 업로드한 영상 콘텐츠를 시청할 수도 있다. 유튜브의 초기 서비스는 다양한 개인 제작 콘텐츠를 업로드하고 공유하며, 다른 사람의 영상을 검색할 수 있는 동영상 공유 및 정보 검색 플랫폼으로서 이를 '유튜브 1.0세대'라 일컫는다. 이후 콘텐츠의 양적 · 질적 성장과 저작권 관련 보호기술 등의 다양한 협력을 통한 수익 모델을 제시했던 '유튜브 2.0세대'로 성장하였으며, 이후 모바일 중심으로의 최적화된 플랫폼 제공과 개인 사용자의 본격적인 수익 창출이 가능한 '유튜브 3.0세대'로 발전하였다. 이러한 양적 · 질적 성장과 사용패턴의 변화는 유튜브가 단순한 '영상 공유 플랫폼'을 넘어서 대중적인 '수익 창출 모델로서의 플랫폼'으로 발전하는 계기가 되었다. 그리고 유튜브 사용자들의 탈공간, 탈시간, 탈세대적 사고를 통해 영상, 음악을 포함한 다양한 분야에 이르는 정보 제공, 홍보, 사회활동 참여 등 복합적 기능을 수행할 수 있는 기능과 자생적 발전에 대해 가히 혁명에 버금가는 변화라 기술한 것이다. 유튜브가 갖고 있는 또 다른 큰 특징은 뛰어난 검색기능이다. 유튜브는 국내 1위 검색 사이트인 네이버(NAVER)와는 차별화된 검색기능을 제공하는데, 이는 사용자에게 직관적이고 편리한 기능으로 약간의 오기나 오타를 입력하더라도 자신이 원하는 정보에 다가갈 수 있다는 것이 유튜브가 갖고 있는 장점요인이다. 실례로 최근 한 리서치에서는 많은 사용자가 유튜브를 '검색엔진'으로 인식하고 있다는 의견이 64.3%에 달한다고 전하고 있다. 2017년 국내 최대 검색 사이트인 네이버에서 PC와 모바일 환경에서 가장 많이 입력된 검색어에서 유튜브는 PC 검색순위 1위, 모바일 검색순위 2위를 차지했다. 심지어 PC에서는 유튜브가 오기검색 18위를 했다. 이는 현재의 온라인 사용자들은 포털 사이트에서 검색을 하고 그 결과를 보기 위해 유튜브를 찾아가는 것이 아니라, 단순히 유튜브에 진입하기 위한 경로로서 검색 사이트를 이용하고 있다는 것을 말한다. 인터넷 기술의 발전은 같은 시간 동안 보다 많은 양의 정보를 전달할 수 있는 속도의 측면에서 주로 이뤄졌다. 그리고 과거에는 이미지와 텍스트로만 노출시킬 수 있었던 정보를 동일한 시간 내에 고화질의 동영상으로 송출시킬 수 있게 됐고, 텍스트 중심의 글들은 블로그, 미니홈피의 콘텐츠 중심으로 이루어졌다. 그것이 지금은 유튜브라는 플랫폼을 등에 업은 동영상 콘텐츠로 발전한 것이다. 당연히 전 세계적으로 유튜브와 유사한 형태의 온라인 동영상 플랫폼이 인터넷 산업의 핵으로 자리를 잡기 시작했다.

1) 구글 기반의 검색 편의성

유튜브는 스마트폰으로 특별히 숙련된 기술 없이도 손쉽게 동영상을 촬영하고 편집하여 바로 업로드할 수 있는 편의성을 제공한다. 또한 전 세계 1위 서비스인 구글을 기반으로 자막 서비스를 설정해 세계 여러 나라의 사용자들과 교류할 수 있으므로 글로벌 진출도 가능하다. 그래서 많은 사람이 유튜브를 주요 동영상 플랫폼으로 사용하고 있다고 본다. 유튜브는 전 세계 가장 큰 동영상 플랫폼이며 현재 그 영향력도 막강한 플랫폼이라고 볼 수 있다.

2) 무료 콘텐츠의 다양성

유튜브 사용량이 최고 순위에 있는 이유는 전 세계 어디서나 무료로 시청 가능한 콘텐츠가 폭넓고 다양하다는 것이다. 이것이 유튜브의 최대 장점이다. 유튜브는 짧은 동영상(클립형 또는 숏폼형)을 주로 제공하여 무료 시청 마케팅으로 사용자를 끌어들인다. 그 후 일정 수준 이상의 시청률을 확보한 동영상이 재생됨에 따라 화면에 연동되는 광고 사업으로 수익을 창출하는 구조이다. 그 반대 위치에는 유료 '프리미엄' 동영상 콘텐츠가 있다. 대표적으로 지상파 TV프로그램이나 영화 콘텐츠이다. 막강한 대중 마케팅 장점을 보유한 유튜브의 이러한 특성으로 유료 동영상에 비해 10대에서 20대 연령층의 사용량이 현저히 많을 수밖에 없다.

3) 비교적 낮은 진입 장벽

유튜브 세상은 보통 사람도 얼마든지 진입할 수 있는 장점이 있다. 연예인처럼 타고난 외모나 퍼포먼스가 없어도 되며, 남녀노소, 국가, 성별, 장애 · 비장애인 등 관계없이 누구나 채널을 개설할 수 있다. 꾸준한 관심사, 재능, 취미, 전문성 중 하나라도 있으면 콘셉트를 잡고 시작할 수 있다. 유튜브 세상은 자유롭게 생산된 개인의 생각과 경험을 소중히 여기고 그것을 공유하는 것에 큰 의미를 두는 세상이다. 유튜브 세상에는 쓸데없는 일이란 없으며, 매스미디어 관점에서는 쓸데없어 보이는 취미 중 하나뿐인 것이, 유튜브 세상에서는 전 세계 사람들을 울고 웃게 하는 살아 있는 콘텐츠가 될 수 있다. 본인의 콘셉트에 따라 시청자와 진정으로 소통하는 본인만의 방식을 찾는다면 비윤리적인 것을 제외한 어떤 콘텐츠도 문제될 것이 없다. 본인의 솔직한 경험과 생각을 나누기만 해도 대중에게 긍정적인 영향력을 끼치는 크리에이터가 될 수 있다.

4) 새로운 직업 창출 가능

유튜버(Youtuber)는 일단 채널이 안정화되면 만족도도 높은 직종이다. 우리나라에서 10여 년 전에 유행한 UCC콘텐츠는 노력 대비 아무런 경제적인 보상이 없어 어느 순간 사용자가 사라졌다. 그러나 유튜브 콘텐츠는 경제적인 보상이 따른다. 채널의 구독자 수 1,000명 이상 최근 12개월 내 4,000시간 이상 시청 시간이 확보되면 광고 수익을 설정해 수익을 정산해 받을 수 있다. 또한 경제적 이윤을 넘어 개인의 가치와 영향력을 확대시킬 수 있는 직업 중 하나로 유튜버가 대두되고 있다. 본인이 타고난 것과 본인이 좋아하는 것을 콘텐츠로 만드는 것은 오래 할 수 있다. 지속력 있게 콘텐츠를 생산해 낸다면 좋은 영상을 보는 안목이 생기며, 안목에 기술과 숙련이 더해지면 전문성을 낳게 된다. 그리고 본인의 채널이 1인 브랜드 동영상 콘텐츠로 완성될 때 자신의 가치를 스스로 만들고 증명하면서 자존감과 성취감을 충전할 수 있다. 즉, 유튜브는 새로운 직업창출에도 기여할 수 있다는 것이다.

3. 유튜브 동영상 광고의 특성

유튜브 동영상 광고의 특성은 의사소통 기술, 사회적 관계, 활동성 등 3가지 측면으로 분류할 수 있다.

1) 의사소통 기술의 측면

유튜브 광고는 인터넷을 통한 개인 PC, 태블릿 PC, 스마트폰을 매체로 하여 유튜브라는 동영상 커뮤니티 안에서 이루어지는 동영상 광고라는 점에서 기존 영상 광고와는 차이점이 있다. 첫째, 유튜브 사용자가 광고의 수용 여부를 결정한다. 텔레비전과 같은 매체를 통한 기존 영상 광고는 수신자에게 광고 메시지를 일방적으로 전달하고 수신자는 광고의 수용 여부를 채널 전환으로만 할 수 있지만, 유튜브 광고는 사용자가 광고의 수용 여부를 결정할 수 있다. 둘째, 광고 시간의 제약을 받지 않는다. 일반 광고는 15~20초의 한정된 시간 안에 영향력 있는 메시지를 전달한다. 반면, 유튜브 광고는 짧게는 2분 내외, 길게는 4분 이상의 길이로 제작된다. 셋째, 영원성이 있다. 유튜브 광고는 사용자가 다시 반복하여 재생하여 볼 수 있을 뿐만 아니라 유튜브, 페이스북, 트위터 등과 같은 각종 SNS상에 공유할 수 있다. 사용자들이 재미있거나 감동적인 콘텐츠를 공유하거나 해당 광고 영상 아래에 댓글을 다는 현상을 볼 때, 유튜브 광고는 다른 장르적 특성을 지닌다고 볼 수 있다.

2) 사회적 관계의 측면

의사소통 매체 기술 변화에 따른 의사소통 방식의 변화는 광고 생산자와 수신자의 관계를 변화시켰다. 기존 광고의 경우, 광고의 생산자와 수신자는 이분법적으로 구분되었으며, 생산자가 불특정 다수의 수신자에게 일방적이고 강제적인 형태로 메시지를 전달하였다. 반면에 유튜브 광고의 경우는 생산자와 수신자의 관계보다는 생산자와 사용자의 관계로 설명하는 것이 적합하다. 광고 생산자는 차별화된 특정 사용자에게 광고를 전달하려고 시도하고, 사용자는 수신 여부를 선택할 수가 있다. 사용자는 광고 수신자에서 나아가 1인 미디어가 되어 해당 광고를 SNS상에서 공유하여 광고 재생산자가 되기도 한다.

3) 활동성의 측면

유튜브 광고는 재미나 감동을 추구한다. 이는 사용자가 시청 여부를 결정할 수 있고 타인과 영상을 공유할 수 있다는 점과 관련된다. 상품이나 서비스의 장점을 부각하는 정보 중심 광고나 시각적 요소 부각 광고와 달리 오락 중심의 장르적 특성을 지닌다. 광고 생산자는 잠재 고객으로 하여금 해당 상품이나 서비스를 구매하도록 설득하는 것을 일차적 목표로 하는 것이 아니라, 광고를 시청하게 하기 위해 사용자의 오락적 요소(호기심, 흥미 등)를 충족시키는 것을 목표로 하게 된다.

4. 유튜브 크리에이터와 인플루언서

1) 유튜브 크리에이터

유튜브 크리에이터란 '동영상 플랫폼인 유튜브에서 동영상으로 리뷰, 개인 방송 등을 올리는 사람들을 일컫는 말'이다. 이는 1인 미디어를 활용하여 스스로 콘텐츠를 기획, 제작한 후 유튜브 플랫폼을 활용하여 활동하고 타인과 공유하는 사람들을 말하는 것이다.

또한 유튜브 크리에이터는 동영상을 생산하고 업로드하는 창작자를 말한다. 이런 제작자에게 크리에이터라는 명칭을 사용하는 큰 이유는 그들이 단순 동영상의 창작자일 뿐만 아니라 자신이 만든 동영상을 매개로 자신들의 팬 커뮤니티를 만들어 가는 커뮤니티의 창조자 역할도 동시에 담당하기 때문이라 볼 수 있다. 그리고 크리에이터가 기존의 VJ(Video Journalist)와 달리 1인 중심의 콘텐츠 제작뿐만 아니라 네트워크를 활용하여 콘텐츠를 유통하는 일까지 담당한다. 초기의 주로 게임이나 스포츠 해설과 같은 단순한 콘텐츠에서 벗어나 현재에는 먹방, 쿡방, 영어 강의, 뷰티, 개그 등 다양한 분야에 대한 서비스를 제공하고 있는 특징을 갖고 있다고 하였다. 따라서 크리에이터는 소비자의 미시적인 취향에 맞추어 차별화된 콘텐츠를 제작한다는 것이다.

크리에이터들은 자신들의 콘텐츠를 특화해 스스로가 브랜드가 되어 전문 방송을 자처하고 있다. 수많은 크리에이터 가운데 연예인 못지않게 높은 인기를 누리는 경우도 있다. 이들은 이미 시청자에게 많은 영향력을 발휘하는 창작자들이 되었으며, 수많은 시청자를 충성 고객으로 두게 되었다. 이러한 충성 고객들은 유튜브와 같은 동영상 플랫폼에서 자기가 좋아하는 크리에이터의 콘텐츠를 구독(subscription)하는 형태로 소비한다. 또한 특정 크리에이터의 새로운 콘텐츠가 업로드될 때마다 사용자들은 알림을 받고 그 콘텐츠를 시청하게 된다. 크리에이터들이 만든 콘텐츠에 대한 가치가 상승하고 유튜브와 같은 플랫폼을 활용한 콘텐츠 수익이 발생하게 되면서 크리에이터는 어엿한 하나의 직업이 된다. 유튜브 크리에이터는 개인 중심의 아마추어 창작자를 넘어 소위 대중을 대상으로 수익을 창출할 수 있는 프로페셔널 창작자가 되는 것이다.

인기 크리에이터들은 이미 영향력 있는 셀러브리티(celebrity)로서 인정을 받고 있으며, 최근에는 이와는 반대로 이미 영향력을 갖춘 셀러브리티, 유명인, 가수나 연기자 등의 연예인, 정치인 등이 크리에이터로 나서는 경우도 많아졌다. 가수나 연기자 등의 연예인은 자신의 연예활동을 유튜브를 통해 공개하거나 팬들로 하여금 자신을 가까운 곳에서 보는 것 같은 친근한 느낌의 영상들을 업로드하여 팬들과의 긴밀한 관계를 형성하기도 하며, 적극적인 채널의 운영을 통해 수익화를 도모하기도 한다. 또한 팬클럽 운영을 지원하거나 적극적인 소통의 도구로도 활용한다. 정치인들의 경우, 자신의 정치적 의견을 피력하는 곳으로 유튜브를 활용하기 위해 직접 크리에이터로 나서기도 한다. 즉, 유튜브의 최근 변화는 과거 1인 미디어 방송이라는 개념에서 특별한 사람들만이 나서서 하는 방송이 아니라 정보를 전달하는 수단이 되거나, 자신의 의견을 주장할 수도 있어 각각의 사용자의 요구에 따라 이를 활용하고 있다는 것이다. 이러한 관심과 충성 고객들로 인해 크리에이터의 수익은 확대되고, 억대 수익을 올리는 크리에이터들이 속속 나타나고 있다. 최근에는 초등학생들의 장래희망으로 유튜브 크리에이터가 상위권에 속하고 있다. 이러한 원인으로 인해 생기는 갖가지 에피소드와 사회적 문제를 지적하는 기사는 유튜브 크리에이터의 인기가 새로운 미디어를 사용하는 층을 중심으로 확대되고 있다는 것을 시사하고 있다.

한편, 유튜버는 동영상 플랫폼에 정기적 또는 비정기적으로 동영상을 올리는 사람을 말하는데 2019년 2월 기준으로 게임 리뷰채널을 운영하고 있는 퓨디파이(PewDiePie)가 가장 구독 수가 많은 유튜버이며, 8천4백만 명 이상의 구독자가 있다. 국내 유튜버 상위권 11명이 월 1억 원 이상의 수익을 올린 것으로 집계되었으며,

표 8-2 유튜버 수입 순위10

순위	채널	누적 구독자	동영상 수	누적 조회 수	월 조회 수	월 수익
1	양팡	141만 명	1,976개	4.3억 건	5,869만 건	1억 5,000만 원
2	보겸TV	311만 명	8,252개	13억 건	5,621만 건	1억 5,000만 원
3	JFLaMusic	1,126만 명	221개	20억 건	5,324만 건	1억 4,000만 원
4	흔한남매	99만 명	281개	2.8억 건	5,297만 건	1억 4,000만 원
5	김재원의 즐거운게임 세상	132만 명	911개	6.6억 건	5,201만 건	1억 4,000만 원
6	떵개떵	325만 명	3,243개	14억 건	4,928만 건	1억 3,000만 원
7	FRAN	180만 명	2,398개	5.7억 건	4,703만 건	1억 2,000만 원
8	잠뜰TV	174만 명	1,867개	12억 건	4,540만 건	1억 2,000만 원
9	창현거리노래방	210만 명	4,659개	10억 건	4,336만 건	1억 1,000만 원
10	허팝	312만 명	1,381개	20억 건	4,137만 건	1억 1,000만 원

출처: 네이버 블로그.

총 41명의 유튜버가 월 수익 5,000~9,000만 원대 구간에 분포되었고 4,000만 원대도 21명으로 집계되었다. 100위안의 유튜버 수입이 3,158만 원으로 나타났다.

유튜브 크리에이터는 영상 콘텐츠를 기획 · 제작부터 방송 · 유통까지 하기에 기존 매스미디어와 달리 이용자와 친밀한 쌍방향 커뮤니케이션이 가능한 참여형 미디어 환경을 구현하고 있다. 크리에이터들은 소셜미디어인 유튜브를 통해 특정한 소재로 젊은 층에게 다가가면서 연예인 못지않은 큰 인기를 얻고 있기 때문이다. 이들은 매스미디어에 비해 시청자들의 신뢰도와 충성도가 높고 특정한 타깃층까지 확보된다. 왜냐하면 크리에이터들은 주로 실시간 방송을 통해 구독자들과 커뮤니케이션을 하면서 즉각적인 피드백을 주고받을 수 있으므로 텔레비전 프로그램 속 연예인보다 구독자와 더 가까운 관계를 형성할 수 있기 때문이다. 크리에이터가 사회적으로 상당한 지명도를 획득하여 대중에게 영향력을 끼치기 시작할 때 우리는 이들을 **인플루언서**라고 부른다.

2) 인플루언서

지금은 프로슈머와 인플루언서의 활동이 자연스러운 시대로 변모하였다. 과거 대량 생산된 제품을 소비만 하는 소비자들이 아니라, 이제 상당수의 소비자는 생산자이며 소비자이고, 창작자로까지 역할을 한다. 이러한 참여형 소비자를 **프로슈머**(prosumer)라고 한다. 생산자와 소비자가 결합되었다는 것은 소비자이면서도 제품 생산에 기여한다는 의미를 가진다. 예를 들면, 이들은 인터넷의 여러 사이트에서 자신이 새로 구매한 물건의 장 · 단점, 구매 가격 등을 다른 사람들과 비교, 판단함으로써 제품개발과 유통과정에 직 · 간접적으로 참여하며 영향을 끼치게 된다. 이러한 현상의 신조어로 **인플루언서**(influencer)가 등장하게 된 것이다. 소셜미디어에서 자신의 콘텐츠인 인스타그램, 유튜브 등 소셜네트워크 서비스에 많은 추종자, 팔로워(follower)를 보유한 사람, 즉 온라인 환경에서 타인에게 영향력을 지닌 의견지도자를 인플루언서라 한다. 인플루언서는 각종 온라인 커뮤니티, 소셜미디어 등과 같이 사람과의 관계가 중심인 채널에서 대중에게 영향을 미치는 소수의 일반인을 뜻하기도 한다. 이들은 뉴미디어 소셜 플랫폼을 통해 대중과 접촉하고 뷰티와 패션, 스포츠, 여행, 요리, 게임 등 전문적으로 다루는 분야가 다양하게 존재한다.

인플루언서는 대중에게 영향을 끼치긴 하나, 공인의 속성을 지니지 않은 일반인이라는 점에서 연예인과는 다른 존재이다. 인플루언서와 달리 연예인들은 주로 매스미디어에서 활동하기에 미디어 이용자들은 이들에게 거리감을 느낀다.

테츠야 혼다(Tetuya Honda)는 인플루언서 유형을 TV나 라디오, 신문, 잡지, 인터넷 미디어 같은 매스미디어 등에서 특정 영역의 전문성을 지닌 프로페셔널 인플루언서와 블로거, 유명 연예인 등 인터넷상에서 정보를 발신하는 개인들 중 영향력이 높은 개인 인플루언서로 구분했다. 프로페셔널 인플루언서는 전문성을 특징으로 한다고 하였으며, 개인 인플루언서는 능동적으로 정보를 수집하고 발신함은 물론 친근감을 통해 신뢰감을 유발하는 특징을 지닌다고 했다.

사회 전반에 걸쳐 인플루언서의 영향력이 확장됨에 따라 각 유형별 장 · 단점을 보완한 새로운 유형의 인플루언서까지 등장하고 있다. 인플루언서들은 이용자들과 상호 소통이 가능한 소셜미디어에서 활동하기에 이들과 더 긴밀한 관계를 형성하며, 나아가 준사회적 상호작용이 연예인보다 활발히 일어난다. 이러한 인플루언서의 힘이 유튜브의 급성장을 이끌어 낸 원동력으로서 파악되고 있다. 현재는 소셜미디어를 통해 일반인들이 생산한 콘텐츠가 브랜드 측에서 게시하는 TV 광고와 유사하거나 혹은 그 이상의 영향력을 가지게 되었다. 인플루언서들이 SNS를 통해 공유하는 특정 제품 또는 특정 브랜드에 대한 의견이나 평가는 콘텐츠를 소비하는 이용자들의 인식과 구매 결정에 커다란 영향을 끼친다. 이들은 연예인처럼 외모나 퍼포먼스로 인기를 얻지도 않음에도 불구하고 자신들이 자체적으로 생산해 내는 콘텐츠를 통해 큰 파급력을 가진다는 특징이 있다.

오늘날 인플루언서들은 소셜미디어에서 영향력이 있을 뿐 아니라 텔레비전 예능 프로그램에까지도 그 영향력을 키워 나가기 시작했다. 실제로 유튜브에서 구독자 190만 명을 보유하여 대표적인 인플루언서로 꼽히는 뷰티 크리에이터 이사배는 인터넷상에서 상당한 인기를 얻고 있으며, 이에 힘입어 2018년 4월 11일에 지상파 텔레비전 예능 프로그램 〈라디오스타〉에 출연해 큰 화제가 되기도 하였다. 그 외에도 먹방 크리에이터 밴쯔, 게임 크리에이터 도티 등의 유명 인플루언서들 역시 텔레비전 프로그램에 출연하는 등 온 · 오프라인을 가리지 않고 영향력을 키워 나가고 있다.

인플루언서에 관한 연구들을 살펴보자면, 기존의 짧은 광고보다 다양한 제품의 특성을 분석한 인플루언서 영상이 더 큰 영향력이 있으며, 소비자의 제품 평가에 영향을 미친다. 인플루언서의 콘텐츠는 소비자가 공감을 줄 수 있고 정확한 타깃 소비자에게 마케팅 활동을 할 수 있다. 유명인보다 인플루언서의 콘텐츠에 대해 팬들의 충성도 및 관여도가 높다. 마케팅 측면에서 역시 제품 성격에 적합한 인플루언서를 이용할 때 마케팅 커뮤니케이션효과가 훨씬 크다. 특히 소셜미디어 광고에서 일반인 정보원이 전문가 정보원보다 광고 설득효과가 뛰어난 것으로 밝혀졌다. 이는 소셜미디어가 서로의 관심분야의 지식을 공유하는 장이기에, 정보원의 특정 분야에 대한 권위보다는 그들이 온라인상의 네트워크를 얼마나 보유하고 있는지가 그들의 영향

표 8-3 영향력 기준으로 구분한 인플루언서

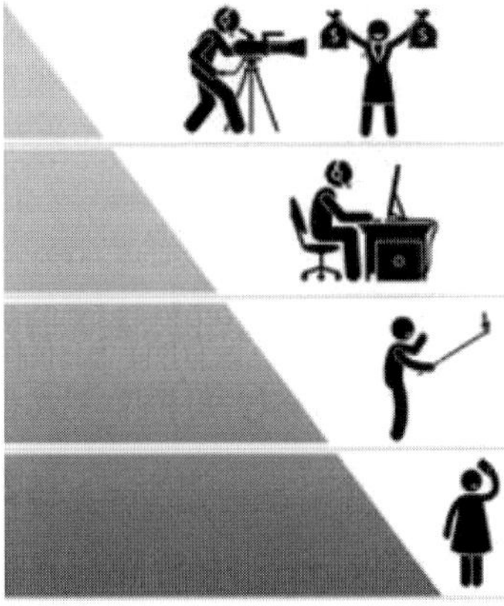

메가 인플루언서	연예인, 셀러브리티, 유명 크리에이터 등으로 적게는 수십만에서 많게는 수천만 명에 이르는 사람에게 영향을 미치는 인플루언서
매크로 인플루언서	수만에서 수십만 명에 이르는 가입자(회원)나 구독자를 확보하고 있는 온라인 카페, 페이스북, 블로그, 유튜브 채널 등의 운영자
마이크로 인플루언서	천 명에서 수천 명에 이르는 사람들에게 영향을 끼치는 개인 인플루언서
나노 인플루언서	수십, 수백 명의 팔로워를 확보한 개인 블로거 또는 SNS 이용자

출처: 한경비즈니스(2018. 5. 16.).

력을 증명해 준다고 간주되는 경향이 있기 때문이다. 다시 말해서 소셜미디어에 있어서는 전문지식이 조금 부족하더라도 온라인상에서 많은 팔로워를 확보하고 있는 일반인 인플루언서가 전문가보다 더 큰 영향력을 갖는다는 것이다. 이처럼 인플루언서의 힘은 단순히 시청자들에게 친밀감을 형성하는 데 그치지 않고 경제적인 수익까지 창출하고 있다.

3) 인플루언서 마케팅

인플루언서의 영향력을 활용한 마케팅을 **인플루언서 마케팅**이라고 일컫는다. 여기서 마케팅으로서의 인플루언서는 소셜네트워크 플랫폼에서 유난히 큰 영향력과 파급효과를 끼치는 개인을 의미하는데, 중국에서 크게 이슈가 된 바 있는 왕홍은 중국 SNS에서 최소 50만 이상 팔로워를 거닐고 있는 대표적인 인플루언서 마케팅의 대표적 성공사례라 볼 수 있다. 인플루언서의 패션이나 메이크업 스타일 등 일상생활 하나하나가 팔로워들에게 영향력을 미치는 유명인사라는 뜻의 왕홍은 경제 유발효과가 전자상거래, 광고, 유료아이템 및 서비스 등을 포함해 1,000억 위안(한화기준 약

18조 원)에 달할 정도로, 중국 경제에 많은 영향을 끼쳤다. 인플루언서는 일반 대중에게 큰 호소력을 가지고 있기 때문에, 기업이 브랜드 인지도 향상이나 고객과의 신뢰관계 형성 및 매출 점유율이 높일 수 있다는 점에서 인플루언서 마케팅을 선호하고 있다. 또한 인플루언서 마케팅은 비용에 있어서 여러 가지 장점이 있다.

첫째, 출연료가 저렴하다. 가수 겸 배우 수지는 편당 약 7억 원, 배우 송중기는 약 10억 원의 출연료를 받는다고 한다. 보통 인기 연예인들의 광고 출연료는 약 5~12억 원 정도 비용이 든다. 하지만 인플루언서는 이에 비해 몸값 자체가 훨씬 저렴하다. SNS에서 화제가 되는 유명 인플루언서가 일반적으로 4천만 원 정도 이하의 출연료를 받는다고 한다. 게다가 출연료 자체를 CPA(Cost Per Action, 액션단가)나 노출 CPM(Cost Per Mile, 1,000회 단가)에 따라 지급하는 경우가 많아 비용 절감에 상당한 이점을 가지고 있다.

둘째, 중복 출연이 가능하다. 기존의 빅모델로 불리는 유명 연예인은 여러 광고에 중복을 피하고 시기를 달리하는 것이 일반적이다. 브랜드 콘셉트가 희석될 수 있고 광고에 대한 소비자의 신뢰감이 저하될 수 있기 때문이다. 그러나 아직 인플루언서에 대한 인식이 지배적이지 않기 때문에 비교적 다양한 제품에 노출되는 것은 긍정적인 효과를 가져올 수 있다.

셋째, 효율적이다. 인플루언서는 폭넓게 제품 정보를 제공할 수 있다. 짧은 시간에 압축된 정보와 이미지를 전달하는 기존의 광고와 다르게 제품광고에 자연스럽게 녹아들 수 있다. 일반 광고는 소비자가 보기 싫으면 채널을 돌리는 방식으로 넘어가지만 이러한 콘텐츠에서는 불가능하다. 그러므로 인플루언서 마케팅은 적은 비용으로도 잠재적 소비자에게 제품의 우수성을 효율적으로 전달할 수 있다.

넷째, 시청자의 자발성이다. 일반 광고는 찾아서 보기는 어렵다. 하지만 인플루언서 콘텐츠 시청자들은 영상을 실시간으로 볼 수 있을 뿐 아니라 필요한 경우 언제든지 반복 시청이 가능하다. 결과적으로 시청자가 제품에 대해 더 알고 싶으면 자발적으로 찾아보면 된다. 따라서 시청자를 광고에 빈번하게 노출시키기 위해 소요되는 비용을 줄일 수 있다.

다섯째, 타킷팅 비용이 들지 않는다. 인플루언서의 콘텐츠를 시청하는 사람들은 대체적으로 비슷한 특성(동질적 집단)과 선호를 공유하고 있다. 시청자는 인플루언서를 집중적으로 공략하기 때문에 소비자 타기팅이 가능하다.

4) 인플루언서 마케팅의 종류

인플루언서는 SNS상에서 영향력을 발휘하고 있기 때문에, SNS 채널의 종류에 따라 마케팅의 형태도 나누어진다. 가장 활발하게 사용되는 채널은 유튜브, 인스타그램, 페이스북이라 할 수 있다. 여기에 여러 가지의 채널을 동시에 운영하는 인플루언서들도 존재한다. 한편, 인플루언서들은 각각의 채널들에 서로 영향을 주고받기도 하는데, 예를 들면 페이스북에서 특정한 광고영상을 유튜브에 업로드하는 방식이다.

(1) 유튜브를 활용한 마케팅

유튜브의 경우 영상제작을 통해 특정 제품을 사용하거나 체험과정을 영상으로 제작하여 업로드하는 형태로 이루어진다. 예를 들면, 뷰티 유튜버들의 마케팅이 활발한데, 영상을 제작하는 유튜버들은 본인들이 직접 고안한 메이크업에 해당된 제품을 마케팅에 적용하여 소비자들의 구매 욕구를 자극할 수 있다.

(2) 인스타그램을 활용한 마케팅

인스타그램은 사진에 기반하는 매체 특성상, 시각적으로 재미있거나 아름다운 장면을 연출한 이미지를 업로드하면서 해시태그를 활용하는 방식으로 마케팅이 이뤄지고 있다. 인스타그램에서 많은 팔로워를 보유한 인플루언서들은 자신이 다녀온 장소, 사용한 제품, 착용한 옷 등을 사진 형태로 게시한다. 이를 본 이용자들은 사진에 태그된 해시태그를 통해 정보를 얻게 된다.

(3) 페이스북을 활용한 마케팅

페이스북의 경우에도 인스타그램과 유사하게 많은 팔로워를 보유한 인플루언서가 특정 제품을 사용하는 영상이나 사진 등을 게시하여 제품을 홍보한다. 유튜브는 주로 영상을 활용하고, 인스타그램은 사진을 활용하는 마케팅을 한다면, 페이스북은 영상과 사진을 함께 사용할 수 있기 때문에 적절히 이 두 채널의 특징이 섞어서 마케팅을 펼칠 수 있다.

5) 인플루언서 마케팅의 특징

인플루언서 마케팅은 인플루언서를 활용한 마케팅으로, 잠재 소비자에게 영향을 줄 수 있는 인플루언서를 찾고, 마케팅 활동을 인플루언서에 맞추어서 하는 것을 말한다. 인플루언서 마케팅의 발생은 크게 사회적, 개인적인 변화에서 찾을 수 있다. 과거에는 한 명의 소비자가 주변 준거집단의 영향을 받아 구매 결정을 했지만, 매체의 발전이라는 사회적 변화가 발생하면서 소비자 준거집단이 개개인이 활동하는 온라인 커뮤니티와 포털 사이트 검색, 블로그 리뷰 등 가상 커뮤니티로 확대된다. 이처럼 과거에 비해 보다 쉽고 자세하게 세부 정보에 대해 접할 수 있게 되면서 소비자의 구매 전 학습 단계가 능동적으로 세분화되었고, 이러한 이유에서 인플루언서 마케팅이 활성화된 원인을 찾아 볼 수 있는 것이다.

인플루언서 마케팅의 가장 큰 특징은 고객을 또 다른 마케터로 이용할 수 있다는 점이다. 예를 들어, 인스타그램의 경우, 인플루언서가 방문한 장소의 해시태그를 보고 그 장소를 이용한 고객이 다시 자신의 인스타그램에 동일한 해시태그를 달아 해당 장소에 방문했다는 인증 글을 남기는 형식이다. SNS의 경우 TV 광고와 달리 생산자와 이용자의 구분이 명확하지 않다는 특징을 지니며, 이러한 특징은 마케팅의 대상이 되었던 소비자가 자신도 모르게 제품의 마케터로 활동하게끔 만든다. 두 번째로 인플루언서 마케팅은 TV 광고와 비교했을 때, 소비자들의 공감을 이끌어 내기 쉽다는 장점을 지닌다. 인플루언서들이 생산하는 콘텐츠들은 소비자들의 일상과 크게 다르지 않기 때문에 제품을 광고하는 데 유리하다. 소비자들의 경우 TV 광고 속에 등장하는 연예인들은 거리감이 있는 대상으로 인지하지만 인플루언서의 경우 같은 일반인이라는 의식을 가지고 있다. 마지막으로 인플루언서 마케팅은 광고의 타깃을 명확히 할 수 있다는 특징이 있다. 인플루언서들은 운영하는 채널의 아이덴티티가 뚜렷하다. 뷰티 채널을 운영하는 유튜버나, 게임 채널을 운영하는 유튜버들을 예로 들 수 있다. 인플루언서들의 팬들 역시 연령대나 성별이 대체로 비슷하다. 뷰티 채널을 구독하는 이용자들은 10대에서 20대 여성이 주를 이룬다. 게임 채널을 구독하는 이용자들은 주로 10대에서 30대까지의 남성들이 주를 이룬다. 따라서 기업은 광고하고자 하는 제품이 어떠한 연령층, 성별을 타깃으로 하느냐에 따라 인플루언서 마케팅을 적절히 활용할 수 있어야 한다. 또한 기업은 인플루언서 마케팅을 기획함에 있어서 인플루언서를 선정할 때 자신들이 보유한 브랜드와 제품에 담긴 철학과 공감대를 이룰 수 있는 준거를 확보해야 유리하다. 소비자들이 양질의 콘텐츠들을 소비하는 문화를 만들기 위해서는 인플루언서와 협업하고자 하는 기업이 단지 광고비를 지불하고 미디어를 구매하는 개념이 아니라 함께 상생하다는 목적으로 상호 이익을 제고하는 것이 무엇보다 중요하다.

표 8-4 인플루언서 마케팅 방법론

연출된 상황이 아닌 공감	제품과 메시지를 자연스럽게 노출하지 않고, 억지로 연출하거나 거짓말을 하게 되면 기업의 이미지는 피해를 입는다. 기업과 인플루언서가 동일한 배경과 관심사에 입각하여 소비자들과의 공감을 이루어 내는 것이 중요하다.
상품정보보다는 관심사항	전통적인 광고방식처럼 일방적으로 상품의 정보를 늘어놓는 것이 아니라, 상품이 가진 가치와 기업의 철학을 인플루언서가 공감할 수 있게 하고, 이를 다시 인플루언서의 추종자들이 자연스럽게 받아들일 수 있게 하는 것이 전략의 핵심이다.
강요보다는 참여	인플루언서의 입장에서 본인이 세일즈맨이 되는 이미지를 형성하는 것은 금기이다. 인플루언서는 중립성과 자주성을 가지고 추종자들에게 무언가를 강요하는 것이 아니라 참여를 유도할 때 마케팅효과가 극대화 된다.

출처: 손동진(2018), p. 14.

5. 유튜브를 활용한 동영상 광고 전략

TV라는 매체를 통해서만 방영되었던 광고영상은 인터넷의 발달로 인해 오늘날 여러 소셜미디어에서 시간의 제약 없이 방영되고 있다. 이러한 환경에서는 '정형화된 4대 매체의 틀 속에서 어떤 아이디어를 넣을 것인가'를 고민하기보다 '어떤 새로운 미디어를 시도할 것인가'와 '기존 미디어와 뉴미디어를 어떻게 융합할 것인가'가 중요하다. 공중파 위주의 소비 행태는 여러 신생 미디어의 등장에 의해 미디어의 주도권이 잠식되고 있는 것이다. 유튜브의 동영상 광고는 소비자의 능동성을 설명할 수 있는 부분이다.

동영상 광고의 크리에이티브 표현 소구 유형은 감성적 소구가 지배적인 경향으로 보인다. 그중 유머 소구의 형태가 가장 두드러진다. 감성적 소구는 전체 광고영상의 80% 정도를 차지하고 있으며, 유머 소구 단독으로는 54%를 차지하여 동영상 광고의 주요 소구방법으로 볼 수 있는데 유머를 통해서 제품과 영상에 흥미를 가지게 하며 소비자가 스스로 패러디 또는 재생산하게 하여 이차적으로 바이럴(viral)효과를 유도한다. 바이럴 마케팅(viral marketing)의 핵심요소는 전염을 일으킬 수 있는 자극적인 요소와 독특함이라 할 수 있는데, 이에 따라 바이럴 광고영상 역시 독창적이어야 하고 소비자가 흥미를 느낄 수 있도록 새로운 요소로 제작되어야 한다는 것이다. 이는 유튜브 동영상 광고 제작 시에 바이럴 마케팅을 고려하여야 할 부분이다. 유튜브를 통해 방영되는 동영상 광고의 경우 효과적인 광고 목표의 달성을 위해 감성적이면서도 재미있는 메시지를 통한 소비자들의 설득과 함께 광고회피 현상을 최소화시킬 수 있는 전략이 요구된다.

페이스북의 비즈니스 플랫폼 부사장 마크 랩킨(Mark Rabkin)은 '모바일 시대의 동영상 광고'라는 칼럼에서 효과적인 모바일 광고 전략을 제시했다.

1) 새롭고 짧은 형식의 크리에이티브 제작

시청자들의 관심에 부응하면서도 초반에 브랜드 스토리를 충분히 전달할 수 있는 동영상 광고를 제작해야 한다. 모바일에 최적화된 도구, 기술과 스타일을 활용하여 사람들이 보고 싶어 하는 일반 콘텐츠의 느낌을 살리는 것이 중요하다.

2) 주 단위로 광고를 테스트하고 성과 측정의 필요한 부분 조정

단기간에 저렴한 비용으로 높은 품질의 크리에이티브를 제작할 수 있는 팀을 구성하는 것이다. 모두가 하나의 팀으로 협력하고 소통할 수 있도록 크리에이티브팀, 성과 측정팀, 미디어팀을 적재적소에 배치해야 한다. 모바일 환경은 너무나 빠른 속도로 진화하기 때문에 기존의 제한적인 접근 방식으로는 성공을 거둘 수 없다.

3) 서로 다른 플랫폼을 동일하게 취급하는 것은 금물

새로운 모바일 형식(예: 뉴스피드, 인스트림 광고 등)에 대한 소비자의 기대와 행동은 각각 다르다. 이 모든 형식을 동일하게 취급하거나 잘못된 기준으로 바라보면 각 플랫폼의 고유한 특성을 파악할 수 없게 된다.

4) 시청 시간이 아닌 성과를 측정

디지털 환경을 탐색하려면 크리에이티브별, 플랫폼별, 타깃별로 비즈니스 가치와 성과를 측정해야 한다. 성과를 정확하게 측정하는 광고주의 능력이야말로 모바일 광고의 성공여부를 예측할 수 있는 훌륭한 지표이다.

6. 유튜브를 활용한 동영상 광고 사례

1) 삼성카드 즐기자 실용 '사라' 편

2015년에 삼성카드는 배우 유해진과 이나영을 모델로 기용하여 외로운 현대인의 모습을 통해 이상적인 사랑에 대한 물음표를 제시했던 영화 〈Her〉를 단편영화 형식의 스토리로 각색하여 유튜브 동영상 광고로 제작, 화제를 모았다. 유해진을 주인공으로 한 4분 길이의 홍보영상은 도입부 5초 동안 도시의 야경을 배경으로 유해진과 이나영의 이름이 나오는 것으로 시작하여 영화 예고편 같은 느낌을 주면서 인스트림 광고로 보이게 될 때 이용자들이 광고를 스킵하지 않고 계속 시청하도록 유도했다. 영상 속에서 주인공 유해진은 숫자카드인 삼성카드 '4 V2'와 사랑에 빠진다. 사라는 주인공의 생활을 속속들이 알고 있으며, 편리하고 실용적인 결제를 지원한다는 내용으로 모바일 결제, 빅데이터 마케팅 서비스인 삼성카드 링크(LINK)가 생활 속의 스토리로 자연스럽게 연결되어 삼성카드가 디지털 결제 측면에서도 강력하고 편리한 서비스를 제공한다는 메시지를 전달하고 있다.

또한 이 광고는 이나영 목소리와 잘 어우러져 시청자들의 호응을 이끌어 냈으며, 전체 스토리 또한 진지한 감성으로 녹여 낸 성공적인 광고로 평가됐다. 이 광고는

[그림 8-1] 삼성카드 즐기자 실용 '사라'

출처: 유튜브.

공개 후 한 달여 만에 유튜브 조회 수 300만을 넘어섰다.

2) OK저축은행 '태권브이 시리즈' 편

소비자들은 저축은행에 대해 안정성이 떨어지고, 고금리 대출이라는 인식을 갖고 있다. 이러한 점이 저축은행이 영향력을 행사하지 못하는 주요 원인이라고 생각하고 있다. OK저축은행은 타깃이 30대 이상의 중장년층이기 때문에 어렸을 적 모든 것을 해결해 주었던 영웅의 이미지를 나타내는 1970~1980년대의 국산 애니메이션인 〈태권브이〉의 캐릭터를 통해 보다 친근하게 다가가 공감을 유도하였다. 대출을 권유하는 대신 유쾌하고 밝은 모습으로 이미지 쇄신에 나선 OK저축은행은 2016년에 유튜브용으로 과거의 태권브이 애니메이션의 장면에 새로 더빙을 하여 연애와 결혼 등 일상에서 맞닥뜨릴 수 있는 일화에 대한 스토리를 풀어내고 있다. 이는 패러디를 통해 유머러스한 분위기를 자아내면서 태권브이 애니메이션을 기억하는 세대들의 향수를 이끌어내고, 재미있는 영상으로 5초가 지나도 이후의 이야기가 궁금해지도록 하는 광고전략을 구사하고 있다. 광고의 1편은 처음 5초간 태권브이 애니메이션의 장면과 함께 '스킵하면 18년 동안 솔로가 되는 저주가 내려진다는 이 영상은'이라는 내레이션으로 시작하면서 시청자들에게 광고를 건너뛰지 말 것을 간접적으로 호소한다. 이후 유머 소구를 바탕으로 하여 〈태권브이〉의 주인공인 훈이와 영희의 결혼 준비에 대한 대화 내용을 원작의 내용에 대사만 바꿔 더빙한 영상을 통해 시청자들의 웃음을 유도한다. 이 광고는 현재까지 3편이 제작되었으며, 유튜브 게시 한 달여 만에 조회 수 300만 이상을 기록하며 대중에게 공감대를 형성했다.

[그림 8-2] OK저축은행 태권브이 광고 1화 '잘못된 만남'

[그림 8-3] OK저축은행 태권브이 광고 2화 '영웅의 현실'

[그림 8-4] OK저축은행 태권브이 광고 3화 '영웅의 고충'

출처: 유튜브.

3) LG유플러스 반려동물 앳홈 IoT '자장가의 비밀' 편

집에 혼자 있는 반려동물을 보살펴 주는 LG유플러스 바이럴 영상이 2017년 대한민국 유튜브 인기 광고영상 연말 결산에서 조회 수와 댓글, 공유 수 등을 종합 평가하는 유튜브 선정 1위를 차지했다. 2017년 7월에 론칭한 반려동물 사물인터넷(IoT) '자장가의 비밀' 편은 17일 만에 LG유플러스 바이럴영상 중 역대 최단기간에 유튜브 조회 수 1천만을 돌파하여 누적 조회 수 총 1,202만 8,508뷰를 기록하며 많은 관심을 받은 광고이다. 이 광고는 LG유플러스 홈 IoT를 이용하는 고객이 스마트폰 애플리케이션을 통해 나이 많은 반려견 '히릿'을 돌보는 감동적인 이야기를 고객 실제 사연을 바탕으로 제작되었다. 집에 혼자 있는 나이 든 반려견을 스마트폰 애플리케이션을 포함한 홈 IoT를 이용해 돌보는 주인의 사연을 보여 주어 시청자들의 공감을 이끌어 내었다. 제작과정은 반려동물을 키우는 사람들이 공통적으로 걱정하는 부분을 해결해 줄 수 있는 제품에 대한 광고를 감성적으로 스토리를 풀어 많은 공감을 얻었다. 이 LG유플러스 광고의 인기 요인에는 여러 가지가 있겠으나 소셜미디어에서

[그림 8-5] LG유플러스 IoT광고 '자장가의 비밀'

출처: 유튜브.

이 광고를 공유한 사람들의 글과 유튜브의 댓글들을 통해 시청자들의 공감이라는 요소가 가장 크게 작용하였고, 등장하는 강아지가 귀여워서 끝까지 시청하였다는 반응이었다. 이는 기존 광고에서 많이 사용되는 미인, 아기, 동물의 요소를 차용한 점에서 처음 광고를 보는 사람들의 주목을 끌고 계속 시청하도록 하는 데 성공하였으며, 실제 사연이라는 점과 반려동물을 키웠던 사람들의 공감을 이끌어 낸 스토리를 통해 광고 속에 자연스럽게 녹아든 제품을 보며 광고를 시청한 사람들로부터 해당 브랜드와 제품에 대한 긍정적인 이미지를 갖게 된다.

4) 대한민국 청와대 '엄마의 엄마가 되었습니다' 편

2018년 1월 콘텐츠 플랫폼 기업 피키캐스트가 청와대와 함께 제작한 '치매 국가책임제'를 주제로 한 '엄마의 엄마가 되었습니다'이다. 이 광고는 유튜브에 영상을 게재하여 시청자들의 눈시울을 자극하며 '감동적'이라는 찬사를 받았으며, 조회수 14만 건을 훌쩍 넘어섰다. 영상의 내용은 철부지 아이를 돌보는 엄마의 일상을 담고 있다. 시장에서 아이를 잃어버린 엄마가 아이를 찾게 되는 과정에서 영상이 숨겨 왔던 모녀의 진짜 이야기가 전개된다. 영상 후반부에 '저는 엄마의 엄마가 되었습니다' 라는 내레이션과 함께 밝혀진 극적 반전에서 치매환자를 부양하는 가족의 어려움을

[그림 8-6] 대한민국 청와대, 치매 국가책임제 홍보영상 '엄마의 엄마가 되었습니다'

출처: 유튜브.

사실적으로 메시지를 전달하고 있다. 치매 국가책임제를 홍보하기 위해 만들어진 이 영상의 줄거리는 립스틱을 꺼내 장난치는 딸을 근심 어린 눈으로 바라보는 주인공, 딸을 씻기고 시장에 데려가는 과정 속에 한눈을 파는 사이 딸이 사라져 버려 다급하게 딸을 찾아다니다 딸을 발견하고 야단치는 주인공, 그리고 그 주인공을 바라보는 딸의 모습이 주인공 어머니인 노모의 모습으로 바뀐다. 이때까지 주인공이 돌보던 딸이 사실은 딸이 아니라 치매에 걸린 노모였다는 반전의 장면을 보인다. 이 광고는 정부 정책을 일방적으로 홍보하던 기존 정책 광고방식에서 볼 수 없는 콘텐츠형 영상광고로 치매 가족 부양의 어려움을 현실적으로 보여 주는 감성적인 소구 방식으로 시청자의 공감을 이끌어 내었으며, 치매에 관한 정부 정책의 필요성을 알리는 데 성공을 거두었다. 특히 마지막의 반전은 시청자들에게 감동을 주는 장치로 매우 호평을 받았다.

7. 온라인 동영상 광고

온라인 동영상 광고(on-line video advertising)는 TV 광고와 유사한 형태로 유튜브 등의 모바일 동영상 콘텐츠 시작 부분에 삽입되거나 스토리가 있는 하나의 동영상 콘텐츠 형태로 만들어지는 광고로, 소비자들에게 쉽게 노출될 수 있는 동시에 생동감이 있고 사실적인 영상으로 주목을 끌 수 있어 브랜드 인지도나 구매 유도, 클릭률 등 다양한 항목에서 광고효과가 높다. 유튜브, 페이스북, 네이버 TV캐스터, 다음 TV팟, 곰TV, 아프리카TV, 판도라TV, 티빙(Tving), 푹(Pooq) 등의 유통채널을 통하여 동영상 콘텐츠 소비가 증가하면서 우리나라를 비롯하여 전 세계 온라인 광고 시장에서 동영상 광고가 폭발적으로 성장하고 있다.

온라인 동영상 광고는 5초, 20초, 30초 60초 등 다양한 광고길이와 5초, 15초 등의 다양한 스킵(skip) 옵션, 정교한 타기팅기법 등을 장점들로 내세우면서 전통적인 배너 광고를 대체하는 새로운 디스플레이 광고 대안으로 떠오르고 있다. 온라인 동영상 광고는 TV 광고처럼 시각적 정보와 청각적 정보를 동시에 제공하는 이중 부호화(dual-coding)가 가능하기 때문에 시청자를 광고콘텐츠에 몰입시키는 효과가 뛰어나고, 콘텐츠를 보는 대가로 동영상 광고를 의무적으로 최소 5초 이상 시청해야 하는 대가성 광고의 경우 광고에는 시청자의 거부감도 크게 줄어들 수 있다. 온라인을 통해서 구현되는 동영상 광고는 대중매체 광고와 달리 송신자에서 수신자로 이어지는 일방향 커뮤니케이션과 타깃 커버리지(target coverage)에서 벗어나서 소비자들에게 제품정보탐색, 이벤트참여 등 능동적 정보처리의 기회를 제공하고 있어, 소비자들과의 상호작용적 커뮤니케이션이 가능한 매체환경을 갖고 있다.

1) 동영상 광고의 개념

동영상 시장의 성장과 함께 새롭게 성장하고 있는 것이 동영상 광고이다. 동영상 광고는 동영상 서비스를 기반으로 광고의 기능을 하는 모든 콘텐츠를 통칭한다. 동영상 광고는 전통적인 TV 광고에서도 제공되었다. 그럼에도 최근 주목받는 이유는 디지털 기술의 안정적인 기반에 힘입은 바 크다. 즉, 모바일을 포함한 유무선의 인터넷 기술 지원과 유튜브 등 동영상 미디어 플랫폼의 발달, 개인방송 서비스의 확대로 다양한 동영상 콘텐츠를 자유롭게 소비할 수 있을 뿐 아니라, SNS(Social Network Sites)를 통한 콘텐츠 확산이 더욱 용이해졌기 때문이다. 또한 소비자들의 수요 증가에 따라, 광고 콘텐츠를 개발하고 제공하는 온, 오프라인 미디어 기술의 개발과 협업시스템은 늘었고, 중소규모를 포함한 영상 광고 콘텐츠 등 관련 기업들의 시장 진입도 증대되고 있다. 한마디로 오늘날의 동영상 광고는 전통매체에서의 방송광고와는 그 범위와 성격이 다르다. 다양한 미디어 플랫폼별로 다양한 유형이 생겨나고 새롭게 변화되는, 새로운 광고를 만드는 원형(archetype) 광고와도 같다.

표 8-5 콘텐츠 유형에 따른 동영상 광고

구분		콘텐츠	광고의 종류	광고 위치	개념
동영상 광고	선형	동영상	동영상	프리롤	영상이 시작하기 전에 나오는 광고
				미드롤	중간에 영상을 멈추고 나오는 광고
				포스트롤	영상이 끝나고 나오는 광고
	비선형		텍스트배너, 동영상	During	영상 재생 중 하단 등에 배치되는 광고
			Over(lay)		영상의 일부를 덮는 반투명 광고
			Within		영상 콘텐츠 안에 포함된 광고(PPL)
	병행배치		텍스트, 배너, 동영상	동영상	동영상 주변에 텍스트 배너, 스킨 형식의 광고를 배치하거나, 마우스를 올리면 펼쳐지도록 하는 광고
배너 광고		배너	동영상	웹페이지	배너에서 광고 동영상이 재생되는 형식
텍스트 광고		텍스트	동영상	웹페이지	텍스트에 마우스를 올리면 동영상이 뜨고 재생되는 형식
독립 콘텐츠		드라마, 음악, 저널리즘, 게임, 웹툰, 기타 콘텐츠	동영상 (네이티브, 브랜디드 엔터테인먼트 등)	모바일, 웹	동영상 (UCC/오리지널 콘텐츠와 브랜드의 결합)

출처: 한국온라인광고협회(2016). 최민욱, 김운한, 김현정, 손영곤(2017), p. 32.

동영상 광고는 기존의 제한된 형태로 보이는 배너 광고나 텍스트 광고 형태에서 진화하여, 소비자의 상상력을 표현해 주고 정보나 메시지를 전달하는 데 매우 유용하며, 디지털마케팅 시대에 소비자의 이목을 끌어모으는 가장 효과적인 커뮤니케이션 수단으로 자리 잡아 가고 있다. 광고가 실리는 콘텐츠의 유형에 따라 크게 동영상 기반 광고, 배너 기반 광고, 텍스트 기반 광고 등으로 구분되며, 최근 증가하고 있는 MCN(Multi Channel Network: 다중채널네트워크), 또는 모바일 SNS에 기반한 영상, 브랜디드 콘텐츠(branded contents)처럼 플랫폼에 대해 독립된 형태이거나 광고와 콘텐츠 중간의 속성을 갖는 다양한 동영상 광고가 생겨나고 있다. 즉, 동영상 광고 유형이라고 하지만 광고라고 보기 어려운, 일반적인 개념의 영상 콘텐츠도 다양한 유형의 광고 형태로 새로 생성되고 있다. 이는 광고 목적에 따른 다양한 유형과 속성의 동영상을 동영상 광고라는 단일한 개념으로 규정하기에 한계가 있음을 보여 준다.

2) 동영상 광고의 유형

(1) 인스트림 동영상 광고

인스트림 동영상 광고(in-stream video advertising)는 인터넷에서 동영상 재생 이전이나 도중 또는 재생 이후에 삽입되는 동영상 광고이다. 동영상 서비스 플랫폼의 플레이어 안에서 실행되는 광고이며 동영상 플레이어 외부에서 실행되는 디스플레이 광고나 배너 광고와는 차이점을 보인다. 인스트림 동영상 광고의 경우 배너 광고와 같이 광고를 노출하여 서비스 제공 기업의 수익을 창출하는 것과는 달리 콘텐츠 제공자에게도 이익이 배분된다는 것이 다른 점이다. 인스트림 동영상 광고는 동영상 콘텐츠 시작 전, 또는 콘텐츠 중간이나 끝에 노출되는 광고 유형이다. 이는 동영상 콘텐츠를 검색한 오디언스에 도달하기에 좋은 방법으로 평가된다.

인스트림 동영상 광고는 배너 광고 CPC(Cost Per Click: 검색엔진 웹사이트 운영자들에게 광고란을 판매하여 이익을 얻는 형태의 광고)와 같이 광고에 노출함으로써 회사가 수익을 창출하는 것과는 다르게 콘텐츠 제공자에게 이익이 있다는 점에서 다르다. 인스트림 동영상 광고의 단점으로는 이용자가 기대하지 않았던 곳에서 노출되는 광고이기 때문에 이용자의 매체 충성도에 악영향을 끼친다는 점을 들 수 있다. 특히 이용자들은 이용자들의 원하는 동영상 콘텐츠의 재생 전에 배치되는 프리롤 광고 방식에 거부감을 느낀다. 이는 현재 이용자들이 익숙해져 있는 능동적 광고 수용에 반대되는 광고 방식이기 때문이다. 하지만 비록 이용자들이 인스트림 광고를 불편해 하지만 결국 순응하게 된다. 예를 들면, 유튜브는 다양한 광고 형식을 가지고 있는데 그중 인스트림 형식을 가진 광고로는 건너뛸 수 없는 동영상 광고와 건너뛸 수 있는 동영상 광고, 오버레이 광고가 있다. 먼저 건너뛸 수 없는 동영상 광고는 동영상을 시청하는 동안 게재될 수 있는 프리롤(pre-roll), 미드롤(mid-roll) 또는 포스트롤(post-roll) 동영상 광고를 의미한다. 동영상보다 먼저 게재되기 때문에 시청자는 최대 15~30초 길이의 인스트림 동영상 광고를 먼저 모두 시청해야 동영상이 재생된다. 건너뛸 수 없는 인스트림 동영상 광고의 경우 창출되는 수익이 다른 광고 형식보다 많기는 하지만 이탈률 또한 더 높다. 동영상에 이러한 광고 형식을 설정할 경우 동영상 조회 수 및 시청 시간이 감소할 수 있다. 반면, 건너뛸 수 있는 동영상 광고의 경우, 시청자에게 광고를 전부 시청하거나 광고를 5초간 본 후 건너뛸 수 있는 선택권이 주어진다. 건너뛸 수 있는 광고의 경우 광고시작 5초 후에 스킵할 수 있으므로 가능하면 빠르고, 정확하게 강력한 메시지를 전달할 필요가 있다.

두 가지 인스트림 동영상 광고 형식 모두 유튜브의 다른 광고 형식에 비해 많은 CPM(Cost Per Mille: 1,000회 광고를 노출시키는 데 사용된 비용)을 창출할 수 있지만 건너뛸 수 없는 광고는 건너뛸 수 있는 동영상 광고보다 이탈률이 높다. 한편, 오버레이(overlay) 광고는 동영상 하단 20% 부분에 게재되는 광고로 일반적으로 동영상 재생 중에 나타나는 형식의 광고이다. 일반적으로 15초에서 30초가량 재생되는 프리롤 동영상 광고는 동영상 콘텐츠 시작 전 노출된다. 구글에 따르면, 이는 브랜드 광고에 가장 효과적이나, 전환율은 다른 유형의 광고보다 낮게 나타나기 때문에 전달하고자 하는 메시지와 가치가 명확해야 한다.

표 8-6 유튜브의 인스트림 동영상 광고 형식

광고 유형	광고 형식
건너뛸 수 없는 동영상 광고	동영상 광고를 시청해야 동영상 시청 가능. 기본 동영상 전후 혹은 중간에 삽입됨
건너뛸 수 있는 동영상 광고	시청자가 원하는 경우 5초 후에 스킵됨. 기본 동영상 전후 또는 중간에 삽입됨
오버레이 광고	동영상 하단 20% 부분에 게재되는 유형의 광고

(2) 디스플레이 동영상 광고

디스플레이 동영상 광고(display video advertising)는 스폰서 광고, 배너 등 인터넷을 이용하여 자주 접하는 노출형 광고이다. 네이버 경우 이용자들의 눈에 쉽게 띄는 자리에 디스플레이 동영상 광고를 노출시켜 광고주에게 효과적으로 마케팅할 수 있다. 디스플레이 동영상 광고 유형은 배너 기반 동영상 광고와 텍스트 기반 동영상 광고가 있다. 배너 기반 동영상 광고는 배너에서 광고 동영상이 재생되는 형식이며, 텍스트 기반 동영상 광고는 텍스트 링크를 통해 동영상 콘텐츠를 노출하는 형식이다. 디스플레이 동영상 광고는 잠재 고객을 확보하는 데 효과적이며, 브랜드에 대한 신뢰 구축과 높은 전환 효과를 기대할 수 있다.

(3) 소셜 동영상 광고

소셜미디어 네트워크는 동영상 광고를 포함한 다양한 광고 콘텐츠를 전달할 수 있는 유니크한 플랫폼이다. 인스트림 동영상 광고나 디스플레이 동영상 광고와 달리 **소셜 동영상 광고**(social video advertising)는 소비자간 공유가 가능하다는 특징이 있다. 특히 스폰서십 동영상 광고는 일반적인 콘텐츠와 유사한 형태로 노출되어 소비자 간 자유로운 공유와 토론이 가능하다. 대부분의 소셜 플랫폼은 뉴스피드를 통해 마케터가 직접 타깃 오디언스에게 동영상 광고를 공유할 수 있으며, 소비자의 자연적 도달이 가능하다.

(4) 독립 콘텐츠 기반 광고

독립 콘텐츠 기반 광고는 드라마, 저널리즘, 음악, 게임, 웹툰 등의 콘텐츠에 재생되는 광고로, 주로 SNS 등 소셜미디어나 모바일 플랫폼, 웹상의 다양한 UCC나 네이티브 광고, 브랜디드 콘텐츠 등이다. 대표적으로 미디어 플랫폼 유형에 따라 소셜 동영상 광고, 모바일 동영상 광고 등이 있다.

- 소셜 동영상 광고(social video advertising)는 소셜미디어 네트워크를 이용한 광고로, 다양한 광고 콘텐츠를 전달할 수 있다는 장점이 있다.
- 모바일 동영상 광고(mobile video advertising)는 모바일 콘텐츠에 기반한 동영상 광고이다. 효과적인 모바일 동영상 광고를 위해서는 16~30초 길이로 제작하고, 다양한 크기의 스크린에서도 호환 가능한 콘텐츠를 제작해야 한다.

(5) 프로그래매틱 광고

프로그래매틱 광고(programmatic advertising)는 광고구매자와 판매자를 자동으로 연결해 광고 자체를 사고파는 전반적인 과정을 시스템화한 것을 말한다. 즉, 프로그램이 자동으로 사용자를 분석하여 이를 바탕으로 타깃에 맞춤화된 광고를 띄우는 방식을 말한다. 과거 사람이 직접 했던 작업을 프로그래밍이 대신 쉽고 빠르게 맞춤 타깃에 광고를 할 수 있다. 구글과 페이스북, 인스타그램, 트위터 등 주요 매체들은 대부분 프로그래매틱 광고를 지원한다. 프로그래매틱 광고를 클릭하면 구매나 이벤트 참여, 신청이 가능하기 때문에 광고주와 매체사의 광고 집행에 있어 투명성이 보장되고 빅데이터를 기반으로 하기 때문에 타깃설정과 성과측정이 용이하다. 게다가 소비자에게 맞춤형으로 광고를 진행하기 때문에 효율성이 높아, 광고가 얼마나 노출되었는지에 따라 광고비용이 지불되기 때문에 광고주는 합당한 광고비를 지불할 수 있다.

제9장

증강현실, 가상현실, 혼합현실과 광고

이성미(한신대학교 미디어영상광고홍보학부 교수)

1. 증강현실(AR) 광고
2. 가상현실(VR) 광고
3. 혼합현실(MR) 광고
4. 마치며

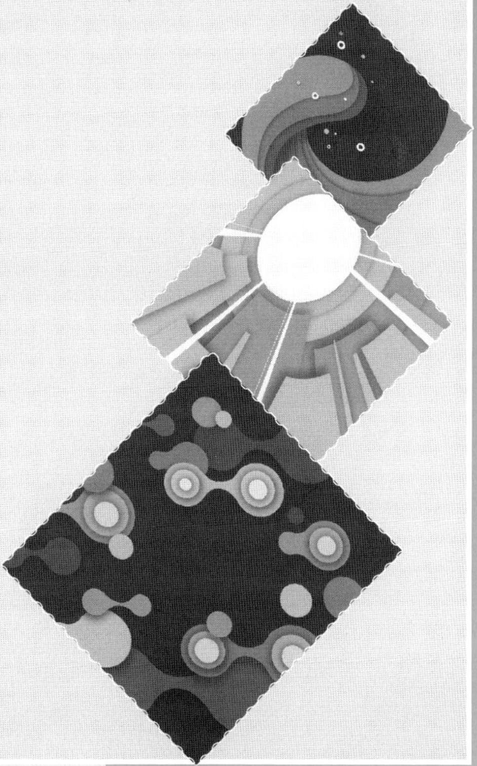

◈◇◈

최근 글로벌 ICT(정보통신기술) 산업은 AR, VR, MR 기술을 통해 실현되는 가상현실 기술의 진화에 주목하고 있다. 증강현실(Augmented Reality: AR), 가상현실(Virtual Reality: VR) 그리고 혼합현실(Mixed Reality; MR)을 구현하는 기술은 4차 산업혁명 시대의 핵심 기술로서 향후 정보통신기술 산업을 혁신하고 신규 산업을 창출하는 등 전반적으로 시장 기회를 확대해 나갈 것으로 평가되고 있다(한국과학기술기획평가원, 2018).

증강현실, 가상현실 기술은 스마트폰 애플리케이션에서 활용이 가능해진 2010년도 초반부터 대중의 관심을 끌기 시작했으며 최근 교육 및 다양한 산업 분야에서 혼합현실 기술이 활용되면서 대중의 주목을 받기 시작했다. 1994년 밀그램(Milgram)의 연구 "Augmented reality: A class of displays on the reality-virtuality continuum"에서는 증강현실, 가상현실을 포함하는 혼합현실 개념에 대해 논의하였는데 이 세 가지 기술은 '가상성의 연속성(virtuality continuum)'이란 개념을 통해 분류하였다. 가상성(virtuality)은 실제 환경에 가상의 객체가 얼마나 많이 더해지는가에 따라 가상현실에 가까워지며 연속체적인 속성을 띤다는 주장이며 이는 컴퓨터그래픽(CG)을 통해서 제공되는 객체가 증가할수록 증강현실, 증강가상(augmented virtuality)이 되고 컴퓨터 그래픽으로만 제공된 가상환경을 체험할 때 가상현실이라는 개념을 사용하도록 제안하였다. 더불어 실제 환경과 가상현실이라는 양극단 사이에 존재하는 모든 것을 혼합현실로 정의하고 있다.

이와 같은 증강현실, 가상현실, 혼합현실이 발달함에 따라 스마트폰과 같은 미디어를 통해 체험하는 환경이 마치 실제 환경에서 벌어지고 있는 것처럼 생생하게 경험할 수 있게 되었다. 또한 사용자들은 시각, 청각, 촉각, 후각 등 다양한 감각기관을 통해 체험하고 실시간으로 가상세계의 객체들과 상호작용함으로써 실제 환경을 체험하는 것과 같이 생생한 현실감을 느낄 수 있으며 몰입감을 극대화할 수 있다. 이러한 기술은 디스플레이(display), 컴퓨터 그래픽 기술 산업 분야의 기술적인 진화와 더불어 게임, 영화, 방송 등의 엔터테인먼트, 의료, 건설, 자동차, 교육 등 다양한 산업에서 활용되고 있으며 광고 및 마케팅 시장에도 이용자와의 상호작용이 용이하다는 점에 기인해서 활발하게 활용되고 있다. 광고 및 마케팅 분야에서 AR, VR, MR 기술을 통해 소비자 참여방식의 광고 및 마케팅을 다양하게 개발하고 소비자들에게 보다 큰 재미와 몰입감을 줄 수 있다. 또한 스마트폰의 보급 확대로 모바일 광고 및 콘텐츠 시장이 성장함에 따라 페이스북, 구글, 마이크로소프트, 애플과 같은 글로벌 기업은 물론이고 국내 이동통신사 등은 AR, VR, MR 기술을 이용한 광고 및 마케팅 콘텐츠를 지원하고 있고 앞으로 다양한 기업의 마케팅 분야에서 활용도가 높을 것으로 예상하고 있다. AR, VR, MR 기술은 복잡한 제품 및 브랜드 관련 콘텐츠를 소비자에게 전달할 때 시각적인 요소를 강조하여 전달할 수 있게 해 주며 가상의 쇼핑 환경을 구현하여 제품 및 브랜드에 대한 경험을 향상시킬 수 있다.

이 장에서는 가상현실을 구현하는 AR, VR, MR 기술의 개념에 대해 소개하고 이에 대한 국내외 기술 현황과 시장 동향을 살펴본 후 이와 연관된 마케팅 및 광고 사례에 대해 살펴보도록 한다.

1. 증강현실(AR) 광고

1) AR 기술 개념

증강현실이라는 용어는 1990년대 보잉(Boeing)의 톰 코델(Tom Caudell)이 항공기 전선 조립과정의 가상이미지를 실제 화면에 중첩시켜 설명하면서 처음으로 사용하게 되었다(Caudell & Mizell, 1992). **증강현실**은 가상현실의 한 분야로 우리가 눈으로 볼 수 있는 실제 환경에 가상현실의 사물이나 정보 등을 합성하여 마치 실제 환경에 존재하는 사물처럼 보이도록 하는 컴퓨터 그래픽 기법을 의미한다(Milgram & Kishino, 1994). 증강현실은 컴퓨터 그래픽 기술을 통해 현실 환경에 필요한 사물 및 정보를 추가로 제공함으로써 사용자 입장에서는 보고 있는 실제 환경에 3차원의 가상영상이 겹쳐서 보이며 현실 환경과 가상화면의 구분이 모호해지도록 하는 것이다. 증강현실의 개념은 1994년 Paul Milgram에 의해 가상(virtuality)과 현실(reality) 사이의 연속체계(continuum)로 사용되었으며 가상현실 개념과는 독립적으로 분리되어 인식되기 시작하였다. 증강현실은 실제 환경에 존재하는 사물에 가상의 객체로 구현된 관련 정보를 합성하여 증강된 정보 서비스를 부가하는 개념이며 '증강'이란 부가적인 정보를 추가하거나 보강하는 것을 의미한다. 1997년 Ronald Azuma의 정의에 따르면 증강현실은 ① 현실과 가상의 결합, ② 실시간 동작 및 상호작용, ③ 현실 세계와의 3차원적인 정합과 같은 특징을 가지는 개념을 의미한다(Azuma, 1997).

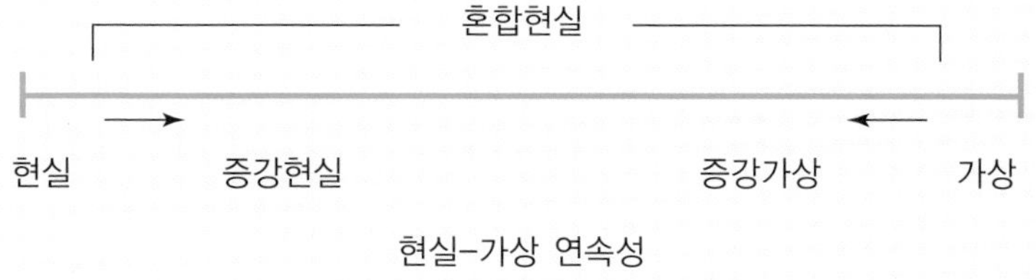

[그림 9-1] 가상성의 연속성 개념

출처: Milgram & Kishino (1994).

AR을 구현하기 위해서는 몇 가지 기기와 기술을 필수적으로 갖춰야 한다. AR을 구현하기 위해 필요한 대표적인 기기는 ① 안경처럼 착용할 수 있는 HMD(Head Mounted Display), ② TV, 모니터 등의 디스플레이 디바이스, ③ 영상을 투사할 수 있는 프로젝터, ④ 스마트폰과 같은 모바일 기기 등이 있다. AR의 기술 요소에는 크게 ① 디스플레이 기술, ② 마커인식 기술, ③ 영상합성 기술이 있다(한국저작권위원회 기술연구소, 2018).

표 9-1 AR의 기술적 요소

디스플레이 기술	• HMD(Head Mounted Display), Non-HMD(Non-Head), Hand-Held 타입으로 분류 • 현재는 HMD 디스플레이 기술을 보편적으로 사용하고 있지만, 이용자들의 이동성이 활발해지고 간편성 요구가 증가함에 따라 점차적으로 대형, 소형 Hand-Held 타입의 디스플레이 기술로 발전
마커인식 기술	• 카메라의 영상에서 현실 세계의 어떤 목표물이나 사물에 대한 카메라의 3차원 좌표를 확보하기 위한 기술 • 마커인식 기술은 카메라 1대를 이용해 3차원 좌표를 파악하는 일이 쉽지 않기 때문에 마커를 이용해 상대적 좌표를 추출하고, 가상의 사물이나 정보를 실제 영상에 합성시키는 기술 • 카메라를 통해 얻어지는 스크린 위에 가상 공간상의 사물을 나타낼 수 있음
영상합성 기술	• 실제 공간에 존재하는 지점이나 사물에 가상현실을 입체적인 3차원 공간에 자연스럽게 정합하는 기술 • 정합 시 다양한 오차(정적 오차, 렌더링 오차, 동적 오차)가 발생하는데 카메라 교정 장비 및 3차원 위치 인식장치를 이용한 방법과 시각 기반 기법을 이용함 • 시각 기반 기법을 이용한 카메라로 취득한 영상만을 이용해 교정함 • 영상합성 기술은 카메라 교정 기술을 통한 합성 기술로 고가의 장비와 제한된 정보만을 얻을 수 있다는 단점이 있음

2) AR 기술 특성

AR은 1960년대 중반부터 시작된 기술이었으나 초창기에는 고정 단말상에서만 구현이 가능한 제약이 있었기 때문에 산업 전반에 걸쳐 확산되지 못했다. 현재는 AR을 의료분야에서 원격의료진단 기술로 활용되고 있으며 방송, 건축설계, 제조공정관리 등 다양한 산업분야에서 활용하고 있다. 또한 스마트폰과 같은 모바일 기기 및 이동통신기술의 발달에 힘입어 게임, 모바일 솔루션, 교육산업 등에 걸쳐 다양하게 활용되고 있다.

최근 일반 기업과 소비자들을 중심으로 AR 기술에 대한 수요가 빠르게 확산되고 있다. 2016년부터 전 세계적으로 '포켓몬 고'라는 AR 기술을 이용한 게임이 유행하면서 증강현실은 빠른 속도로 대중에게 확산되었으며 스마트폰 사용자들을 중심으로 일반 소비자들의 증강현실 애플리케이션에 대한 수요가 높아졌다. 기업에서는 마케팅 도구로 AR을 활용하여 새로운 비즈니스 가능성을 모색하고 있다. 예를 들어, 의류 기업들은 AR을 이용해 가상으로 옷을 입어 볼 수 있게 하고 화장품 기업들은 AR을 이용해 가상으로 메이크업을 할 수 있는 서비스를 제공하고 있다. 또한 가구 기업 및 가전제품 기업들은 AR 기술을 이용해 제품을 구매하기 전 가상으로 집에 가구 및 가전제품을 배치해 볼 수 있는 서비스를 제공하고 있다.

AR은 교통 산업 분야에서도 적극적으로 활용되고 있는데 중국의 스마트폰 제조사 OPPO는 2018년 중국 최초로 AR을 이용한 워킹 내비게이션(walking navigation) 서비스를 시작하였다. 워킹 내비게이션은 GPS, 모바일폰의 카메라 및 센서, 인공지능(AI) 기술을 기반으로 위치를 인식하고 지도생성(SLAM) 기술을 접목하여 가상의 캐릭터가 실제 환경에서 사용자에게 길을 안내한다. 국내에서는 2018년 평창 올림픽 기간에 AR을 이용한 길찾기 서비스를 제공하였다. 길찾기 앱 'AR웨이즈(AR Ways)'는 실내공간 정보와 정밀측위 기술을 적용해 사용자는 스마트폰 화면을 통해 현실의

[그림 9-2] AR내비게이션

출처: 지디넷 코리아 홈페이지.

길 위에 안내 표시를 띄워 올림픽 관련 주요 시설의 경로를 AR 로 확인할 수 있게 하였고 이후에는 KTX역, 인천국제공항 등으로 AR을 이용한 길찾기 서비스가 확대되었다.

3) AR 광고

AR 광고란, 증강현실 기술을 활용하여 광고를 하는 방식으로 스마트폰과 같은 스마트 기기를 옥외광고, 인쇄광고 등의 광고에 삽입된 특정 사물이나 QR코드와 같은 정보에 가져다 대었을 때 메시지, 사진, 영상 등을 보여 주는 기법이다(사이언스올, 2018). 가상현실이나 혼합현실과 달리 증강현실 기술은 스마트폰만 있으면 쉽게 체험이 가능하기 때문에 모바일 광고에서 많이 활용되어 왔다. 또한 소비자들의 능동적인 참여를 끌어내기 쉽고 카메라 렌즈를 통해 실제 환경에 가상의 객체를 접목시켜 체험할 수 있게 하기 때문에 제품 및 서비스에 대한 다양한 정보를 시각화시켜 전달할 수 있다.

증강현실 기술을 통해 모바일 광고 및 마케팅을 구현할 때 몇 가지 장점이 있다. 첫째, 증강현실 기술을 통해 브랜드, 제품, 또는 서비스 콘텐츠를 제작하면 소비자와 상호작용성을 강화시킬 수 있다는 장점이 있다. 상호작용성은 개인의 경험적인 관점이 중시되는데 전통 미디어 분야에서는 실시간으로 사용자가 커뮤니케이션 속도, 구조, 또는 콘텐츠에 대한 통제력을 갖는 것을 강조하였으나(Rice, 1984), 정보통신기술이 발달함에 따라 상호작용성은 사용자가 처한 실제 환경에서 사용자와 사용자 혹은 사용자가 어떤 특정 사물과 주고받는 행위로 정의되었다(Lombard & Ditton, 1997).

실제 환경과 완전히 분리된 가상현실 기술과 달리 증강현실 기술은 기본적으로 현실에 존재하는 실제 상황을 기반으로 마케터 및 광고기획자가 전달하고자 하는 정보 및 객체를 추가해서 제공하는 기술이다. 이 때문에 소비자가 처한 환경이나 상황을 대체하지 않고 보완하는 기술이기 때문에 증강현실 기술은 소비자로 하여금 광고하는 제품, 서비스 등과 실제 환경 사이에서 다양한 경험을 하게 할 수 있으며 활발하게 상호작용할 수 있게 한다. 둘째, 증강현실 기술을 통해 모바일 광고를 구현할 때 미디어 풍요성을 극대화시킬 수 있다는 장점이 있다. 미디어 풍요성이란, '매개된 커뮤니케이션 상황에서 많은 정보를 얼마나 다양한 단서를 통해서 전달할 수 있는가' 하는 미디어의 능력을 의미한다(Daft & Lengel, 1986). 미디어 풍요성이란 감각적으로 느낄 수 있는 다양성(sensory breadth)과 깊이감(sensory depth)으로 평가할 수 있기 때문에 미디어와 고객이 소통하는 수단이 다양할수록 강화된다(Steuer, 1992). 이에 증강현실 기술을 통해 소비자가 존재하고 있는 현실세계에 가상의 제품 정보 등을 추가할 때 감각을 자극할 수 있기 때문에 미디어 풍요성이 깊어질 수 있다. 허옥과 정동훈의 2011년 연구에서 미디어 풍요성은 소비자의 태도형성과 구매의도에 긍정적인 영향을 미치는 것으로 나타났고 이는 증강현실을 통한 광고의 효율성에 대해 시사한다.

4) AR 광고 사례

(1) 마이클 코어스

의류 및 액세서리를 판매하는 패션 브랜드 마이클 코어스(Michael Kors)는 페이스북(Facebook) 뉴스피드에서 증강현실 기술을 이용한 광고를 제공한 최초의 사례이다. 소비자들은 페이스북 뉴스피드에 올라온 마이클 코어스의 광고를 클릭하면 자신이 가지고 있는 스마트폰 카메라를 이용해 얼굴을 캡처할 수 있다. 소비자들은 증강현실 기술을 통해 다양한 선글라스를 색깔과 모양에 따라 자신의 얼굴에 대입해 볼 수 있다.

[그림 9-3] 마이클 코어스 페이스북 AR 광고

출처: Mobile Marketer 홈페이지.

(2) 도미노 피자

도미노 피자는 미국의 젊은 연령층에게 인기가 많은 애플리케이션 스냅챗(Snapchat)의 증강현실 기술을 활용한 광고를 진행하였다. 소비자들은 자신들의 스마트폰을 이용해 전면 카메라로 자신의 얼굴을 캡쳐할 때 피자가 반사되어 나타나는

[그림 9-4] 도미노 피자 스냅챗 광고

출처: Adweek 홈페이지.

선글라스를 착용한 모습을 볼 수 있고, 후면 카메라 기능으로 전환하면 도미노 피자 박스가 열리면서 피자가 나타나는 증강현실 체험을 할 수 있게 하였다. 도미노 피자의 증강현실 광고는 소비자들이 경험한 증강현실 체험을 동영상으로 저장하여 공유할 수 있는 기능을 추가하였고, 해당 캠페인에 참여하면 피자 주문이 연동될 수 있게 피자주문과 AR체험을 결합한 'Shoppable AR'이란 점에서 캠페인 효과를 높였다.

(3) 세포라

다양한 브랜드의 화장품을 판매하고 있는 유통업체 세포라(Sephora)는 새로 나온 립스틱들을 광고하기 위해 증강현실 기술을 활용하였다. 소비자들은 자신들의 스마트폰 카메라를 이용해서 증강현실 광고를 경험할 수 있으며 이를 통해 관심 있는 립스틱의 다양한 색상을 자신의 얼굴에 맞춰 보고 잘 어울리는 제품을 고를 수 있게 되었다. 소비자들은 세포라의 이러한 증강현실 기술을 활용한 광고를 통해 어떤 립스틱 색상이 어울리는지 상품을 파악하기 위해 매장에 갈 필요가 없게 되었다. 또한 이들은 증강현실의 기술적 요소로 자신이 립스틱을 바른 모습을 사진이나 동영상을 공유할 수 있으므로 소비자의 상호작용을 적극적으로 유도할 수 있었다는 평가를 받고 있다.

[그림 9-5] 세포라 AR 광고

출처: Mediapost 홈페이지.

(4) 버거킹

브라질 버거킹은 스마트폰 애플리케이션을 이용한 증강현실 광고를 진행하였다. 'Burn That Ad'라는 이름의 광고는 소비자로 하여금 버거킹 애플리케이션을 설치하고 이를 통해 증강현실 기반의 카메라 기능을 사용하게 하였다. 증강현실 기반의 카메라를 맥도날드와 같은 버거킹 경쟁사의 광고 및 쿠폰에 갖다 대면 경쟁사의 광고를 불에 타는 이미지로 전환하고 광고를 태우고 나면 무료 와퍼 쿠폰을 제공한다. 이는 소비자들에게 증강현실 기술을 통해 재미있는 경험을 제공하고 매장 방문으로 이어질 수 있게 한 캠페인으로 평가받고 있다.

[그림 9-6] 버거킹 AR 광고

출처: Adage 홈페이지.

2. 가상현실(VR) 광고

1) VR 기술 개념

가상현실은 실제 현실에 존재하는 특정 환경, 상황, 혹은 가상의 시나리오를 컴퓨터 모델링을 통해서 구축하고 이러한 가상 환경에서 사용자가 상호작용할 수 있도록 돕는 시스템 및 관련 기술을 의미한다(이상엽, 2018). 생성된 가상 환경은 사용자들의 뇌를 자극하여 현실세계와 유사한 시각, 청각, 촉각, 공간적인 체험을 경험할 수 있게 해 준다.

VR 기술은 1956년 Morton Heilig에 의해 만들어진 'Sensorama'라는 시스템으로부터 시작되었다(이상엽, 2018). Sensorama는 와이드뷰 3D 이미지, 타이틀, 스테레오, 사운드, 바람, 향기, 모션 체어 등과 같은 멀티센서리(multi-sensory or multimodal) 기술을 구현한 기계장치이다. Sensorama에 적용된 기술은 오늘날 4D 영화관에 적용된 기술들과 유사하다. 이후, 1968년에 Ivan Edward Sutherland는 오늘날의 HMD와 매우 비슷한 형태로 구현되는 가상현실 기술을 구현하였다. Milgram과 Kishino는 1994년 가상현실에 대해 이용자가 완전하게 몰입하고 상호작용할 수 있도록 100% 가상으로 만들어진 세계라고 정의하였다(Milgram & Kishino, 1994). 이 정의에 비추어 볼 때 가상현실 개념은 단순히 가상세계를 감상하는 것이 아니라 가상현실 속에 구현된 것들과 사용자간에 상호작용이 가능하며 사용자가 현실에서 어떻게 받아들이는가에 따라 긍정적 혹은 부정적 경험을 하게 되므로 일방적으로 구현된 시뮬레이션의 개념과는 다르다. 또한 현실세계와 가상세계를 혼합하는 기술로 구현되는 증강현실 또는 혼합현실과 달리 가상현실은 사용자가 가상세계에 완전한 상태로 몰입할 수 있다는 점에서 구분된다. 증강현실과 혼합현실은 가상세계의 한 유형이기는 하지만, 현실에 존재하는 세계에 가상의 사물을 나타낸다는 점에서 100% 가상으로 만들어진 가상세계와 상호작용 가능하게 하는 가상현실 기술과는 차이가 있다.

가상현실을 구현할 수 있는 기기에는 몰입형 HMD가 있다. 몰입형 HMD는 외부 현실세계 정보를 완전하게 차단하고 사용자에게 시각적으로 몰입된 가상공간을 제시하는데 이를 위해 높은 수준의 시야각, 해상도, 자유도 높은 트래킹 기술들을 갖추고 있다. 사용자가 가상현실을 경험할 수 있는 몰입형 HMD에는 크게 세 종류가 있다. ① 스마트폰 기반의 몰입형 HMD(smartphone-based immersive VR HMD),

② 콘솔 기반의 몰입형 HMD(console-based immersive VR HMD), ③ 컴퓨터 기반의 몰입형 HMD(PC-based immersive VR HMD)가 그것이다. 몰입형 HMD 외에도 프로젝션 기술을 활용한 CAVE(Cave Automatic Virtual Environment)가 있다. 사용자가 가상현실을 경험하는 동안 몰입도를 높이기 위해서는 ① 다양한 이벤트와 자극에 자율적으로 반응할 수 있도록 하는 자율성(autonomy), ② 가상현실에서의 객체 혹은 환경과 상호작용할 수 있도록 하는 상호작용(interaction), ③ 다감각 자극 경험을 제공하는 현존감(presence)이 중요하다(정동훈, 2017).

2) VR 기술 특성

글로벌 IT기업들은 가상현실 기술을 차세대 성장 동력으로 보고 있으므로 이에 대해 많은 관심을 가지고 준비하고 있다. 페이스북(Facebook)은 2014년 가상현실을 보여 주는 HMD업체 오큘러스(Oculus) VR을 인수했다. 최근 페이스북에서는 오큘러스 고(Oculus Go)라는 단독형 VR 헤드셋을 출시하면서 가상현실을 하나의 진화된 소셜 네트워크 서비스로 보았다. 페이스북은 가상현실 동영상을 시청하는 수요가 늘어날 것으로 예측하고 오큘러스를 통해 동영상 경험의 질을 높이는 전략을 모색하고 있다.

구글(Google)은 VR의 대중화를 위해 부담 없는 비용으로 간단하게 가상현실 경험을 할 수 있도록 구글 카드보드(Google Cardboard)와 같은 센서리웨어를 제공하고 있다. 구글 카드보드는 초급 수준의 모바일 VR로 스마트폰으로 가상현실을 경험할 수 있게 해 준다. 카드보드는 스마트폰에 구글 카드보드 앱만 설치하면 쉽고 간단하게 이용할 수 있으며 이를 통해 유튜브(YouTube), 구글 어스(Google Earth), 영화관 서비스 등을 가상현실로 즐길 수 있다.

소니(SONY)는 가정용 게임기 플레이스테이션용 VR을 제공하고 있으며 풍부한 게임 콘텐츠를 기반으로 VR을 적용한 게임산업을 선도하고 있다. 플레이스테이션 VR은 플레이스테이션 전용 VR 기기라는 한계가 있었지만, 꾸준히 전용 게임이 출시되고 있으며 VR 게임에 대한 대중화에 기여하고 있다. 이 외에도 삼성전자는 갤럭시

스마트폰과 결합해서 사용할 수 있는 VR 기기를 내놓았으며 VR 기기와 콘텐츠 산업에 관심을 가지고 있다.

VR 기술은 게임, 영화와 같은 엔터테인먼트 산업 분야부터 자동차, 의료, 교육, 건설, 쇼핑 등 다양한 산업 분야에 걸쳐 시장이 본격적으로 확대되어 가고 있다. 자동차 산업은 VR 기술을 디자인, 제조, 판매 방식 등에 적용하고 있다. 자동차 디자이너, 연구원, 엔지니어들은 자동차의 실물 모습을 제작하기 전에 가상현실을 통해 미리 자동차의 완성된 모습과 기능을 테스트할 수 있으며 자동차의 안전성 테스트 역시 가상현실을 통해 가능해졌다. 이와 같이 자동차 개발 및 제작 과정에도 가상현실 기술이 적용되고 있으며 자동차 구매 고객들은 자동차 외형부터 실내 디자인까지 가상현실로 확인할 수 있고 시험 운전까지 경험할 수 있게 되었다. 가상현실의 발달로 소비자들은 자동차 구매 시 매장을 방문하지 않아도 집에서 자동차를 체험할 수 있게 되었다.

VR은 의료분야에서도 활발하게 쓰이고 있는데, 특히 의대생이나 의사들은 가상현실 기술을 통해 장소와 시간에 구애받지 않고 수술 장면 및 의료 시술 장면 등을 실시간으로 볼 수 있고 가상 로봇 수술도 실습할 수 있다. 가상현실을 통해 환자에 대해 미리 배우고 직접 시술하고 있는 의료진과 마찬가지로 실습 경험을 할 수 있기 때문에 의료진들의 수술 및 시술기법과 환자에 대한 대응력을 길러 준다.

자동차 및 의료산업 외에도 건축 산업에 활용된 가상현실 기술은 건물을 설계하고 짓기 전에 조명, 재질, 시설, 배치 등을 가상현실을 통해 시험해 볼 수 있게 하고 있으며 소비자들은 건물이 VR을 이용해 가상으로 지어질 건물이 어떤 모습이고 어떤 느낌인지 경험할 수 있다. 또한 관광산업에서 활용되는 VR 기술은 여행자로 하여금 여행지에 도착하기 전에 가상현실로 미리 여행지를 둘러볼 수 있게 하며 호텔과 같은 숙박시설 업체들은 투숙을 고려하는 소비자들이 예약을 확정하기 전에 가상으로 시설을 체험할 수 있는 서비스를 제공하고 있다. VR은 유통산업에서도 매우 유용한 기술로 활용되고 있는데 소비자들은 VR을 활용하여 제품을 테스트하고 맞춤형 제품 및 서비스를 제공받을 수 있다.

- PC 연동형 HMD는 높은 해상도 등 고성능 장점, 코어 게임 등에 활용

오큘러스 리프트	소니 플레이스테이션 VR	HTC VIVE
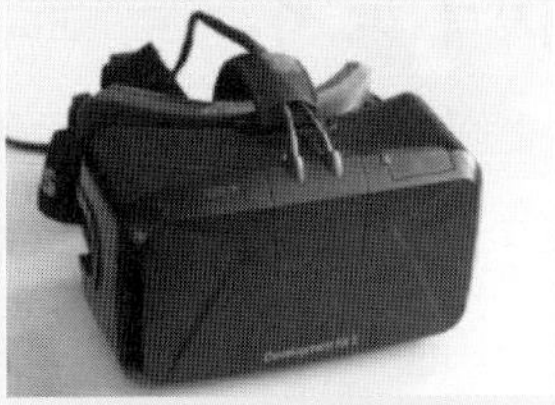		
OLED 디스플레이를 통해 고해상도 화면 출력, 게임 · 영상 · 방송 · 전시 등 다양한 분야 적용	자사의 콘솔게임기인 플레이스테이션 4에서 사용 가능한 VR 헤드셋단말 개발, 게임 전용	글로벌 최대 게임 플랫폼인 스팀(Steam)을 통해 제공되며 카메라 레이저센서, 각종 컨트롤러를 포함

- 스마트폰 연동형 HMD는 캐주얼 게임과 VR 영상 감상 등에 활용

화웨이 VR	구글 카드보드	폭풍마경
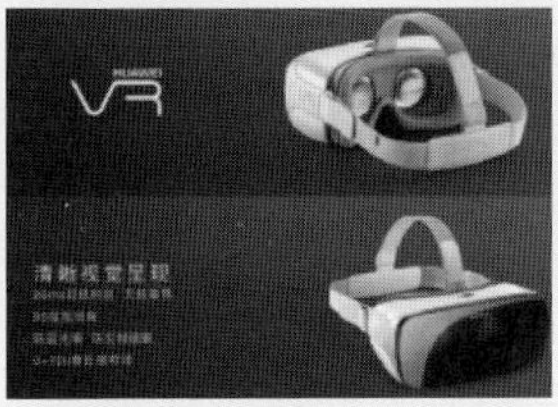	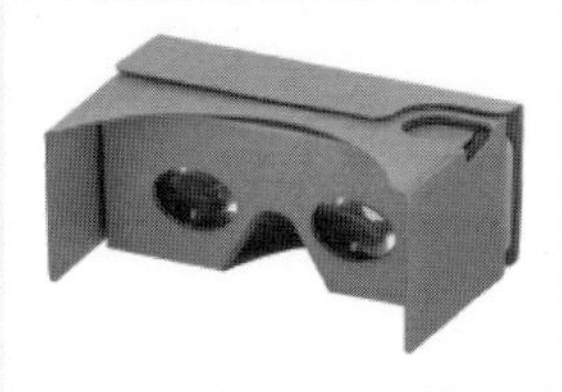	
화웨이폰과 호환되며, OLED를 탑재했으며 Full HD 해상도 제공	두꺼운 판지와 광각렌즈를 이용한 VR 헤드셋 DIY 설계도 발표, 카드보드 호환 VR 헤드셋 출시 중	안드로이드용, 아이폰용 디바이스를 따로 제공

[그림 9-7] 다양한 VR 기기

출처: 국민문화신문(2016. 7. 8.).

3) VR 광고

가상현실 기술을 활용한 VR 광고는 컴퓨터 그래픽 기술을 이용해 소비자들이 마치 실제로 가상의 환경에 처한 것 같은 인공적인 환경일 조성하며 제품, 서비스 및 브랜드를 체험할 수 있게 하는 광고기법을 의미한다. 가상현실을 통해 광고를 할 경우 가상현실의 가장 큰 장점인 몰입감과 실재감을 소비자들에게 제공할 수 있으며

이는 다른 광고에 비해 소비자들에게 차별인 경험을 제공할 수 있다는 장점이 있기 때문에 가상현실 기술을 이용한 광고 시장이 성장하고 있다. 하지만 가상현실 광고는 VR 기기를 보유하고 있을 때만 경험할 수 있기 때문에 대중화되기 어렵다는 우려가 있었으나 구글의 '구글 카드보드' 배포부터 최근 5G의 상용화로 이동통신사에서 VR 기기 대중화를 위한 다양한 제품 및 서비스를 출시해서 대중화에 기여하였다.

VR 기기의 대중화를 위해 기업들이 노력하고 있으며, 특히 광고기법으로 가상현실을 활용하려는 가장 큰 이유 중 하나가 프레즌스(presence)이다. 프레즌스란, '가상현실 기술을 체험하고 있는 사용자의 경험 중 일부 또는 전체가 기술적인 요소에 의해서 만들어진 가상의 환경임에도 불구하고, 기술적 요소에 의해 매개되고 있다는 역할 자체를 잊고 몰입하게 되는 심리적 상태 혹은 주관적 관념'을 의미한다(ISPR, 2000). 즉, 가상현실 기술을 체험할 때 매개하고 있는 가상현실 시스템, 스마트폰, VR 기기와 같은 미디어의 존재를 잊게 되는 상태이므로(Biocca, 1999) 몰입감이 깊어질 수 있다. 따라서 가상현실 기술을 활용한 광고를 체험하는 소비자들은 그 순간 컴퓨터 그래픽이나 기술적 요소는 잊고 현실적인 생생함을 느끼고 브랜드 및 제품, 서비스 경험에 몰입할 수 있으며 이는 광고효과를 극대화시킬 수 있다.

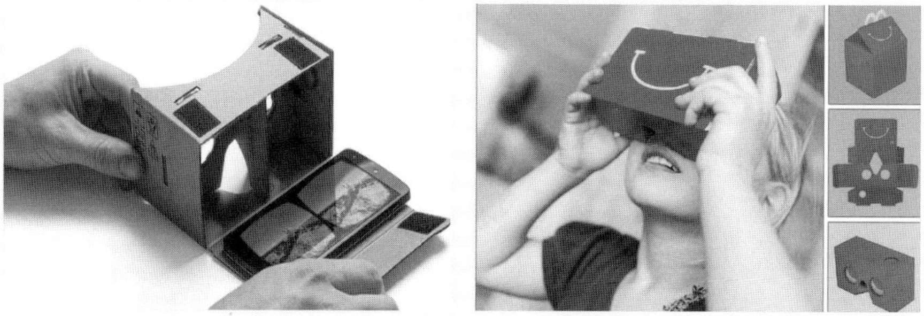

[그림 9-8] 무료 VR 기기인 구글 카드보드와 맥도날드 해피고글
출처: 구글, 코리아데일리 홈페이지.

4) VR 광고 사례

(1) 네스카페

세계적인 커피브랜드 네스카페(Nescafe)는 구글과 협업하여 '구글 카드보드' 사용자들을 위한 모바일 애플리케이션 Nescafe360을 출시하고 가상현실 기술을 활용한 광고 캠페인을 진행하였다. 소비자들은 애플리케이션을 통해 브라질에 있는 네스카페 커피 농장을 체험할 수 있으며 커피 콩이 재배되고 수확되는 모습을 마치 실제로 농장에서 관찰하는 것과 같은 생생한 경험을 할 수 있다. 네스카페는 연령층이 다소 젊은 소비자들과 소통하기 위해 가상현실 광고를 진행하였는데, 특히 전 세계 13개국에서 진행된 'International Coffee Day'의 행사장소에 약 1만 개의 헤드셋을 배포하고 사용자 경험을 강화하였다. 이 캠페인은 가상현실 기술을 활용해 젊은 소비자와 커뮤니케이션을 원활하게 하는 동시에 브라질에 있는 커피 농장을 생생하게 보여줌으로써 기업의 사회공헌 활동을 알리는 기회가 되었다.

[그림 9-9] 네스카페 VR 광고

출처: Appgrooves 홈페이지.

(2) 이케아

이케아(IKEA)는 'Virtual Reality Showroom'이라는 가상현실 광고를 진행하였다. 매장에 VR 기기를 비치해 두었는데 소비자들은 VR 기기를 사용해서 실제적인 3차원 공간으로 디자인된 가상의 쇼룸을 둘러보고 이케아 제품을 체험할 수 있다. 소비자들은 가상의 공간에서 가구의 위치를 바꾸거나 색상을 변경할 수 있고 밤낮의 시간 차에 따라 인테리어 느낌이 어떻게 달라지는지 경험할 수 있다. 또한 가상현실 기술을 통해 쇼룸의 벽재 컬러 및 재질을 교체해 보고 체험할 수 있는 등 인테리어 과정을 혁신적으로 바꾸어 소비자들에게 색다른 경험을 제공한다. 이케아의 가상현실 기술을 통한 캠페인은 소비자들이 제품 하나하나 살펴보는 것을 넘어 전체적인 조화로운 스타일을 파악하고 자신의 취향에 맞는 인테리어 콘셉트를 확인할 수 있는 기회를 제공하므로 소비자들의 능동적인 참여를 이끌어 내고 상호작용이 활발하게 일어나는 캠페인으로 평가받고 있다.

[그림 9-10] 이케아 VR 캠페인

출처: Digital Trends 홈페이지.

(3) 탑샵

글로벌 패션 브랜드 탑샵은 소비자들이 언제 어디서든 패션쇼를 감상할 수 있도록 가상현실 기술을 활용한 캠페인을 펼쳤다. 매장에 방문한 소비자들은 물론이고, 집에서 스마트폰과 가상현실 기기만 있으면 360도로 패션쇼 현장을 경험할 수 있게 하였다. 소비자들이 런웨이를 감상하기 위해 시간과 공간적 제약이 있었으나 가상현실 기술을 통해 대중에게 제공하는 마케팅 콘텐츠로 활용이 가능하게 되었다.

[그림 9-11] 탑샵 매장에서 VR로 패션쇼를 즐기는 소비자들

출처: Creativepool 홈페이지.

(4) 볼보

세계적인 자동차 회사 볼보(Volvo)는 소비자들이 따로 매장을 방문하지 않아도 새로운 모델의 차량을 경험할 수 있게 가상현실 기술을 활용한 광고를 진행하였다. 볼보는 XC90을 런칭 할 때 차량에 대한 정보를 다양하게 제공하고 소비자들이 최대한 경험할 수 있는 기회를 제공하기 위해 가상현실 기술을 통해 테스트 드라이빙을 할 수 있는 광고를 진행하였다. 소비자들이 실제 차를 운전하는 것 같은 시승 경험을 누릴 수 있게 하였고 8개의 카메라를 이용해 60마일에 이르는 길을 촬영한 VR 콘텐

[그림 9-12] 볼보 VR 기기로 테스트 드라이빙을 하는 소비자
출처: Mma global 홈페이지.

츠를 제공함으로써 소비자들이 실제 환경에서 테스트 드라이빙 하는 것보다 더 많은 고객들이 테스트 드라이빙을 할 수 있게 하였다.

3. 혼합현실(MR) 광고

1) MR 개념

혼합현실은 가상현실에서 파생되어 나온 개념으로서 실제로 존재하는 현실세계에 가상의 객체(object)들을 추가하고 결합시켜서 보여 준다는 개념에서 증강현실 개념과 유사하게 쓰인다(이상엽, 2018). 하지만 증강현실 기술은 실제로 존재하는 현실의 환경 및 상황과 가상으로 추가된 사물이나 객체를 뚜렷하게 구별할 수 있으며 실제 환경을 보완하는 수단으로 가상 객체를 사용하는 반면, 혼합현실 기술은 현실에 존재하는 객체와 동등한 성격을 지닌 가상의 객체가 등장하고 독립적인 형태로 운영된다. 이 때문에 혼합현실 기술은 증강현실 보다 훨씬 몰입감이 높다는 점에서 뚜렷하게 구별된다. 혼합현실 기술을 이용하는 사용자들은 실시간으로 가상의 사물 또는 객체를 조작할 수 있기 때문에 컴퓨터 시스템과 상호작용이 가능하다. 혼합현실은 사용자들이 다양한 감각을 경험할 수 있게 하기 위해 3차원의 입체적인 사물 또는 객체를 통해 현실감 있는 정보를 제공하는데, 가상의 객체가 마치 실제로 존재하는 느낌을 줄 수 있는 것은 시각, 청각, 촉각, 후각까지 포함된 지각화(perceptualization)의 결과이다(Mclellan, 1996).

혼합현실을 체험하기 위해서는 투시형 HMD(see-through HMD)가 필요한데, 이는 혼합현실이 실제 환경을 기반으로 하고 있기 때문에 투과 형식을 띠는 디스플레이가 적합하다. 투시형 HMD의 대표적인 제품은 마이크로소프트사의 홀로렌즈가 있으며 HTC사는 외부와 완전히 차단하게 고안된 완전 몰입형 기기이자 외부에 카메라가 장착되어 있어 현실에 존재하는 환경 촬영이 가능하고 몰입형 디스플레이와 결합시켜서 체험할 수 있게 만든 디스플레이기기를 개발하였다. 이러한 기기를 통해 사용자들은 혼합현실 기술을 즐기면서 감각적 몰입(sensory immersion)을 경험하는데 이는 현실 상황에서 가상의 객체에 대한 감각적 몰입을 의미하며 이는 시각, 청각, 촉각, 후각과 같은 다감각에 의존한 표현 방식을 통해 사용자의 지각력이 높아질 때 가능해진다(정동훈, 2017).

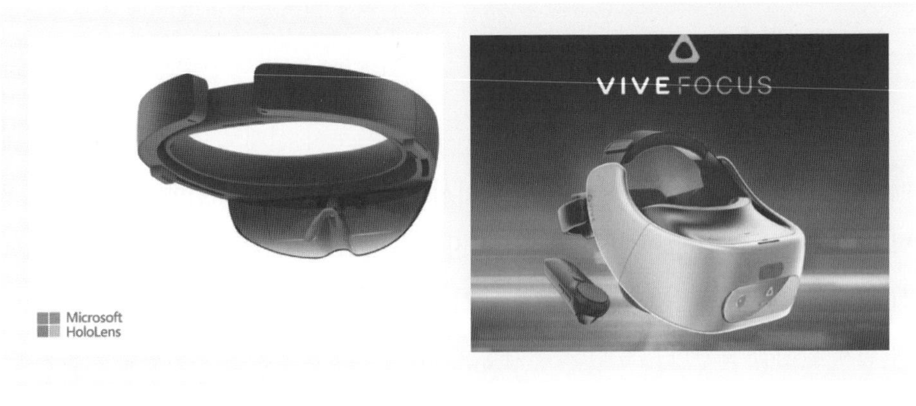

[그림 9-13] MR 기기

출처: IT world 홈페이지.

MR은 증강현실(AR)과 가상현실(VR)을 모두 포함하는 기술로서 기술적인 측면에서 보면 현실과 증강현실, 가상현실의 요소들을 모두 섞고(mix) 거기에 사용자와의 상호작용성(interaction)을 더욱 강화시킨 기술이다(이아름, 2018). 사용자가 혼합현실을 능동적으로 경험하기 위해서는 비디오, 오디오 등의 장비를 조합하여 실제 환경, 증강현실, 가상현실의 객체들을 획득할 수 있도록 하는데 앞서 말한 투시형 HMD와 같은 장비를 이용해 체험이 가능하고 몰입감을 강화할 수 있다(김선아, 2017). MR 기술은 눈앞에 실제로 존재하고 있는 현실 환경과 컴퓨터 그래픽을 실시간으로 합성하여 나타내기 때문에 실물이 마치 눈앞에서 존재하는 것 같은 압도적인 현장감을 경험할 수 있게 해 준다. 또한 모든 각도에서 대상을 볼 수 있게 하기 때문에 가상현실 속에 있는 것 같은 '몰입감'을 경험하게 한다(백정열, 2019).

[그림 9-14] 투시형 HMD로 실험하며 느끼는 현장감과 몰입감

출처: 세미나투데이(2019. 3. 12.).

2) MR 기술 특성

혼합현실 기술은 마이크로소프트, 삼성전자, LG, HTC 등에 의해 발전되어 왔는데 마이크로소프트사의 홀로렌즈를 통해 다양한 분야에서 혼합현실 기술을 활용하고 있다. 마이크로소프트사의 홀로렌즈는 게임부터 시작해서 자동차, 우주공학 분야 등에서 활용되고 있다. 마이크로소프트사의 홀로렌즈는 CPU, 메모리, 배터리, 무선 인터넷, 블루투스 등을 장착하고 있는 HMD형 컴퓨터이기 때문에 단독으로 혼합현실을 실현할 수 있다. 볼보(Volvo)는 자동차 모델의 색상 및 옵션들을 홀로그래픽(holo graphic) 기술을 통해 사전에 확인할 수 있도록 하였다. 또한 NASA에서는 가상화성탐사를 비롯한 다양한 분야에 마이크로소프트사의 홀로렌즈를 활용하고 있다. 포드(Ford)에서는 자동차를 설계할 때 홀로렌즈를 이용하여 혼합현실을 실현시켰다. 혼합현실 기술을 자동차 설계에 적용하기 전에는 찰흙을 이용해서 자동차 외관을 설계하였기 때문에 비용 효율성이 떨어지고 관리가 쉽지 않았지만 홀로렌즈를 활용한 작업은 자동차 디자인을 쉽게 디자인하고 수정할 수 있게 되었다. 또한 자동차 산업에서 혼합현실 기술을 활발하게 활용하는 이유 중 하나가 공동작업이 가능하기 때문이다. 홀로렌즈 기술을 통해 자동차의 특정 위치에 추가할 수 있는 가상현실 기반의 스티커 메모, 음성 녹음 등을 공유할 수 있기 때문에 이를 점검하고 확인하는 절차가 간소화되고 쉬워졌다. 이에 자동차를 설계하는 시간을 단축시켜 주고 효율성을 높여 주고 있다(백정열, 2019).

혼합현실 기술 분야에서는 디바이스 기술 외에도 관련 혼합현실 콘텐츠 기술 개

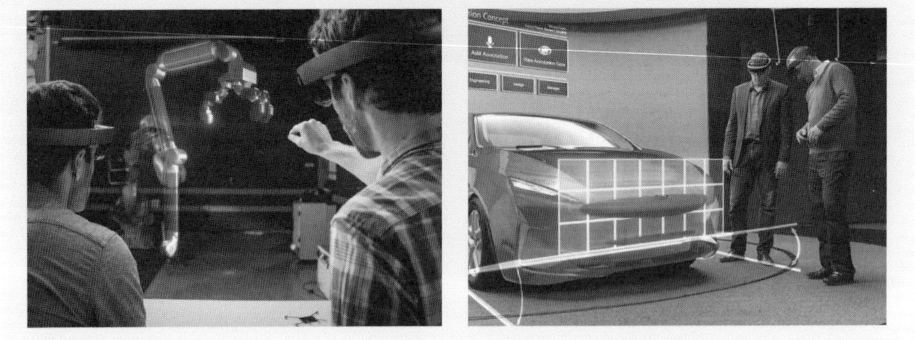

[그림 9-15] 마이크로소프트사의 홀로렌즈

출처: CIO Korea 홈페이지.

발이 활발하게 이루어져 왔다. 대표적인 예로 게임 콘텐츠에서는 마인크래프트(Minecraft)가 인기를 끌었고 Microsoft Office 제품과 연관 지어 업무에 활용할 수 있는 콘텐츠가 개발되었으며 교육 분야에서도 혼합현실을 활용한 다양한 콘텐츠가 개발되었다. 마이크로소프트사에서 운영 중인 스토어에는 마인크래프트, 토이크래시와 같이 혼합현실을 경험할 수 있는 애플리케이션이 약 2만 2천 개 이상이 등록되어 있으며 2017년 11월 말부터 국내에서는 약 50개 이상의 애플리케이션을 사용할 수 있게 되었다(백정열, 2019). 혼합현실 콘텐츠는 2018년 평창 동계올림픽 개막식에서도 활용되었다. 혼합현실 기술을 이용해서 사물의 형상을 실시간 바꿔 가며 보여 주는 프로젝션 맵핑 기술을 실행하였다.

[그림 9-16] 홀로렌즈를 착용하고 마인크래프트를 체험하는 게이머

출처: 한국경제(2015. 7. 13.).

이 외에도 MR 콘텐츠 업체들은 혼합현실의 대중화를 위해 플랫폼을 활용하여 보다 많은 사람이 혼합현실 기술을 쉽게 접하고 경험할 수 있도록 지원하고 있다. 삼성전자에서도 2017년부터 혼합현실을 경험할 수 있는 기기를 출시하였는데 혼합현실 기술을 탑재한 가상현실(VR) 헤드셋인 '삼성 HMD 오디세이'를 출시하였다. 사용자의 몰입감을 강화시키기 위해 삼성 HMD 오디세이는 3.5인치 듀얼 아몰레드 디스플레이를 채택, 2880×1600의 해상도와 110도의 시야각으로 밝고 선명한 화면을 제

[그림 9-17] 삼성 HMD 오디세이 및 혼합현실 체험 화면
출처: 삼성 전문 뉴스 러브삼성 홈페이지.

공한다. 사용자들은 이 기기와 PC를 연동해서 가상세계와 현실세계가 연결되는 새로운 경험을 할 수 있고 사용 중에 실시간 음성 채팅이 가능하며 모션 컨트롤러를 연결하면 쉽고 편리하게 게임 조작도 할 수 있고 시각, 청각, 촉각을 이용해 실감형 기술을 경험할 수 있다.

3) MR 광고

혼합현실은 증강현실의 단점으로 지적되는 낮은 몰입도를 개선하고 가상현실이 주는 이질감을 완화시켜서 가상의 이미지가 마치 실제 환경의 일부인 것처럼 느껴지도록 소비자와 활발하게 상호작용할 수 있는 기술로 마케팅 및 광고 분야에서 각광받고 있다. 4차 산업혁명의 핵심 기술 중 하나로 혼합현실 기술은 크게 부각되고 있으며 단순한 디지털 콘텐츠 산업이 아니라 다양한 분야에 걸쳐 널리 적용되고 있다(안길재, 고대식, 2019).

혼합현실 기술은 아직까지 산업분야에서 많이 활용되고 있으나 소비자가 위치하고 있는 실제 환경과 가상을 균형 있게 조합할 수 있다는 장점에 기인하여 많은 기업들이 소비자의 참여를 이끌어 내는 마케팅에 접목시키기 위해 노력하고 있다. 혼합현실 기술의 세부적인 기술요소인 소비자들을 위한 질 좋은 디스플레이 기술이 꾸준히 발전하고 있지만 증강현실 및 가상현실 기술과 달리 소비자들을 만족시킬 수 있는 다양한 콘텐츠를 제작해서 유통하기에는 여전히 부족함이 많은 실정이었다. 하지만 대형 이동통신사들이 5G네트워크를 채택하여 서비스 개발 및 인프라 확대를 위해 노력하고 있기 때문에 빠른 시일 내에 소비자의 몰입 경험에 사용할 수 있는 혼합현실 콘텐츠 플랫폼이 확대될 전망이며 이와 함께 혼합현실 광고 시장도 본격적으로 성장할 것으로 기대하고 있다(남현우, 2019).

4) MR 광고 사례

(1) Martine Jarlgaard

여성 패션 브랜드 Martine Jarlgaard는 세계 4대 패션쇼 중 하나인 런던 패션 위크에서 혼합현실 기술을 활용한 새로운 형태의 패션쇼를 선보였다. 패션쇼 참가자들에게 마이크로소프트사의 혼합현실 기술 단말기인 홀로렌즈를 제공하고 이를 통해 자사 의류들을 홀로그램으로 감상할 수 있게 쇼를 진행하였다. 소비자들은 Martine Jarlgaard의 패션쇼를 관람하기 위해 한곳에 머무를 필요가 없게 되었고 패

[그림 9-18] 홀로렌즈를 착용하고 패션쇼를 관람하는 모습
출처: Forbes 홈페이지.

션쇼 현장을 자유롭게 이동하면서 의류 콜렉션을 자세하게 관찰할 수 있었다. 이렇게 Martine Jarlgaard는 MR 기술을 통한 혁신적인 패션쇼를 진행함으로써 소비자에게 보다 차별적인 브랜드 이미지를 전달하고 색다른 경험을 전달할 수 있었다.

(2) 알리바바

알리바바는 혼합현실 기술을 통해 소비자들에게 새로운 쇼핑 경험을 제공하였다. 소비자들에게 마이크로소프트사의 홀로렌즈를 착용하게 하고 항저우 서호 주변에 300㎡ 규모의 '미래 쇼핑 거리'에서 혼합현실 기술을 활용한 쇼핑을 체험하게 하였다. 알리바바에서 혼합현실 기술을 구현하기 위해 조성한 '미래 쇼핑 거리'에는 소비자들의 눈길이 가는 상품마다 홀로그램 이미지가 뜨고 각종 정보가 나타난다. 소비자들은 자신들이 바라보는 상품에 대한 핵심정보는 물론이고 다른 소비자들이 작성한 리뷰까지도 눈앞에서 볼 수 있다. 혼합현실 기술을 통해 소비자들은 자신들이 실제 환경에서 눈으로 보는 제품을 투사, 가상 세계와 혼합하고 상호작용하는 경험을 하므로 지금껏 경험하지 못한 새로운 매장 체험을 하게 되었다. 이러한 혼합현실 기술을 이용한 캠페인은 소비자에게 알리바바의 혁신적인 이미지를 전달하고 차별적인 브랜드 경험을 제공하는 계기가 되었다.

[그림 9-19] 알리바바의 혼합현실 기술을 이용한 캠페인

출처: mspoweruser 홈페이지.

4. 마치며

사용자의 오감을 자극하여 실감나는 경험을 즐길 수 있게 해주는 증강현실(AR), 가상현실(VR), 혼합현실(MR) 기술이 5G시대를 맞이하여 대중이 접할 수 있는 기술로 발전하고 있다. 광고 및 마케팅 분야에서는 브랜드 콘텐츠, 유통전략, 광고메시지등과 접목하여 소비자들이 생생하게 제품 및 서비스를 체험할 수 있게 하고 차별적인 몰입경험을 제공한다는 점에 기인하여 이들 기술을 활용한 광고 및 마케팅 콘텐츠 전략을 활발하게 개발하고 있다. 글로벌 기업을 물론이고 국내 기업도 다양한 제품 및 서비스 분야를 넘나들며 AR, VR, MR 기술을 활용한 광고 콘텐츠를 제작하는 등 실감형 미디어 시대에서 시장 주도권을 확보하기 위해 노력 중이다. 또한 아직 보급단계에 머물러 있는 가상현실과 혼합현실은 기기의 대중화를 위해 노력하고 있고 이동통신사들은 소비자의 생활과 밀접한 관계를 맺기 위해 대중적인 기기와 다양한 콘텐츠 서비스를 출시하고 있으며 이는 향후 광고 시장은 물론이고 소비자들의 생활방식을 혁신적으로 바꿀 것으로 전망되고 있다. ■

제10장

홀로그램과 광고의 미래

신일기(인천가톨릭대학교 문화예술콘텐츠학과 교수)

1. 홀로그램의 시작
2. 홀로그램 정의에 대한 관점
3. 프로젝션 홀로그램의 역사
4. 융합형 문화 콘텐츠

◈◇◈

오늘날 우리는 이른바 '4차 산업혁명 시대'라고 명명되어지는 미디어 융합으로 인한 혁신적 파괴의 시대에서 살아가고 있다. 옥외광고는 '외부에 광고매체가 노출되어 불특정다수에 도달될 수 있는 광고'를 의미한다. 이 옥외광고는 우리가 일반적으로 얘기하는 간판을 비롯하여 전광판 광고, 심지어 경기장에 설치되어 있는 경기장 광고까지를 포함하고 있다. 옥외광고를 정의하는 데 있어 수많은 매체가 존재하고 있기 때문에 정의하기가 쉽지는 않다.

한편, 옥외광고라는 용어 외에 Out of Home(OOH) 광고가 있다. 옥외광고와 OOH 광고의 차이를 보자면, 현재, OOH 광고가 계속 디지털화되면서 OOH 광고를 정의하는 것이 어려워졌다. 옥외광고와 OOH 광고라는 용어가 혼재되어 있는 상황에서 디지털이라는 용어가 등장하면서 세 가지 용어를 잘 정리하는 것이 중요해졌다. 이 세 가지 용어를 쓰는 데 있어, 일반적인 빌보드, 전광판 광고를 옥외광고라고 했다면 매체가 다양화되면서 집 밖에 존재하는 광고를 OOH 광고라고 정의하기 시작했다. 예를 들어, 빔 프로젝트 광고의 경우 옥외광고라고 하기보다는 OOH 광고라고 할 수 있다. 더불어, 디지털화되면서 디지털 옥외광고(Digital Out of Home: DOOH)가 등장하기 시작했다.

미국의 옥외광고 협회(Outdoor Advertising Association of America: OAAA, 2013)는 Out of home(OOH) Media를 "가정 밖에서 광고 메시지를 소비자에게 전달하는 모든 유형의 매체(All media formats specifically intended to reach consumers outside the home)"로 정의하고 있다. 미국 옥외광고협회의 정의는 옥외의 매체가 아니라 소비자들이 가정 밖에서 접하는 모든 매체로 그 범위를 넓힘으로써 기존의 옥외광고 정의가 가진 실외(outdoor)라는 공간적 한계를 넘어선 것으로 해석할 수 있다. 이러한 디지털옥외광고의 패러다임과 정의 속에서 산업은 새롭게 등장한 홀로그램(hologram) 기술을 우리 도시 공간 속에 적용하기 시작했다. 이 장에서는 홀로그램의 역사와 기술 그리고 국내외 사례를 통한 도시 공간 속의 홀로그램 동향을 살펴보고자 한다.

1. 홀로그램의 시작

1977년 영화 〈스타워즈〉에서 등장한 드로이드 캐릭터인 R2-D2가 공주 레아의 메시지를 재생하는 장면은 대중적으로 홀로그램(Hologram)을 인식시키는 계기가 되었다. 저자도 어린 시절에 영화 〈스타워즈〉 영상을 보고 미래를 대표 할 수 있는 특별한 경험으로 각인되었던 기억이 있다. 홀로그램은 특정 공간에 빔이 투사되며 이때 공간상에 3차원 형태의 영상이 재생되며 홀로그램의 대중적 개념이 정립되었다고 할 수 있다. 앞서 언급한 홀로그램 기술과 달리 영화적 상상력이 가미된 영상이라 할 수 있다. 영화에서 표현되는 홀로그램과 가장 유사한 표현 방식으로

[그림 10-1] 영화 <스타워즈>의 홀로그램 재생 장면

출처: nature 홈페이지.

[그림 10-2] 다양한 분야에 적용된 플로팅 홀로그램과 기술
출처: holophile 홈페이지.

'Pepper's ghost' 또는 **'플로팅 홀로그램'** 기술이 있다. 'Pepper's ghost'는 1862년 영국의 과학자 존 헨리 페퍼(John Henry Pepper)가 제안한 기술로 어두운 공간에서 재생하고자 하는 물체에 빛을 입사시킨 후 유리 또는 투명한 재질의 스크린에 반사 영상이 부유(floating)되어 보이게 하는 기술이다. 국내에서는 1998년 한국의 SM 엔터테인먼트는 대표 남성 그룹인 H.O.T의 데뷔를 '플로팅 홀로그램 기술'을 이용하여 처음 시도하였고 2004년 보아의 일본 투어 공연의 일부에 사용되었다. 2008년 일본의 록그룹 X-Japan의 멤버였던 히데의 모습을 재현하거나 2012년 일본 도쿄에서 증강현실 가수 하츠네 미쿠 콘서트 등 홀로그램 콘서트라는 명칭으로 불리게 되었다. 유사한 방법으로 2008년 미국 CNN에서는 홀로그램 TV, 2011년 Cisco사의 원격화상회의, 그리고 2015년 스페인에서는 '플로팅 홀로그램'을 이용한 시위 등 다양한 형태로 이용되어 왔으며, 우리나라의 경우에도 광화문에서 표현의 자유에 대한 시위에 사용되었다.[1]

광화문에서의 시위는 광장에 사람들이 모이는 것처럼 홀로그램 이미지도 광장 한 복판에서 재현되었다. 이처럼 홀로그램은 가상의 이미지를 물리적 공간과 자연스럽게 섞이도록 만들어 그것이 현실로 느껴질 수 있도록 유도한다. 홀로그램 콘서트나

1 김남, 권기철, 임영태, Yu Zhao (2019). 홀로그램 융합기술의 현황과 전망. 방송과 미디어, 24(2), 9-18.

[그림 10-3] 홀로그램 집회 국내사례

출처: JTBC 뉴스 홈페이지.

광화문의 가상 시위에서 이미지는 관객 앞에 현전한다. 관객은 이미지의 세계로 들어가는 것이 아니라 자신의 신체로 지금 발을 딛고 있는 그 물리적 공간에서 눈앞에 현전하는 이미지를 경험한다. 이러한 과정은 재현이 아니라 시뮬레이션의 전통으로서 가상공간과 물리적공간이 합쳐진 합성 공간 속에서 관객은 자유로이 움직이며 이미지와 상호작용한다.

2. 홀로그램 정의에 대한 관점

1) 홀로그램의 정의

홀로그램(hologram)은 레이저 빔의 간섭현상을 이용하여 물체가 가진 입체정보를 기록한 영상으로 볼 수 있다. 이 홀로그램 이미지는 컴퓨터 화면상에서 나타나는 3D나 가상현실과는 달리, 입체효과를 흉내 낸 것이 아닌 스스로 서 있는 3차원적 실제 이미지를 의미한다(Collier, Burckhardt, & Lin, 1971). 미디어로서 홀로그램이 기존의 다른 광고 미디어와 가장 다른 특징은 시각, 청각, 그리고 촉각을 통합한 미디어로서 평면적인 2D에서 입체적인 3D로 광고 메시지의 표현차원을 확대시킨다는 것이다. 이것은 광고메시지가 3차원적으로 전달된다는 것을 의미한다. **홀로그래피**(holography)는 피사체에 대한 모든 정보를 기록하는 기술을 의미하며 이들 정보를 기록한 매체 혹은 물질을 홀로그램이라고 한다(Kock, 1983).

2) 홀로그램 광고사례와 작동원리

초기의 홀로그램 광고의 기초가 되는 내용인 예술분야에서 도입된 SIMA(Site-specific Installation Media Art)는 다수의 대상공간을 입체적으로 분석한 후, 공간의 형태에 맞춰진 입체영상을 디스플레이나, 프로젝터에 투사해 구현하는 미디어아트의 한 장르다. 이것은 북미와 유럽에서 시작됐던 빌딩프로젝션이 발전된 형태로 시작되었다.

SIMA는 고정된 도시공간에 대형 영상의 스펙타클(spectacle), 탈스크린 그리고 컨버전스(convergence)를 꼽는다. 이 세 가지 요소들은 각각 광고와 예술적 요소들을 내포하고 있다. 따라서 SIMA를 활용적 측면에서 본다면 광고와 예술의 경계적 장르로 정의할 수도 있다. 이를 대표하는 사조로 보면 포스트모던(post modern) 예술상품을 만들어 낸 것이라고 할 수 있다. 포스트모던 해체, 탈경계는 광고 시장에서 주요하게 고려되는 요소다. 또한 컨버전스 개념이 산업 전반으로 확대되면서 이질적 장르를 복합적으로 섞어서 제3의 혼성적인 장르를 만들어 내는 시도들이 늘고 있는 것도 SIMA의 확대를 추동하는 요인이다. 대형 영상의 미디어 아트에 대한 수요가 늘어나면서 자연히 광고로까지 이어지고 있는 것이 최근의 추세로서 발전 방향을 생각해 볼 수 있다.

표 10-1 SIMA 시각적 표현 기준

공간 특성	표현 요소	내용
분열과 조합	조합성	표현 요소의 분열과 조합을 통해 새로운 요소로 표현
확장과 축소	공간변형	공간의 형태, 크기, 깊이의 변화를 통해 표현
키네틱성	운동성	표현 요소의 위치적 변화를 통해 표현함
퍼포먼스성	행위유발	사용자의 행위를 유발하거나 행위로 인하여 변화하여 표현
내러티브성	맥락성	시간성이나 맥락(context)의 변화를 연속성을 통해 표현
이미지연출	이미지	추상, 실제, 기호나 재잘 등 이미지를 이용하여 공간을 이미지화하여 표현함
증감과 감소	양적변화	공간의 변화요소를 표현 요소의 증감이나 감소를 통해 표현
투명성	투명성	주변 환경이나 대상과의 투명한 혼합이나 표현 요소들의 특성을 남긴 혼합 표현

출처: 신일기(2012), p. 62.

[그림 10-4] SIMA 사례

출처: Archi EXPO(2018).

이러한 사조는 도시공간매체로서의 강점을 내포하게 되는데, 공간이 한순간에 전혀 다른 공간으로 탈바꿈하는 경험해 보지 못한 광경을 제공하여 소비자에게 강렬한 경험을 제공할 수 있으며 이를 통해 SNS(Social Network Service)나 미디어를 통해서 빠르게 확산될 수 있다는 장점과 기호와 상징의 의미화에 의한 커뮤니케이션 도구로서 역할을 한다. 도시공간매체는 인간과 인간과의 사이의 공유영역을 이미지에 의한 커뮤니케이션의 장으로 인식하여 그 사이 영역에 공유 가치를 만들어 공간의 상징화를 가능하게 되는 강력한 장치가 될 수 있다.

디지털 홀로그램은 1960년대 이후 물리적으로 3차원 객체에 대한 정보 기록 및 재생을 하는 방법으로서, 홀로그램 이전부터 3차원 입체 이미지, 혹은 환영적 이미지를 만들어 내는 시각 장치들이 역사적으로 많이 존재했다. 특히 홀로그램은 인간이 물체에서 부딪쳐 나오는 빛으로 인해 3차원 물체를 인지한다는 원리를 바탕으로 한다. 이 물체의 빛을 생성하여 실제의 물체 형상을 재현하는 것이 가능하다는 아이디어로부터 이를 실현하고자 하는 것이 홀로그램이다(손욱호, 2011, p. 70).

홀로그램 이전의 3차원 영상 표기 기술이 눈의 폭주(양안 시선의 교차각)와 양안시차(양안 결상이 엇갈려 보이는 현상)의 두 가지 요소에 기인하는 입체감효과의 요인에 호소하는 것이었다면, 홀로그램은 눈의 조절 작용(수정체의 초점 맞춤)에 자연스럽게 조응하는 입체감을 가능케 했다(이승현, 2001, p. 57). 다시 말해, 기존의 3차원 디스플레이들은 공간상에 3차원 상을 형성하는 것이 아니라 관찰자의 좌우 눈에 서로 다른 화상을 주어 입체감만을 느끼게 하는 것이었다. 따라서 자연스러운 시차를 느낄 수 없는 등 입체감에 제한이 있고 관측자 눈의 수렴-조절 불일치(accommodation-vergence mismatch)를 일으켜 장시간 관측시 눈의 피로나 어지럼증을 유발한다.

홀로그램은 이와 근본적으로 다르게 빛의 회절현상을 이용하여 공간상에 실제로 3차원 상을 만들게 되므로 매우 자연스럽고 눈의 피로가 없는 완전한 형태의 3차원 영상의 표시가 가능하게 된다(박재형, 2011, p. 35). 이러한 홀로그램의 가장 큰 특징은 전용 안경을 쓰지 않고도 완전한 3차원 영상을 즐길 수 있으며, 시선의 변화에도 상관없이 입체감을 구현할 수 있다는 것이다. 이로써 기존의 양안시차 방식으로 만들어지는 3차원 영상 디스플레이 방식이 지니고 있는 시각 피로와 어지럼증 등의 문제점과 같은 시청의 불편함을 근원적으로 해결해 줄 수 있다(김문석, 2013, p. 4; 손욱호, 2011, p. 70; 임정희, 정진헌, 2017, p. 406).

홀로그램이 만들어지는 원리는 다음과 같다. 홀로그램은 레이저 광원에서 만들어진 빛을 두 개의 빔으로 나눈 후, 하나(기준파, reference wave)는 기록 필름에 직접 조사(照射, irradiate)하고 동시에 다른 하나는 기록하고자 하는 물체에 조사시켜서 반사되어 나온 빛(물체파, object wave)을 동일한 필름에 조사하는 방법이다. 이때 필름 위에서 기준파와 물체파가 만나게 되면 **간섭 현상**(interference)을 일으키고, 물체의 각 부분에서 반사된 물체파의 위상과 기준파의 위상 간 차이에 의해서 생성된 밝고 어두운 간섭무늬들이 필름에 기록된다. 이와 같이 간섭무늬의 형태로 물체의 3차원 형상이 기록된 사진필름을 홀로그램이라 하고 그 기술을 홀로그래피라고 칭한다(손욱호, 2011, p. 70; 임정희, 정진헌, 2017, p. 406). 이렇게 홀로그래피는 물체의 표면에서 난반사(亂反射, diffused reflection)된 빛의 위상 변화를 간섭 무늬 형태로 기록한 것이다. 이렇게 기록된 정보를 재생할 때는 기록 과정에서 사용하였던 기준파를 동일한 방향에서 입사시켜 회절을 일으키면 본래 물체가 있었던 위치에 동일한 상이 재현된다(김영민, 이병호, 2011, p. 21).

홀로그래피와 홀로그램은 기록과 재생 방식에 따라 '반사형'과 '투과형'으로 분류된다. **투과형**(transmission) 홀로그래피는 재생 시에 홀로그래피 뒤에서 빛을 비추

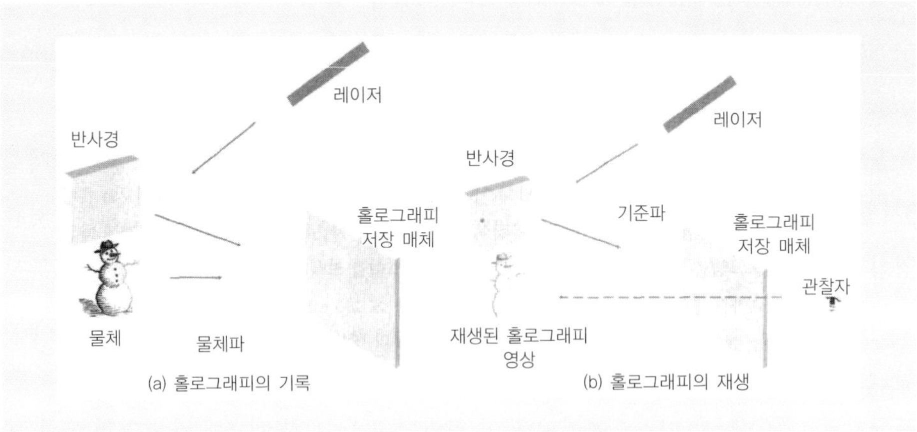

[그림 10-5] 홀로그래피의 기록과 재생

출처: 김영민, 이병호(2011), p. 21.

어 그 홀로그래피를 투과하여 나온 상을 홀로그래피 앞에서 관찰하도록 제작된 것이며 물체광과 기준광을 같은 방향에서 입사시킨다. 이는 다른 말로 '마스터 홀로그램(master hologram)'이라 부르며 주로 복제를 목적으로 사용된다. **반사형**(reflection) 홀로그래피는 홀로그래피의 앞에서 빛을 비추어 반사하여 나온 상을 홀로그래피의 앞에서 관찰하도록 제작되며 물체광과 기준광을 서로 반대 방향에서 입사시킨다. 입체감이 뛰어나고 물체의 재생성이 높아 자주 사용되며 컬러 홀로그래피에 유용하다(김문석, 2013, pp. 3-4; 윤지현, 2007, pp. 55-58). 홀로그램 입체 영상 표현방법으로는 스크린이나 특수 포일(foil) 등 반사판이 필요한 경우와 그렇지 않고 장비를 이용해 공중에 띄우는 방법으로 나눌 수 있다.

3. 프로젝션 홀로그램의 역사

오늘날 이미지 중심의 시대에 인문학을 위기라 말한다. 인간의 의식을 표현하고 이해함에 있어서 텍스트보다는 이미지, 영상을 선호하며 정보 전달의 매체의 변화를 요구한다. 커뮤니케이션 매체가 문자에서 영상으로 전환되는 시점은 디지털 기술이 우리의 일상에 깊숙이 자리하는 시기와 같다. 컴퓨터의 출현은 새로운 이미지, 디지털 가상을 등장시키며 합성과 복제가 가능한 이미지를 만들며 급기야 실물을 대체할 만한 가능성을 보인다. 디지털 테크놀로지(digital technology)의 발달과 더불어 가상을 표현하는 차원도 위상을 달리한다. 오늘날 기술의 발전으로 탄생한 가상은 새로운 현실이 된다. 빌렘 플루서(Vilém Flusser)[2]는 '대안적 세계'를 주장하면서 언젠가는 인간이 만든 가상이 실물을 대체할 것임을 말한다. 그는 가상과 현실은 질적인 면에서의 구분이 아니라 양적인 차이로 볼 수 있으며 그것은 밀도, 강도, 해상도의 차이임을 강조한다. 기술의 상상력으로 구현된 디지털 가상은 신화적, 마술적 특

2 빌렘 플루서(Vilém Flusser, 1920~1991)는 체코슬로바키아 출신의 철학자이다. 사진 등 미디어에 대한 철학을 전개했다.

성을 보이며 인간을 더욱 몰입하도록 만드는 이미지다. 인간이 세계를 표상하는 상징의 형식 변화를 빌렘 플루서는 이렇게 기술한다. 먼저, 인간은 생활 세계로부터 한 걸음 물러나 그것을 상상한다. 이어서 상상으로부터 한 걸음 물러나 그것을 기술한다. 그다음에 선형적 문자로 쓰인 비판으로부터 물러나 그것을 분석한다. 그리고 마지막으로 새로운 상상력에 힘입어 그 분석을 통해 얻은 합성 이미지를 투사한다.[3] 이렇듯 홀로그램의 역사는 인간의 의식을 표현하고 이해하는 과정인 미디어 발달사 흐름에서 보다 더 인간적인 경험과 상상력을 드러내 보이는 것으로 이해할 수 있으며, **가상표현의 진화**에서 제시한 것과 같이 가장 인간적인 형태의 하나로 이해할 수 있는 것이다.

표 10-2 가상표현의 진화

대표 이미지	시대 및 표현 매체	가상의 표현과 특징
 피그말리온의 조각상	구석기 시대 형상	주술적 상상력에서 다산을 기원하는 형상을 만들어 낸 주술적 행위
 알라미라 동굴 벽화	신석기 시대 벽화	현실의 소망을 이루려는 믿음의 기원을 동굴 벽화에 형상화함으로써 세계를 지배하려 함

3 진중권(2014). 이미지 인문학. 서울: 천년의상상. p. 52.

 활자 인쇄	문자 시대 활자	형상 대신 문자로 세계와 관계하며 역사가 시작되고 이성적 개념이 강조되며 철학과 과학이 발전함
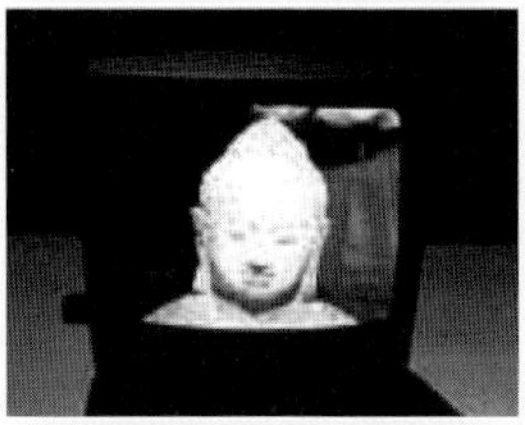 영상 이미지	전자 시대 기계	텍스트가 세계의 모상이라는 이념이 붕괴하며 기술적 이미지가 등장
 디지털 이미지(픽셀)	디지털 시대 컴퓨터	복제나 합성의 특징을 보이며 원본의 의미가 사라짐. 가상과 현실은 질적인 면에서의 구분이 아니라 양적인 차이로 볼 수 있으며 그것은 밀도, 강도, 해상도의 차이임이 강조됨
 증강현실, 가상현실, 홀로그램	스마트 시대 뉴 디바이스	새로운 매체의 등장은 디지털 가상의 표현을 다양화하며 점차 현실과 가상이 중첩되거나 구분을 사라지게 함

출처: 유해영(2015), p. 33.

1) 프로젝션 홀로그램의 기원

이러한 홀로그램 원형 원리에 대한 첫 번째 기록은 16세기의 나폴리의 철학자이며 과학자였던 잠바티스타 델라 포르타(Giambattista della Porta, 1535~1615)

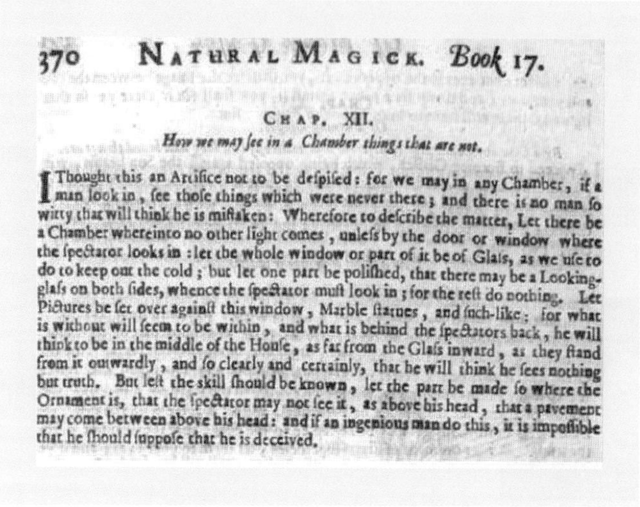

370 NATURAL MAGICK. Book 17.

CHAP. XII.

How we may see in a Chamber things that are not.

I Thought this an Artifice not to be despised: for we may in any Chamber, if a man look in, see those things which were never there; and there is no man so witty that will think he is mistaken: Wherefore to describe the matter, Let there be a Chamber whereinto no other light comes, unless by the door or window where the spectator looks in: let the whole window or part of it be of Glass, as we use to do to keep out the cold; but let one part be polished, that there may be a Looking-glass on both sides, whence the spectator must look in; for the rest do nothing. Let Pictures be set over against this window, Marble statues, and such-like; for what is without will seem to be within, and what is behind the spectators back, he will think to be in the middle of the House, as far from the Glass inward, as they stand from it outwardly, and so clearly and certainly, that he will think he sees nothing but truth. But lest the skill should be known, let the part be made so where the Ornament is, that the spectator may not see it, as above his head, that a pavement may come between above his head: and if an ingenious man do this, it is impossible that he should suppose that he is deceived.

[그림 10-6] 잠바티스타 델라 포르타의 저서

의 Magia Naturalis(Natural Magic)에 관한 저서 『How We May See in a Chamber Things That are Not』에서 유리를 이용한 속임수 마술 공연과 관련한 주의사항을 설명하면서 처음으로 언급되었다.

[그림 10-6]과 같이 그의 저서에 따르면 "프로젝션 홀로그램과 관련된 기록은 유리와 대리석을 이용한 환상 혹은 속임수효과를 이용한 마술 공연 시, 관객이 환상이라고 착각하게 만들어 관객을 속일 수 있도록 공연자(배우)는 정확하게 준비를 해야 한다."라는 내용을 담고 있다. 델타 포르타의 글을 통해 17세기에 '페퍼의 유령효과'라고 명명하기 이전에도 이러한 프로젝션 홀로그램의 원형 원리를 16세기에도 이미 알고 사용하였음을 알 수 있는 부분이다.

• 페퍼의 유령(Pepper's ghost)

페퍼의 유령효과는 영국 런던의 왕립기술전문학교(The Royal polytechnic institution)의 존 페퍼(John Pepper, 1821~1900)에 의해 그의 이름을 빌려 명명되었다. 사실 페퍼의 유령효과는 영국 리버풀의 엔지니어 헨리 더크(Herny Dircks,

1806~1873)가 고안한 무대 장치를 이용한 것이다. 어두운 방에서 피사체에 밝은 조명을 비추면 물체의 영상이 45도로 기울어진 거울에 반사되어 다시 무대 위에 비스듬히 설치된 유리판에 투사된다. 관객들의 눈에는 어두운 배경과 투명한 막에 비친 물체의 상이 겹쳐지면서 마치 유령이 실제 공간에 떠 있는 것처럼 보이는 효과를 가지는데 '디르크시안 판타스마고리아(Dircksian phantasmagoria)'[4]라고 불린다.

또한 헨리 더크의 저서 『The Ghost』(1863)에 관한 내용을 살펴보면 "유령 공연(드라마)을 제작할 때 사용되는 놀라운 착시효과"라고 이야기 한다. 무대 뒤의 배우는 다른 배우들이 무대 위에서 공연하는 동안 '디르크시안 판타스마고리아' 효과를 이용하여 객석 관객의 눈에는 마치 천상의 유령 같은 모습을 나타내었다. 존 페퍼는 이 같은 공연 기술을 보고 헨리 더크와 공동 특허를 내어 착시효과를 이용한 좀 더 큰 규모의 공연을 시작하였다. 1862년 12월 24일 크리스마스이브에 찰스디킨스(Charles Dickens, 1821~1870)의 〈신들린 사람(The Haunted Man)〉의 공연에 '디르크시안 판

[그림 10-7] 페퍼의 유령

출처: 소프트컴즈 블로그.

4 '디르크시안 판타스마고리아(Dircksian phantasmagoria)'란, 헨리 더크가 고안한 판타스마고리아 기술로 환영이라는 뜻의 '판타스마'에서 유래하였다. 이는 프랑스에서 발명된 환등기의 투사 이미지, 즉 환상을 지칭한다.

타스마고리아' 기술을 사용하여 막을 올렸고, 이때 헨리 더크는 존 페퍼에게 재정적 권한을 양도하는 계약서에 서명하여 이를 통해 헨리 더크의 '디르크시안 판타스마고리아' 기술효과는 존 페퍼의 이름에서 차용한 '페퍼의 유령'으로 알려지게 되었다. 그러나 존 페퍼의 다른 인터뷰에 따르면 존 페퍼가 자신이 벨기에의 유명한 마술사 티엔 개스퍼드 로버츠(Étienne-Gaspard Robert)의 회고록을 보고 난 후 페퍼의 유령효과 기술을 발전시켰다는 주장이 기록되어 있다.

2) 프로젝션 홀로그램 종류

(1) 플로팅 방식

플로팅(floating)이란 '부유하는' '떠 있는'이라는 뜻의 'floating' 단어 그대로 미러를 이용해 마치 영상이 허공에 뜬것처럼 보이는 홀로그램 방식을 말한다.

프로젝션 홀로그램에서의 플로팅 방식은 가장 기본 형태이다. 하프미러 또는 투영필름 등을 통해 투영된 영상을 보는 것으로 바닥이나 천정에 비추어진 영상을 실시간 공중에 떠 있는 것처럼 표현할 수 있게 하는 입체 영상 기술이다. 실물이나 미니어처와 같이 3차원적인 부피를 가지고 있는 물체는 3차원 가상 이미지로 표현해 주고 2차원의 화면은 2차원의 가상 이미지로 허공에 부양 또는 확대 표현한다. [그림 10-8]는 플로팅 방식의 홀로그램의 한 예시를 보여 준다. 상단의 프로젝터는 반사되는 바닥으로 영사하고, 반사된 영상은 투명막을 통해 마치 허공에 떠 있는 효과를 보이게 하는 것이다. 이때 전체적 조도를 어둡게 만들면 어두운 조도로 인해 관객은 스크린의 존재 여부를 알 수 없어 마치 허공에 떠 있다는 착각을 하게 된다. 해당 기술의 근원인 페퍼의 유령이 환등기 촛불의 빛을 이용하였다면 최근에는 모니터나 빔 프로젝트 또는 모바일디바이스 등의 디지털화된 영상을 투사한다. 최근에는 고해상도 프로젝트가 개발되면서 실물과 유사한 무대공연이 가능한 수준에 다다르고 있어 투사된 공연자와 실제 공연자의 합동 공연에도 사용되고 있다. 그 외에도 플로팅 방식의 프로젝션 홀로그램은 전시광고, 원격화상회의 등에 다양하게 활용되고 있다.

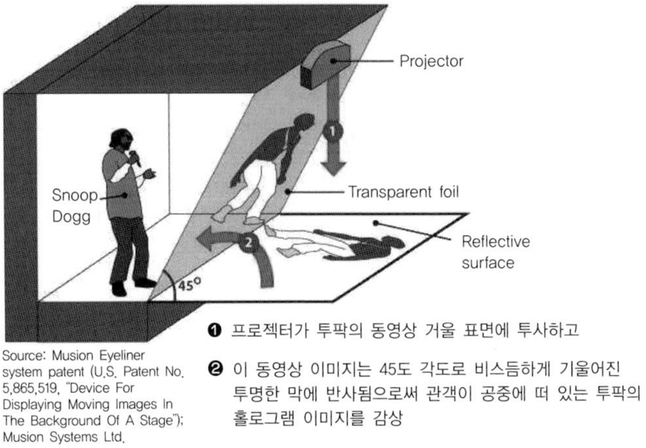

[그림 10-8] 플로팅 방식의 프로젝션 홀로그램 원리

출처: Ibtimes 홈페이지.

(2) 멀티플 레이어 방식

멀티플 레이어(multiple layers) 방식의 홀로그램이란 두 개 이상의 레이어를 가지고 홀로그램을 구현해 내는 기술이다. [그림 10-9]과 같이 각 레이어 사이는 일정한 거리를 두고 하프미러(half-mirror)를 배치하여 각각 상을 투영한 후 마치 깊이감과 함께 허공에 상이 떠 있는 효과가 있게 한다.

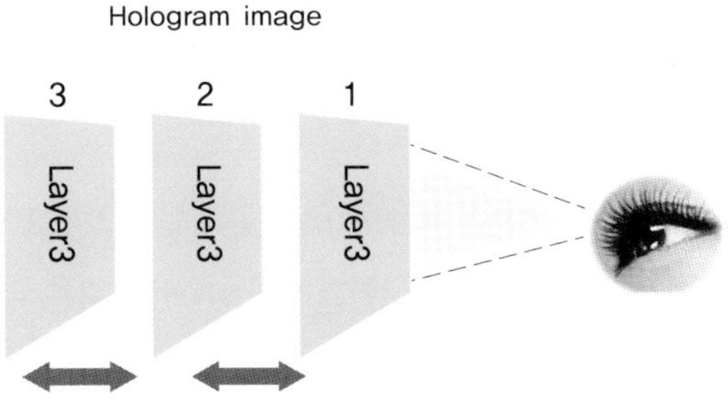

[그림 10-9] 멀티플 레이어 방식의 프로젝션 홀로그램

출처: hologram sticker 홈페이지.

최근 멀티플 레이어를 사용한 홀로그램 구현은 스마트 기기로도 가능하게 되었다. 하프미러 방식을 사용해 세 가지의 레이어를 한 화면에 반사해 보여 줌으로써 홀로그래피효과를 나타나게 해 주는 것이다. 하프미러를 45도 각도로 스마트 기기에 부착을 시킴으로써 입체적인 영상을 볼 수 있다. [그림 10-10]은 I3DG 제품을 이용하여 보이는 멀티플 레이어의 홀로그램 제품을 보여 주고 있다. [그림 10-10]의 (a)는 I3DG를 사용하기 위해 만들어진 템플릿이다. 세 가지 레이어에 각각 다른 콘텐츠가 들어가있다. 서로 다른 콘텐츠에 다른 깊이 값을 줌으로써 입체 홀로그래피 기술이 구현된다. [그림 10-10]의 (b)는 템플릿에 입력된 콘텐츠를 하프미러 방식을 이용해 재생된 화면이다.

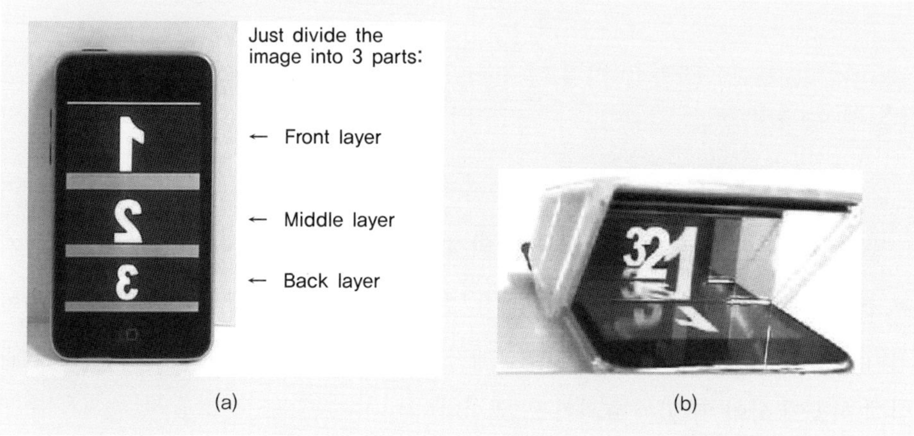

[그림 10-10] 스마트기기에 적용된 멀티플 레이어 방식의 홀로그램(I3DG)
출처: 유해영(2015), p. 56.

(3) 멀티플 앵글 방식

멀티플 앵글(multiple angles)을 사용한 홀로그램은 [그림 10-11]와 같이 다양한 각도에서의 영상을 투영시켜 전방향에서 관찰할 수 있어지도록 만든 홀로그램이다. 4방향 홀로그램(four-sided hologram) 혹은 피라미드 홀로그램(pyramid hologram)으로도 불린다. 해당 방식의 결과물은 관찰자가 360도 어느 방향에서 봐도 물체가 떠 있는 것처럼 보이게 된다. 결국 이 원리는 각각의 네 가지 그림이 끊임없이 정보

[그림 10-11] 멀티플 앵글 방식의 프로젝션 홀로그램 예시

출처: engagis 홈페이지.

를 내보내고 있는 것이고, 그 반사된 영상을 관찰자들이 하나의 떠 있는 홀로그램으로 인식한다.

콘텐츠의 제작 방식에 따라서 물체의 상, 하, 좌, 우 모습을 볼 수 있다. 전 네 방향에서 다른 모습을 보여 주고 싶다면 [그림 10-12]와 같이 각각의 네 가지 다른 콘텐츠의 그림이 있어야 한다. 네 가지 그림이 반사됨으로써 하나의 물체를 만들어 내고, 그것을 사람들이 볼 때 전 사방에서 투영된 하나의 떠 있는 홀로그램이 된다. 이

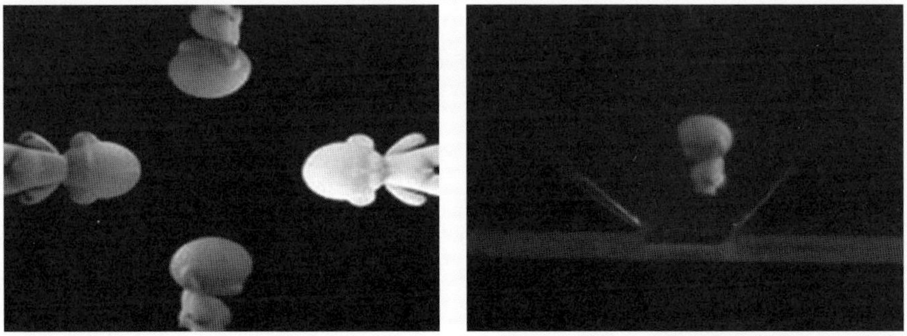

콘텐츠 제작 방식 재현된 상

[그림 10-12] 멀티플 앵글 방식의 프로젝션 홀로그램 재현

출처: ubernotes 홈페이지.

같이 피라미드 홀로그램은 네 가지 정보가 디스플레이되어 있는 평평한 곳에 피라미드 형태의 하프미러를 세팅해 놓으면 프로젝션 홀로그램처럼 인지되는 원리이다.

3) 단순 경험제공 광고로서 홀로그램

멀티미디어의 등장으로 다채널시대에 돌입하게 되어 ① 대화성, ② 개별성, ③ 전문성, ④ 망라성, ⑤ 선택성을 동시에 만족할 수 있는 멀티 미디어광고가 나타나게 되었다. 미디어의 디지털화가 이루어지며 이에 의해서 더욱 세분화된 미디어의 퍼스널화가 가능하게 되고 소비자 개개인에 대한 상호적 반응이 가능한 디지털 미디어 광고가 나타난다. 하이브리드적 미디어는 시공을 초월할 수 있는 대응력이 있고, 리얼타임(real time) 대응과 버추얼 리얼리티(virtual reality)의 실현이 가능해진다. 하

표 10-3 루이까또즈에서 홀로그래피를 이용한 광고물

이미지	내용
	패션 브랜드인 '루이까또즈(Louis Quatorze)'에서는 홀로그래피를 이용한 광고물을 매장 설치를 통해 상용화 가능성을 보여 주었다. '루이까또즈'는 2009년 2월 SWING H J4 1.0을 업그레이드하기 위한 프로젝트로 다시금 발전된 공고물을 설치하여 기술과 홍보물 모두를 만족하는 결과를 보여 주었다.
	부족하였던 정보 전달을 위해 플랫 디스플레이가 추가되었고, 제스처를 통한 디스플레이 간 콘텐츠 이동과 다양한 인터랙션이 만들어지게 되었다. 상용화에 자신감을 불어넣은 디스트릭트는 이어 좀 더 업그레이드 된 디지털 경험을 제공하는 광고물을 루이까또즈 매장 외부에 설치하여, 일반 사용자들과의 더 큰 접점을 만들어내기 위한 적용가능성을 시험하였다.

출처: 디스트릭트(d'strict) 홈페이지.

이브리드 미디어는 소비자의 잠재화된 니즈(need)를 발굴해 낸다든지 가상공간에서의 광고를 가능하게 한다.

가상광고로 공간에 홀로그램을 통한 광고방식은 하이브리드 광고의 좋은 사례가 된다. 광고 메시지를 효과적으로 전달하려면 메시지가 가능한 인간의 총체적인 감각기관에 모두 노출시키도록 하는 것이 효과적이다. 따라서 아직껏 광고에서 체계적으로 이용되지 못한 촉각, 미각, 후각을 광고 메시지 전달에 이용하면 매우 효과적이리라 생각된다. 이런 맥락에서 홀로그램은 시각, 청각, 그리고 촉각을 통합한 미디어로서, 평면적인 2D에서 입체적인 3D로광고 메시지의 표현차원을 확대시킨다는 점에서 기존의 다른 광고 미디어와 차별적 특징을 갖는다. 이러한 홀로그램 미디어는 광고메시지를 가상적 3차원 상에서 전달하게 함으로서 소비자와 제품 인터페이스를 혁신적으로 증대시킬 수 있다는 점에서 중요한 의미를 갖는다(조창연, 2009).

4) 혼합현실로서의 홀로그램

홀로그램은 3D 영화나 가상현실 이미지와 마찬가지로 3차원의 이미지를 제공하지만, 관람자를 가상의 공간으로 데려가지 않는다. 홀로그램은 관객의 신체와 지각에 어떠한 제약도 없이 가상의 이미지를 관객 앞에 가져온다. 관객은 3차원 이미지를 재현하는 장치를 통해 다른 공간으로 들어가는 것이 아니라 관객은 자신이 서 있는 물리적 공간에서 가상의 이미지를 시각적, 촉각적으로 경험한다. 가상의 이미지는 물리적 공간과 자연스럽게 섞인다. 이렇게 홀로그램이 만들어 내는 이미지 공간은 '**증강현실**(augmented reality)' 혹은 '**혼합현실**(mixed reality)'의 성격을 갖는다. '증강현실'은 대체로 "실세계와 가상세계를 이음새 없이 실시간으로 혼합하여 사용자에게 보다 향상된 몰입감과 현실감을 제공하는 기술"로 이해되며 일반적으로는 "사용자가 눈으로 보는 현실세계에 가상 물체를 겹쳐 보여 주는 기술"이라고 정의된다(이용수, 2015, p. 195). 이는 "현실세계에 실시간으로 부가정보를 갖는 가상세계를 합쳐 하나의 영상으로 보여 준다는 점"(Milgram & Kishino, 1994, 이용수, 2015, p. 195

표 10-4 홀로그램 해외 사례

이미지	내용
 칼스버그 맥주 3D 프로젝션 맵핑	덴마크의 맥주회사인 칼스버그(Carlsberg)는 영국 도버 해협의 White Cliff에서 프로젝션 맵핑 광고를 선보였다. 거대한 바다 옆의 실제 해안절벽에서 진행된 프로모션에서는 마치 벽이 무너져 내리고 산산조각이 나는 과정에서 인부들과 헬리콥터가 등장하여 절벽을 하얗게 페인트칠하는 것처럼 보인다. 특히 영화음악처럼 특수 제작된 사운드의 효과와 커다란 규모 앞에서 칼스버그 맥주만의 브랜드 콘셉트를 하나의 잘 제작된 광고처럼 선보이고 있다. 이러한 프로젝션 광고는 제작 이후 온라인을 통해 바이럴 마케팅(viral marketing)과 더불어 진행하여 사람들에게 흥미와 관심을 이끌어 낸다.
 인터랙티브 미디어 월	Adexview의 솔루션 홀로그램 기술은 소비자에게 '윈도우 쇼핑'의 완전히 새로운 방식, 구매욕 상승과 회사의 이미지 홍보를 위한 좋은 방법이었다. 리어프로젝트 스크린은 상점외부, 자동차딜러숍, 여행사, 박물관, 은행, 공항, 기차역 및 공공장소에 이상적이다. 이러한 홀로그램 기술은 소비자의 어떠한 공간, 시간에 구애받지 않고 제품을 소개하거나 경험할 수 있다. 사진에서 보이는 것처럼 자신의 집이나 사무실 등에서 원하는 제품을 원하는 시간에 경험할 수 있어 쇼핑의 새로운 방식을 보여주었다. 인터랙티브 미디어 월(Interactive media-wall)은 광고홍보 분야에만 국한된 것이 아니라 회의, 신제품 설명, 교육 분야 등에 활용이 가능하다. 특히 교육의 분야에서는 학생들의 집중도와 경험성에 초점을 맞추어 교육이 가능하다.

출처: findclip 홈페이지(사진, 상), fraunhofer 홈페이지(사진, 하).

에서 재인용)에서 혼합현실이라고도 부를 수 있다.

증강현실에서의 대상은 관객 앞에 현전해 있다. 가상현실은 관객이 가상의 세계로 들어감으로써 '현전하고 있는 것 같은' 감각을 느끼게 하는 반면에, 증강현실의 대상은 관객에게 '내가 있는 현실로 소환되어 보이는 것'으로 느끼게 한다(이용수, 2015, p. 198). 혼합현실은 이러한 가상현실과 증강현실의 특성을 포함한다. 이렇게 혼합현실은 실제 환경에 가상의 정보를 실시간으로 혼합하여 사용자가 가상의 정보와 상호작용함으로써 정보의 효용성을 극대화시킬 수 있게 만드는 기술이다(이상국, 2007, p. 1). 이처럼 홀로그램은 실제의 물리적인 공간에 가상의 이미지를 현전하게 만든다는 점에서 증강현실, 혹은 혼합현실 기술의 한 양상이다. 홀로그램은 "현재의 삶의 공간과 비가시적인 가상공간의 삶을 일치시키려는 기술"로서 물리적인 공간에 가상의 입체 이미지를 겹쳐 놓는 시각 매체이다(김희영, 2013, p. 2).

표 10-5 홀로그램 국내 사례

이미지	내용
 김덕수 사물놀이패의 '죽은 나무 꽃피우기'	사물놀이 리듬이 공연장에서 울려 퍼지는 동안 무대 위의 죽은 나무에서 갑자기 꽃이 피거나 여러 명의 김덕수가 다른 악기로 연주를 하는 등 초현실적인 장면이 펼쳐졌다. 공연에서 특별히 제작된 인터랙션 기능인 사운드 센싱 기술은 관객이 상황에 따라 박수를 치거나 함성을 지르면 무대는 소리에 반응하여 각각 반응한다. 꽃이 피거나, 꽃잎이 관객을 향하여 다가오거나 바람이 부는 효과이다. 홀로그래피효과는 여기서 더욱 빛을 발하여 무안경 3D효과를 보여 준다. 관객은 안경이 없이 무대를 보는 것만으로도 입체감 있는 영상을 볼 수 있다. 이러한 효과를 위하여 홀로그램 프로젝션은 인터렉티브 기능과 함께 반응하도록 설계되었다.
 현대 엑센트 3D 프로젝션 맵핑	자동차 회사인 현대자동차는 이번 프로젝트를 국내의 디스트릭트에 요청하고 홍보물은 말레이시아 쿠알라룸푸르에서 New Accent를 홍보하기 위해 펼쳐진 3D 프로젝션을 통한 프로모션을 선보였다. 거대한 빌딩 외벽에 자사 자동차인 New Accent를 거꾸로 매달고 스턴트맨이 차량에 탑승하는 순간 3D 프로젝터를 가동하여 마치 외벽을 무대의 한 장면처럼 꾸몄다. 화려한 영상과 음악이 어우러지며 역동적이고 미래 지향적인 New Accent의 브랜드 콘셉트를 약 1,000여 명의 관중들에게 보여 주었다. 이러한 홍보 전략을 통하여 수많은 관객은 휴대폰과 카메라를 통하여 전 세계에 퍼졌으며 특히 SNS와 블로그 등을 통하여 화제가 되었다.

출처: 라이브파크 홈페이지(사진, 상), KOCCA 홈페이지(사진, 하).

홀로그램 콘서트는 홀로그램의 혼합현실의 특성을 명확히 보여 준다. 실제로 공연이 존재하는 물리적인 무대 공간에 디지털로 제작된 홀로그램 이미지가 재현되는 홀로그램 콘서트는 실제 환경에 가상의 정보를 실시간으로 혼합하여 관객이 콘서트 이미지와 상호작용할 수 있게 만드는 것이다. 이로써 관객은 콘서트라는 이미지가 제공하는 정보의 효용성을 극대화시켜 공연을 관람한 것과 같은 경험을 제공받는다. 아이돌 홀로그램 콘서트의 경우 상설 전용 공연장이 만들어지기도 한다. 무대와 객석으로 분리된 공연장에 조명을 비롯한 특수 무대 장비들이 기존의 공연장과 같은 물리적인 공간으로 조성된다. 이 무대 위에 홀로그램으로 제작된 콘서트 이미지가 상영되는 것이다. 실제 가수의 이미지는 무대 위에서 똑같이 노래하고 춤춘다. 관객들은 가상의 공간이 아니라 콘서트를 위해 마련된 물리적 공간에서 가상으로 제작된 콘서트 이미지를 경험한다. 콘서트홀에 '입장'하고 공연을 즐긴 후 '퇴장'을 하는 일련의 과정은 단순히 헬멧을 쓰고 벗는 것으로 이루어지는 가상적인 것이 아니다. 관객의 몸은 그 과정에서 출발과 도착의 장소가 아니라 실제 물리적인 역할을 하며 관객의 정체성 역시 가상의 것이 아닌 상태로 공연을 즐길 수 있다. 이렇게 가상적인 이미지와 물리적 공간이 자연스럽게 섞인 혼합현실 환경에서 관객은 자신의 정체성

표 10-6 싸이의 홀로그램 공연 장면

이미지	내용
	클라이브(KLIVE)는 세계 최초 K-pop 홀로그램 전용관이다. 한국의 대표적 콘텐츠인 k-pop과 디지털 기술을 결합하여 동대문 디자인 플라자 내에 있는 홀에서 싸이, 빅뱅, 투애니원 등 한류스타들을 입체영상으로 만날 수 있는 곳이다. 홀로그램 영상을 구현하기 위해 270도 뷰의 미디어 파사드 영상에 홀로그램 이미지를 투영하였다. 공연 내부 벽면에 다이내믹월을 설치하여 공연 도중 벽체가 개방되는 역동감을 주었다. 외국인 관광객 및 해외 팬들이 관람할 수 있는 공연 콘텐츠로 가능성을 보여 주었다.

출처: Klive 홈페이지.

을 그대로 유지한 채 가상의 콘서트에 몰입하기가 수월하다. 관객은 익숙한 물리적 공간에서 '자연스럽게' 가상적 이미지와 상호작용하며 홀로그램이라는 시각매체로 매개된 이미지를 투명하게 경험하고 몰입한다.

관객이 직접 움직이며 이미지와 상호작용할 수 있는 만큼, 관객의 신체도 중요한 역할을 한다. 혼합현실의 홀로그램 이미지는 물리적 세계와 구분되는 정보공간이 아니라 물리적 세계와 혼합된 상태로 존재하며 이에 따라 혼합현실 시공간 속에서 수용자의 몸은 지각 활동의 중심으로서 핵심적인 역할을 담당한다(이은아, 2015, p. 97). 홀로그램 이미지는 360도의 입체 영상이며 관객은 이미지 주변을 적극적으로 움직여 이미지를 지각한다. 또 관객은 가상의 세계로 들어가며 가상의 시선으로 이미지를 바라보는 것이 아닌 만큼, 자신의 육안으로 이미지를 지각하게 된다. 이렇게 홀로그램에서 "수용자의 몸은 인터페이스로 작동하고 이로 인해서 가상의 이미지는 지각 가능한 시공간으로 변모"한다(이은아, 2015, p. 97). 특히 앞서 사례로 들었던 홀로그램 콘서트의 경우 관객의 존재는 혼합현실의 중요한 일부로서 홀로그램 콘서트를 완성시킨다. 홀로그램 콘서트는 기존의 영상매체에서처럼 다른 물리적 공간에서 진행되는 콘서트의 영상을 단지 재현하는 것이 아니다. 홀로그램 이미지로 제작하기 위해 특별히 촬영된 공연은 카메라 너머의, 이미지 너머의 관객을 가정한다. 그 이미지만 상영되었을 때는 콘서트로서 완전한 것이 아니다. 관객은 무대 아래에서 객석이라는 공간에서 홀로그램이라는 이미지로 만들어지는 콘서트를 감상하고 즐기며 홀로그램 콘서트라는 가상적 이미지와 물리적 공간을 섞는 중심 역할을 한다. 홀로그램이 만들어 내는 가상의 시공간은 유동적이며 구체화되지 않는데, 이미지를 선택하고 구체화하는 수용자의 몸에 의해서 혼합현실 시공간으로 재구성되는 것이다(이은아, 2015, p. 97). 이러한 시공간은 "가상적인 것만도, 현실적인 것만도 아니고 비물질적인 것만도, 물질적인 것만도 아니며 세계이면서 동시에 주체의 신체적 현존까지 포괄한 제3의 시공간"이다(이은아, 2015, p. 108). 이렇게 홀로그램은 혼합 현실의 새로운 시공간을 제공하며 이 시공간에서 관객은 기존의 지각경험과는 다른 이미지 체험을 하게 된다.

[그림 10-13] 매직리프(Magic Leap)의 증강 콘텐츠를 사용한 혼합현실
출처: KBS NEWS(2016. 7. 24.).

표 10-7 KT, 세계 최초 한국-미국 간 홀로그램 텔레프레젠스(telepresence) 생중계

이미지	내용
	마이클잭슨 헌정 앨범 'LET'S SHUT UP & DANCE' 발매 기념으로 마련된 이벤트로 5G 통신망을 기반으로 영국, 미국, 한국에 있는 관계사들이 행사에 의미와 가치에 대한 실물 크기의 화면으로 상대방의 모습을 보며 화상 회의를 할 수 있는 기술을 시연하는 형태로, 이후 온라인을 통해 바이럴 마케팅과 더불어 진행하여 사람들에게 흥미와 관심을 이끌어 낸다.

출처: aitimes 홈페이지.

4. 융합형 문화 콘텐츠

1) 융합형 콘텐츠

문화 콘텐츠라 함은 상상력, 예술성, 가치관, 생활양식 등 정신적으로 담고 있는 일

종의 문화상품(cultural commodity)으로서 문화유산, 생활양식, 창의적 아이디어, 가치관 등 문화적 요소들이 창의력과 기술력을 바탕으로 체화되어 유통되면서 고부가가치를 창출하는 상품을 가리킨다. 구체적으로는 영화, 애니메이션, 만화, 게임, 음악, 캐릭터, 방송, 에듀테인먼트 등의 장르로 분류할 수 있으며, 이들은 문자, 음성, 데이터, 이미지 그리고 동영상 등의 포맷으로 표현된다. 또 다른 표현으로는 창의력, 상상력을 원천으로 하는 문화적 요소가 체화되어 경제적 가치를 창출하는 문화상품을 의미하기도 한다. 이 경우 창의성과 기술이 뒷받침될 때 비로소 고부가가치를 창출하는 상품으로써의 가치를 갖게 된다고 본다. 그러나 이러한 정의에 따르면, 문화 콘텐츠는 문화 예술적 가치에 상관없이 경제적 가치를 기준으로 하기 때문에 상품성 높은 문화 콘텐츠에 초점을 둘 수밖에 없다. 상대적으로 상품으로서의 성공에 상관없이 계량화하기 힘든 가치를 내재한 문화예술 콘텐츠는 관심 영역 밖에 두게 된다. **공공문화 콘텐츠**의 개념과 지원의 필요성은 바로 여기서 출발한다고 할 수 있다. 문화 콘텐츠 가운데 상업성이 낮지만 높은 사회문화적 가치를 가진 분야의 콘텐츠를 공공 문화 콘텐츠라고 할 수 있는 것이다. 즉, 공공문화 콘텐츠라 함은 문화 콘텐츠 가운데서도 시장의 의해 공급되지 않거나 시장에 기반을 두고 공급되는 경우 제작과 향유가 원활히 이루어지기 힘든 비상업적 분야의 문화 콘텐츠를 가리킨다. 구체적으로는 방송, 전시, 공연, 출판 등의 유통 포맷을 통해 향유되는 TV 프로그램, 순수예술, 전통예술 및 공예 등의 문화 콘텐츠를 포함한다. 이들 분야의 문화 콘텐츠는 비상업적 속성이 강하여 시장 기능에 일임하는 경우 제작과 향유 과정이 원활히 이루어지기 힘들다는 속성을 가진다.

문화 콘텐츠는 산업화 과정을 거치면서 오락적 요소가 가미되어 상품의 부가가치에 큰 역할을 하는 산업, 오락화된 문화산업을 중심으로 논의되는 경향이 있다. 그러나 기본적으로 오락화된 문화 콘텐츠 산업 역시 기초 문화, 예술을 토대로 한다는 점에서 오락적 요소가 상대적으로 낮은 분야의 문화 콘텐츠와 관계성을 뗄 수가 없다. 창의성 중심의 기초 문화 인프라를 토대로 해야 문화 콘텐츠의 상품적 가치가 높아질 수 있다는 것은 많은 연구를 통해 지적되고 있는 사항이기도 하다. 따라서 공공문화 콘텐츠는 문화 콘텐츠 전반의 근간을 이루는 원천이라고도 할 수 있다. 해외 기관들의 융합에 대한 정의를 바탕으로 융합형 콘텐츠의 개념을 정리해 보면 융합은 서로 다른 기술이나 산업분야 간에 효율과 성능 개선 등을 목적으로 결합됨으로써 존재하지 않았던 새로운 기능이나 서비스를 창출하는 현상, 기술 및 산업 측면에서 발생한 개념이라고 볼 수 있다.

먼저, 기술 측면에서의 융합은 서로 다른 기술요소들이 결합되어 개별 기술요소들의 특성이 상실되고, 새로운 특성을 갖는 기술과 제품이 탄생하는 현상이라고 설명할 수 있다. 한편, 산업 측면에서의 융합은 타 산업의 기술이 기존 산업 내 요구를 만족시킬 수 있는 유사성을 갖게 되면서 형성되는 것으로 크게 산업 내 융합과 산업 간 융합으로 구별된다. 산업 내 융합은 기존의 콘텐츠 산업에 CT(Curture Technology)가 융합되어 만들어진 개념으로 이러한 콘텐츠를 **디지털 콘텐츠**라고 하며, 기존의 콘텐츠 산업뿐만 아니라 타 산업에 CT가 융합되어 만들어진 콘텐츠를 융합형 콘텐츠라고 한다. 문화체육관광부는 **융합 콘텐츠**를 "IT 기술을 바탕으로 네트워크를 통해 서비스되며, 제조, 서비스업 등 타 산업과의 접목이 용이한 디지털 콘텐츠 산업의 새로운 유형으로 기존 오락형(entertainment) 콘텐츠를 넘어서 지식, 정보, 다양한 유형의 서비스를 포함하는 미래형 콘텐츠"라고 정의하고 있다.

콘텐츠 산업에 대한 융합화가 지속될수록 향후 콘텐츠 영역의 변화가 다양하게 전개될 것으로 전망되는 가운데, 산업분야 측면에서는 영화, 방송, 음악, 게임, 애니메이션 등의 기존 콘텐츠는 콘텐츠 간 결합과 타산업과의 결합으로 관광, 스포츠, VW(Virtual World), 가상 현실(Virtual Reality: VR), 컴퓨터그래픽(Computer Graphics: CG), 테마파크, 양방향 콘텐츠, 모바일 콘텐츠 등으로 확대될 것으로 예상된다. 또한 최근에는 국방, 의료, 건축 등의 분야에까지 확대되고 있는 상황이다. 형태 측면에서는 음성, 문자, 이미지, 데이터, 동영상 등의 문화 콘텐츠가 향후 기술혁신으로 파일형태의 디지털 콘텐츠, 임베디드 소프트웨어 등으로 다양화될 전망이다. 유통 측면에서는 향후 방송, 통신, 출판, 공연, 전시 등의 문화 콘텐츠가 방송 통신 융합으로 새로운 매체인 WiBro, IPTV 등에 탑재되어 콘텐츠를 제공받을 수 있을 것으로 예상된다. 이와 같은 융합형 콘텐츠는 다양한 형태로 존재할 수 있는데 기존 콘텐츠 간의 융합과, 새로운 매체 및 플랫폼과의 융합, 타 산업과의 융합으로 구분할 수 있다. 기존 콘텐츠 간의 융합은 기존의 문화 콘텐츠 산업에 ICT가 접목되어 효율성 및 가치가 제고되고 제품 및 서비스 품질이 강화되는 것을 의미하며 새로운 매체 및 플랫폼과의 융합은 방송 및 통신 등의 매체산업에 ICT가 융합되어 새로운 사업영역이 만들어지는 경우를 의미한다.

표 10-8 융합형 콘텐츠의 유형 및 정의

융합형 콘텐츠 산업		개념	예시
산업 내 융합	기존 콘텐츠 산업 + ICT	기존 콘텐츠 산업에 ICT가 접목되어 효율성 및 가치가 제고되고 제품 및 서비스 품질이 강화되는 경우	• 영화 + ICT(3D 영화, CG, CG 활용 영상 등) • 에듀테인먼트
	콘텐츠 산업 (플랫폼 기반) + ICT	플랫폼 기반의 콘텐츠 산업에 ICT가 접목되어 전통적 콘텐츠 제품 및 서비스에서 벗어나 새로운 사업 영역을 개척한 경우	• 방송통신 융합(방송, 모바일, 인터넷) + ICT(IPTV, SNS, 양방향 등)
산업 간 융합	타 산업 + ICT/ 콘텐츠 산업 + ICT + 콘텐츠 산업	콘텐츠 산업에 ICT가 접목되어 전통적 콘텐츠 제품 및 서비스에서 벗어나 새로운 사업 영역을 개척한 경우	• 교육 + ICT(u-learning) • 의료 + ICT(건강관리 콘텐츠) • u-러닝, 디지털 VW
	새로운 산업 + ICT	ICT 융합에 따른 강화, 확장, 결합의 과정에서 전혀 새로운 콘텐츠 산업이 새롭게 등장하는 경우	• 사이버 라이프 + ICT(메타버스) / 아바타 + ICT(아바타 기반 VW) • 가상현실 콘텐츠(가상 의료, 체험형 관광, 시뮬레이션 등)

출처: 한국전자통신연구원(2010), Insight Plus 재구성.

문화체육관광부에서는 CG, 가상현실, VW, u-러닝, 방통융합 콘텐츠를 차세대 융합 콘텐츠로 분류하고 있으며 이와 같은 융합 콘텐츠는 타 산업과의 연계를 통해 향후 크게 성장할 것으로 전망하고 있다. 최근 IT산업의 성숙기 진입하고, 개별산업의 효율을 획기적으로 향상시키기 위한 성장 모멘텀 발굴로 인해 산업 간의 경계가 약화되고, 디지털 융합 및 IT 및 여타 분야의 기기 및 서비스가 디지털 기술로 수렴됨으로써 신기술이 확산되고 있다. 또한 복합 니즈의 시대로 접어들었으며, 안전함, 편리함, 즐거움 추구에 대한 욕구가 크게 증대되면서 니즈가 복합화되는 현상이 일어나고 있다. 이로 인해 콘텐츠 산업의 융합이 점차 확산되고 있는 상황이다.

2) 메시지로서 홀로그램 미디어

사실은 미디어 발전의 진화적 과정을 살펴보아도 알 수 있다. 음성기호가 주를 이루었던 시대에는 귀가 인간의 주도적인 감각기관이었고 다른 감각기관은 청각 기관을 중심으로 균형을 이루고 있었다. 그 후 문자기호가 생겨나면서 문자를 읽고 해독하는 기능이 중요하게 등장함에 따라서 시각을 중심으로 인간의 감각균형은 재편되기 시작한다. 즉, 문자의 배열과 구조의 토대가 되는 원리인 순차적이고 선형적인 논리와 이에 따른 범주화 및 분류를 선호하게 된다. 문자에 의존하는 매스미디어(mass media)의 등장은 인간커뮤니케이션을 시각에 지나치게 의존적이게 함으로써 감각균형을 깨뜨려 시각 위주의 인식구조가 나타나게 된다(Mac Luhan, 1962). TV 미디어의 등장은 시각 중심적인 인식구조에 청각적인 요소를 가미함으로서 청각과 시각을 통합하는 통합적 미디어 인식이 가능하게 되어, 인간이 메시지를 인식하는 방식을 크게 바꾸어 놓았다. 미디어의 이러한 진화적 발전 과정이 함축하는 것은 언어에도 메타언어가 있듯이 미디어 그 자체에도 일종의 메타언어가 존재하며, 이것은 그 자체가 일종의 메시지로 작용한다. 통합미디어로서 홀로그램 미디어는 우리 감각기관의 영역을 확장하고, 이러한 것은 궁극적으로는 사물을 인식하는 방식을 바꾸게 하는 메타언어의 메시지로 작용하게 될 것이다.

(1) 홀로그램 최신 정책 동향

국내에서는 홀로그램을 이용한 실감형 콘텐츠 개발을 위하여 정책적으로 지속적인 연구개발 투자를 하고 있다. 2014년 ICT 분야의 새로운 성장 동력으로서 홀로그램 산업을 활성화하기 위하여 "홀로그램 산업발전전략"을 통하여 투자가 본격화되었으며, 2015년 "디지털 콘텐츠 산업육성계획"을 통하여 홀로그램, CG, 가상현실 등의 디지털 콘텐츠 원천기술을 통한 융합사업 발전을 위한 정책을 수립하였다. 또한 2016년 "미래성장동력 종합실천계획"에서는 20년까지 실감형 콘텐츠 분야에서 홀로그램 캐릭터 콘텐츠 기반 서비스 개발을 추진하기 위한 정책을 진행하였다. 국내뿐만 아니라, 국외에서도 미국, 유럽, 중국 등 다양한 국가에서 홀로그램 정책을 미래핵심기술로 지정하고 산업 육성을 위해 정책을 추진 중이다. 미국은 홀로그램을 차세대 기술로 지정하여 공공분야에 적용하고 있다. 특히 국방부에서는 작전지역에 홀로그램 지도를 활용하여 군사작전을 수행하고 있으며, 이 밖에 해저 탐사 및 감시를 위하여 홀로그램 정보를 사용하여 정확한 영상 정보 획득을 위한 연구에 투자를 하고 있다. 유럽은 ICT혁신 프로그램인 "Horizon 2020"에 800억 유로를 투자하여 홀로그램을 포함한 실감 미디어 분야의 연구 개발을 선도하여 추진하고 있다. 중국

표 10-9 국내 홀로그램 관련 정책 추진 현황

홀로그램 산업발전전략 (2014년)	'홀로그램 LIVE 전략'을 마련하고 '新 ICT 홀로그램 창의국가 실현'을 비전으로 함
국가중점과학기술 전략 로드맵 (2014년)	과학기술기본계획상 국가전략기술 중요도의 5대 중점기술 중 '실감형 콘텐츠'에서 디지털 홀로그래픽 콘텐츠 제작기술을 미래 핵심기술로 선정함
디지털 콘텐츠 산업육성계획 (2015년)	디지털 기술 패러다임 변화 시기에 세계시장을 선도할 5대 기술 중 하나로 홀로그램 기술을 선정함
미래성장동력 종합실천계획 (2016년)	민간주도, 참여 기반의 총 19대 분야 주요 제품 및 서비스 제공을 위한 실천전략 중 5세대 이동통신 분야에 홀로그램 서비스 및 영상 단말기 서비스 개발 추진 계획
디지털 라이프 실현을 위한 홀로그램 기술 개발 사업 (2018년)	글로벌 시장에서 혁신적인 홀로그램 기술-서비스에 대한 주도권 확보 및 신서비스 확산을 위한 제도 및 규제 정비를 계획

출처: 강훈종 외(2019), p. 17.

과학원은 "창신(創新) 2050"을 통하여 국가문화산업연구센터를 중심으로 문화재 복원에 홀로그램 기술을 적용하고, 자국의 홀로그램 화폐 기술을 기반으로 화폐 동맹 구축을 위하여 인쇄기술 개발에 투자를 진행 중이다. 이처럼 국내뿐만 아니라 국외에서도 홀로그램을 3D 디스플레이 산업의 차세대 핵심기술로서 많은 투자가 이어지고 있다. 이러한 홀로그램 산업 발전을 위한 국가의 정책적인 투자는 기업, 기관, 학교 등의 연구소에서 다양한 분야에 응용 가능한 산업기술을 개발가능하게 하는 원동력이 된다.

(2) 홀로그램 최신 기술 동향

홀로그램 연구 분야는 크게 콘텐츠를 획득하는 기술, 획득한 콘텐츠를 홀로그램으로 생성하고 처리하는 기술, 생성한 홀로그램을 복원하여 3D 이미지로 재현하는 기술로 구분할 수 있다. 홀로그램 콘텐츠를 획득은 3차원 공간상에서 객체에 대한 형상, 색, 깊이 정보 등의 3차원 정보를 위하여 홀로그램을 획득하고 분석하는 기술이다. 미국의 ZYGO에서는 coherence scanning 및 phase-shifting 간섭계 기술을 사용하여 각종 소자의 구조 표면의 미세한 형상 및 조도를 비접촉 방식으로 정밀하게 측정할 수 있는 장비를 개발하여 산업에 사용하고 있다.

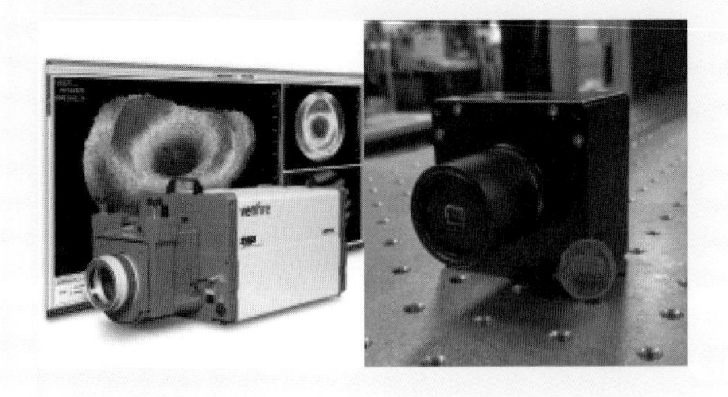

[그림 10-14] 홀로그램 획득을 위한 다양한 장치

출처: 동아사이언스 홈페이지.

최근 홀로그램 기술은 획득된 3차원 정보를 사용하여 얻은 가상객체와 실객체의 정밀한 정합을 이용한 실감 콘텐츠와 같은 다양한 응용분야에 활용되고 있다. 여기에 더해, 네트워크의 비약적인 발전과 빅데이터 기반의 분석 기술의 향상으로 5G 네트워크, 인공지능 플랫폼의 기술과 융합된 다양한 제품들도 출시가 되고 있다. 일본의 GATEBOX의 gtbx-100모델은 2016년에 가상의 캐릭터를 홀로그램 형태로 캡슐안에 플로팅하여 사용자와 인공지능 플랫폼에 기반을 둔 음악 및 스마트 홈서비스 등을 제공하는 제품을 출시했다. 또한 미국의 마이크로소프트는 홀로렌즈를 이용하여 실제 공간과 가상의 홀로그램 콘텐츠가 혼합된 혼합현실(MR)을 실현 가능하게 하여 3차원 영상을 원하는 실공간에 배치하여 작업을 하거나, 3차원 수술실을 구현하여 손짓만으로 수술실 기구 배치를 옮길 수 있는 인터렉션이 가능한 서비스를 선보였다. DAQRI는 마이크로소프트의 홀로렌즈와 유사한 스마트 글라스를 개발하는 업체로, 증강현실 HMD뿐만 아니라 차량용 HUD 개발에도 홀로그램 기술 개발을 적용하고 있다. APPLE은 증강현실 안경을 개발하는 아코니아 홀로그래픽스를 인수하여 2020년 출시를 목표로 하는 AR글래스는 아이폰에 이은 차세대 기기로 각광받고 있다.

국내에서도 이런 홀로그램 콘텐츠를 가시화하여 디스플레이뿐만 아니라 참여형 인터랙티브가 가능한 연구와 제품이 출시가 되고 있다. 플로팅 기술을 활용하여 홀로그램 디스플레이 내부 안에 제품 또는 특정 상품을 넣어 영상을 입힌 '헬로그램'이라는 기술을 사용하여 전시회 및 광고 등의 서비스를 제공하고 있다. KT는 홀로그램을 사용한 교육과 엔터테인먼트 공간을 구성하여 270도 회전이 가능한 파노라마 스크린, 서라운드 사운드, 참여형 인터랙티브가 가능한 문화공간을 구성하여 제공한다.

2018년에는 지니뮤직이 뮤지션의 생전의 모습에 새로 촬영한 영상을 입혀 고해상도의 입체 영상을 재현한 '故유재하 홀로그램 공연'을 진행하였으며, BASE는 무대위의 할리우드 '배우 故에이미의 행동'을 재현하기 위해 움직임을 센서로 추출하여 컴퓨터 그래픽으로 입힘으로써 '2019 에이미 와인하우스 홀로그램 투어'를 계획하고

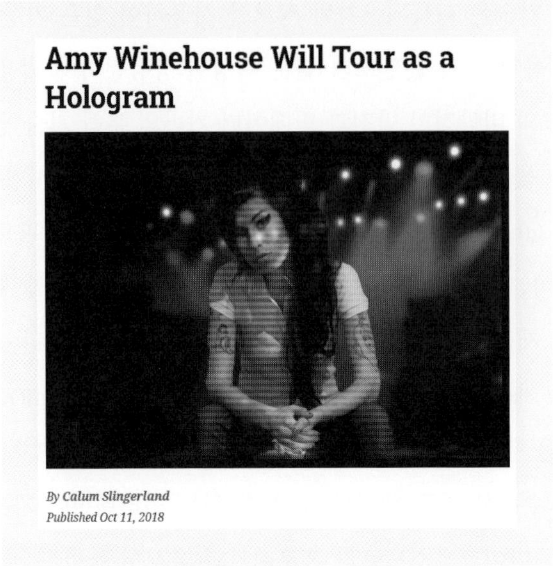
Amy Winehouse Will Tour as a Hologram

By Calum Slingerland
Published Oct 11, 2018

[그림 10-15] 에이미 와인하우스 홀로그램 투어

출처: 일간스포츠(2018. 10. 12.).

있다([그림 10-15] 참조).

기술이 정교화될수록 가상과 현실은 유기적으로 결합해 이전까지 만나지 못한 새로운 세계의 문을 열어 줄 것이다. 어디까지가 현실인지, 가상인지 구분하려고 애쓸 필요 없이 그저 눈앞에 펼쳐진 모습을 즐기면 된다. 트릭이라는 것을 알면서도 빠져들게 되는 마술쇼처럼. 그렇게 홀로그램은 우리 현실 속에 디지털과 아날로그를 재매개하게 될 것이다. ■

제11장

애드테크를 넘어 초경험 초재미로 경계 파괴

오창일(서울예술대학교 커뮤니케이션학부 교수)

◈◇◈

세계경제포럼(WEF)이 선언한 4차 산업혁명의 가장 중요한 기술로는 Iot(사물인터넷), 로봇, 사이버 공간(cyber space), 인공지능(AI), 초연결성(hyper connectivity)을 꼽았고, 일자리 창출과 관련해서는 한 가지 전공에만 전문성을 가진 'T형 인재'에서, 두 가지 이상의 장르에서 융합하는 'H형 인재'를 양성해야 한다고 주장하고 있다.

청중(관객)은 '언제, 어디서나, 어떤 기기(any time, any where, any device)'로도 콘텐츠를 소비할 수 있게 되어 '모바일 우선주의(mobile first)'가 실현되고 있으며, 상품 생산시스템과 소비의 메커니즘과 광고 생태계가 혁신적으로 바뀌고 있다.

사람도 바뀌고 소비행동도 바뀌는 4차 산업혁명 시대의 광고는 디지털 기술(ad tech)의 발달에 부응하고, 크리에이티브에서 선도자(first mover)가 되기 위해, 소비자 접점인 '초(超) 크리에이티브의 콘셉트와 아이디어'를 발견해 내야 한다. 지금까지의 발상을 넘어(beyond) '관점의 차이'로 세상의 차이를 만들고, '기술의 차이'로 '초(超) 크리에이티브'를 만들어야 한다. 초(超) 크리에이티브는 '썩지 않으려면 섞여야 한다'는 융합에서 나오며, '디지털 기술'을 넘고 '디지털 네이티브'의 감성을 넘는 뉴미디어 크리에이티브의 규범인 '뉴 노멀(new normal)'이 형성되고 있기 때문이다.

1. 디지털 사회의 특징과 수용자

1) 4차 산업혁명 시대의 뉴 노멀

2016년 1월 20일 스위스 다보스에서 열린 '세계경제포럼(WEF)'의 클라우스 슈밥 회장은 '4차 산업혁명의 이해(Mastering the Fourth Industrial Revolution)'를 주요 의제로 설정했다.

4차 산업혁명이라는 용어는 앞서 독일이 2010년 발표한 '하이테크 전략 2020'의 10대 프로젝트 중 하나인 '**인더스트리 4.0**(Industry 4.0)'에서 '제조업과 정보통신의 융합'을 뜻하는 의미로 먼저 사용됐다. 이후 WEF에서 제4차 산업혁명을 의제로 설정하면서 전 세계적으로 주요 화두로 등장하게 되었으며, 포럼 이후 세계의 많은 미래학자와 연구기관에서 제4차 산업혁명과 이에 따른 산업 · 사회 변화를 논의하기 시작했다.

이른바 미국에서 대두된 **뉴 노멀**(new normal)은, '시대 변화에 따라 새롭게 떠오르는 기준 또는 표준'이다. 뉴 노멀 이론으로 보면, 과거의 기준과 관점으로는 해석하거나 해결할 수 없는 **신상태**(新常態)가 모든 분야에서 발생하고 있다는 것이다. 지금까지 경험해 보지 못한 낯선 경제관과 가치관과 세계관 등이 예측불가능성을 더해 신상태에서도 예상할 수 없는 뉴 애브노멀(new abnormal) 시대로 진입하여 혼돈기가 더욱 깊게 이어지고 있다고 한다. 그만큼 현대사회의 변화에 대비하기 어렵다는 말이기도 하다.

일본은 제 4차 산업혁명으로 소사이어티 5.0과 관련된 산업기술을 설정하고 있다. '**소사이어티 5.0**(Society 5.0)'은 수렵, 농경, 산업, 정보를 잇는 다섯 번째 뉴 노멀 사회이고, 초스마트 사회로 정의하고 있다.

'소사이어티 5.0'은 연령, 성별, 장소, 언어 등의 한계를 넘어 모든 사람이 필요한 제품과 서비스를 원하는 시간에 필요한 만큼 공급받아 만족스럽고 편안한 생활을 유지하는 사회를 지향한다. 이를 위해 사람 그리고 로봇과 인공지능의 공존과 주문형 서비스의 확대, 서비스 불평등 제거, 게임 체인저 기회 확대 등을 주요과제로 삼고 있다. 사이버 세계와 물리적 실제 세계의 기반기술 향상 그리고 소사이어티 5.0 플랫폼 구축에 나서고 있다.

이제 우리도 일본을 벤치마킹하고, '사람과 기술 그리고 상상력'이 어우러져 우리의 삶의 방식을 획기적으로 바꿀 사회변화에 대비하는 혁신이 필요한 시점이라고 하겠다.

2) 기술이 기법(creative)을 낳는다.

이제 뉴 노멀 시대의 디지털 기술이 새로운 사회문화를 양산하면서 혁신의 물결을 일상화 하고 있다. 과거엔 내용이 형식을 좌우했다면, 현대는 기술이 내용을 결정하는 사회로 진화했다고 본다. 2007년부터 스마트 1.0 시대가 시작되었다. 애플의 아이폰이라는 스마트폰의 보급 전후를 중심으로 1인창조와 1인 미디어 시대가 전개되고 있는 셈이다. 사회는 인터액션과 스토리텔링 구도로 재미를 공유하는 엔터테인먼트 산업을 지향하고 있다. '성장과 제조(growing-making)'의 시대에서 'serving-thinking-knowing-experiencing'의 제3물결과 **창조산업 시대**가 되었다.

세계최초로 관객이 스토리를 선택하는 영화가 게임처럼 나온 '레이트 쉬프트(Late Shift)'를 보면 예측할 수 있을 것이다. 수용자(관객)의 선택에 따라 결말이 바뀌는 영화인데 게임처럼 상호작용하면서 엔딩을 7가지 버전으로 영상을 전개시키고 있다. 기존 영화 장르의 혁신이고 대변화이기에 영화인지 게임인지 확정할 수 없는 '**뉴폼(new form) 영상미학**'이라고 할 수 있을 것이다. 이런 크리에이티브는 관객의 개입이 가능하도록 해 주는 디지털 기술의 힘을 빌리지 않고선 불가능할 것이다. '애드테크'가 있다면 '**크리에이티브 테크**'라고 명명할 수 있겠다.

이런 디지털 기술의 발전을 '실시간 흡수'하지 않으면 수용자로부터 외면당하게 될 것이다. '냄비 속의 개구리'라는 말이 있다. '끓는 물 속의 청개구리 증후군[(boiled frog syndrome, 온수주청와(温水煮青蛙)]'으로 온도가 천천히 올라가는 냄비(가마솥) 물속에 있는 개구리는 결국 뜨거움을 느끼지 못하고 죽게 된다는 뜻이다. 위험을 감지하지 못하거나 변화에 제대로 적응하지 못하거나 불감증이 있는 사람과 조직을 비판할 때 쓴다(네이버). **역동적인 창의사회**(dynamic creative society)가 되지 않으면 생존이 불확실해지는 시대가 되었다는 것이다. 뉴미디어 시대를 선도해야 하는 광고 생태계가 빅데이터, AR, VR, MR, 인공지능 기술 등으로 혁신하지 않으면 안 되는 이유가 된다.

한국광고대회에서나 각종 광고제에서 수상하는 수상분류에서도 변화가 절실하다. 전통 미디어의 4대 매체 중심에 모바일과 옥외광고가 있지만, 세분류에서는 아직도 변화의 속도가 미흡하다고 할 수 있다. 최근 '2018 뉴미디어 콘텐츠상'을 추천받고 웹 · 모바일 · OTT(문화체육관광부와 한국콘텐츠진흥원 주최) 분야의 방송영상 뉴콘텐츠의 우수작품을 발굴하고 포상하고 있다. 시상 분야는 웹 · 모바일 · OTT를 통해 공개된 드라마, 예능, 다큐 · 교양 등 3개 부문이다. 올해 처음으로 진행되는 뉴미디어 콘텐츠상은 뉴미디어 플랫폼에서 서비스된 화제 작품을 비롯해 산업 발전에 기여한 미디어 사업자와 크리에이터를 대상으로 시상했다.

여기에 더하여, 뉴미디어매체 전략인 **프로그래매틱 광고**(programmatic advertising)에도 시상해야 하지 않을까? 프로그래매틱 바잉이란 광고를 구매할 때 사람을 통해서 이뤄지는 것이 아니라 사전에 만든 알고리즘에 따라 디지털 기술을 통해 자동으로 구매를 하는 것을 말하며 이는 실시간으로 이뤄지기도 한다. 인터넷 이용자의 개인정보가 아닌 이용자가 사이트에 접속하면서 생긴 방문기록(쿠키)으로 이용자의 소비 행태를 예측해 이용자가 원할 것 같은 광고를 선택하여 보여 주는 방식을 말한다. **애드테크**(ad tech), 하이테크(high-tech) 광고라고도 부른다. 특히 프로그래매틱 광고는 개인정보를 활용하지 않아 프라이버시 침해 우려가 없으며 쿠키를 활용하기 때문에 개인 맞춤형 광고를 제공할 수 있다. 미국, 일본 등에서도 활발하게 활용되고 있다.

뉴 테크놀로지와 뉴미디어를 활용한 디지털 크리에이티브 아트가 새로운 광고의 패러다임을 선도하고 있다. 홀로그램 기술이 모바일 광고에 도입된다면 휴대전화 화면 위에서 재현되는 입체영상을 보게 될 것이다. 〈마이너리티 리포트〉의 첨단영상이 현실화되는 것이다. 광고효과와 주목도 향상은 상상을 초월할 것이다. 방송과 통신의 대 융합처럼 새로운 유형의 광고 창작인을 양성해야 경쟁력을 갖게 되었다. 테크놀로지(technology)와 기능과 이론을 겸비한 인재양성도 절실하다.

우리나라는 고도성장을 이룬 산업화와 정보화 사회를 가능하게 만든 '역동적 한국(Dynamic Korea)'을 국가 슬로건으로 지녔던 국가이다. 빠르게 변하고 과감하게 도전하는 생태계 문화를 **'유교적 역동성**(confucian dynamics)'이라고도 했다. 이런 문화를 광고계에 이식하는 적응력을 발휘할 때라고 생각한다.

3) T, G, I, F가 지배하는 시대

디지털 세상을 지배하고 있는 유니콘 기업의 주도자들이 가진 특징을 잘 설명한 단어로 'TGIF'가 있다. 'TGIF'는 세상사를 판단하는 기준이요, 가치관이라고 할 수 있는 핵심단어들이다. 영어단어의 첫 글자를 이어 만든 하나의 언어유희로 칼랑부르(calembour)인데, 디지털 시대를 압축파일처럼 잘 요약하고 있다.

'T'는 Technology(기술),
'G'는 Global(글로벌),
'I'는 Innovation(혁신),
'F'는 Fan(팬)이다.

'T'는 광고 크리에이티브에 디지털 기술이 융합하여, **뉴폼 아트**(new form art)를 창출하는 기술(Technology)이다. 특히 애드테크는 매체 전략과 연동해서 크리에이티브의 형식을 파괴하도록 과감하게 도입해야 하겠다.

'G'는 **국제화**(Global)로서 우리 사회경제가 지향해야 할 목표이기도 하며, 글로벌 기업을 지원하는 광고회사의 정책적인 방향성을 잘 요약하는 이니셜이다.

'I'는 세상을 지배하는 **혁신적인 사고**(Innovation)이다. '발상과 표현' '사고의 전환'과도 연관하여 생각하고 혁신의 구체적인 방법으로는 세상과 수용자의 **상호작용**(interaction)으로도 나타날 것이다.

'F'는 지지자 **팬**(Fan)이다. 우리 주변에 다양한 생활자가 브랜드에 대한 후원자와 팬이 되도록 하고 이를 확대해 나가야 하겠다. 수용자(소비자) 모두를 브랜드의 추종자(follower)로 만들고 여성적(female) 감성화로 설득해야 한다는 뜻이다. 세상은 이 '3F(Fan, Follower, Female)'의 지배로 운행된다고 하지 않는가?

이렇게 'TGIF'는 수용자의 구매심리와 사고패턴과 매체 사용방법이 달라졌고, 세상을 재단하는 용어가 된 것처럼 광고 크리에이티브의 주요개념으로 적절하다고 해석할 수 있다. 앞으로 'TGIF'를 광고전략의 핵심 공용어로서 사용하여 '빈도, 광범위성, 지속성'을 높이면서, 뉴미디어 크리에이티브의 전략과 실제에서 뉴 노멀이 되어야 할 것이다.

4) 혁신의 일상화

혁신(革新, innovation)은 묵은 관습, 조직, 방법 등을 적절하다고 생각하는 방법으로 새롭게 바꾸는 것을 말한다. 비즈니스의 혁신이론은 혁신을 두 가지 형태로 나눈다. **파괴적 혁신**(disruptive Innovation)과 **존속적 혁신**(sustaining Innovation)이다(Clayton Christensen). 혁신은 사물, 생각, 진행상황 및 서비스에서의 점진적인 혹은 급진적인 변화를 일컫는 말이다. 그래서 혁신은 예술, 사회, 경제, 사업 및 비즈니스 같은 영역에서 이전과 확연히 다른 변화의 결과를 세상에 내놓아야 한다. 혁신의 목표는 수용자(소비자)와 사물의 긍정적인 변화가 수반되어야만 한다.

또한 혁신이란 생산자(광고주)의 가치 및 소비자(수용자)의 가치라는 두 가치가 동시에 증대되어야만 한다. 생산성의 향상을 주도하는 혁신은 경제적으로 부를 증가시킬 수 있는 기초적인 자원이다(위키백과). 같은 논리로 광고 크리에이티브에서도 효율성을 제고하는 전략을 내포하고 있어야 할 것이다.

'또 다른 햄버거를 만들지 않는다'는 크리에이티브 '혁신'이라는 것은, 단순히 그 표면적인 다름의 문제가 아니라 대상(브랜드)의 본질을 이루는 것들을 건드려, 전에 없던 '가치혁신(value innovation)'을 만들어 내는 것이라는 이야기이다.

'혁신의 확산'은 만만찮은 작업이다. 사안에 따라서는 '고르디우스의 매듭(Gordian knot)'처럼 대담한 방법을 써야만 풀 수 있는 크리에이티브의 문제일 수도 있다는 것을 알아야 한다.

다음 사례들은 생활 속에서 일어난 작은 혁신들이다. 2018년에 방영된 〈미스터 션샤인〉은 개화기 시대를 다룬 역사드라마로 인기를 얻었고, 〈스카이 캐슬〉도 현실을 반영한 리얼리즘 드라마로 최고의 인기를 누렸다. 이어서 등장인물들이 광고 모델로 섭외되면서 수십 종의 브랜드에 노출되어 화제가 되었다. 드라마라는 가상현실에서는 등장인물이었지만, 광고 크리에이티브에서는 브랜드 구매에 영향력을 미치는 실제 오프라인 인물로 설득력을 과시한 셈이라고 할 수 있다. 특히 우리 교육계에 고발과 반성을 촉구하면서 공감한 드라마 〈스카이 캐슬〉은 우리의 경험을 확장하면서 혁신을 주문하는 **일상과 광고의 경계파괴**이다. 콘텍스트와 텍스트의 경계가 파괴된 현상이라고 해석할 수 있지 않을까 생각한다. 여기에는 거의 모두 첨단 디지털 제작도구(tool)가 사용되고, **'명료화, 강조, 해석'**이라는 영상미학의 원리와 방법론이 적용되어 있다.

'한복입기 유행'도 드라마 인기를 타고, 사진 찍기 좋아하는 젊은 세대 기호와 맞아떨어져 입소문으로 확장된 복고 감성이라고 할 수 있다. '뉴트로(new+retro)' 열풍이 SNS상의 활동으로 사회생활 일부가 되면서 예쁜 사진이 중요시되는 문화가 '개화기 룩'의 유행도 이끌고 있는 것으로 보인다. 영상중심의 인스타그램 사진을 보고 의상대여 가게를 찾는 1020세대 수용자는 '가격이 부담스러운 것은 사실이지만, 인생사진을 남길 수 있어 아깝다고 생각하지는 않는다.'는 것이다. **혁신의 일상화**라고 하겠다.

5) Z세대가 왔다

아날로그와 디지털의 인간사회는 선형적이라 둘이 명확히 구분되지만, 21세기 디지털 시대인 현대사회의 인간형은 아날로그형과 디지털형이 공존하고 있다. 아날로그 시대를 살아 본 사람과 살아 보지 않은 사람의 공존이다. 세계관 가치관 생활방식 등 거의 모든 분야에서 '세대 단절'을 보이고 있다. 디지털 사회를 중심으로 본다면, 인간은 급속한 변화의 물결 때문에 2010년 전후로 **디지털 이민자**(digital immigrant)와 **디지털 원주민**(digital native)으로 구분되기도 한다. 예를 들면, 요즘 게임을 즐기는 신세대가 그들의 생활에서 차지하는 비중이 아주 커졌다. 게임 세상과 실제 세상의 구분이 모호해질 때까지 시뮬라시옹(simulation)의 재미가 있어야 하고, 5초 내에 승부를 걸어야 하는 초두효과(prime effect)의 커뮤니케이션은 물론이고, 모바일 폰의 작은 문자판을 '빛의 속도'로 초고속 운전할 수 있는 '엄지족'이 되어야 한다. '빛의 속도'로 움직이는 세상에서 살아남을 수 있는 수단이 무엇인지를 터득하면서 커왔다고 본다. 이런 혼재된 인간형의 세상살이를 이해해야 하고 행동이나 사고방식에서 '소통의 절벽'을 파괴하는 노력을 해야 할 것이다.

제프 프롬(2018)은 "**Z세대**는 자신들을 마케팅 타깃이 아니라, 하나의 인간으로 대하는 기업을 원한다. 이들에게 어필할 방법을 모색하는 것이 시급한 과제지만, 사생활을 침해하거나 상품 판매 목적을 노골적으로 드러내는 방식은 먹힐 리가 없다."라고 주장했다.

현재 주 소비자라고 할 수 있는 밀레니얼 세대는 1981년부터 2000년 전까지의 출생자로 알려져 있다. Z세대는 1997년부터 2010년 사이에 태어나 1020세대라고 할 수 있다. Z세대의 특징은 미래 핵심 소비자(수용자)이며 전혀 아날로그 시대를 살아 보지 않은 '디지털 원주민'이라는 점이다. 각종 글로벌 소셜미디어(SNS)에 거의 24시간 노출되고 접속되어 있으며 정보를 생산하고 공유하고 전파하는 데 익숙한 세대이다. 개성이 강해 '취향저격' 세대이며, 영상으로 소통하는 데 익숙하여 블로그(blog)가 아니라 브로거(vlog) 세대이기도 하다. 유튜브 크리에이터를 동경하고 명품을 추종하지 않고 품질 위주로 구매하는 소비문화를 갖고 있다. 구글링(googling)으로 자동반응하는 '검색의 달인'이며, '친구 되기'에는 '진정성의 검증'을 요구하는 사회관계 지향성도 강하다는 점이다.

또한 정보습득 방법, 소셜미디어 활용습관, 유머 코드, MCN 1인 크리에이터로서 **인플루언서**(influencer) 선호기준, 커뮤니케이션 경로 등에 철저히 '개인화'되어 있다는 특징을 주목해야 한다. 뉴미디어 시대에는 수용자에게 맞춤형 크리에이티브 전략과 트렌드 및 감각을 제공해야 하는 이유가 된다. Z세대는 성장배경과 소비 패턴과 가치관과 정체성이 완전히 다르다는 점을 명심해야 한다.

그러나 디지털 기기 보유와 이용 능력, 활용 정도의 격차를 뜻하는 디지털 정보 격차는 좁아지는 추세지만 여전히 크다. 과학기술정보통신부와 한국정보화진흥원이 발표한 '2018 디지털 정보 격차 실태조사' 결과를 보면 장애인 · 저소득층 · 농어민 · 장노년층 등 4대 정보 취약계층의 디지털 정보화 수준은 일반국민 대비 68.9% 수준이다. 장노년층의 디지털 정보화 수준은 63.1%로 가장 낮았다.

디지털 격차(digital divided)로 알려진 세대 간의 격차를 파악해서 크리에이티브 커뮤니케이션 간격을 줄이는 착안점도 찾아야 할 것이다.

2. 미래의 시대정신과 트렌드

크리에이티브는 시대정신과 트렌드를 잘 읽고 표현에 반영해야 공감할 수 있는 창작물이 생산될 수 있다. 사회문화의 특징과 함께 수용자(소비자)가 살아가는 콘텍스트와 텍스트에 연계되는 '아트와 카피'가 크리에이티브를 창안하는 데 필수적이다. 뉴미디어 시대에 공감의 아이디어를 얻기 위한 몇 가지 특징을 요약하고자 한다.

1) 미래는 콘텐츠 플랫폼의 시대다

지금은 인공지능(AI)과 초연결(hyper-connectivity)이 주요 이슈가 되는 4차 산업혁명의 시대이고 **플랫폼 전쟁**이 본격화하고 있다. 플랫폼은 디지털기술을 이용하여 사람과 조직과 자원을 인터랙티브한 생태계에 연결하여 부가가치를 창출하고 교환할 수 있게 해 주는 관문(portal)이기 때문이다. 비선형성이 새로운 가치를 창출하기에, 파이프라인 같은 선형적인 가치 사슬에서 탈피하여, 복합적인 가치 매트릭스가 변화를 주도하고 있다. 당연히 플랫폼에서 공유될 콘텐츠 산업에도 지각변동이 시작되었고, 콘텐츠 수익화를 성공 모델로 만들어야만 장기 지속가능성을 확보할 수 있게 되었다.

개방과 공유의 시대이기에 수용자(소비자)는 물론이고 전 세계인과 호흡하는 오픈 플랫폼과 동반자(open platform partnership) 전략을 구사해야 한다. 인공지능(AI)과 사물인터넷(IoT)으로 연결되기에 광고문화 생태계는 거대한 사회문화 생태계의 일원이 될 것이기 때문이다. 광고는 이미 콘텐츠로 소비되고 수용되고 있고, 모든 사회문화 장르의 작품들과 무한경쟁을 하고 있다.

인터넷과 방송과 통신의 경계가 허물어졌으며, 미디어사업과 공연사업의 경계가 무너진 문화현상과 사회흐름(social mega stream)은 이미 확인되었거나 거부할 수 없는 또 하나의 '사실 확인(fact check)'일 뿐이다. 이렇게 수용자의 '콘텐츠 소비방식'이 변했고, '규모의 경제'를 통해 생존하려는 비즈니스 모델이 '새로운 규범(new normal)'이 되고 있다. 모두가 콘텐츠 플랫폼이 되기 위한 전방위 경쟁을 하고 있는 이유이기도 하다.

특히 넷플렉스의 콘텐츠 중심 경영을 주목할 필요가 있다. 가입자 1억 4천만 명이 월 10달러를 지불하는 수입으로 광고 탑재를 하지 않겠다는 묶음판매(bundle) 전략이다. 광고가 콘텐츠에서 제거된다면, 광고는 어떤 크리에이티브로 생존법을 찾아야 할까? 스마트폰 기기의 제조업자인 애플도 신성장동력으로 콘텐츠 서비스 사업을 전개하고 있다. 동영상, 게임, 뉴스, 신용카드 사업을 시작했다. 지난 10여 년 동안 전

세계에 팔린 14억 대 이상의 스마트폰 기기를 기반으로 한다고 한다. 또한 애플TV+로 동영상을 스트리밍하는 사업에서 광고의 생존방식을 고민해야 할 것이다.

인크로스의 보고서에 의하면, 동영상 분야, 전자책 서비스, 웹툰 · 웹소설 등의 다양한 카테고리의 유료 콘텐츠 서비스 이용자 수가 점점 늘어나는 추세다. 하지만 유료 콘텐츠 시장이 커져도 광고 기반의 무료 서비스는 여전히 유효한 비즈니스 모델이 될 것으로 전망된다. '유튜브(Youtube)'와 같은 플랫폼에서는 동영상 제작자들이 인플루언서(influencer)로서 구독자와 친밀한 관계를 구축하며 팬덤이 형성되고, 구독자들은 자신이 구독하는 콘텐츠에 광고가 노출되더라도 동영상 제작자를 응원하면서 광고를 자발적으로 시청하는 경향이 타 플랫폼에 비해 높게 나타난다. 유튜브의 경우 동영상 제작자에게 구독자 수와 조회 수에 따른 광고수익을 일정 비율로 분배하는 구조이기 때문이다. 향후 광고 기반 무료 서비스와 유료 서비스를 융합한 '**프리미엄**(free+premium)' **모델**을 비즈니스 전략으로 취하는 플랫폼들이 늘어날 전망이다.

콘텐츠 플랫폼에서 이와 같은 운영 방식이 보편화되면 무료 서비스 이용자에게는 기존처럼 광고 노출을 하고, 유료 서비스 이용자에게는 '**추천 알고리즘에 의한 큐레이팅**'을 통해 단순 브랜드 노출 위주의 광고가 아닌 이용자가 원하는 정보 수준의 광고를 제공하게 될 것으로 전망했다. 유료 비즈니스 모델에서의 광고 방식은 '추천 알고리즘'을 기반으로 한 콘텐츠 추천 리스트 형태의 개인 맞춤형 광고가 될 가능성이 높다고 봤다.

향후 플랫폼이 제품이나 콘텐츠의 리스트를 광고 상품화해 출시할 경우 광고주는 자연스럽게 소비자에게 자신의 서비스를 소개하고 플랫폼은 광고를 통한 수익화가 가능할 것이라는 설명이다. 또 소비자는 추천 알고리즘을 통해 자신에게 적합한 제품이나 콘텐츠를 추천 받음으로써 서비스에 대한 만족도가 높아질 것으로 예상했다.

결국 플랫폼의 성공은 '콘텐츠의 품질'에 달려 있다. 뉴폼 아트와 엔터테인먼트로 무장하여 고정관념과 관습을 깨뜨리고, 세상에서 처음 보는 검은 백조 '블랙 스완(black swan)' 같은 창작물을 탑재할 수 있어야 한다.

크리에이티브에서는 '오직 하나(only 1)'만이 압도적인 조회 수 우위를 차지하는 '승자독식'의 세계이지 않는가?

2) 미래는 모바일의 시대다

미디어 빅뱅이 현실화되고 있다. 미국의 AT&T는 타임워너를 인수한 직후에 낸 공식 자료에서, **"비디오의 미래는 모바일이고, 모바일의 미래는 비디오**(future of video is mobile and the future of mobile is video)"라고 인수 이유를 설명했다. AT&T는 이동통신 가입자 1억 3,100만 명을 보유한 미국 2위 통신 업체다. 1위는 버라이즌(약 1억 4,200만 명)이다. 이런 AT&T가 더 이상 '통화 요금'이 아닌 '영화, 드라마와 같은 비디오'가 통신 업체의 미래라고 선언한 것이다.

타임워너는 할리우드의 영화 제작 · 배급사인 워너브러더스와 24시간 보도 채널 CNN, 유료 케이블 영화 채널 HBO 등 보유한 미국 3위 미디어 그룹이다. 인수 · 합병이 완료되면 흥행 보증수표로 불리는 워너브러더스 제작 영화 〈배트맨〉 시리즈, 〈해리포터〉 시리즈, HBO가 만든 인기 드라마 〈왕좌의 게임〉 〈밴드 오브 브러더스〉 등이 AT&T로 넘어간다.

AT&T는 우선 타임워너의 콘텐츠를 자사 휴대전화 가입자에게 독점 제공해 1위 버라이즌을 따라잡는 전략을 펼 것으로 보인다. 다음은 유료 방송 시장의 위상 강화다. AT&T는 지난해 가입자 2,000만 명을 보유한 미국 최대 위성방송 업체 디렉TV를 485억 달러(당시 49조 7,000억 원)에 인수했다. 현재 자사 가입자를 포함해 유료 방송 가입자 2,600만 명을 확보하고 있다.

모바일 통신사와 인터넷 회사 간의 치열한 인수합병도 디지털 세상의 승자독식과 맞물려 있는 것 같다. 영역파괴로 인해 비즈니스 모델의 경계가 무너졌기 때문이다. 거대한 하나의 플랫폼만 독점한다면 **'게임 체인저**(game changer)' 역할을 수행할 수 있기 때문이다. 이런 추세이기에 글로벌 경쟁에서 크고 작은 인수합병이 일상적으로 발표될 것이라 생각한다. 그에 대비하지 않으면 광고회사의 존재는 물론이고 미래의 발전방향도 정하지 못하지 않겠는가?

'3P'란 이런 기술환경 변화에 따른 크리에이티브 환경변화를 잘 말해 주고 있다. 플랫폼(Platform) 경쟁, 참여형(Participation form) 상호작용, 개인맞춤형(Personalized form) 소비의 3P이다. 이런 구조 속에서 청중(관객)은 '언제, 어디서나, 자신의 모바일 기기(any time, any where, any mobile device)'로 광고 크리에이티브를 소비하게 될 것이다.

현대 디지털사회는 'ICBM'으로 대변된다고 한다. ICBM이란 기본적으로 사물인터넷(Internet of Things: IoT)의 센서가 수집한 데이터를 클라우드(cloud)에 저장하고, 빅데이터(big data) 분석 기술로 이를 해석해서, 적절한 서비스를 모바일 기기 서비스(mobile) 형태로 제공함으로써 관련 산업을 활성화한다는 것이다. 각종 콘텐츠가 노출되는 최종 소비자접점이 모바일 기기라는 점이다. 21세기 현대인이 이동성의 노마드(nomad)족임을 확인하는 시간이기도 하다.

3) 미래는 옴니채널의 시대다

수용자(소비자) 중심의 사고와 편의성을 위한 옴니채널 운용이 유통업을 중심으로 활발히 진행되고 있다. 온 · 오프라인의 경계를 파괴하고 상호연동 되게 하여 '신속, 정확, 저렴, 편의'의 원칙을 제공하고 있다. N스크린의 경계파괴도 비슷하다. 'PC, TV, 모바일'의 3 스크린을 연동시켜 광고나 콘텐츠를 소비하게 하는 경계파괴 현상이다.

오프라인과 온라인의 통합을 의미하는 'O2O'의 진정한 의미변화도 따라잡아야 할 개념이다. 이제는 오프라인이라는 현실세계와 온라인이라는 가상세계의 통합으로 재정의되고, 두 영역이 가역반응처럼 상호교류하는 **옴니채널화**해야 할 정도이다. 네이버의 내비게이션도 현실과 가상의 통합지도로 간주되기 때문이다. **원격현장감**(telepresence)도 뉴욕과 서울을 동시에 연결하여 실시간 공간을 공유하여 공연하고 진료할 수 있는 5G 디지털 통신기술이 개발되었기 때문이다.

트리플 미디어 개념도 옴니채널 개념으로 이해해야 할 것이다. 세 미디어가 분리되어 있지 않고, 하나의 채널로 상호작용하게 하여 접근성과 편의성을 극대화하기 위한 것이다. TV 광고와 같이 대가를 치르는 '페이드 미디어(판매 미디어, paid media)'와 기업이 자체적으로 보유하고 있는 '온드 미디어(자사 미디어, owned media)' 그리고 소비자의 신뢰와 평판을 얻을 수 있어 최근 마케팅에서 빼놓을 수 없는 '언드 미디어(평가 미디어, earned media)'를 말한다. 방문자를 기준으로 파악하면 3가지 미디어를 유기적으로 연계해야 효과적인 성과를 얻을 수 있다.

브랜드 저널리즘도 광고주(client)의 자사 미디어가 옴니채널이 되어 광고 크리에이티브뿐만 아니라 상품 구매나 홍보 스토리를 탑재하여 방문자 수를 최대화 하려는 커뮤니케이션 노력이라고 할 수 있다. 자기 고유의 미디어에 안주한다면 '갈라파고스 신드롬(Galapagos syndrome)'에 빠져 외로운 섬이 되고 말 것이다.

이제 더 이상 광고는 광고인만의 영역이 아니듯, 광고도 일방적인 메시지 전달이 아니다. 예술에서도 전시공간에 누가 앉는가에 따라 영상은 계속 달라진다. 공연장엔 객석이 따로 없다. 배우와 함께 움직이면서 작품을 완성시킨다. 이제 더 이상 예술은 예술가만의 영역이 아니다. **광고 생태계**도 마찬가지다. 크리에이터의 상상력에 가상현실(VR), 증강현실(AR), 스마트폰, 3D프린팅, 로봇, 웨어러블 기기 등에서 창안된 감성을 표현하고 공유해야 방문자 수를 제고할 수 있다. 다매체에서 전략적인 '하나의 비주얼과 메시지'로 통합해야만 크리에이티브효과가 제고될 수 있기 때문이기도 하다.

이제는 디지털 기술이 크리에이티브를 바꾸는 사회가 되었다. 소비자(수용자)는 단순히 광고 하나를 소비하는 것이 아니다. 거의 모든 네트워크 망으로 이어진 디지털 시대가 하나의 통합체처럼 연결되어 있다. 그리고 소비자와 상호작용이 필수불가결이고 **개인 '맞춤형 광고'**가 보편화되고 있다. 광고 크리에이티브가 지향해야 할 목표를 제시하고 있는 듯하다.

결국 우리는 지금 '어떤 크리에이티브가 우수한가?'의 질문과 '어떤 기술을 채택한 크리에이티브인가?'에 대한 대답을 찾아야 하는 디지털 시대에 살고 있는지도 모른다. '광고 제작자와 수용자가 분리되어 있지 않고, 무수한 소비자 수만큼이나 존재할 뿐'이라고 생각해야 한다. 바로 하나의 채널로 통합되는 **'옴니채널 사고'**라고 할 수 있겠다.

4) 미래는 스토리텔링의 시대다

현대 디지털사회의 일상생활에서도 스토리텔링은 여러 가지로 유익하고 설득력 있는 수단으로 이용되고 있다. 인류가 등장한 이래 동굴 벽화부터 스토리텔링은 인간끼리의 의사소통에 있어 늘 중심적인 역할을 해 왔기 때문이다. 광고는 브랜드를 위한 마케팅과 커뮤니케이션을 위한 '문화 공정'이기에 시선을 잡고 브랜드명을 기억시키기 위한 크리에이티브 장치가 필요해진다. 이 장치로서 광고 크리에이티브도 **'스토리텔링' 구조**를 응용하여 브랜드나 상품의 가치를 제고하도록 콘텐츠로 숙성하게 된다. 광고 크리에이티브에 노출되는 기간을 증가시키기 위한 **'당의정효과'**를 나타낼 수 있어야 한다. 시청취 습관의 관성에 충실한 내러티브는 관객들에게 펼쳐지는 내용에 대한 합리적인 설명을 제공하고 이를 기초로 어떤 사건이 벌어질 것인가를 예측하게 해 준다. 그럼으로써 어떤 사건이나 감정의 발생이 어떻게 가능하게 되었는지에 대한 전개 과정을 보여 주는 것이다. 이것이 바로 스토리텔링의 핵심이라고 할 수 있다.

이런 스토리텔링이 독창적인 구조를 갖거나 이야기 구조가 브랜드자산이 되면, **브랜디드 콘텐츠효과**를 얻게 된다. 우리 사회에서는 콘텐츠란 말이 산업이나 상품을 전제로 사용되고 있으며, 콘텐츠는 브랜드나 상품의 가치와 연결되어 있음은 분명하기 때문이다. 스토리텔링은 고부가가치를 생산하는 브랜드의 성장동력이고 경쟁브랜드와 차별화를 위한 강력한 소프트웨어가 되는 것이다. 그래서 광고 크리에이티브도 스토리텔링 구조를 갖고 있어야 한다. 스토리텔링은 매체의 특성에 따라 다양하게 발현되고 하는데, 영화 · 비디오 · 애니메이션 · 만화 · 게임 · 광고 등의 원천적인 콘텐츠로 활용되고 있다. 이때 스토리텔링은 지금까지의 텍스트 중심의 서사학에서 정의되어 온 개념들과는 다른 성격을 띤다(네이버). 광고에서도 스토리텔링을 하는 이유는 단순히 브랜드 인지도를 제고하기 위한 것보다는 고객과의 관계관리(customer relation management)를 위한 전략적 선택이라고 할 수 있다. 광고 크리에이티브가 영역과 장르를 초월한 콘텐츠의 무한경쟁에서 생존하기 위한 방법론이다.

특히 광고적인 차별화를 만들고 재미요소를 강화하여 수용자(소비자)의 공감을 유도하고 브랜드를 기억에 남기는 것이 목표이기 때문이다. 소비자의 공감을 얻기 위해서는 상호작용(interaction)으로 소비자를 크리에이티브에 참여시켜야 하는데, 스토리텔링 과정이 몰입시키는 효과를 주기 때문이다. 스토리텔링은 소비자가 광고에 개입하여 의미를 발견하고 해석하게 하는 과정을 전개시킬 수 있다. 스토리가 전하고자 하는 메시지를 '명료화, 강화, 해석'의 차원에서 이해하게 만들어 소비자에게 '발견의 기쁨'을 줄 수 있다는 점이다.

미래사회에서 인간은 객관적 실재와 주관적 경험의 세계에서 '허구적 실재'를 중심으로 살게 될 것이라고 한다. 단순한 스토리텔링의 창작방법론이 아니라 '**빅 스토리텔링**'의 거대담론이라고 할 수 있다. 특히 비선형적인 디지털 스토리텔링의 특성과 요건을 잘 이해하고 활용해야 할 것이다.

3. 디지털 시대의 광고 크리에이티브

1) 인간의 고유영역이었던 '창의성'까지 넘보는 인공지능(AI)

영화 〈마이너리티 리포트〉의 증강현실(augmented reality), 〈아바타(Avatar)〉의 3D 콘텐츠, 모바일 기기(mobile devices)와 아이폰의 혁명, RFID(Razer Frequency Identification) 등의 실현으로 테크놀로지는 수용자의 생활과 사고방식과 가치관을 근본적으로 혁신시키고 있다. 아마존고(AmazonGO)가 생활용품 구매와 결제 패턴을 혁신시키고 있지 않는가? 이런 디지털 기술혁명에 의한 유통혁명과 생활혁신을 바탕으로 현대사회는 디지털 사회로 대전환하였다.

4차 산업혁명 시대의 현대미술에서 기술의 도전은 **인공지능**(Artificial Intelligence: AI)이다. 2016년 칸 국제 창의성축제에서 수상한 '넥스트 렘브란트(Next Rembrandt)' 프로젝트가 인공지능으로 초상화를 그렸다. 마이크로소프트와 렘브란트 미술관이 공동개발한 인공지능은 단순히 사진을 따라 그리는 수준을 넘어 주입된 정보를 통해 새로운 작품을 만드는 경지에 이르렀다. 렘브란트의 화풍과 정밀도를 잘 반영했기 때문에 현대미술품으로 공인받을 수 있는지가 궁금해진다.

그렇다면 이 초상화의 가격은 얼마이고, 원본으로 인정해야 하는지, 시리얼 넘버는 몇 번까지 할 수 있는지. 예술로서의 권위(Aura)는 크게 훼손되지 않아 보인다. 재현과 재해석과 개념의 문제인가? 미래에 수용자(소비자)의 태도는 어떻게 바뀔지 그리고 따라갈지 기대된다.

이뿐만 아니라 가사 쓰고, 원하는 분위기만 입력하면 바로 음악이 뚝딱 나온다. "음악적 지식이 전혀 없어도, 새로운 음악을 만들 수 있습니다."라는 평론가의 기사도 보인다. 얼마 전 일본에선 인공지능이 쓴 SF소설이 공모전 1차심사를 통과해 화제가 되기도 했다.

4차 산업혁명의 신기술이 전방위적으로 광고 시장에도 침투하고 있다. 구글이 가장 맛있는 광고 크리에이티브의 표현 요소를 빅데이터로 추출하고, 그 표현 요소를 촬영하여 신라면 광고를 제작하고 방영하여 화제작으로 주목을 받았었다. 과연 광고 크리에이티브는 어디까지 진화할 것인지 논쟁이 생길 수밖에 없다.

20년 전에 디지털 기술이 아날로그를 대체할 수 없을 것이라는 전망으로 디지털 기술을 폄하하듯이 안주하기에는 기술발전 속도가 너무가 급진적이다. 인공지능(AI)은 창의성을 대작(代作)해 줄 수는 있지만, 창의성을 원천적으로 발상할 수는 없다고 자만하고 있을 것인가 하는 문제다. 광고 크리에이터는 인공지능이 원천 아이디어를 기계학습(deep learning)을 통해 창작하고 있다는 사실을 중시해야 할 것이다. 2018년 11월에는 인간의 모습을 한 세계 첫 인공지능(AI) 뉴스 앵커도 등장했다고 한다. 중국 신화통신이 선보인 AI 앵커는 자사 소속 남성 앵커 추하오의 얼굴과 입 모양, 목소리를 합성해 만들어졌다. 기자들이 컴퓨터에 뉴스를 입력하면 인공지능이 이 앵커의 목소리와 몸짓을 똑같이 따라하며 이를 읽는다.

또 다른 기폭제는 인공지능의 빅데이터 분석과 딥러닝(deep learning) 기술의 발전이다. 인공지능이 인간의 지능을 능가하는 그때를 **'기술적 특이점**(singularity)'이라고 한다. '기술적 특이점은 '강 인공지능(strong AI)'을 가진 기계(로봇)가 자의식을 통해 자발적으로 학습하고 생각하며 때로는 인간의 명령을 거부할 수 있다는 개념이다.

아직은 이론적인 개념이고, 그것이 정확하게 어떤 모습일지는 알기 어렵다고 하지만 '약 인공지능(weak AI)'이 점차 범용성을 늘려 간다면 강 인공지능으로 발전하는 것도 곧 현실이 될 것이다. 그러므로 미래 크리에이티브의 생산 시스템과 소비의 메커니즘과 광고 생태계가 혁신적으로 바뀔 것이라고 본다.

2) 새로운 경험, 새로운 홍미

제4차 산업혁명 시대의 제조업은 지능화, 자율화, 초연결화로 사물인터넷 시대를 열게 될 것이다. 인공지능과 센서를 기반으로 로봇과 자율주행차가 생활 속으로 들어올 것이다. 인공지능과 로봇, AR(Augment Reality), VR(Virtual Reality) 기술, Iot(사물인터넷), 나노, 바이오 기술이 연극, 건축, 영화, 사진, 디자인, 광고 등에 적용되고 엔터테인먼트 산업의 핵심 경쟁력으로 부상할 것이다. 공연예술과 미디어 예술을 넘나드는 장르 파괴의 주역이 될 것이다. 사용자 인터페이스(user interface)로 상호작용하면서 영향을 주고받아 진화하고 **새로운 경험**(new experience)을 만나게 된다. **새로운 흥미**(new entertainment)가 탑재되면서 순환고리를 형성하기도 한다.

이에 따라서 개방화와 산업화와 디지털화와 수용자의 변화를 초월하여 새로운 '지능화, 자율화, 초연결화'이라는 **새로운 패러다임**을 강요하게 될 것이다. 이를 전략경영학자들은 '뉴 노멀'이라고 하며, 수많은 사물의 연결로 이루어지는 사물인터넷 시대에는 '언제 어디서나 어떤 기기'에서나 상호작용하면서 복잡한 세상(complex adaptative system)을 운행하게 되기에 불확실성을 일상화해야 한다는 논의도 하고 있다. 광고의 엔딩이 영화 〈레이트 쉬프트(Late Shift)〉처럼 7가지 경우의 수가 나오게 할 수 있어야 할 것이다.

크리에이티브의 표현 요소로서 주인공의 캐스팅 기준과 스토리텔링의 방향이 설정된다고 할 수 있겠다. 특히 **트랜스 미디어 시대**에 디지털 스토리텔링으로 진보하면서 새로운 미디어 크리에이티브 미학을 창출하게 된다. 사회변화에 부응하고 선도하는 뉴 크리에이티브의 역할이 중요해질 것이다. 뉴 크리에이티브의 지향점은 소비자이자 생산자인 프로슈머(prosumer)가 '**예상하지 못하는 극한체험**(unexpected extreme experience)'을 느끼게 해 주어야 한다는 것이다. 사실 '예상하지 못하는 크리에이티브' 자체가 소비자(수용자)에게는 극한체험의 하나로 받아들이게 함으로써 의외성이고 낯설게 하기이며 흥미유발의 본질이 될 수 있을 것이다.

현대는 시뮬레이션(simulation)의 시대라고도 한다. 특히 하이퍼 리얼리티의 세계다. 실재와 허구의 구분이 소멸되는 시대다. 실재가 중요한 게 아니라 이미지가 중요하다. 리얼리티보다 표상이 더 중요하다. 실제와 표상이 구분되지 않는다. 광고스타도 이미지로 존재한다. 실재는 없고, 스캔들 나면 인기나 연예수명은 끝난다.

홀로그램 기술을 활용한 가상 콘서트에도 실제 동물은 없다. 가상의 가수가 진짜 공연장에 있는 것처럼 보일 뿐이다. 초고해상도 레이저빔과 빔 프로젝터, 조명을 결합한 홀로그래피 등 최첨단 기술은 진짜 살아있는 가수를 마주보고 있는 듯 신비로운 경험을 제공한다. 홀로그램(hologram)은 '완전하다'라는 뜻의 'Holos'와 '정보'라는 뜻의 'Gram'이 합쳐진 단어로써, 두 개의 레이저광이 만나 일으키는 '빛의 간섭현상'을 이용해 입체 정보를 기록하고 재생하는 기술을 홀로그래피라고 한다. 이 기술로 촬영한 것이 바로 홀로그램이다. 4차 산업혁명 시대의 첨단기술과 맞물려 그 활용영역을 급속히 확장해가고 있다.

로봇(robot)은 현재의 문제가 되었다. 사이보그(cyborg)에서 진화한 인조인간이라고 할 수 있다. 인간과 기계, 인간과 매체의 경계는 어디까지 무너질까? 현재 인간의 실존문제를 해결할 수 있을까? 로봇의 윤리문제까지 대두되고 있다. 인터넷과 로봇과 네트워크 사회의 도래와 경향은 현재 문제해결의 아이디어를 준다. 인터넷의 프라이버시 문제, 사회 제도 문제(페미니즘과 가부장 가족제도), 인터넷 장려냐 단속이냐의 양면성과 이율배반과 양가성은 '분열증세'를 보이고 있다.

정체성은 오프라인과 온라인에서 다르다. 소비자는 다양한 페르소나를 가지고 오프라인과 온라인에서 생활할 것이다. 아날로그 시대처럼 서열 직업 나이가 고정된 '스톡' 개념이 아니다. 디지털 온라인에서는 사회적 성과 관련된 다양한 젠더(gender) 개념의 '**벡터**'가 되었다. 왜냐하면 분화(differentiation)와 분절(fragmentation)이다. 사회적 관계나 만남도 기능적이다. 사이버 세계는 인간에게 어떤 영역인가, 그 해석은 무엇인가? 디지털 커뮤니케이션에서 광고 크리에이티브에서 담아야 할 과제가 복잡해졌다고 할 수 있다.

기술경쟁이 치열한 **자율주행차 시장**에서는, 제너럴모터스(GM)의 자율주행차 자회사로 알려진 크루즈와 세계 최대 차량공유업체 우버(UBER)가 각각 자사의 핵심기술인 '소스코드'를 오픈소스로 인터넷에 무상으로 공개했다. 소스코드는 소프트웨어의 설계도에 해당되는데 자율주행차의 라이다 · 레이더 · 카메라 등 센서가 인식한 '도로상황'과 '장애물' 등을 2D · 3D로 시각화하는 기술이다. 센서가 눈으로 본 것을 뇌에서 도식화하는 것으로 자율주행차의 필수기술이다. 또한 이런 4차 산업혁명의 기술혁신 시대임에도 불구하고, 20대 전후의 젊은 세대들은 **이색 음식**을 즐기는 복합심리와 고정관념 파괴현상을 보여 주고 있다. 경제불황과 연계되어 강한 맛을 내는 '불닭볶음면'이 유행이더니 '닭껍질 튀김'이나 '돼지꼬리 튀김'이나 '흑당버블티'같은 재미거리 음식을 선호하고 체험하려는 경향도 보이고 있다.

기술을 넘어 다양한 콘텐츠가 웹과 유튜브 등의 플랫폼에 탑재되고, 드라마가 한 해 100편 이상 제작되면서 광고 크리에이티브는 장르를 초월하는 '무한경쟁' 시대의 생존법을 숙지하고 지향해야 할 표현 콘셉트가 무엇인지를 찾아야 할 것이다.

3) 디지털 광고의 핵심은 퍼포먼스 마케팅으로 효과 창출

기존의 광고전략은 불특정다수에 무차별로 보여 주기식 대중 커뮤니케이션이다. 텔레비전 광고가 대표적이다. 그러나 효과는 확정할 수 없고 신뢰할 수도 없다. 디지털 광고마케팅은 **타깃 광고**다. 빅데이터 분석을 통해 누가 소비하는지를 정확히 간파해 낸다. 표적에 집중적으로 광고하기에 광고효과가 아주 높고 측정가능하게 된다. 기존의 광고회사들이 광고 영업사원(AE)을 고용해서 광고주들 대상으로 영업하지만, 디지털 광고회사는 빅데이터 분석 인력이 많아 광고주에 최적화된 솔루션(solution)을 제공한다.

디지털 시대에는 광고주가 예산을 투입하면 실제로 성과가 나타나는 마케팅 기획인 '**퍼포먼스 마케팅**'에 강점을 가지고 있어야 한다. 광고주의 제품 또는 서비스가 어떤 타깃층에게 가장 많이 팔릴지 제품과 경쟁사 데이터를 분석해 광고주에 최적화된 광고를 집행해야 한다. 구매 가능성이 높은 고객들에게 관심을 끌 만한 정보를 노출시켜 광고의 효율을 극대화해 궁극적으로 광고주의 매출을 증대시키는 역할을 해야 하기 때문이다.

이제 광고회사는 '퍼포먼스 마케팅'에 최적화된 빅데이터 기반의 솔루션을 보유해야 한다. 다양한 업종의 광고주의 캠페인을 집행한 경험을 바탕으로, 빅데이터 센터를 운영해 대량의 데이터를 실시간으로 수집, 통합, 관리가 가능한 시스템을 갖추고 있어야 한다. 업종별로 수집된 유저 데이터를 분석해 정확한 목표소비자를 설정하여 타기팅을 할 수 있어야 하고, **최적화된 마케팅 인사이트**를 도출할 수 있어야 한다. 머신러닝을 통한 실시간 입찰 방식을 통해 가장 효율적인 타깃에게, 효율적인 미디어를 통해, 가장 효과적인 광고물을 노출시켜 광고주의 매출을 극대화시킬 수 있어야 한다. 그래서 광고회사의 인력은 영업 인력이 아닌 '분석 인력'으로 구조조정 되어야 할 것이다. 유명 디지털 광고회사는 이제 아날로그 광고회사처럼 '취급고'를 제고하는 3가지 유형의 광고주 영입을 위한 외부 영업을 하지 않는 경향이 있다. 진정한 기획(AP)으로 판매성과를 창출하는 **퍼포먼스 지향의 크리에이티브**가 되어야 할 것이다. 판매를 이룩하지 못하는 광고는 '쓰레기'라는 명언은 디지털 시대에도 적용되어야 할 것이다. 다음의 광고영업 방식도 디지털 시대의 방식으로 혁신되어야 할 것이다.

① 기존 광고주의 추천으로 신규 광고주를 확보하는 'MGM(Members Get Members)' 방식의 입소문 효과
② 광고주의 온라인 광고비를 계속 늘려 가는 'Up Sales' 방식
③ 분석을 통해 더 나은 광고 상품을 광고주에게 제안하여, 광고 대행의 범위를 확대하고 추가 매출을 창출하는 'Cross Sales' 방식

디지털 광고 크리에이티브의 핵심도 퍼포먼스로 마케팅효과를 직접 창출할 수 있는 기술의 도움이 필수적이다. 퍼포먼스 마케팅은 소비자(유저)가 구매행동을 하는 '바이럴효과'나 '판매효과'를 극대화 하는 마케팅전략이기 때문이다. 그래서 광고주(client)를 '찾아가는 마케팅'이 아니라, **광고주가 '찾아오는 마케팅'**인 셈이다. 비즈니스 지향의 크리에이티브(business-connected creative)가 진정한 **디지털 변환**(digital transformation)의 실체이고, 복잡적응계 세계의 공감 솔루션이 될 것이다.

4) 광고 크리에이티브의 변화

광고 크리에이티브 **테마와 형식 개발**에서 혁식적인 변화를 창출해야 할 것이다. 바이럴 광고와 네이티브 광고와 브랜디드 콘텐츠 크리에이티브로 대전환되었기에 발상의 변화가 필요하다. 점진적인 광고 시간제한의 철폐로 다양한 테마와 스토리텔링이 가능할 것이다. 이성적이고 디지털적인 인간형에 대한 반발심리가 작용하여 자연과 감성에 호소하는 테마가 역발상의 소스로 대두할 수도 있을 것이다. 로봇과 인간의 컨버전스된 복합형 심리가 수용자의 감성을 매혹시킬 가능성에 대한 연구가 필요하다.

광고 크리에이티브 형식 측면에서도 변신이 진행되고 있고 필수적이다. 전통적

인 시선잡기(eye catching)보다는 실제 사용 경험과 광고소비 과정에서의 혁신이 느껴져야 한다. 웨어러블 컴퓨팅처럼 몸에 맞는 착용감을 느낄 수 있는 기법이 필요할 것이다. 화면구성, 제품 표현, 카메라 앵글 같은 영상기술도 함께 달라져야 한다.

삼성미술관 리움에서의 'PDA 안내 설명'처럼 광고도 언제 어디서나 유비쿼터스 환경에서 활용될 것이다. 삼성 아파트 래미안은 유비쿼터스 시대를 선보이는 광고로 큰 호응을 얻고 있다. LGU+는 AR을 실현하는 5G시대의 일상을 보여 주고 있다. 디지털 기술을 직접 생활 속에서 향유하는 TPO를 소구하고 있다.

또한 쌍방향 TV는 동시화면을 전개하여 '멀티태스킹'을 가능하게 할 것이다. 시공간을 전술적으로 활용하여 시리즈로 만들고 등장인물의 변신과 같은 크리에이티브를 표현할 수도 있을 것이다. 최근 위성 DMB는 언제 어디서나 유비쿼터스 상황을 전개하여 엔터테인먼트를 즐길 수 있고, 위성 DMB 채널의 보급은 이동통신과 방송의 통합이라는 퓨전 같은 개념을 실현하고 있다. 갈수록 예측불가능하고 불확실성이 확대되어 첨단기술의 변화에 민감한 정보력을 갖추어야 할 것이다. 모바일 광고의 활성화로 경계파괴의 현실을 다양하게 제공할 수 있게 되었다. 홀로그램 기술을 활용한다면 모바일 폰 화면 위에 입체영상이 생성될 것이기에, 크리에이티브의 형식은 메시지(카피)와 비주얼의 행복한 결혼이라는 공식을 새롭게 해석해야 할 것이다.

키워드 광고에서도 네이버가 시장 점유율 1위를 지키고, 오버츄어사가 '광고단가 실시간 경매제'를 실시하는 수준을 넘어 새로운 차원의 크리에이티브 아이디어를 생산해야 할 것이다. 인터넷 배너 광고 수준을 벗어나 실시간 유저의 반응을 점검하여 광고에 반영하는 크리에이티브 기법을 개발해야 할 것이다.

『생각의 탄생』의 창조의 비밀에서 '공감각'을 중요시한다. "사과 맛을 정확하게 이해하려면 혀 못지않게 눈, 코, 손의 감각도 중요하다"라는 것이다.

감각과 사고를 융합하는 것은 창조력이 뛰어난 사람들 사이에서 연상적 공감각만큼이나 흔한 일이다. 공감각은 융합, 결합, '다 같이'를 뜻하는 'syn'과 '감각'을 뜻하는 'aisthesis'가 합쳐진 말이다. '한꺼번에 느낀다' 혹은 '감각의 융합'을 의미한다. '상상하면서 분석하고, 화가인 동시엔 과학자가 되라.'는 종합지(synosia)는 '공감각의 지적 확장'이다. 이런 크리에이티브 생태계의 전환을 수용하고 활용하는 '혁신의 자세'가 필요해지고 있다.

4. 뉴미디어 디지털 크리에이티브 전략

광고 생태계에서 관용어처럼 사용되는 말이 있다. '세상엔 변하지 않는 게 없다는 것이 변하지 않는 진실이다.'의 시대이기에, 뉴미디어 크리에이티브에 '혁신은 불가피'할 뿐이다. 디지털 기술혁신에 따라 소비자도 변하고, 사회도 변하고, 역사도 발전하고 문화는 진화를 거듭하고 있다.

현대는 정보화와 디지털화와 수용자의 변화이다. 시속 '10마일로 기어가는 학교, 100마일로 달리는 기업'에 '1,000 마일로 달리는 개인'(digital native)의 시대에 살고 있지 않을까 생각한다. 이런 혁신의 변화를 **'생각의 속도'**라고도 표현했다. 광고창작에서도 혁신이 절실한 시점에 와 있다. 더 이상 '19세기 발상'에서 '20세기 크리에이터'가 '21세기 소비자'를 가르치는 촌극을 창안하고 있을 수는 없다고 본다. 짤림(skip) 방지와 지핑(zipping), 재핑(zapping) 방지 기법의 효과를 볼 특단의 **혁신 크리에이티브**가 필요하지 않을까?

또한 과거 TV, 인터넷, 모바일 매체의 '부킹형 광고'에서 **'프로그래매틱 광고'**로 재편되는 변화가 가파르게 진행되고 있다. 인플루언서 마케팅과 비디오 커머스의 영향력도 확산되는 상황이라 크리에이티브의 개념과 속성과 **창작방법론**도 혁신될 필요가 있다.

4차 산업혁명 시대의 **뉴미디어 크리에이티브 전략**은 결국 'IoT, AI, data, 5G, 자율주행차, 로봇'의 특장점을 살린 아이디어가 될 것이다. 모바일과 홀로그램과 웨어러블 컴퓨팅 같은 기술을 바탕으로 그동안 ICBM 분야별 독자적으로 개발되던 기술들을 집적함으로써 시너지를 낼 수 있는 사업을 도출하고 효과적으로 커뮤니케이션 함으로써 신시장을 창출하겠다는 전략이 요구된다.

1) 인터랙션 크리에이티브

인터랙션 크리에이티브는 커뮤니케이션의 밸류체인(value chain)에 개입하는 문제다.

현대 디지털 세상의 주요 키 워드를 재인식할 필요가 있다. 인터렉티브(interactive) 테크놀로지 시대요, 스토리텔링 시대요, 엔터테인먼트 시대라고 한다. 하지만 그 출발점은 **인터랙티브**라는 개념에서 나온 것같다. '인터(inter)'란 접두사는 '사이(between)'란 뜻인데, 이것은 사용자와 콘텐츠 사이의 활동적인 관계를 의미한다.

인터랙티브 관계란 상호적인 교환(two-way exchange)이며, 광고주가 어떤 자극을 준다면, 수용자(소비자)는 콘텐츠가 준 자극에 반응하고, 또 새로운 자극이나 반응을 요구하게 된다. 물론 비록 비선형적이지만 광고주와 수용자가 콘텐츠와 다양한 방식으로 자극과 반응을 교환하는 시공간이 만들어지는 것이다. 수용자(소비자)가 참여하고 공유하며 전파하는 시공간의 매체가 하나의 크리에이티브 생태계로 완성되는 과정인 셈이다. 이 과정에서 재미있는 엔터테인먼트 요인이 필수다. 그러면서 자연스럽게 스토리텔링으로 **지속가능한 공감**을 얻게 되는 것이다. 성공한 인터랙션 크리에이티브일수록 소비자에게 풍성하고 완전히 몰입하고 개입하여 광고 메시지를 해석해 내는 시공간, 즉 광고 창작환경을 제공한다는 것이다. 바로 '**사용자 경험**(user experience)'이다.

수용자(소비자)는 사용자로서 여러 가지 방법과 수준으로 가상 세계, 가상 캐릭터, 가상 물체와 상호작용한다. 인터랙티비티는 가능한 한 많은 **감각**, 그중에서도 청각, 시각, 촉각을 자극하며, 그리고 어떤 가상현실 환경에서는 후각조차도 자극한다.

다시 말하면, '경험은 몰입'이다. 이것은 수동적 엔터테인먼트에서는 결코 할 수 없다. 성공적인 인터랙티비티는 나와 캐릭터의 일체감을 느끼며 몰입하게 만든다. 인터랙티브 미디어에 몰입하기 위해, 플레이어 또는 사용자는 다양한 방법으로 디지털 콘텐츠와 상호작용할 수 있다. 이게 새로운 '**인터플레이**(inter-play)' **경험**이다.

기존의 개념으로 본다면 현재 실생활에서 경계의 파괴라고 볼 수 있는 현상은 많다.

드라마 스토리텔링을 수정하라는 여론 때문에 비극을 해피엔딩으로 처리하는 경우가 있다. 아예 인터넷에서 결말을 공모하는 경우도 있다. 시청률 제고를 위한 수단이기도 하다. 여기서 드라마를 광고로 대체하면 새로운 아이디어가 생길 것이다.

독도 영유권 문제로 일본과 외교분쟁이 생겼을 때도 한국 네티즌들이 일본 외무성 서버를 공격하여 다운 시켜버리는 사이버 테러는 일상사로 변하고 이다. 현실과 사이버 세상 이라는 구분에도 불구하고 그 효과는 구분이 되지 않는다.

프로슈머(producer+consumer)는 기존 생산자와 소비자의 경계를 파괴했다. 적어도 상품생산 주기를 단축시키고 소비자불만을 즉시 해결함으로써 구분이 없어졌다. **컨버전스 마케팅**(convergence marketing)은 새로운 인터넷 기술의 발전으로 쌍방향 커뮤니케이션이 가능하게 됨으로써 생기는 마케팅 개념의 진화이다. 소비자는 그리스 신화의 반인반마(半人半馬)처럼 현실과 사이버의 양 세계를 넘나드는 이중성을 갖는다.

인터넷 얼짱 선정이나 아바타(avatar, 인터넷상의 자아)도 리얼리티와 버추얼의 경계를 파괴하는 현상의 시작이다. 최근엔 이모티콘과 캐릭터의 일상화와 연계하여 아이디어를 발상해야 할 것이다. 일본에서는 대표 아이돌을 위협하고, 현지 아티스트들의 꿈의 무대 입성도 노리는 '**브이튜버**(V-tuber)'가 인기라고 한다. 브이튜버는 '가상의'라는 뜻의 영어 버추얼(virtual)과 1인 미디어 창작자를 일컫는 유튜버(Youtuber)를 붙여 간략히 줄인 말이다. 인간 크리에이터처럼 유튜브 채널 등에서 활동하는 컴퓨터그래픽(CG) 캐릭터를 가리킨다. 짜인 각본대로 움직이는 애니메이션 속 캐릭터들과 달리 능동적이고 상호작용 가능한 것도 차별점이라고 한다. 2000년대 초반 사이버 가수 아담이 활동하던 시절과 비교하면 격세지감이 크다.

전자상거래는 이제 일상 생활화가 되었고, 구매와 지급방법에서 전체 시장 규모도 전통 상거래를 앞서갈 것이다. 유비쿼터스 사물인터넷(IoT) 시대엔 '경계의 파괴'를 넘어서서 '개방은 공유이고 참여이며, 참여는 상호작용으로 생성과 등가성'이다. 오픈 소스로 지배영역의 확장과 재구성이 일상적으로 일어나고 있기 때문이다.

현실과 가상 세계 사이의 경계가 허물어지고 있기에 그 붕괴가 의미하는 철학적이고 인간적인 의미에 대한 **'리좀**(rhyzome)**'적인 성찰**(Gilles Deleuze)도 이루어져서 깊이 있는 크리에이티브로 승화되어야 할 것이다.

2) 개인화 크리에이티브

개인화 크리에이티브는 **빅데이터 분석**(big data analysis)을 기반으로 한 마이너리티 리포트 사례, 홍채, 지문인식, 얼굴인식에 연계된 문제이다.

첨단 디지털 기술을 구현하는 영상과 메시지를 개발해야 할 것이다. 또한 경계 파괴를 소재로 한 에피소드나 스토리텔링이 필요할 것이다. '미디어가 메시지가 되는 시대'이므로 과감하고도 전략적인 크리에이티브 테마를 개발해야 한다.

사이보그와 시뮬레이션이 인간과 사실을 대체하는 시대이므로 전통적인 감성소구의 테마로는 인터넷 유저를 사로잡을 수 없다. 복합인간과 기계인간의 공존은 새로운 감성을 낳을 것이다. 환타지 영화나 SF적인 주제로 '범위의 경제'를 실현할 수 있는 테마가 흥행을 거둘 것이다.

이런 테마는 첨단 기계문명과 바이 센테니얼 같은 기계인간을 유기체적인 인간과 동일시하고 공존하는 신세계를 펼칠 수도 있을 것이다. 다만, 인간 서정을 바탕으로 하여 첨단감각의 감성을 제안하는 광고도 등장할 것이다. 인간이 가지고 있는 보편성은 시대를 초월하고 매체를 초월하여 내재화되어 있기 때문이라고 생각한다.

현대 소비자들은 밀레니얼 세대와 Z세대로 대표되는 디지털 원주민세대이다.

예술은 일회용 소모품으로 전락하고, 영화는 팝콘의 판매수단으로 추락할지도 모른다. 영화 〈옥자〉에서 확인되었던 영화 배급구조의 혁신이 이루어지고 있다. 앞으로 영화는 인터넷으로 스트리밍 유통이 주도하고 오프라인의 멀티플렉스 영화관 시장은 축소될 수밖에 없을 것이다. 이런 사회특성을 선도하는 '광고 생태계 변화'를 적극적으로 받아들여야 생존할 수 있다는 사실이다.

현재 온라인의 대세는 흔히 얘기하는 '홈피나 블로그 형태'의 '개인화 커뮤니티'라고 할 수 있다. 가장 매력 있는 광고매체가 될 수 있는 것이 개인 휴대전화이다. 사실 SMS 한 통을 받을 때에도 보내는 사람의 전화번호뿐만 아니라 사용하는 휴대전화 기종과 주민등록번호가 같이 전송된다고 한다. 사용자 정보가 분류되므로 하나하나 타기팅하지 않아도 초점 마케팅이 가능하다. 또한 위치기반 시스템(GPS)과 빅데이터가 연동하여 상점 앞에서 휴대전화 사용자가 할인쿠폰을 전송받아 이용하고 있다. 와이파이와 5G를 중심으로 한 휴대전화 기능의 진보로 매체의 역동성에 맞는 광고기법의 변화가 예상된다. 개개인에게 맞춤형 광고 크리에이티브가 가능해졌다.

최근 버거킹, 맥도날드, 웬디스 같은 패스트푸드 레스토랑들이 모바일 기반 최신 기술을 통해 젊은 고객을 유치하기 위한 경쟁이 심화되고 있는데, 사용자 재미, 매장 방문 유도효과를 본 버거킹(브라질)의 캠페인이 화제였다. 2019년 4월 모바일 앱 고객에게 경쟁사 광고에 불을 지를 수 있는 프로모션을 진행했다. '그 광고 태워 버려(Burn That Ad)'라는 슬로건으로 버거킹 앱 내에서 증강현실(AR) 기반의 카메라 기능을 사용해 맥도날드 같은 경쟁사의 광고, 쿠폰 등에 갖다 대면 해당 광고가 이글거리는 화염에 휩싸이는 이미지로 변한다. 화염에 휩싸이는 이미지는 버거킹 특유의 고기를 직접 불에 구워 조리하는 직화방식(flame-broiling)을 표현했다고 한다. 버거킹 앱으로 광고를 태우면 근처 가까운 지점의 매장에서 사용할 수 있는 무료 와퍼 쿠폰을 제공한다. 사용자에게 재미와 고객의 매장 방문 유도효과를 본 캠페인이라는 평이다. 이 캠페인은 유튜브에서 티저 영상으로도 공개되었다. 유튜브 영상에선 경쟁사의 이름을 밝히지는 않았지만 모자이크된 옥외광고와 지면광고를 통해 맥도날드 등 주요 경쟁사를 직접 겨냥하고 있는 것을 추론할 수 있다.

3) 스토리텔링형 크리에이티브

스토리텔링은 '스토리(story)+텔링(telling)'의 합성어로서 말 그대로 '이야기하다'라는 의미를 지닌다. 즉, 상대방에게 알리고자 하는 바를 재미있고 생생한 이야기로 설득력 있게 전달하는 행위이다. 일상생활에서 스토리텔링은 여러 가지로 유익하고 설득력 있는 수단으로 이용되고 있다. 인류가 등장한 이래 스토리텔링은 인간끼리의 의사소통에 있어 늘 중심적인 역할을 해 왔기 때문이다. 최근 들어 스토리텔링은 현대 조직 사회에서 특정 목표고객을 위한 효과적인 커뮤니케이션 방법으로 활용되기도 한다.

흔히 재미있는 이야기를 말할 때, '영화 같다.'라는 말을 쓴다. 현대사회에서 우리에게 익숙한 영화의 기본이 되는 **'내러티브 구성의 원리'** 때문이라고 할 수 있다. 오랜 기간의 실험과 검증을 거쳐 만들어진 '고전적 할리우드 내러티브 양식(classical hollywood narrative style)'이다. 이는 할리우드가 정식화한 내러티브 구축 스타일을 지칭한다. 할리우드식 내러티브는 장르를 막론하고, 이야기가 기승전결의 단계를 밟으며 점진적으로 긴장이 고조되면서 완결된 결말을 갖는다. 1920~1930년대 할리우드에서 공고히 굳어진 고전적 할리우드 양식은 관객들이 가장 편안하게 영화를 볼 수 있도록 구조화된 스토리텔링의 메커니즘을 작동한다. 실제 혹은 허구적인 사건을 설명하는 것 또는 기술(writing)이라는 행위에 내재되어 있는 이야기적인 성격을 지칭하는 말이기도 하다. 시간과 공간에서 발생하는 인과관계로 엮인 실제 혹은 허구적 사건들의 연결을 의미하며 문학이나 연극, 영화와 같은 예술 텍스트에서는 이야기를 조직하고 전개하기 위해 동원되는 다양한 전략, 관습, 코드, 형식 등을 포괄하는 개념으로 쓰인다(영화사전).

이런 스토리텔링은 디지털매체의 특성에 따라 다양하게 전개되며, OSMU를 넘어 영화 · 드라마 · 비디오 · 만화 · 게임을 연계하고 상호보완하면서 디지털매체 독자적인 특성을 발휘하고 있다. 이런 경향은 하나의 스토리텔링을 원천적인 콘텐츠로 활용하면서 장르별로 역할을 부여하여 전체가 하나의 스토리로 통합되게 만든다. 이런 콘텐츠들이 '경계파괴'가 이루어지면서 광고 스토리텔링은 각자도생의 형식과 내용을 가지면서 하나의 시리즈로 수용되게 만드는 전략적인 크리에이티브가 된다. 인기 해외 드라마가 시즌별로 제작하면서 각각의 시리즈물로 영상을 제작하는 기법으로 발전하고 있는 것과 비슷하다.

4) 게임형 크리에이티브

게임형 크리에이티브는 광고 결론의 선택과 아이템 구매에 관한 문제라고 할 수 있다.

현대 사회의 관객(청중)은 광고소비자로서 **'광고는 엔터테인먼트다'**라고 규정해 버리기도 한다. 광고는 하나의 콘텐츠로 변신했기에 문화예술 모든 장르의 작품들과 무한경쟁을 해야만 한다. 사회의 변화와 고객의 변화에 부응해야 할 광고 크리에이티브의 개념은 무엇일까? 트랜스미디어의 방향은 과연 몇 가지 경우의 수 일까? 크리에이터의 고민은 계속되고 있다고 하겠다.

'게임의 원리'를 응용한다면 캐릭터와 스토리텔링과 레벨 업과 그래픽은 어떻게 할 것인가? 게이머(gamer)는 등장인물이면서 저자가 된다. 사이버 공간과 이야기의 혼합으로 게임은 스토리텔링의 미래가 될 수 있다. 게임 디자이너는 가상세계를 창조하는 괴짜 신(神)이다. 거대한 담론의 환타지형 게임 속에서 성장한 소비자는 광고 크리에이티브 수용도에서도 달라질 것이다. 게임은 단순한 놀이가 아니라 세계를 창조하고 우주를 보여 준다. 그래서 게임이 놀이가 아니라 '경험'이라고 부른다. 또한 소비자는 게임 속의 스토리텔링을 모험담으로 수용할 것이며, 게임에 나오는 등장인물이면서 작가가 된다. 게임하듯이 아이템을 거래하고 결말을 결정하는 데 적극적으로 개입하게 되는 양방향 픽션으로 발전될 수도 있을 것이다.

대규모다중역할게임(MMORPG)은 의미가 풍성한 세상이면서, 현대사회가 잃어버린 신화(神話)를 부활시킨다. 게임 유저들은 현실 부적응자(loser)이거나 현대사회의 황량함에서 소외된 자들이 아니라, 변화에 적응한 생존자들이 된다. 현실과는 반대로 '현실도피'가 아니라 신세계를 개척하는 선지자요, 우람한 근육에 거대한 무기를 지녀 공동체의 추앙자가 되기도 한다. 청소년의 게임 과몰입문제를 인터넷 셧다운제로만 풀 수 없는 세계가 숨어 있다고 본다.

5) 실감형 크리에이티브

5G의 상용화로 소비자의 생활이 급변하게 될 것이다. 특히 **제4의 미디어**로 알려진 **DOOH**(Digital Out Of Home)에서도 각종 데이터의 실시간 감응과 전송 및 재현이 가능해지고, 소비자와 상호작용의 소통은 기대하지 않은(unexpectedness) 초경험창출이다. 자율주행차의 일반화까지 이루어지면 삶의 양식이 획기적으로 달라질 수밖에 없을 것이다. 아직 VR, AR을 실감할 수 있는 콘텐츠가 미흡하지만 각 이동통신사와 글로벌 콘텐츠 제작사의 시장동향에 대한 파악이 끝나면 큰 시장이 열릴 것이다. 유튜브 세대의 영상소비 파워는 회오리바람처럼 대세가 될 것이다. 특히 '브랜디드 콘텐츠'가 광고 시장 전반에 가미되면 광고주의 욕구 증가폭이 더 커질 수밖에 없을 것이다. Z세대에게는 '진정성'이 중요한 소통수단이고 '공유'를 통한 바이럴효과를 생산하는 게 핵심과제이다. 이에 색다른 경험을 직접 느끼고 환호하게 만드는 AR, VR, MR을 채용한 DOOH 광고 크리에이티브 수요도 폭증하리라 생각한다. 몰입감과 실시간 상호작용이 가능한 기술로, '광고 아닌 광고'를 콘텐츠처럼 즐기게 할 것이기 때문이다. 3분 내외의 짧은 엔터테인먼트 실감영상은 크리에이티브의 새 규범으로 정착될 것으로 보인다.

5. 기술을 넘어서는 '뉴 노멀' 크리에이티브

1) 광고는 시대의 반영이고 사회의 거울이다

디지털 기술의 진보에 따라 각종 첨단매체가 개발되고 신 광고기법이 창출되고 있다. 〈마이너리티 리포트〉에서처럼 언제 어디서나 첨단기술을 활용한 생활의 변화가 일어나고, 광고는 그 생활을 추적하거나 선도하면서 새로운 장르로 발전할 것이다. 과연 광고는 구체적으로 어떤 내용과 형태를 가질 것인지를 연구해야 할 것이다. **사**

물인터넷 시대일수록 첨단 디지털 시대가 강조될수록 인간의 보편적 심성과 인간학에 대한 성찰이 필요할 것이다.

로봇(robot)으로 전환되는 시대엔 생활상이 전환되고 인간 의식이 변화할 것이다. 그 소비주체인 인간에 대한 서정은 어떠한 '경로(path)'를 거쳐 새로운 방향성을 가질 것인가를 면밀히 숙고해야 할 것이다.

유비쿼터스 시대의 긍정적 측면을 강조함으로써 진열대(show window) 같은 **광고의 '의사(擬似) 행복'**이라는 개념은 그대로 유지할 수 있을 것이다. 그러나 예상해 보면 결국 세계는 기술로 진화하는 게 아니라, 인간이 진화한다. 광고는 고객인 소비자를 공감시키는 전략을 기술과 접목시키는 방향으로 진화할 것이다.

사물인터넷 시대가 되어도 '인간성 회복'이라는 전통적인 주제는 살아 있을 것이라고 예측된다. 그래서 **'사람인터넷'**이라는 대립 개념도 생각할 수 있지 않을까? 사이보그화에 반대방향으로 인간화에 대한 향수는 더 커질 것이라는 것이다. 최근 동물 관련 프로그램이나 관찰예능 프로그램이 증가하고 있는 것은 미래 디지털 시대의 한 단면을 보는 것 같다. 이것이 불확실성 시대의 예측 가능한 증거의 하나라고 하겠다.

우리 광고계는 플랫폼 혁신(innovation)의 현상과 본질, 그리고 콘텐츠 지향 전략의 핵심을 공유하고, 사례를 전파하는 조직이 되어야 하겠다. 크리에이티브는 관객이 방문하고 작품으로 유통되며 창의성의 메카로서 자리매김하려는 목표를 가져야 할 것이다. 이런 기반 체계 속에서 광고 크리에이터는 '공존공영의 사고'를 하고 '혁신으로 경쟁하겠다'는 창의정신을 가져야 할 것이다.

그들의 바이럴 전략과 브랜드 저널리즘에서 네이티브 애드(native advertising)까지 커뮤니케이션 지형의 변화를 선도할 수 있어야 한다는 뜻이다.

2) 디지털 크리에이티브는 공공예술이다

미디어 아트가 기존의 예술과 다른 점은 작가와 관객의 상호작용에 있다. 전통적인 예술, 즉 회화나 조각은 정적인 제작물로서 심리적 상호소통이 우선적인 데 비해서, 미디어 아트는 대중매체를 이용함으로써 심리적 상호작용뿐만 아니라 인터페이스를 통한 물질적인 상호작용도 일어난다. 대중과의 소통이 은유적인 것에서 보다 직접적으로 바뀐 것이다. 대중매체가 발달된 오늘날 미디어아트는 단순한 예술을 넘어서 일상으로 발전하고 있다. 역으로 **일상을 넘어 예술로 관점 전환**을 가지고 있어야 한다.

미디어 아트는 디지털 기술을 기반으로 하는 커뮤니케이션 아트, 인포메이션 아트, 인터랙티브 아트, 전자예술, 미디어 아트, 플랫폼 아트 등을 포괄하는 개념이다. 특히 DOOH는 이런 디지털 뉴미디어 아트의 하위개념으로 불특정 다수나 개인 맞춤형 특정 고객에게 설득하기 위한 크리에이티브이고 마케팅 커뮤니케이션의 수단이라고 할 수 있다. 또한 미디어 개념의 확장을 통해 DOOH가 운용되고 있는 위치, 건물, 환경을 활용하는 **엠비언트 광고**(ambient ad)까지 고려해야 효과적인 퍼포먼스를 창출할 수 있을 것이다.

향후 'DOOH 크리에이티브'도 크리에이티브가 예술의 속성을 담보하고 있기에 대중예술로 접근하고 공공예술의 역할과 책무를 다 해야 할 것이다.

3) '넘어'(beyond)의 개념은 초(超)요, 슈퍼(super)다

최근 SK텔레콤의 광고 크리에이티브는 아주 시의성이 강하다. 5G시대의 정보통신 혁명과 생활혁명을 핵심단어 '초(超)'로 표현했다. 시대정신이 '초격차, 초능력, 초인간, 초경험, 초연결성'이라 간결한 카피 콘셉트의 힘이 느껴진다. 글로벌 무한경쟁 시대에 광고 크리에이티브가 가야할 방향성을 명확히 했다는 분석이다.

문화산업과 광고전쟁에서는 승자독식의 정글법칙이 규정(rule)이다. 크리에이티브의 파워와 완성도는 적자생존을 위한 무한경쟁이며 1등만이 살아남는 최고 프로페셔널의 세계이다. 또한 승자는 모든 명예와 자본과 수익을 독차지하는 비즈니스 모델이다.

광고 크리에이티브는 브랜드의 지속가능한 성장을 위해 끊임없이 변화하는 생명

체이기도 하다. SK INNOVATION은 '혁신에 혁신을 더하다'라는 기업슬로건을 사용하기도 한다. 기업과 브랜드의 존재이유는 단순한 이익창출이 아니라, '가치창출'을 통해 세상을 변화시키겠다는 의지라고 할 수 있다. 그 시작은 그 브랜드만의 본질이라고 할 수 있는 '정체성'을 증명해 보이는 것이다. 바로 게임의 룰을 바꾸는 혁신적인 크리에이티브를 통해 공유된다는 것이다. '게임 체인저(game changer)'로 승자독식의 글로벌 경쟁에서 앞서가야 한다.

'2등은 아무도 기억하지 않는다.'(삼성전자)는 말은 신자유주의 사고가 낳은 언어폭력일 수도 있지만, 광고의 독창성 경주에서는 불가피하게 무시할 수 없는 경구가 되고 있다. 그러나 4차 산업혁명 시대가 되면, 휘발유를 쓰는 내연기관 자동차는 전기차와 자율주행차 시대로 대체되기에 존폐의 문제가 된다. 천동설에서 지동설로 바뀌듯, 확 바뀐 '게임의 룰(rule of game)'을 빨리 인식하고 분석하고 대응해야 할 것이다. '적자생존'의 정글법칙이 지배하기에 판을 바꾸는 게임 체인저가 되는 **'초(超) 크리에이티브'**가 무엇인지 찾아야 한다.

청중(관객)은 '언제, 어디서나, 자신의 모바일 기기(any time, any where, any device)'로 콘텐츠를 소비하고 있으며, 상품 생산시스템과 소비의 메커니즘과 광고 생태계가 혁신적으로 바뀌고 있다. 광고인은 4차 산업혁명 시대의 선도자(first mover)가 되기 위해 소비자 접점인 '초(超) 크리에이티브의 콘셉트와 아이디어'를 발견해 내야 한다.

향후 미래사회는 '호모 사피엔스'에서 '호모 데우스'로 진화할 것이라고 역사학자 유발 하라리(Yubal Harari) 교수는 예고하고 있다. 인간이 생각하는 동물로서 지구 생태계의 최종 지배자가 되었다면, 이제는 신의 창의성을 발휘하고자 하는 인간의 **'예술적 도전'**이 필요할 때라고 생각한다. 광고가 사회문화로서 기여하고자 할 때도, **'크리에이티브 도전'**이 필요하다. 인공지능(AI) 같은 기술과 한국적 크리에이티브 혼을 융합하는 초(超) 크리에이티브에서 그 가능성을 찾고 싶다.

4차 산업혁명 시대에는 두 가지 이상의 기술 영역에서 융합하고, 글로벌 경쟁력을 갖춘 **'H형 인재'**가 디지털 광고 크리에이티브의 새 관점을 제시할 것이다.

'관점의 차이'가 세상의 차이를 만들고, '기술의 차이'가 '초(超) 크리에이티브'를 만든다. 초(超) 크리에이티브는 '썩지 않으려면 섞여야 한다.'는 기술융합에서 나오기 때문이며, 기술을 넘어선(beyond technology) 뉴 미디어 크리에이티브의 새 규범인 '뉴 노멀(new normal)'이기 때문이다. ■

참고문헌

제1장 변화하는 광고

김건표, 이종민(2018). 디지털 사이니지를 통한 브랜드 경험의 구성요소에 관한 탐색적 연구. OOH광고학연구, 15(1), 18-45.

김도환(2016. 4. 7.). OTT 확산, 방송 규제 완화의 기회로 삼아야. 서울신문 칼럼.

김병희(2013a). 광고의 새로운 정의와 범위. 서울: 한경사.

김병희(2013b). 광고의 새로운 정의와 범위: 혼합연구방법의 적용. 광고학연구, 24(2), 225-254.

김소중, 심성욱(2015). 디지털 사이니지의 사용자 맥락성에 따른 매체효과 연구: 편의점 디스플레이 광고를 중심으로. 한국광고홍보학보, 17(2), 104-137.

김영재(2014). 디지털 미디어 환경의 콘텐츠 산업 진흥기금. 한국콘텐츠학회논문지, 14(2), 146-160.

김현정(2018a). 가상현실 미디어 파사드를 통한 지역 문화 콘텐츠의 구현 가치에 대한 연구: 플루서의 텔레마틱 이상사회론을 중심으로. 한국OOH광고학회 2018년 추계 정기학술대회 논문집, 169-174.

김현정(2018b). 인터랙티브 직지 뮤지엄 구현 방안에 관한 연구: 가상현실과 융합현실 적용 방안을 중심으로. 호서문화논총, 28호, 51-83.

김현정(2018c). 사옥 조형물의 OOH미디어로서의 역할 확장에 관한 탐색적 연구: 조형물에 대한 수용자의 지각과 평가를 중심으로, 광고학연구, 29(7), 95-125.

김희경(2011). OTT 서비스 현황과 정책 이슈, 한림 ICT정책저널, 2011년 4월호, 46-52. http://ict.hallym.ac.kr/webzine/01/04-02.pdf

닐슨코리아(2016. 1.). Monthly Topic: Mobile 전성시대. http://www.koreanclick.com

성영신, 박은아, 정수정(2014). 미래 소비자, 무엇을 어떻게 연구할 것인가?. 광고학연구, 25(8), 133-154.

안용준, 지남석(2018). 세종시 미디어 파사드 도입방안. 대전: 대전세종연구원.

오은석(2016). 미디어 파사드와 인터랙티브 아트인스톨레이션. 방송과 미디어, 21(2), 61-70.

유정선, 정진헌(2014). 도시경관 미디어 파사드의 영상디자인 구성요소 연구. 한국산학기술학회 논문지, 15(11), 6478-6483.

이동훈, 이현진, 장욱, 조기성(2014). 디지털 사이니지 단말과 모바일 단말 연동 서비스에 관한 연구. 한국통신학회 학술대회논문집, 547-548.

이승지, 박현찬(2016). 서울시 미디어 파사드 설치현황과 관리방향 설정 연구. 서울도시연구, 17(2), 13-28.

이시훈(2007). 광고의 개념 재정립과 이론화. 커뮤니케이션 이론, 3(2), 153-188.

이티알아이(ETRI) 성과홍보실(2018). 세상이 바꿀 테크놀로지 디지털이 꿈꾸는 미래. 서울: 콘텐츠하다.

지디넷코리아(2019. 2. 9.). 삼성-LG 사이니지 기술대결(http://www.zdnet.co.kr/view/?no=20190207173143)

천용석(2014). 스마트광고산업에 있어서 디지털 사이니지의 활성화 방향 모색. 정보통신방송정책, 26(14), 1-22.

천용석(2016). 디지털 사이니지 산업진흥 정책의 현황과 시사점. 정보통신방송정책, 28(4), 1-21.

최민욱, 김운한, 김현정, 손영곤(2017). 온라인 동영상 광고 현황 조사 및 정책 연구. 서울: 한국인터넷진흥원.

한국일보(2017. 2. 5.). 공룡 넷플릭스도 밀어내는 OTT 토종들.

DMC Media (2015). 디지털 소비자 조사 및 한국인의 디지털 라이프스타일 보고서. http://me2.do/GNANe53C

DMC Media (2016). 2016 인터넷 동영상 시청 행태 및 동영상 광고 접촉 태도와 효과 분석 보고서.

eMarketer (2018). Mobile Ad Spending to Surpass TV in 2018; Nearly half of US paid media ad spending will go to digital channels https://contentstorage-na1.emarketer.com/4971cc2ec0fd156986ae462e4492e2de/eMarketer_Mobile_Ad_Spending_to_Surpass_TV_in_2018_eMarketer.pdf)

Heystek Magnus (2017). Is this the best investment fund in the world? http://www.moneyweb.co.za/moneyweb-opinion/is-this-the-best-investmen-fund-in-the-

world/
McKinsey (2017). "How artificial intelligence can deliver real value to companies", June 2017 Report, McKinsey Global Institute.
Stanton, William. T. (1984). *Fundamentals of the Marketing*, NewYork: McGrawHill.

네이버 지식백과. www.terms.naver.com
뉴시스 홈페이지. http://www.newsis.com/view/?id=NISX20170920_0000100731&cID=10801&pID=10800
다음 백과. https://100.daum.net/encyclopedia/view/149XXXXXXb159
디엠씨리포트 홈페이지. www.dmcreportpro.co.kr
마리나베이샌즈 싱가포르 홈페이지. https://ko.marinabaysands.com/museum/into-the-wild.html
삼성뉴스룸. www.news.samsung.com
유튜브. https://www.youtube.com/watch?v=ryR6jb4I3OI
Ad Age 홈페이지. www.adage.com
AWS 홈페이지. https://aws.amazon.com/machine-learning/what-is-ai/?nc1=h_ls
CIO 홈페이지. http://www.ciokorea.com/interview/34999
Designcollector 홈페이지. https://designcollector.net/likes/audi-a5-launch-ai-vs-you
HS Adzine 블로그. https://blog.hsad.co.kr/2552
Slashgear 홈페이지. www.slashgear.com/into-the-wild-hands-on-ar-serving-a-higher-purpose-10474421

제2장 애드테크

김병국, 김윤규(2019. 4.). 결국, DMP의 시대. DI 매거진, Vol 232.
김원호(2016). 4차 산업혁명, 마케팅 혁명의 길. 마케팅, 50(2), 9-16.
김유나(2017). 4차 산업혁명 도래에 따른 광고산업의 Digital Transformation. 광고PR실학회 상반기 학술대회 발제자료, 239-269.
뉴스젤리(2018. 11.). 애드테크, RTB(Real Time Bidding) 생태계와 현황.
박현길(2017). 애드테크(ADtech)!. 마케팅, 51(6), 38-47.
비즈스프링 애드테크(2017. 5). 애드테크란 무엇인가?. BizSpring.
서헌주, 엄남현(2019). 프로그래매틱 광고에 대한 국내 광고주 및 대행사의 인식과 장애요인에 대한 탐색 연구. 광고PR실학연구, 12(2), 32-58.

엄남현(2016). 국내 및 해외 프로그래매틱 바잉 광고현황 및 향후 전망. 한국광고PR실학회 2016 가을정기 학술대회 특별세션 발제자료, 47-60.

연대성(2007). 사물인터넷 마케팅혁명. 서울: 인포더북스.

윤정근(2016). 디지털미디어 광고 시장현황과 프로그래매틱 광고. 한국광고PR실학회 2016 가을정기 학술대회 특별세션 발제자료, 3-46.

이경주(2016). 4차 산업혁명 앞으로 5년. 서울: 마리북스.

이진형(2018). 이제는 광고도 프로그램이 알아서 해준다(프로그래매틱 바잉). 데이터마케팅코리아.

장성복(2017). 4차 산업혁명과 광고산업의 미래. 서울: AP클럽 세미나.

정주용(2016). 스마트폰으로 코끼리사기(O2O, 시장의 룰을 바꾸다). 서울: 베가북스.

조용석(2017). 4차 산업혁명 마케팅 광고. 서울:한언.

진봉섭(2016). 프로그래매틱 광고 시장, 얼마나 커질까?. 광고계동향, 302.

차두원 외(2017). 4차 산업혁명과 빅뱅 파괴의 시대. 서울: 한스미디어.

최민욱, 김운한, 김현정, 손영곤(2017). 온라인 동영상 광고 현황 조사 및 정책 연구. 한국인터넷 진흥원.

한정은(2017). 4차 산업혁명 시대 마케팅의 새로운 패러다임에 관한 연구. 경희사이버대학교 마케팅지속경영리더십학과.

한화투자증권(2016. 8. 16.). 인터넷/미디어광고(Positive)-애드테크(ADTech)! 이제 광고도 기술이다.

Cheil Magazine (2019. 4.).

Criteo (2019). 커머스 및 디지털 마케팅 전망.

DMC Media (2016a). 글로벌 동향을 통해서 본 애드테크 시장 현황. DMC Report (2016. 9.).

DMC Media (2016b). 광고 시장 가치 사슬의 변화, 프로그래매틱 바잉 생태계. DMC Report (2016. 1.).

DMC Media (2016c). 애드테크(AD Tech)에 대한 이해와 국가별 시장 현황 및 트렌드 분석. DMC Report (2016. 10.).

Mobvista (2018. 11. 13.). 애드테크 시장의 현재와 미래[Back to Basics] 광고업계의 새로운 트랜드 애드테크, 진화의 시작을 보다.

eMarketert (2019a). In Europe, Programmatic Ad Spending Grows by Double Digits Article by eMarketer Editors. *eMarketer Report* (2019. 1.).

eMarketert (2019b). Digital, Display and Programmatic Ad Spending Worldwide, 2012-2020. *eMarketer Report* (2019. 2.).

eMarketer (2019c). Us Programmatic Ad Spending Forecast 2019 (2019. 4.).

EN-CORE Report (2017. 8.).

Lauren Fisher (2018.12). *Marketer Releases Latest US Programmatic Ad Spending Forecast*, eMarketer.

Seitz, J., & Zorn, S. (2016). Perspectives of Programmatic Advertising, in *Programmatic Advertising-The Successful Transformation to Automated, Data-Driven Marketing in Real-Time, Busch,* O.(Ed.), 1st ed. Switzerland: Springer International Publishing.

The impact of programmatic advertising on news publishers, *WAN-IFRA Report.* 2015.

제3장 인공지능과 광고

강병희(2018). 마이크로 모먼츠 시대, 광고가 내게 말을 걸어온다. 갤럭시 S9 큐브애드 캠페인. 제일기획 블로그.

경향신문(2016. 1. 20.) 다보스포럼, 제4차 산업혁명을 논하다.

김다윤(2018. 4.). 카카오 AI기반 신규 광고 플랫폼 '카카오 광고.' Digital Insight.

김병희, 장병탁(2017). 딥러닝: 인공지능을 이끄는 첨단 기술. Technical Report, 1-23.

김원걸, 유성민, 김영상(2016). 인공지능과 핀테크. 한국정보기술학회지, 14(1), 23-28.

뉴데일리 경제(2018. 12. 10.). AI로 진화하는 광고업계, 제작부터 효율화까지 "못하는 게 없네."

동아일보(2018. 7. 20.). 2024년 콜센터, 2040년 소설가, 2053년 외과의사… "AI, 50년 내 인간의 모든 직업 접수".

메조미디어(2015). 고객전환을 유도하는 리타기팅 광고.

문용필(2016. 4. 29.). '타깃' 정조준하는 머신러닝. The PR.

문진우(2019). 건물환경 제어를 위한 인공지능 및 연구사례. ICIBS 2019 International Conference. 2019 서울.

미래창조과학부(2017). 인공지능 국내 시장 규모.

송기인(2019). 인공지능과 광고기획. 최민욱 외. 광고홍보 산업의 현재와 미래(pp. 97-144). 서울: 한경사.

신인섭(2017). 인공지능 '아이꼬'가 쓴 신문광고. The PR.

월간중앙(2017. 12. 17.). [특별기고] 4차 산업혁명 시대를 지혜롭게 사는 법.

이해수, 곽은아, 한동섭(2019). 빅데이터 기반 AI 리타기팅 광고(Retargeting Advertising) 회피에 영향을 미치는 요인에 관한 연구. 광고연구, 120, 80-110.
전자신문(2018. 7. 4.). 중 알리바바, "인공지능(AI) 카피라이터가 초당 2만줄 카피 작성".
전자신문(2018. 9. 2.). 날씨 따라 바뀌는 삼성전자 광고, 개인 맞춤형 마케팅 전략.
조선비즈(2017. 10. 10.). 인공지능 시장 연 55%씩 성장… 2020년 53조 원 전망.
조선비즈(2019. 4. 5.). 세계 첫 무인 운영한 日호텔, 로봇 직원 절반 해고.
중앙일보(2015. 1. 4.). '마이너티리 리포트'의 광고, 현실화될 날 멀지 않다.
키뉴스(2017. 7. 6.). 인공지능(AI)의 장점과 한계점.
한겨레(2018. 11. 20.). AI가 대본 쓴 광고 첫선.
AD SRARS. 광고도 인공지능 시대 - AI 광고. https://blog.adstars.org/531
Criteo (2018. 12. 4.). 타기팅의 다섯 가지 유형.
IBM Korea (2018). 내 취향을 저격하는 광고, 이제 AI가 만든다!
IDC (2017a). 인공지능 시스템 시장에 관한 보고서. IDG Tech Report.
IDG (2017b). 머신러닝으로 시장 세분화 관행 혁신. IDG Tech Report.
IDG (2019). 인공지능의 세대 교체 "설명가능한 AI". IDG Tech Report.
Mobiinside(2018. 3. 8.). 잠재고객 예측 세분화: 타깃 고객층을 알아내는 지름길.
nvidia Korea(2016. 8. 3.). 인공지능과 머신 러닝, 딥 러닝의 차이점을 알아보자.

Econsultary (2018). Dream vs. Reality: The state of consumer-first and omnichannel marketing.
eMarketr (2018). Five charts: How marketers use AI. Automated ad targeting is on the rise.
McCarthy, J. J., Minsky, M. L., & Rochester, N. (1959). Artificial intelligence.
Samuel, A. L. (1959). Some studies in machine learning using the game of checkers. *IBM Journal of Research and Development, 3*(3), 210-229.
Schlack, J. W. (2017). Machine learning: Beware the bias. Adage.
Shaikh, F. (2017). Deep learning vs. machine learning-the essential differences you need to know! *Analytics Vidhya*.
The Guardian (2015. 7. 27.). Is artificial intelligence the next step in advertising?

소프트웨어정책연구소 홈페이지. https://www.spri.kr/posts/view/22598?code=industry_trend
애피어 블로그. https://www.appier.com/ko/blog/
엔비디아 블로그. https://blogs.nvidia.com/blog/2016/07/29/whats-difference-artificial-intelligence-machine-learning-deep-learning-ai/

유튜브. https://www.youtube.com/watch?v=l91ehyqFca8
일요신문 홈페이지. http://ilyo.co.kr/?ac=article_view&entry_id=278576
제일기획 블로그. http://blog.cheil.com/magazine/31205?s=%EA%B0%A4%EB%9F%AD%EC%8B%9C%20S9
AD STARS 블로그. https://blog.adstars.org/531
HS Adzine 블로그. https://blog.hsad.co.kr/2683
LG CNS 블로그. https://blog.lgcns.com/1928
Pointillist 홈페이지. https://www.pointillist.com/blog/behavioral-segmentation/
The Guardian 홈페이지. https://www.theguardian.com/media-network/2015/jul/27/artificial-intelligence-future-advertising-saatchi-clearchannel
THE PR NEWS 홈페이지. http://www.the-pr.co.kr/news/articleView.html?idxno=25390

제4장 빅데이터와 광고

김병희 외(2018). 디지털 융합시대 광고와 PR의 이론과 실제. 서울: 학지사.
김옥기(2018). 데이터과학 무엇을 하는가. 서울: 이지스퍼블리싱.
김용섭(2018). 라이프트렌드 2019 젠더 뉴트럴. 서울: 부키.
김유나(2019). 빅데이터를 활용한 유명인 모델의 광고효과 예측 모형 개발. 한양대학교 대학원 박사학위논문.
김정구, 박현영, 신수정, 염한결, 이예은, 이효정(2019). 생활변화관찰기 2019 트렌드노트. 서울: 북스톤.
김진호, 최용주(2018). 빅데이터 리더십. 서울: 북카라반.
방병권(2017). 빅데이터 경영 4.0. 서울: RAON BOOK.
요코야마 류지, 사카에다 히로후미(2015). 광고 비즈니스 향후 10년. 경기: 북스타.
이민화(2016). 4차 산업혁명으로 가는 길. KCERN.
이영재, 황명수(2014). 의사결정 시스템. 경기: 생능출판사.
이종석(2018). 돈이 보이는 빅데이터. 경기: 김영사.
이종석, 황현식, 황진석(2018). 빅데이터 비즈니스: 이해와 활용. 서울: 위즈하임.
장동인(2014). 빅데이터로 일하는 기술. 서울: 한빛미디어.
정도희(2018). 인공지능 시대의 비즈니스 전략. 서울: 더퀘스트.
조완섭, 조아, 권가은, 류관희(2015). SNS 데이터 분석을 통한 스마트 충북관광 구축. 한국데이터정보과학회지, 26(2), 409-418.

조창환, 이희준(2018). 디지털 마케팅 4.0. 서울: 청송미디어.
최현종, 박영선, 정수미, 김화종(2017). 데이터마이닝을 통한 지상파 드라마 첫 회 시청률 예측 모형 연구. Journal of KIIT, 15(1), 1-10.
함유근(2015). 이것이 빅데이터 기업이다. 서울: 삼성경제연구소.

Carter, P. (2011). "Big data analytics: Future architectures, skills and roadmaps for the CIO." *DIC white paper,* 1-16.
Feldman, R., & Sanger, J. (2007). *The text mining handbook: Advanced approaches in analyzing unstructured data.* UK: Cambridge University Press.
Omer Artun & Dominique Levin (2017). 빅데이터를 활용한 예측 마케팅 전략 (*Predictive Marketing*). (고한석 역). 경기: 마인드큐브. (원저는 2015년에 출판).
Seth Stephens-Davidowitz (2019). 모두 거짓말을 한다 (*Everybody Lies*). (이영래 역). 서울: 더 퀘스트. (원저는 2018년에 출판).

광고정보센터 매거진 홈페이지. https://www.adic.or.kr/journal/column/show.do?ukey=532818
동아비즈니스리뷰 홈페이지. https://dbr.donga.com/article/view/1202/article_no/7984
매일경제 홈페이지. https://www.mk.co.kr/news/business/view/2019/02/77029
ResearchGate 홈페이지. https://www.researchgate.net/figure/SCM-Data-Volume-and-Velocity-vs-Variety_fig1_270507070
ZDNet 홈페이지. https://www.zdnet.com/article/sap-buys-qualtrics-for-8-billion-aims-to-combine-experience-operations-data/

제5장 디지털 사이니지 광고

김철호(2013). 디지털 사이니지 이용 동기로서의 기대 가치 측정에 대한 탐색적 연구. 한국디자인지식학회논문집.
심성욱(2013). 디지털 광고물의 법적적용에 관한 연구: 디지털 사이니지 중심으로. 옥외광고학연구, 10(2), 39-72.
심성욱, 박현(2012). 신옥외광고론. 서울: 서울경제경영.
안희진, 박승배(2013). 공공장소의 DIGITAL OOH Media의 수용자 태도 연구: 공공시설의 디지털 사이니지를 중심으로. 정보디자인학연구, 20, 153-163.
한국옥외광고센터(2018). 2018년 옥외광고 통계자료. 26-27.

한국정보통신기술협회(2013). ICT표준화 전략맵 Ver. 2013, 종합보고서2(융합콘텐츠 · SW).

현대HCN(2017). 디지털 사이니지 시장조사 보고서.

홍종배, 김형경, 박원준, 김아랑(2014). 디지털 사이니지 활성화 제도 연구. 한국방송통신전파진흥원 방통융합기반정책연구, 14-18.

ETRI (2014). 고해상도를 지원하는 디지털 사이니지 기술 및 산업동향. 전자통신동향분석, 29(1), 72-82.

Lundstrom (2008). *Digital Signage Broadcasting: Broadcasting, Content Management, and Distribution Techniques*. Oxford, UK: Forcal Press.

Schaeffler (2011). *Digital Signage, Software, Networks, Advertising, and Display: A Primer for Understanding the Business*. Oxford. UK: Focal Press.

사진 자료 출처

[그림 5-1]

1, 2, 5 : 저자가 직접 촬영.

3 : CJ파워캐스트.

4 : 동아일보.

6 : KT.

[그림 5-2]

1, 4, 6 : CJ파워캐스트.

2 : 저자가 직접 촬영.

3 : 전자신문(2019. 3. 24.). 이마트, 디지털 사이니지 활용한 '미디어 아트展' 개최.

5 : GS넷비전.

[그림 5-3]

1 : CJ파워캐스트.

2, 5 : 저자가 직접 촬영.

3 : 키오스크코리아.

4 : 서울파이낸스(2019. 5. 10.). 우리은행, 영업점에 '디지털 사이니지' 도입.

6 : 경남도민일보(2019. 6. 19.). 창원 NC파크엔 홍 돋우는 '기술' 있다.

[그림 5-4]
1 : CJ파워캐스트.
2, 3 : 저자가 직접 촬영.
4 : 머니투데이(2017. 7. 4.). 서울 스퀘어빌딩에 평창 동계올림픽 만난다.
5 : 이뉴스투데이(2018. 6. 18.). '러시아 월드컵' 한국 예선경기 무료 중계.
6 : 유튜브. https://www.youtube.com/watch?v=hd_SdbBHdJA

[그림 5-5]
1, 2, 3, 4 : 심성욱, 박현(2012). 신옥외광고론. 서울: 서울경제경영.
5 : KT.
6 : CJ파워캐스트.

[그림 5-6]
1 : CJ파워캐스트.
2 : 저자가 직접 촬영.
3 : 엔미디어.
4 : 디지털이미지테크
5 : 신세계 프라퍼티
6 : 동아일보.

[그림 5-7]
1 : 뉴스1(2019. 4. 9.). 생활밀착형 옥외광고 플랫폼, 광고 시장 차세대 성장동력 주목.
2 : 저자가 직접 촬영.
3 : 엔미디어.

[그림 5-8]
1 : 유튜브. https://www.youtube.com/watch?v=NEXiT8TWFpw
2 : 유튜브. https://www.youtube.com/watch?v=Jw3AcGoMONk
3 : 유튜브. https://www.youtube.com/watch?v=wlyycWharp4
4 : 유튜브. https://www.youtube.com/watch?v=LvX95Y0SnBo
5 : 유튜브. https://www.youtube.com/watch?v=V61wMbJpr1o
6 : 유튜브. https://www.youtube.com/watch?v=wlyycWharp4

[그림 5-9]

1 : 유튜브. https://www.youtube.com/watch?v=UaqRu47yobI

2 : 뉴데일리경제(2017. 12. 28.). 이노선, '날씨 연동 AR'로 대한민국 옥외광고 광고대상 수상.

3 : 신세계 프라퍼티.

[그림 5-10]

1 : 유튜브. https://www.youtube.com/watch?v=LNFU92Qob6A

2 : 유튜브. https://www.youtube.com/watch?v=GtJx_pZjvzc

3 : 유튜브. https://www.youtube.com/watch?v=Go9rf9GmYpM

4 : 유튜브. https://www.youtube.com/watch?v=wEybVOerb9Q

5 : 유튜브. https://www.youtube.com/watch?v=EXKNoU_m3eg

6 : 유튜브. https://www.youtube.com/watch?v=XbHTAE9rJko

[그림 5-11]

1 : 유튜브. https://www.youtube.com/watch?v=vWtcz9PMFHo

2 : 유튜브. https://www.youtube.com/watch?v=6TAn2kCJwzQ

3 : 유튜브. https://www.youtube.com/watch?v=3UWtwwxdgfg

제6장 소셜미디어와 광고

권혜미(2015). 용어로 보는 IT, 인스타그램. 서울: 네이버 캐스트.

김가영, 이우진(2017). 기업 마케팅의 소셜미디어(SNS) 콘텐츠 유형이 사용자 구매의도에 미치는 영향에 관한 연구. 벤처창업연구, 12(3), 75-86.

김민섭(2014). [포커스] 누가 그녀들을 마시게 하나. 서울: 주간조선.

김은호, 유동호, 도선재(2019). 페이스북 브랜드 팬페이지에서 브랜드 충성도의 구축. 미디어 경제와 문화, 17(1), 47-82.

김창영(2019). 디지털 광고비 쓸어담는 IT공룡… 구글 · 페이스북 · 아마존이 3분의2 차지. 서울: 서울경제.

김채린(2019). 1000만원 다진 비트코인, 제2전성기 시그널. 서울: EBN.

노명선, 허해녕, 최영준, 이해솔(2019). 2018 인터넷 이용자 실태조사(요약). 서울: 과학기술정보통신부, 한국인터넷진흥원.

문장호(2014). 브랜디드 콘텐츠 중심의 마케팅. 한국광고학회 창립 25주년 기념 세미나, 전환기의 온라인 광고 새로운 변화와 도전 논문집. 57-72.

박혜린(2019). 페이스북, 인스타그램 성장과 광고사업 호조로 1분기 매출 급증. 서울, 비즈니스 포스트.

성동규(2012). 국내 SNS 광고 현황과 특성 연구. 서울: 한국언론재단.

신영송, 김효은, 송학준(2018). 소셜미디어 외식정보 탐색 행동의도에 관한 연구. 관광레저연구, 30(12), 285-306.

심성욱, 김운한(2011). 대학생들의 소셜미디어 이용 동기가 소셜미디어 광고 이용 의향에 미치는 영향. 한국광고홍보학보, 13(2), 342-376.

안희권(2019). 트위터 투명성 강화로 1분기 실적 강화세. 서울: 아이뉴스 24.

안희권(2019). 페이스북의 미래 성장해법은?. 서울: 아이뉴스 24.

이계남, 최영준, 윤은정(2018). 2017 인터넷 이용자 실태조사(요약). 서울: 과학기술정보통신부, 한국인터넷진흥원.

이방형, 한상린, 이성근, 이성훈(2013). 소셜미디어 이용 동기의 차원 분석과 마케팅 시사점에 관한 탐색적 연구. 마케팅연구, 28(2), 87-108.

이윤희(2014). 국내 SNS의 이용 현황과 주요 이슈 분석. 서울: 한국인터넷진흥원.

이인희(2013). 뉴스미디어 역사. 서울: 커뮤니케이션북스.

이지영, 신재권, 이상우(2015). 카카오스토리 이용패턴과 이용동기 연구. 한국콘텐츠학회논문지, 15(1), 379-387.

이호영, 조성은, 김희연, 한은영, 이항우, 배영, 문상현, 이장혁(2014). 소셜플랫폼과 미래사회 정책. 서울: 정보통신정책연구원.

인터넷제도 혁신과(2019). 과기정통부 '2018 인터넷 이용 실태조사' 결과 발표 보도자료. 서울: 과학기술정보통신부.

천진영(2016). 빙그레 바나나맛 우유, 전년 동기대비 22% 매출 상승. 서울: 식품음료신문.

최민재, 양승찬(2009). 인터넷 소셜미디어와 저널리즘. 서울: 한국언론재단.

카카오스토리(2017). 카카오스토리 AD(Kakao story AD). 서울: 카카오스토리.

트위터 마케팅 KR(2017). 트위터 광고 상품소개서 Q2. 2017. 서울: 트위터 코리아.

한경경제용어사전(2015). 콘텐츠 마케팅. 서울: 한경닷컴.

FKII 조사연구팀(2006). 소셜미디어(Social Media)란 무엇인가?. 정보산업, 242호, 52-55.

네이버 뉴스(아이뉴스 24). https://news.naver.com/main/read.nhn?mode=LSD&mid=sec&sid1=105&oid=031&aid=0000490161

네이버 뉴스(아이뉴스 24). https://news.naver.com/main/read.nhn?mode=LSD&mid=sec&sid1=105&oid=031&aid=0000491524

네이버 지식백과. https://terms.naver.com/entry.nhn?docId=2829415&cid=42107&categoryId=42107
네이버 지식백과. https://terms.naver.com/entry.nhn?docId=3579902&cid=59088&categoryId=59096
바나나맛우유 홈페이지. http://www.bingba.co.kr
비즈니스포스트 홈페이지. http://www.businesspost.co.kr/BP?command=article_view&num=124805
서울경제 홈페이지. https://www.sedaily.com/NewsView/1VKGRA2ES1
식품음료신문 홈페이지. http://www.thinkfood.co.kr/news/articleView.html?idxno=69329
유튜브. https://www.youtube.com/watch?time_continue=13&v=Op45pHwB2f0 (채워바나나 TV CF 티저)
유튜브. https://www.youtube.com/watch?time_continue=23&v=CwlX1AqFOmw (채워바나나 TV CF 선배편)
유튜브. https://www.youtube.com/watch?v=7fje9X_CbRw (채워바나나 TV CF 인턴편)
유튜브. https://www.youtube.com/watch?v=B0a4NkOoUlk (나이키 쵸크봇 캠페인)
유튜브. https://www.youtube.com/watch?v=fcMtnF6Bn2Y (버거킹 와퍼 새크리파이스 캠페인)
이비뉴스 홈페이지. http://www.ebn.co.kr/news/view/989689
주간조선 홈페이지. http://weekly.chosun.com/client/news/viw.asp?nNewsNumb=002325100008&ctcd=C02
카카오스토리 자료 http://kakaostory.ad.kakaocorp.com/attachment/cfile9.uf@223E724358B53FE00E4CD2.pdf
트위터 광고상품 소개서. https://event.eventservice.co.kr/twitter/2017/newsletter/201703/file/2_2017_Q1-Twitter_Products_Korean.pdf
트위터 마케팅 KR 블로그. https://blog.twitter.com/ko_kr/topics/insights/2017/gmarket_firstview.html (G마켓 #개_오래가네 캠페인)
페이스북. https://www.facebook.com/business/help/1263626780415224 (페이스북 광고주 지원센터)
페이스북. https://www.facebook.com/tannagirls2014 (모닝케어 레이디 티안나 걸스 캠페인)

제7장 OTT와 SMR

김가영, 김성민(2014). 스마트미디어 이용 동향. 전자통신동향분석, 29(2), 42-48.

김대한, 박남기(2016). OTT 서비스 이용자의 이용 동기가 이용만족과 지속사용의사에 미치는 영향. 방송통신연구, 93, 77-110.

김병수(2010). 고객을 움직이는 넷플릭스의 마법. SERI 경영노트, 84, 서울: 삼성경제연구소.

김정희, 백지원(2019). OTT 서비스 성장이 미디어 이용행태에 미치는 영향에 관한 실증 연구. 정보통신정책연구, 26(1), 47-79.

김희경(2011). 스마트 미디어 시대, 플랫폼 개념의 변화와 규제 정책. 한국언론학회 학술대회, 발표논문집, 10(1), 143.

메조미디어(2019). 2019 OTT 서비스 트렌드 리포트.

방송통신위원회(2016). 2016년 방송시장 경쟁상황 평가.

방송통신위원회(2018). 2018년 방송매체 이용 형태 조사.

배기형(2015). OTT 서비스의 이해. 서울: 커뮤니케이션북스.

배병환(2012). OTT(Over The Top)서비스. 서울: 한국인터넷진흥원.

서기만(2011). OTT 서비스의 이해와 전망. 방송과 미디어, 16(1), 91-101.

스마트미디어렙(2019). 상품판매안. V.2.3.

이해미(2018). 국내외 OTT 서비스 현황 및 콘텐츠 확보 전략 분석. 산업혁명과 소프트파워 이슈리포트, 34, 정보통신산업진흥원.

정보통신정책연구원(2018). 온라인 동영상 제공 서비스(OTT) 이용 행태 분석.

조수미(2011). 뉴미디어로서의 OTT 서비스. 한국통신학회 학술대회논문집, 881-882.

하윤금(2014). 글로벌OTT(Over-The-Top)서비스 시장 동향과 전망. 제14-23호, 통권 94호, 한국콘텐츠진흥원.

한국소비자원(2018). OTT(Over-The-Top) 콘텐츠 시장의 거래개선 방안 연구.

한국인터넷진흥원(2013). OTT(Over The Top) 서비스.

한국인터넷진흥원(2017). 온라인 동영상 광고 현황 조사 및 정책 연구.

한국콘텐츠진흥원(2017). 방송 트렌드 & 인사이트 1호, vol. 10.

함민정, 신유진, 이상우(2018). OTT를 통해 제공되는 콘텐츠 특성에 관한 연구. 한국콘텐츠학회 논문지, 18(3), 124-137.

황유선(2018). 글로벌 OTT 사업자의 국내 진입에 따른 미디어 생태계 영향. 서울: 정보통신정책연구원.

BEREC (2015). Report on OTT services Draft, *Bor*(15), p. 142.

Katz, E., Blumler, J G., & Gurevitch, M. (1974). *Utilization of Mass Communication:*

Current Perspectives on Grarifications Research, p. 19-31. Beverly Hills: Sage Publications.
OVUM (2018). Global data center analyer: 2018.

제8장 유튜브와 동영상 광고

김선아, 김수연, 손수지, 이태운(2017). 광고인 듯 광고 아닌 광고 같은 너, 인플루언서. 마케팅, 51(5), 한국마케팅연구원, 55-66.
김선영(2019). 현대 패션과 융합된 가상 인플루언서 사례와 내적 의미. 한국과학예술포럼, 37(2), 19-34.
김진수(2018). 유튜브 플랫폼의 변천 양상 연구. 한국문화기술 통권 24, 한국문화기술연구소, 61-91.
디지털마케팅연구소(2011). 인플루언서 마케팅의 발생 배경. http://digitalmktg.tistory.com
마케팅 편집부(2018). 유통업계의 인플루언서 마케팅 바람. 마케팅, 52(12), 59-69.
메조미디어(2017). 2017 디지털 동영상 이용 행태 조사. https://www.mezzomedia.co.kr
박정이, 임지은, 황장선(2018). 유튜브 브랜드 채널 콘텐츠의 커뮤니케이션 전략. 한국광고홍보학보, 20(2), 95-151.
박현길(2018). 인플루언서의 힘. 마케팅, 52(11), 48-57.
박혜수, 이영환, 송영화(2014). 롱테일 마케팅을 위한 소셜네트워크의 인플루언서 연구: 한국영화산업을 중심으로. 한국경영정보학회 춘계공동학술대회.
배기형(2016). MCN 커뮤니케이션 이해총서. 23-25. 서울: 커뮤니케이션북스.
백재훈(2014). 국내 바이럴 광고영상의 크리에이티브 표현 연구. 조형미디어학, 17(2), 203-109
변현진(2018). 유튜브 콘텐츠의 제작 · 이용 환경 특성과 인기 채널 분석 및 함의점 고찰. 조형미디어학, 21(4), 227-239.
비즈워치(2017. 8. 1.). 황금알 낳는 동영상 산업, 콘텐츠 · 광고 쾌속질주. http://www.bizwatch.co.kr
손동진(2018). 디지털 인플루언서의 광고 콘텐츠 신뢰성 요인에 대한 연구: 유튜버 브랜디즈 콘텐츠를 중심으로. 경희대학교 대학원 박사학위논문.
신유리(2018). 광고담화의 장르 분석: 유튜브 동영상 광고를 중심으로. 한국언어문학, 65권, 169-196.
윤덕환(2018. 10. 11.). 유튜브 검색의 나비효과. 한국경제.
이경렬, 박명진(2016). 스크린 유형과 광고주 업종에 따른 온라인 및 모바일 동영상 광고의 노

출효과 비교연구: 광고시청완료율(VTR)과 클릭완성률(CTR)을 중심으로. 브랜드디자인학연구, 14(4), 245-256.

이운형(2016). 유튜브 온라인 동영상 광고 트랜드 분석. 한국디자인포럼 51권, 95-103.

이운형(2018). 소셜 미디어에서의 모바일 콘텐츠형 광고 트렌드 유튜브의 바이럴 영상 광고를 중심으로. 한국디자인포럼, 23(2), 107-116.

임현재(2017). 유튜브 마케팅: 한 권으로 끝내는 유튜브 동영상 광고. 서울: 디지털북스.

정창준(2019). 페이스북의 콘텐츠 유형과 이용형태에 관한 연구. 한국사회과학연구, 40(2), 159-180.

최민욱, 김운한, 김현정, 손영곤(2017). 온라인 동영상 광고 현황 조사 및 정책 연구. 한국인터넷진흥원 연구결과보고서.

최승우, 박보람(2015). 인터넷 동상 인스트림 광고 유형에 따른 광고 회피에 대한 연구. 한국디자인문화학회지, 21(3), 665-673

최창열 · 함영준(2019). 인플루언서 이용자의 구매 만족도와 재구매 의도에 대한 연구. e-비지니스연구, 20(3), 53-70.

한경비지니스(2018. 5. 16.). 신 마케팅 주역 인플루언서. 카드뉴스.

한국온라인광고협회(2015). 2014년 온라인광고 시장 규모 조사.

한국온라인광고협회(2016). 2016년 온라인 광고산업 동향.

DMC 미디어(2016). 2016 인터넷 동영상 시청 행태 및 동영상 광고 접촉 태도와 효과 분석 보고서.

DMC 미디어(2017). 2017 모바일 동영상 및 모바일 동영상 광고시장 현황과 이슈 보고서.

Blackwell, R, D., Miniard, P. W., & Engel, J. E. (2001). *Consumer Behavior and Marketing Strategy(9th ed)*. Fort Worth: Harcourt College.

Chen, T. (2015). The persuasive effectiveness of mini-films: Narratie transportation and fantasy proneness. *Journal of Consumer Behaviour, 14*(1), 21-27.

Gill, P., Arlitt, M., Li, Z., & Mahanti, A. (2007, October). *YouTube traffic. characterization.* Proceedings of the 7th ACM SIGCOMM Conference on Internet Measurement-San Diego, CA. 5-28.

Hirschman, E. C. (1987). Movies as myths: An interpretation of motion picture mythology. Marketing and semiotics: New directions in the study of signs for sale, 335-374.

Lim, Ji Ah (2016). The study on the impact of fourth industrial revolution on the fashion design industry, *The Journal of the Korea Society of Art&Design*, *19*(3).

Paek, H. J., Kim, K., & Hove, T. (2010). Content analysis of antismoking videos on YouTube: message sensation value, message appeals, and their relationships with

viewer responses. *Health Education Research*, *25*(6), 1085-1099.
Paivio, A. (1986). *Mental Representation: A Dual Coding Approach*, Oxford, England: Oxford University Press, 80.

네이버 블로그. https://blog.naver.com/chohon09/221497401455
네이버 블로그. https://blog.naver.com/naver_search
네이버 포스트. https://m.post.naver.com/viewer/postView.nhn?volumeNo
네이버 홈페이지. https://www.naver.com
유튜브 고객센터. https://support.google.com/youtube
유튜브 비즈니스 온라인광고. http://www.youtube.com/intl/ko/ads/how-it-works
유튜브. https://www.youtube.com/watch?v=4LFgC6QgP9k (삼성카드 즐기자 실용 '사라')
유튜브. https://www.youtube.com/watch?v=5vHDHJAHI64 (OK 저축은행 태권브이 광고 2화)
유튜브. https://www.youtube.com/watch?v=a30PLIUyJug (LG 유플러스 loT 광고 '자장가의 비밀')
유튜브. https://www.youtube.com/watch?v=QBBQqKi1KPs (OK 저축은행 태권브이 광고 1화)
유튜브. https://www.youtube.com/watch?v=QW6rFnOQnUY (치매 국가책임제 홍보영상)
유튜브. https://www.youtube.com/watch?v=up85K2SoMdU (OK 저축은행 태권브이 광고 3화)
유튜브. https://www.youyube.com
한국경제 홈페이지. http://news.hankyung.com/article/20181 01150721 NAVER Search&Tech
한국일보 홈페이지. http://www.hankookilbo.com/News/Read/201810041607070225?did=na

제9장 증강현실, 가상현실, 혼합현실과 광고

김선아(2018). 가상, 증강현실 기술개발 동향 및 시장전망. 주간기술동향. 서울: 정보통신기술진흥센터.
남현우(2019). 혼합현실 기술과 표준화 동향. 주간기술동향. 서울: 정보통신기획평가원.
백정열(2019). 혼합현실(MR)기술 동향. 주간기술동향. 서울: 정보통신기획평가원.
사이언스올(2018). 과학백과사전 AR 광고.
안길재, 고대식(2019). 건축분야 활용을 위한 MR 콘텐츠 서비스플랫폼 구현. 한국정보기술학회 논문지, 17(1), 149-156.
이상엽(2018). XR(Cross Reality)의 기술 개요와 동향. 주간기술동향. 서울: 정보통신기획평가원.

이아름(2018). 혼합현실(Mixed Reality, MR)시장 및 산업동향. 서울: 융합연구정책센터, 융합위클리팁.

정동훈(2017). 가상현실에 관한 사용자 관점의 이론과 실제. 정보화정책, 24(1), 3-29.

한국과학기술기획평가원(2018). AR/VR 기술. 서울: 한국과학기술기획평가원.

한국저작권위원회 기술연구소(2018). 증강현실 구현 기술 현황: 국내외 동향을 중심으로.

허옥, 정동훈(2011). 증강현실 광고의 프레즌스 매개효과가 광고태도, 브랜드태도 그리고 구매의도에 미치는 영향. 광고연구, 90, 71-98.

Azuma, R. T. (1997). A Survey of Augmented Reality. *Presence: Teleoperators and Virtual Environments*, *6*(4), 355-385.

Biocca, F. (1999). The cyborg's dilemma: Progressive embodiment in virtual environments. *Human Factors in Information Technology, 13*, 113-144.

Caudell, T. P., & Mizell, D. W. (1992, January). Augmented reality: An application of heads-up display technology to manual manufacturing processes. *In System Sciences, 1992. Proceedings of the Twenty-Fifth Hawaii International conference on* (Vol. 2, pp. 659-669). IEEE.

Daft, R. L., & Lengel, R. H. (1986). Organizational information requirements, Media richness and structural design. *Management Science, 32*, 554-571.

ISPR (2000). The concept of presence: Explication statement. Retrieved July 18th, 2019 from https://ispr.info/

Lombard, M., & Ditton, T. B. (1997). At the heart of it all : The concept of presence. *Journal of Computer-Mediated Communication*, 3(2). doi:10.1111/j.1083-6101.1997.tb00072.x

McLellan, H. (1996). *Situated Learning Perspectives*. Englewood Cliffs, NJ: Educational Technology Publications.

Milgram, P., & Kishino, F. (1994). A taxonomy of mixed reality visual displays, *IEICE TRANSACTIONS on Information and Systems*, *77*(12), 1321-1329.

Rice, R. E. (1984). New media technology: Growth and integration. In R.E. Rice (Ed.), *The New Media: Communication, Research and Technology* (pp. 33-54). Beverly Hills, CA: Sage.

Steuer, J. (1992). Defining virtual reality: Dimensions determining telepresence. *Journal of Communication*, *42*(4), 73-93.

국민문화신문 홈페이지. http://www.peoplenews.kr/news/view.html?section=83&category=179&no=8557

사이언스올 홈페이지. https://www.scienceall.com/ar-광고augmented-reality-광고/

삼성 전문 뉴스 러브삼성 홈페이지. http://mywarsamsung.com/serial_read.html?uid=4806&section=section2

세미나투데이 홈페이지. http://www.seminartoday.net/news/articleView.html?idxno=20022

지디넷 홈페이지. http://www.zdnet.co.kr/view/?no=20180824064318

코리아데일리 홈페이지. http://www.koreadaily.com/news/read.asp?art_id=4067552

판도라TV. http://blog.pandora.tv/2018/08/ar-marketing이란/

한국경제 홈페이지. https://www.hankyung.com/it/article/2015071324351

Ad age 홈페이지. https://adage.com/creativity/work/burger-king-burn-ad/1662576

Adweek 홈페이지. https://www.adweek.com/digital/dominos-is-bringing-its-pizzas-into-augmented-reality-with-a-national-snapchat-campaign/

Appgrooves 홈페이지. https://appgrooves.com/bundle/best-apps-to-improve-business-communication-skills

CIO Korea 홈페이지. http://www.ciokorea.com/news/30743

Creativepool 홈페이지. https://creativepool.com/inition/projects/virtual-reality-catwalk-show-for-topshop-for-topshop

Digital Trends 홈페이지. https://www.digitaltrends.com/home/ikea-kitchen-vr/

Forbes 홈페이지. https://www.forbes.com/sites/rachelarthur/2016/09/16/hololens-london-fashion-week/#e8829972ec12

IT world 홈페이지. http://www.itworld.co.kr/news/107325

Mediapost 홈페이지. https://www.mediapost.com/publications/article/321965/facebook-michael-kors-test-augmented-reality-ads.html

Mma global 홈페이지. https://www.mmaglobal.com/case-study-hub/case_studies/view/37726

Mobile Marketer 홈페이지. https://www.mobilemarketer.com/news/campaign-of-the-year-michael-kors-ar-ads-on-facebook/541689/

Mspoweruser 홈페이지. https://mspoweruser.com/alibaba-showcase-microsofts-hololens-in-largest-mixed-reality-event-ever-video/

제10장 홀로그램과 광고의 미래

강훈종, 홍성희, 홍지수, 김영민, 황이환, 임민경(2019). 홀로그램 산업 정책 및 기술 동향. 한국통신학회지(정보와 통신), 36(2), 16-22.

김남, 권기철, 임영태, Yu Zhao(2019). 홀로그램 융합기술의 현황과 전망. 방송과 미디어, 24(2), 9-18.

김문석(2013). 디지털 홀로그래피 구현을 위한 유형 연구. 디자인지식저널, 25, 1-10.

김영민, 이병호(2011). 최근의 홀로그래피 및 실감형 3D 기술. 방송과 미디어, 16(2), 20-27.

김희영(2013). 혼합현실의 단초-20세기 영상예술과 인터랙티브 아트를 중심으로. 만화애니메이션연구, 32, 315-333.

박재형(2011). Computer Generated Holography 기술 동향. 정보와 통신, 34(2), 49-58.

손욱호(2011). 홀로그래피: 완전 입체영상 기술의 전망. TTA저널(정보통신표준화소식), 133, 69-74.

신일기(2012). 광고와 예술의 경계, OOH의 새로운 패러다임 SIMA(Site-specific Installation Media Art) 마케팅. 마케팅, 46(2), 59-63.

유해영(2015). 인터랙티브 미디어 아트의 가상이미지 구현과 상호작용 표현에 관한 연구: 홀로그램 기법의 본인작품 "Holorium"연작 중심으로. 중앙대학교 대학원 박사학위논문.

윤수웅(2018). 홀로그램 이미지의 지각 경험과 관객 주체에 관한 연구. 중앙대학교 대학원 석사학위논문.

윤지현(2007). 3차원 입체 홀로그래피의 효율적인 가상공간 시뮬레이션. 한양대학교 대학원 박사학위논문.

이상국(2007). 혼합현실 기술 연구개발 동향 및 전망. 컴퓨터그래픽스학회 논문지, 13(2), 1-15.

이승현(2001). 3차원 영상 기술로의 홀로그래피. 방송과 미디어, 6(1), 57-61.

이용수(2015). 혼합현실 정의의 문제점과 대안, 그리고 가상/증강현실의 작용관계. 디자인지식저널, 34, 193-202.

이은아(2015). 가상현실과 수용자 몸의 관계에 기반한 지각적 정념적 시공간성 연구. 미학, 8(2), 87-111.

임정희, 정진헌(2017). 홀로그램을 활용한 콘텐츠의 표현특성 및 요소에 관한 연구. 디지털융복합연구, 15(4), 405-411.

조동기, 남은영(2009). 방통융합 환경 하에서의 다양성 개념 정립과 정책방향 연구. 서울: 정보통신정책연구원.

조창연(2009). 홀로그램 광고: "보는 광고"에서 가상적 "체험의 광고"로. 한국광고홍보학보, 11(2), 7-37.

진중권(2014). 이미지 인문학. 서울: 천년의상상.

한국전자통신연구원(2010). 콘텐츠 산업의 융합 유형별 사례 및 전망. 전자통신동향분석, 25(5), 172-186.

A. Lohmann (2008). A prehistory of computer-generated holography," *Opt. Photon. News 19*(2), 36-41

A. W. Lohmann(1956). "Optische Einseitenband bertragung angewandt auf das Gabor-Mikroskop", *Optica Acta, 3*, pp. 97-99

Collier, R. J., & C. B. Burckhardt, & L. H. Lin (1971). *Optical Holography*, Academic. New York.

H. M. A. El-Sum, & P. Kirkpatrick (1952). "Microscopy by reconstructed wavefronts". *Phys. Rev. 85*. pp. 763-763.

Kock, W. E. (1983). 레이저와 홀로그래피 (*Lasers and Holography*). (이상수 역). 서울: 전파과학사. (원저는 1981년에 출판).

MacLuhan, M. (1997). 구텐베르크 은하계 (*The Gutenberg Galaxy*). (임상원 역). 서울: 커뮤니케이션북스. (원저는 1962년에 출판).

MacLuhan, M. (2002). 미디어의 이해: 인간의 확장 (*Understanding Media: The Extension of Man*). (김성기, 이한우 역). 서울: 민음사. (원저는 1964년에 출판).

MacLuhan, M., & B. R. Powers (2005). 지구촌 (*Global Village*). (박기순 역). 서울: 커뮤니케이션북스. (원저는 1998년에 출판).

더라이브파크 블로그. http://www.thelivepark.com/blog/

동아사이언스 홈페이지. http://m.dongascience.donga.com/news.php?idx=14517

디지털스크린미디어. http://www.digitalscreenmedia.org/

레이본 홈페이지. http://www.ray-ban.com/usa/science/virtual-mirror

모노프레임 홈페이지. http://www.mono-frame.com/portfolio

소프트컴즈 블로그. http://blog.naver.com/softcomz_korea/221564976332

유튜브. http://www.youtube.com/verify_age?next_url=/watch%3Fv%3D

유튜브. https://www.youtube.com/watch?v=qY9CMGTGzbA

유튜브. https://www.youtube.com/watch?v=rRcognsyqNY

일간스포츠 홈페이지. http://isplus.live.joins.com/news/article/article.asp?total_id=23041009

클라이브 홈페이지. http://www.klive.co.kr

프로젝트 홈페이지. http://projects.archiexpo.com/project-257483.html

한겨레 홈페이지. http://www.hani.co.kr/arti/culture/music/859850.html
헬로그램 홈페이지. http://hellogram.kr/?page_id=1325
aitimes 홈페이지. http://www.aitimes.kr/news/articleView.html?idxno=13440
appshaker 홈페이지. http://appshaker.co.uk/
d'strict 홈페이지. http://www.dstrict.com/kr/
Findclip 홈페이지. https://www.findclip.net/search
fraunhofer hhi 홈페이지. http://www.hhi.fraunhofer.de/
guestofaguest 홈페이지. http://guestofaguest.com/
holophile 홈페이지. http://www.holophile.com/html/history.htm
IBtimes 홈페이지. http://www.ibtimes.com
JTBC 뉴스 홈페이지. http://news.jtbc.joins.com/article/article.aspx?news_id=NB11179975
KBS 뉴스. http://d.kbs.co.kr/news/view.do?ncd=3317477
Mactrast 홈페이지. https://www.mactrast.com/2018/02/apple-glasses-ar-revolution-making
nature 홈페이지. https://www.nature.com/physics/looking-back/gabor/index.html#f1
Realfiction 홈페이지. http://www.realfiction.com/
Stereoscape 홈페이지. https://www.stereoscape.com/blog/2017/04/25/daqri-smarthelmet-so-much-morethan-a-helmet
TISSOT 홈페이지. http://www.tissot.ch/reality/
TODAYTELLS 홈페이지. https://www.todaytells.com/apple-smartglasses-patent-details-a-lighter-comfierheadmounted-display
Ubernotes 홈페이지. http://ubernotes.blogspot.com/2012/10/holographic-projection-film-test-004_2.html
VB 홈페이지. https://venturebeat.com/2018/08/02/lines holographic-gatebox-robot-hints-at-thevirtualassistants-of-the-future/
Vimeo 홈페이지. http://vimeo.com/22223177
Vimeo 홈페이지. http://vimeo.com/31570531
Vimeo 홈페이지. https://player.vimeo.com/video/23142988
VR AND FUN 홈페이지. https://www.vrandfun.com/ar-stockspredicted-to-shine-in-stock-market
ZSpace 홈페이지. http://zspace.com/
zygo 홈페이지. https://www.zygo.com/?/met/interferometers/verifire/

제11장 애드테크를 넘어 초경험 초재미로 경계 파괴

디지털데일리(2019. 3. 27.). 유료 디지털 콘텐츠 소비↑ · 향후 유무료 융합 대세… 인크로스 전망. http://www.ddaily.co.kr/news/article/?no=179374

매일경제(2019. 3. 28.). 인크로스의 2019 디지털 마케팅 시장변화 보고서.

심성욱, 신일기(2018). 디지털 사이니지와 공간 마케팅. 서울:서울경제경영.

오창일(2005). 광고 크리에이터 필독서. 서울:북코리아.

오창일(2017). 4차 산업혁명 시대의 우리대학 발전전략연구 보고서. 서울예술대학교.

차두원 외(2017). 4차 산업혁명과 빅뱅 파괴의 시대: 15인의 전문가가 말하는 미래 한국의 성장조건. 서울: 한스미디어.

Alstyne, Marshall W. Van & Choudary, Sangeet Paul (2017). 플랫폼 레볼루션 (*Platform Revolution*). (이현경 역). 서울: 부키. (원저는 2017년에 출판).

Fromm, Jeff & Read, Angie(2018). 최강 소비권력 Z세대가 온다 (*Marketing to Gen Z*). (임기영 역). 서울: 홍익출판사. (원저는 2018년에 출판).

Gottschall, Jonathan (2017). 스토리텔링 애니멀 (*The Storytelling Animal*). (노승영 역). 서울: 민음사. (원저는 2013년에 출판).

Harari, Yuval Noah (2017). 사피엔스 (*Sapiens*). (조현욱 역). 서울: 김영사. (원저는 2011년에 출판).

Harari, Yuval Noah (2017). 호모데우스 (*Homo Deus*). (김명주 역). 서울: 김영사. (원저는 2016년에 출판).

Hopkins, Claude C. (2014). 못 파는 광고는 쓰레기다 (*My Life in Advertising & Scientific Advertising*). (심범섭 역). 서울: 인포머셜마케팅연구소. (원저는 1966년에 출판)

Peter Hinssen (2014). 뉴 노멀: 디지털 혁명 제2막의 시작 (*Digitaal is het nieuwe normaal : de revolutie is begonnen*). (이영진 역). 서울: 흐름출판. (원저는 2013년에 출판).

Root-Bernstein, Michele & Root-Bernstein, Robert (2007). 생각의 탄생 (*Spark of Genius*). (박종성 역). 서울: 에코의 서재. (원저는 2001년에 출판).

Toffler, Alvin (2007). 부의 미래 (*Revolutionary Wealth*). (김중웅 역). 서울: 청림출판. (원저는 2006년에 출판).

Zettl, H. (2016). 영상제작의 미학적 원리와 방법 (*Sight, Sound, Motion*). (박덕춘 역). 서울: 커뮤니케이션북스. (원저는 2002년에 출판).

中村伊知哉, 石戸奈#子 (2010). 디지털 사이니지 혁명 (デジタルサイネージ革命). (한석주 역). 서울: 커뮤니케이션북스. (원저는 2009년에 출판).

네이버 블로그 에코마케팅. https://blog.naver.com/pokara61/221496672483
네이버 지식백과. https://terms.naver.com/entry.nhn?docId=2724093&cid=43667&categoryId=43667

찾아보기

내용

❖ 저자 소개

김현정(Kim, Hyun Jeong)

현재 서원대학교 광고홍보학과 교수이다. 한양대학교에서 광고홍보학 박사학위를 취득하였다. 한국무역보험공사, 국립재난안전연구원, 국립정신건강센터에서 정책홍보전문가로 근무하였으며, 국무총리실 국정과제평가위원과 여러 정부기관의 PR정책을 자문하고 있다. 저서로는 『디지털 융합시대 광고와 PR의 이론과 실제』(공저, 학지사, 2018), 『소셜미디어 시대의 PR』(공저, 커뮤니케이션북스, 2015) 등이 있고, 디지털 미디어 관련 다수의 논문을 발표하였다.

최익성(Choi, Ik Sung)

현재 ㈜플로우 부사장이다. 한양대학교 언론정보대학원에서 광고홍보학 전공으로 석사학위를 받았고, 한양대학교 대학원 광고홍보학과 박사과정을 수료하였다. 광고회사 제일기획 미디어전략연구소에서 매체전략모델 개발과 운영을 맡았고, 삼성전자 등 주요 광고주 미디어 플래닝을 담당하였다. 씨앤씨 프로젝트, 피티원을 거쳐 락애드컴에서 미디어 총괄업무를 담당하였고, 대구가톨릭대학교, 한라대학교, 서울예술대학교에서 외래교수로 재직하였다.

김미경(Kim, Mi Kyoung)

현재 홍익대학교 광고홍보학부 교수이다. 미국 미시간 주립대학교(Michigan State University)에서 미디어와 인포메이션 전공으로 박사학위를 취득하였다. 제일기획에서 마케팅 플래너로 근무한 경력이 있으며, 주요 연구 관심 분야는 디지털 마케팅 전략 및 소비자 심리이다. 『광고 PR 커뮤니케이션 효과이론』(공저, 한울아카데미, 2018)의 집필에 참여하였으며, 디지털 광고 및 소비자 심리 관련 다수의 논문을 발표하였다.

김유나(Kim, Yu Na)

현재 대홍기획 빅데이터컨설팅팀 팀장이다. 이화여자대학교에서 수학을 전공하고, 고려대학교에서 소비자 및 광고심리학 석사학위, 한양대학교에서 「빅데이터를 활용한 유명인 모델의 광고효과 예측 모형 개발」(2019)로 광고학 박사학위를 취득하였다. 빅데이터를 활용하여 소비자 인사이트에 접근하고 이를 기반으로 시대에 부합하는 브랜드 전략을 구축하는 데 관심을 가지고 있다. 최근 『디지털 융합시대 광고와 PR의 이론과 실제』(공저, 학지사, 2018)의 집필에 참여하였다.

박 현(Park, Hyon)

현재 ㈜현대HCN 부국장이다. 커뮤니케이션학박사로, ㈜HS애드, CJ파워캐스트㈜, 한국디지털 사이니지 연구소 등에서 옥외광고와 디지털 사이니지 사업 경력이 있으며, 기업 및 정부기관 등을 대상으로 뉴미디어와 디지털 사이니지 컨설팅, 연구용역 등의 업무를 수행하였다. 현재 서울시 옥외광고 심의위원, 서울교통공사 광고 심의위원 및 문화예술철도 자문위원, 스마트 사이니지 포럼 운영위원 등을 맡고 있다.

김신엽(Kim, Shin Youp)

현재 한양대학교 광고홍보학과 겸임교수이다. 경영학박사로, ㈜픽스다인, ㈜한국야쿠르트, ㈜덴츠 코리아 등에서 디지털 전략과 브랜드 마케팅 업무 경력이 있으며, ㈔부산국제광고제 집행위원으로 콘퍼런스 커리큘럼을 자문하고 있다. 주요 연구 분야는 디지털 브랜드 경험과 마케팅, 트랜스미디어 스토리텔링, 옥외광고 효과 측정 부문이며, 저서 및 논문 발표와 기업과 정부 기관 자문 외 연구 분야와 관련한 다수의 프로젝트 수행 실적이 있다.

김지윤(Kim, Ji Yun)

현재 ㈜코리아하베스트 연구원이다. 한양대학교 대학원 광고홍보학과 박사과정을 수료하였다. 논문으로는 「홍보대사활동에 대한 공중의 진정성 인식연구」(2017), 「기업의 사은품 제공이 소비자의 내재적 동기에 미치는 부정적 효과에 관한 연구」(2013)가 있으며, 2013년 한국언론학회 춘계학술대회 우수 논문상을 수상하였다. 최근 『디지털 융합시대 광고와 PR의 이론과 실제』(공저, 학지사, 2018)의 집필에 참여하였고, 소비자, 정보원의 공신력, 뉴미디어 광고 연구에 관심이 많다.

유인하(Yoo, In Ha)

현재 한라대학교 광고영상미디어학과 교수이다. 한양대학교에서 광고학 박사학위를 취득하였다. 코래드 차장(AD) 및 상암커뮤니케이션즈 국장(CD), 큐・커뮤니케이션즈 대표로 일하였다. 한국광고학회, 한국광고홍보학회, 한국OOH광고학회, 한국커뮤니케이션디자인협회 이사 및 한국광고PR실학회, 현대디자인협회 감사로 활동하고 있다. 「광고 아트디렉터의 업무환경이 개인 창의성과 조직 창의성에 미치는 영향 연구」(2011) 등 다수의 논문을 발표하였다.

이성미(Lee, Sung Mi)

현재 한신대학교 미디어영상광고홍보학부 교수이다. 미국 미시간 주립대학교(Michigan State University)에서 미디어와 인포메이션 연구로 박사학위를 취득하였다. 대홍기획, 이노션, TBWA Korea에서 어카운팅 플래너로 근무하였다. 주요 연구 분야는 디지털 광고 및 뉴미디어 관련 소비자 행동이다.

신일기(Shin, Il Gi)

현재 인천가톨릭대학교 문화예술콘텐츠학과 교수이다. 광고학박사로, 옥외광고 자유표시구역 총괄 PM 등 디지털 사이니지와 관련하여 여러 정부기관의 정책을 자문하고 있다. 『Consumer Party』(서울경제경영, 2019), 『디지털 사이니지와 공간마케팅』(공저, 서울경제경영, 2018)을 비롯한 다수의 저서를 출간하였고, 「옥외광고물 자유표시구역 추진 방안 연구」(2016)를 비롯한 다수의 논문을 발표하였다.

오창일(Oh, Chang Il)

현재 서울예술대학교 커뮤니케이션학부(광고창작 전공) 교수이다. 광고학박사로, 제일기획에서 CD로 근무하였으며, TBWA Worldwide에서 연수 파견근무를 하였다. 프랑스 칸(Cannes) 국제광고제와 미국 클리오(CLIO) 국제광고제의 심사위원을 역임하였다. 『킹카교실』(북코리아, 2009), 『광고 크리에이터 필독서』(북코리아, 2005), 『카피 발, 비주얼 착』(북코리아, 2004), 『아무나 크리에이티브 디렉터가 될 수 없다』(청림출판, 2001) 등의 저서를 출간하였다. 「광고창의성의 생성과정과 유형에 대한 탐색적 연구」(2013), 「광고 크리에이티브 디렉팅 모델론」(2012) 등 다수의 논문을 발표하였다.

광고지성총서 08

스마트 광고 기술을 넘어서

Smart Advertising Technology and Beyond

2020년 1월 10일 1판 1쇄 인쇄
2020년 1월 20일 1판 1쇄 발행
지은이 • 김현정 · 최익성 · 김미경 · 김유나 · 박 현 · 김신엽
김지윤 · 유인하 · 이성미 · 신일기 · 오창일
펴낸이 • 김진환
펴낸곳 • (주) 학지사
04031 서울특별시 마포구 양화로 15길 20 마인드월드빌딩
대표전화 • 02)330-5114 팩스 • 02)324-2345
등록번호 • 제313-2006-000265호

홈페이지 • http://www.hakjisa.co.kr
페이스북 • https://www.facebook.com/hakjisa

ISBN 978-89-997-2008-6 93320

정가 20,000원

이 도서의 국립중앙도서관 출판시도서목록(CIP)은 서지정보유통지원시스템 홈페이지(http://seoji.nl.go.kr)와 국가자료공동목록시스템(http://www.nl.go.kr/kolisnet)에서 이용하실 수 있습니다.
(CIP 제어번호: CIP2019045455)